スペイン語史

Historia de la lengua española

寺 崎 英 樹 著

東京 大学書林 発行

まえがき

実用を目的としてスペイン語を学ぶ人にはスペイン語の歴史はあまり関心を引かないかもしれないが，現代スペイン語は歴史的な変化を経て今日の姿になったのであるから，その歴史についてある程度知識があれば，生きたスペイン語を学び，理解する上でも役に立つことは間違いない．ましてスペイン語学やスペイン語圏の文学を専攻する人にとっては，スペイン語史について最小限の知識を持つのは必要不可欠なことである．ところが，わが国の現状ではスペイン語の専攻課程を持つ大学でさえスペイン語史がカリキュラムの中で十分に整備されているとは言い難い．その上，個人的にスペイン語史を学ぼうとしても，日本語で書かれたスペイン語史の文献はほとんど見つからないのが実情である．もちろん，スペイン語で書かれた文献なら多数あり，その中でも定評のあるラペーサの『スペイン語の歴史』はすでに翻訳も出ているが，700 ページを超える大冊であって，内容的にもスペイン語学やスペイン史の予備知識を持たずに読みこなすのは容易なことではない．

こうした状況の中で，本書はラペーサ以後の新しい研究成果もできるだけ取り入れながら，スペイン語を専攻する人にも一般の読者にも読んでもらえるような古代から現代に至るスペイン語史全般の概説を目指したものである．日本語で書かれたオリジナルのスペイン語史としては初めての試みということになる．執筆にあたっては，スペイン語自体の内面史とともにそれを取り巻くスペインの外面史的な流れにも十分配慮すること，中世スペイン語の歴史文法をかなり詳しく記述すること，そしてスペイン語だけではなくロマンス語学的な視点も可能な範囲で取り入れることなどを心がけた．もう一つ記述にあたって留意したのは音声表記の問題である．言語史では音韻変化を扱うので，どうしても音声表記を必要とするが，スペイン語圏の文献ではスペイン式の音声記号を用いるのが普通であり，日本でもスペイン語史の分野ではそれにならうことが多い．しかし，この方式は専門外の読者にはなじみがない上に，著者によって記号の使い方に多少の相違があるという問題がある．そこで本書では辞書の音声記号として広く知られている国際音声字母

(IPA) を用いることにした.

本書の上梓に際しては草稿の段階でスペイン語学専攻の菊田和佳子氏（神奈川大学）と鈴木恵美子氏（成蹊大学）に目を通していただき，内容や表記に関する数多くの問題点について御指摘を頂戴した．勝手な依頼を快くお引き受け下さったお二人の御好意には心から謝意を表したい．しかし，まだ何らかの誤りや不適切な点が残っているとすれば，筆者自身の責任であることは言うまでもない．

振り返ってみると，本書の執筆に取りかかったのは13年も前のことである．当初の目算では，当時勤務していた大学で担当していたスペイン語史の講義ノートを土台にすれば3年くらいで仕上げられるだろうという見通しであった．しかし，実際に執筆を始めてみると，そんな簡単なものではないことにすぐ気付かされた．調査・研究すべきことはあまりに多く，一方で日常の業務や短期の仕事に追われ，まとまった時間を作るのは相当に難しかった．そのために何度も執筆の中断があり，時をおいて再開する度に構想の修正や書き直しを繰り返すはめになってしまった．その間，実に辛抱強く待ってくださった大学書林佐藤政人社長および最終段階でお世話になった佐藤歩武氏に厚く御礼を申し上げたい．

2010年10月

寺 﨑 英 樹

使用する音声記号一覧

本書で使用する IPA（国際音声字母）方式の音声記号を示す．スペイン語圏の専門書・学術誌では RFE（Revista de Filogogía Española）方式の記号を使用するのが普通なので，対照の便を図るため相違がある場合のみ各記号の後に RFE 式記号を示した．ただし，この方式は著者により記号の使い方に多少の相違があるので注意が必要である．

母音および半母音

/a/	/e/	[ɛ]………[ę]
[e]………[ẹ]	/i/	[i]………[ị]
[ɪ]………[į]	[i̯]………[j] / [i̯]	/o/
[ɔ]………[ǫ]	[o]………[ọ]	/u/
[u] ………[ụ]	[ʊ]………[ų]	[u̯]………[w] / [u̯]

子音

閉鎖音（破裂音）

[p]	[b]	[t]
[d]	[k]	[ɡ]………[g]

破擦音

[ts]………[ŝ]	[dz]………[ẑ]	[tʃ]………[ĉ]
[dʒ]………[ǧ]	[ɟʝ]………[ŷ]	

摩擦音

[ɸ]	[β]………[ƀ]	[f]
[v]	[θ]	[ð]*………[đ]
/s/	[s̺]**……[ṡ]	[s̻]***…… [s̄]
[ʃ]………[š]	/z/	[ʒ]………[ž]
[ç]………[ẙ]	[ʝ]………[y]	[x]
[ɣ]………[ǥ]	[h]	

接近音

[j]………[y]　　[w]

鼻音

[m]　　[n]　　[ɲ]………[n̬]

側面音

[l]　　[ʎ]………[l̬]

顫動音（はじき音・ふるえ音）

[ɾ]………[r]　　[r]………[r̄]

*[δ] は IPA にない記号であるが，スペイン語では無声音 [θ] の異音として有声音の [ð] ([z̦]) が現れることがあるので，これと区別するために使用する．
** 舌尖歯茎音を表すために用いる．
*** 舌背歯音を表すために用いる．

なお，重子音は次のように示す（かっこ内は RFE 方式である）：[pː]（[pp]），[lː]（[ll] / [l·l]）

使用する略号および記号

A.: アラビア語
C.: カタルーニャ語
c.: およそ
CA.: 古期カタルーニャ語
cf.: 比較せよ
E.: スペイン語
EA.: 古期スペイン語
e.g.: たとえば
EM.: 中世スペイン語
EMd.: 近代スペイン語
F.: フランス語
f.: 女性
FA.: 古期フランス語
FMd.: 近代フランス語
G.: ゴート語
Ger.: ゲルマン語
Gr.: ギリシャ語
I.: イタリア語
ib.: 同じ箇所に
L.: ラテン語
LT.: 後期ラテン語
LV.: 俗ラテン語
m.: 男性
n.: 中性
O.: オック語
OA.: 古期オック語
op.cit.: 同書に
P.: ポルトガル語
pl.: 複数
pp.: 過去分詞
R.: ルーマニア語
sg.：単数
v.: 参照せよ
*: 推定形
>: 通時的変化
→: 派生または別語への置き換え
⇒: 同じ語の語形変化

目　次

1. 序

1.1. スペイン語の系統

スペイン語（español）はカスティーリャ語（castellano）とも呼ばれ，ラテン語（latín）から分岐したロマンス諸語の一つである．系統的に見ると，ラテン語はインド・ヨーロッパ（印欧）語族イタリック語派に属する言語である．印欧語族は，この他にインド・イラン語派，バルト・スラヴ語派，ギリシャ語派，ケルト語派，ゲルマン語派などに分類される．イタリック語派（grupo itálico）は，古代のイタリア半島に分布していた言語のグループで，さらにラテン・ファリスク語群（latino-falisco）とオスク・ウンブリア語群（osco-umbro）に分けられる．前者に属するのはラテン語とファリスク語（falisco）であるが，両言語の関係については共通の祖語から分化したとする説とラテン語からファリスク語が分岐したとする説がある．オスク・ウンブリア語群はサベル語群（sabélico）とも呼ばれ，オスク語（osco），ウンブリア語（umbro）などが属する．

ラテン語はローマ人の言語で，前4世紀以降，ローマが政治的に勢力を伸ばすにつれてその領域も広がったが，それとともにラテン語以外のイタリック語派諸言語は衰退し，紀元1世紀になると，ラテン語以外の言語は少なくとも書かれることはなくなり，この時期以後にすべて死語となったと見られる．ただし，南イタリアとシチリアではギリシャ語がまだ使用され続けた．ラテン語はローマの領土拡大とともにイタリア半島の外にも広がった．イベリア半島は前3世紀末からローマの支配下に入り，ラテン語の領域となった．しかし，5世紀に西ローマ帝国が滅亡した後，ラテン語は次第に各地で方言分化してロマンス諸語に変化した．スペイン語はイベリア半島で話されていたラテン語の末裔である．

ロマンス諸語の分類については，どのような基準を用いるかによって諸説に分かれるが，ロマンス語をまず東西に二分する説が今もなお一般的である．この学説はスイスのロマンス語学者ヴァルトブルク（Walther von Wartburg）によるもので，ロマンス諸語の話される領域，つまりロマニア（Romania）をいくつかの言語的特徴に基づいて東ロマニアと西ロマニアに大別し，その境界線は北イタリアのラ・スペツィア（La Spezia, リグリア海側）とリミニ（Rimini, アドリア海側）を結ぶ線とした．この境界線の北および西部は西ロマニア，その南および東部は東ロマニアに分類される．ただし，サルディニア（サルデーニャ）とコルシカは独自の言語特徴を持ち，東西どちらにも属さないとされる[1]．

東西を分ける主要な言語特徴の一つは，語末の -s が維持されるかどうかである．西部は維持するが，東部では語末に -s が現れることはない．たとえば，名詞の複数語尾についてラテン語（L.）の女性名詞 vacca「雌牛」と男性名詞 lupus「オオカミ」に由来する主要なロマンス語の形式を比較すると次のようになる．

	L.	P.	E.	C.	F.	I.	R.
単数 複数	vacca vaccae	vaca vacas	vaca vacas	vaca vacas	vache vaches	vacca vacche	vacă vaci
単数 複数	lupus lupī	lobo lobos	lobo lobos	llop llops	loup loups	lupo lupi	lup lupi

すなわち，西ロマンス語に属するポルトガル語（P.），スペイン語（E.），カタルーニャ語（C.）およびフランス語（F.）では，複数形でラテン語の対格複数 vaccās および lupōs にそれぞれ由来する -s で終わる語尾が現われるのに対して東ロマンス語に属するイタリア語（I.）とルーマニア語（R.）では複数対格は消失してしまい，ラテン語の主格複数に由来する形式が複数形として用いられる．

東・西ロマンス語は，それぞれさらに次のように地域別に分類することができる．各グループに属する主要なロマンス語を併せて示す．スペイン語は西ロマンス語に属するイベロロマンス語の一つで，ポルトガル語やカタルーニャ語と姉妹関係にある．

西ロマンス語

○イベロロマンス語――ポルトガル語，ガリシア語，スペイン語（カス

[1] v. Wartburg（1971: 73-78）．

ティーリャ語)，カタルーニャ語

○ガロロマンス語——フランス語，フランコ・プロヴァンス語，オック語，北部イタリア諸方言（エミリア方言，リグリア方言，ロンバルディア方言，ヴェネツィア方言など）

○レトロマンス語——ロマンシュ語，ラディン語，フリウリ語

東ロマンス語

○イタロロマンス語——イタリア語，トスカナ諸方言，中部・南部イタリア諸方言（ウンブリア方言，ローマ方言，ナポリ方言，カラブリア方言，シチリア方言など）

○バルカンロマンス語——ダコルーマニア語（ルーマニア語），アルーマニア語，メグレノルーマニア語，イストロルーマニア語，ダルマチア語[2]

1.2. スペイン語史の時代区分

スペイン語の歴史をどのように時代区分するかは難しい問題である．言語史を論じるには，言語そのものの変化に関する内面史と言語変化の背景にある政治，経済，社会，文化に関する外面史の両面を考慮する必要がある．しかし，言語史の時代区分に際しては内面史のみを考慮すべきであるという意見もある．一見もっともな議論と言えるが，現実には言語変化だけを追って時代区分を行うことは困難である．言語変化は音韻，文法，語彙などさまざまの分野で徐々に進行するのが通例なので，その中のどの特徴を捉えてどの時点で区切るのか，決定するのは容易なことではないからである．また，言語変化はその背景にある歴史的事実や社会の動向と密接に関連しているのが常で，そうした言語外的な事実を完全に切り離して時代区分を行うことは不可能に近いと思われる[3]．むしろ言語史の時代区分には内面史だけではなく，外面史も考慮に入れることが必要ではなかろうか．

---

[2] 現在のクロアチアに存在したが，1898 年に死語となった．

[3] Eberenz（1991）は言語の時代区分に外面史的な要素は排除すべきであるとする立場から古スペイン語（español antiguo, 1200–1450），中期スペイン語（español medio, 1450–1650），近代スペイン語（español moderno, 1650–）の 3 区分を提唱しているが，この区分にも実は外面史的な要素が介在していることは否定できないだろう．

スペイン語史ではあまり細かい時代区分は確立しておらず，一般に中世スペイン語（español medieval, または古スペイン語 español arcaico）と近代スペイン語（español moderno）という大まかな2大区分が行われ，その境界は1500年頃に置かれることが多い．すなわち，カスティーリャ語の文学が出現する12世紀頃を中世スペイン語の始まりとし，16世紀以降の黄金世紀と呼ばれる時期とその後を近代スペイン語とする区分である[4]．本書では従来の区分を参考にして次のように5つの時代区分を行う．

(1) ヒスパニアのラテン語（前3世紀 ～ 後7世紀）
(2) 初期イベロロマンス語（8世紀 ～12世紀）
(3) 中世スペイン語（13世紀 ～15世紀前半）
(4) 黄金世紀スペイン語（15世紀後半 ～17世紀）
(5) 近代スペイン語（18世紀 ～）

以上の区分のうち，(1) ラテン語の時代はローマ人がイベリア半島に進出し，ラテン語が持ち込まれた前218年からローマ帝国の滅亡を経て，西ゴート王国の支配に至る時期を含む．(2) 初期イベロロマンス語の時代は711年イスラム教徒が侵入し，西ゴート王国が滅亡した時期からラテン語がイベリア半島各地でロマンス語諸方言に分化した時期までを扱う．この時期の半ば，10世紀からロマンス語による文献が出現するが，この時期以降のスペイン語を特に区別する場合は古期スペイン語（español antiguo）と呼ぶことにする．

(3) 中世スペイン語（español medieval）の時代は，外面史的にはナバス・デ・トローサの戦い（1212）でキリスト教国連合軍がムアッヒド朝に勝利してその中心となったカスティーリャ王国の優位が確立し，さらにアルフォンソ10世（1252-84）がカスティーリャ語を公用語化した時期に始まる．13世紀はそれまでのラテン語風ではなく，スペイン語らしい特徴を持つ文献が急増する時代である．歴史上の「中世」と「中世スペイン語」の時代は一致しないので，中期スペイン語（español medio）と呼ぶのが適当かもしれないが，熟していない用語なので，慣用に従うことにしたい．

(4) 黄金世紀スペイン語（español del Siglo de Oro, español áureo）の時

---

[4] スペイン学士院（RAE）の「スペイン語通時コーパス（CORDE）」は1492年までを中世，1713年までを黄金世紀，それ以降を現代と区分している．

代は15世紀後半のカトリック両王時代からハプスブルク王朝時代までを含むものとする．スペイン文学史または文化史で言う黄金世紀の時期についてはいくつかの考え方があるが，だいたい16世紀半ばから17世紀半ばまでを指すことが多い．したがって，本書の区分は始期が少し繰り上がることになる．カトリック両王時代にカスティーリャ王国とアラゴン王国が統合（1479）して，スペインはまだ制度上の不統一を残しながらも国家統一を達成し，まもなく1492年グラナーダ王国が征服されてイスラム教徒に対する国土回復戦争が終結した．同年コロンブスが新大陸に到達し，スペインは大航海時代に乗り出すことになる．16世紀ハプスブルク朝時代（1516-1700）にスペインは最盛期に達する．この時代，スペイン語は新大陸やアジアにも移植され，使用領域が飛躍的に拡大した．黄金世紀スペイン語は大きく分ければ近代スペイン語に含めることができるので，前期近代スペイン語と呼ぶことも可能である．スペイン文学史上では古典文学の隆盛期であるが，言語史的には革命的な音韻変化が起きた時期でもある．この時代のスペイン語は古典スペイン語（español clásico）と呼ばれることもあるが，いわゆる古典文学の言語だけを取り扱うわけではないので，この呼称は用いない．

狭義の（5）近代スペイン語（español moderno）の時代は1700年ハプスブルク家からブルボン家に王朝が交代した時期に始まる．フランス啓蒙主義の影響が強まって王立学士院が設立され，前の時代の音韻変化に対応するよう正書法が再編され，確立した時期である．さらに細分すれば，20世紀以降は現代スペイン語（español contemporáneo）として区分することが可能である．この時代の始まりは1898年米西戦争の結果，スペインが海外植民地をほぼ全部失い，文化史的には98年の年代が登場した時期にほぼ該当する．

なお，南北アメリカに分布するスペイン語はアメリカ・スペイン語としてそれ以外の海外のスペイン語とともに最後に取り扱うことにする．

2. ヒスパニアのラテン語
(前3世紀〜後7世紀)

2.1. イベリア半島のローマ化とラテン語の移植

2.1.1. イベリアの先住民とその言語

スペイン語はラテン語に由来するロマンス諸語の一つであるが，ラテン語は元々イベリア半島に存在した言語ではない．紀元前3世紀にイベリア半島を征服したローマ人がもたらした外来の言語である．それではローマ支配前の古代イベリアではどんな言語が話されていたのだろうか．

A. 非印欧系言語を使用する先住民

イベリア半島はヨーロッパとアフリカの接点となる位置にあるため古くからさまざまの民族が混在し，文化的にも人種的にも多様であったようである．言語面でも系統の異なる多数の言語が話されていた．古代のイベリア半島は，言語的に大別すると，印欧語（インド・ヨーロッパ語族の言語）の領域と非印欧語の領域に分けることができる．非印欧系の言語を話していた代表的な先住民はイベリア人（ibero, íbero）である．イベリア人が住んでいた領域は半島の地中海沿岸南部から東部，今日のアンダルシーア東部からバレンシア，カタルーニャ地方に及ぶ．この領域はさらにピレネー山脈を越えてフランス南東部にまで延びていた．イベリア（Iberia）という地名はイベリア人に由来する．イベリア人は前4000〜2000年の間に北アフリカから渡来し，新石器文化をもたらしたと推定される．古代の地中海文化の一環を担って非常に高度な文化を持ち，フェニキア人やギリシャ人の影響を受けた独自のイベリア芸術を生み出した．

イベリア人はイベリア語（ibérico, ibero）と呼ばれる言語を話していた．それがはたして単一の言語であったかどうかは不明であるが，最近ではリングア・フランカ的な地域共通語だったのではないかとする説もある．独自のイベリア文字で書かれた墓碑銘や貨幣の刻文がかなり残されているが，「アルコイの鉛版」のようにギリシャのイオニア文字で書かれたものやごく少数のラテン文字で書かれたものもある．イベリア文字の資料は前5世紀から紀元1世紀にまで及ぶ[1]．この文字は長い間未解読であったが，1922年スペインの考古学者ゴメス・モレーノ（Manuel Gómez-Moreno）が文字の体系や読み方を解明した．しかし，意味の解読はまだ研究途上にあるため，言語については未解明の点が多い．文法的には膠着語的特徴を持つと言われる．系統に関してはハム系説もあるが，確証はなく，不明のままである．

イベリア半島の南西部，グアダルキビル川の下流域（現在のアンダルシーア西部からポルトガル南部にかけての地域）には旧約聖書（列王記上）にタルシシの名で現れるイベリア最古の文明を持つ国タルテソス（Tartessos）があった．タルテソス人（tartesio, turdetano）は前700年から500年にかけて青銅器に必要な錫と銅の交易にかかわって非常に繁栄し，フェニキア人やギリシャ人と地中海交易をめぐって争った．しかし，その後衰退し，やがて滅亡した．タルテソス人はイベリア文字の原型ではないかと見られる独自の文字による刻文を残している．文字体系は解明されているが，意味の解読はまだ進んでいない．このため，タルテソス語（tartésico, tartesio）の詳細は不明の点が多く，イベリア語との系統関係もよくわかっていない．

ピレネーの山麓地帯には現在のフランスとスペインの両側にまたがって古くからバスク人（vascón, vasco）が住んでいた．ただし，バスク人が古代から今と同じ地域に住み続け来たのかどうかは必ずしも明らかではない．バスク語（vascuence, euskera）はイベリア半島でローマ支配前から現在まで生き残っている唯一の言語である．ローマ支配期にラテン語が浸透してきた後も，話し言葉として生き続けた．今日ではピレネー山脈を挟んでスペイン側（バスク・ナバラ両自治州）に約58万，フランス側（ピレネー・アトランティーク県のラブール，低ナバル，スール郡）に約8万の話者がいると言われる[2]．しかし，その大部分はそれぞれスペイン語またはフランス語との

---

[1] イベリア文字は音節文字と単音文字が混合したもので，東部と南部の2つの体系がある．その起源は不明であるが，フェニキア人やギリシャ人の半島渡来と関わりがあるものと見られる．

[2] Ethnologue による．

二言語併用である．バスク語は系統不明で，西欧では唯一の非印欧語であり，言語の孤島をなしている．特に基礎語彙と文法構造が周囲の言語からかけ離れているため，謎の言語としてよく引き合いに出される．系統についてはは北アフリカと関連するハム語系説，地理的には遠いカフカス語系説，あるいはハム系の影響を受けたカフカス系であるとする折衷説などいくつかの仮説が出されているが，どれも確証はない．カフカス語系に結びつけられる主要な根拠は類型論的特徴と統語的に能格性を示すためである[3]．バスク語は古くはラテン語，後にスペイン語またはフランス語から多数の借用語を採り入れたので，現代のバスク語ではラテン系の借用語が語彙の 80% を占めると言われる．断片的なものを除くと，バスク語で書かれた文献の出現は 16 世紀半ばまで待たなければならず[4]，古代のバスク語については不明の点が多い．

非印欧系の言語であるバスク語とイベリア語との関係については，16 世紀から同系説が唱えられていたが，19 世紀にドイツの言語学者フンボルト（Wilhelm von Humboldt）が地名研究に基づいて同系説を提唱したことにより俄然注目を集めるようになった．この仮説は折から勃興したバスク民族主義と結びついてバスク系の学者によって支持され，バスク語はイベリア語の直系の言語であるとの主張が行われた．これを「バスク・イベリア仮説」（vascoiberismo）と言う．この説は，バスク人こそ半島の先住民イベリア人の末裔であり，侵略者ローマ人に最後まで抵抗したカンタブリア人の子孫であるとする民族主義的な政治プロパガンダとも結びつくこととなった．しかし，同系説はイベリア文字の研究を進めた前記のゴメス・モレーノによって否定され，その後も有力な学者が否定的見解を示したので，今では否定説が優勢である．しかし，最近の研究によれば，両言語の音韻体系に類似点があり，人名や語彙にも共通点があることは認められている．古代に言語接触が

[3] スペイン語など印欧系の言語は文法的に対格型で，他動詞文と自動詞文の主語は同じ主格形式となり，他動詞文の目的語は対格形式をとる．これに対し，バスク語のような能格型の言語では自動詞文の主語と他動詞文の目的語は同じ絶対格形式となり，他動詞文の主語は能格形式となる．ただし，能格型にもさまざまの変種がある．

[4] バスク語最初の文学作品は 1545 年ボルドーで刊行された『バスク語の初穂』（Linguae Vasconum Primitiae）と題する詩集である．

あったことは間違いないと思われるが，現在もなお同系説を唱える人は後を絶たない[5].

B. 印欧系言語を使用する先住民

イベリア半島中部の内陸部から北西部にかけては印欧語を話す諸民族が住んでいた．前900年から600年にかけてピレネー山脈の北からケルト人（celta）がイベリア半島に進出し，鉄器文化をもたらしたと推定される．内陸中部からメセタ東部地域まで進出したケルト人はその地のイベリア人と接触して混ざり合い，文化的影響を受けるようになった．この人々はケルトイベリア人（celtíbero）と呼ばれる．イベリア文字を導入し，前3世紀から紀元1世紀にかけて碑文を残している．言語的には印欧系のケルトイベリア語（celtibérico, 最近はイスパノケルト語 hispano-celta とも言う）を話していた．これは大陸ケルト語の一つであるが[6]，資料となる碑銘や貨幣の刻文に現れる語彙は，その性質上固有名詞が多いため，言語の詳細を知る手がかりは少ない．

半島北部にはケルト人よりも前から印欧系言語を話していたと見られる先住民が住んでいた．ルシタニア人（lusitano），ガラエキア人（galaico），アストゥール人（astur），カンタブリア人（cántabro）などである．カンタブリア人はバスク人に隣接して住み，歴史的にバスク人と密接な関係を保っていた．カンタブリア語は非ケルト系であったのに対し，これ以外の3民族の言語はケルト語と関係があると見られる．しかし，いずれも言語資料が乏しく，詳しいことはわかっていない．

C. 渡来した民族

以上のような土着の民族の他に古くから交易のため渡来し，半島の地中海沿岸に植民地を築いた民族がいた．現在のレバノン付近にいたフェニキア人（fenicio）は前850年頃から地中海貿易で活躍を始め，前800年頃イベリア

---

[5] たとえば，Román del Cerro（1993）.

[6] ケルト語派は大別して大陸ケルト語と島嶼ケルト語に分かれるが，ケルトイベリア語とガリア語を含む大陸ケルト語はすべて死語となった．フランスのブルターニュ半島のブルトン語は5世紀以降，対岸の英本土から逃れて来たケルト人によりもたらされた島嶼ケルト語の一つである．

半島沿岸部のカディス，マラガ，バレアレス諸島のイビーサに植民都市を建設した[7]．これらの都市名はフェニキア語に由来する．同じ頃，北アフリカにも植民都市カルタゴを建設する．カルタゴは現在のチュニス付近にあり[8]，フェニキア本土が前6世紀に新バビロニアによって占領されてしまったため，本国との関係を断たれ，独自の発展を遂げることになった．カルタゴ人（cartaginés）はバレアレス諸島のイビーサを根拠地として交易に携わり，前500年頃前記のタルテソスを滅ぼして西地中海の覇権を握るとともに半島南部の各地に進出した．フェニキア語（fenicio）およびそのカルタゴ方言，つまりポエニ語（púnico）は北西セム語派の西カナン語に属する言語である．カルタゴ人はフェニキア文字から発展したポエニ文字を前6世紀頃から使用していた．

これより遅れて古代ギリシャ人（heleno, griego）が前600年頃イベリア半島東部に交易を行うため進出し，植民都市エンポリオン（現在のアンプリアス Ampurias）を建設した．イベリアについて今日残る最古の歴史記述はギリシャ人によるものである[9]．しかし結局，ギリシャ人はフェニキア人との競争に敗れ，前3世紀には半島から撤退するに至った．交易を目的に渡来したフェニキア人やギリシャ人は半島に新しい文化をもたらしたが，半島に留まった期間は比較的短かったため，言語上では一部の地名を除くと大きな影響を残すことはなかったと考えられる[10]．このようにローマ支配前のイベリア半島は多様な民族と文化が共存し，交錯する地域であった．

2.1.2. ローマのイベリア半島進出

ローマの建設者となるラテン人（latino）は北からアルプスを南下してイタリア半島に侵入し，前1000年頃その名にちなむラティウム地方に移住したと見られる．そこで非印欧系言語を話していた先住民エトルスキ人の支配

---

[7] 伝説によれば，フェニキア人は前1100年頃カディス (Cádiz < Gádir) を建設した．

[8] ポエニ語でカルタゴ Qart hadasht は「新都市」の意味．Carthago はこれに対応するラテン語の呼称である．

[9] ギリシャ語は印欧語族のギリシャ語派に属し，前900年頃から印欧語としては最古の文字資料を残している．

[10] スペイン語にはギリシャ語起源の語彙が多数あるが，これはローマ支配以降に借用されたものである．

を打ち破り，前600年頃ローマ市を建設した．同じ時代，南イタリアではギリシャ人の植民活動が盛んに行われている．ローマは前509年に共和制に移行し，巧妙な国家運営で次第に半島の周辺地域に拡張を始めた．やがてローマは前272年南イタリアのギリシャ植民都市タレントゥム（現タラント）を占領したが，これによって高度なギリシャ文化がローマに流入することとなる．同時に，すでにシチリア島を支配していたカルタゴと直接対峙するようになった．こうして，ローマとカルタゴはシチリアの支配権をめぐって争うことになる．ローマ人はカルタゴ人をポエニー（Poeni）と呼んでいたので，この戦争は第1次ポエニ戦争（前264-41）と呼ばれる．戦争は結局ローマの勝利に終わり，ローマはシチリア，コルシカ，サルデーニャの3島を領有することになった．

南イタリアを追われたカルタゴ人は代わりにイベリア半島，つまりローマ人の言うヒスパニア（Hispania）を確保するため進出の動きを強めた．前227年カルタゴは地中海沿岸，現在のムルシア地方に植民都市を建設する．これがラテン語ではカルタゴ・ノワ（Carthago Nova 新カルタゴ）と呼ばれる都市で，現在のカルタヘーナ（Cartagena）の語源である．こうしたカルタゴ人の進出はイベリア東部沿岸の諸都市との軋轢を生むことになった．これらの都市の中にはローマと同盟関係を結んでいるものもあり，ローマに支援を求めたので，ローマとカルタゴはイベリア半島をめぐって再び争うことになった．これが第2次ポエニ戦争（前218-01）である．この戦争ではカルタゴの英雄ハンニバルが活躍したので，別名ハンニバル戦争とも言われる．イベリア半島を根拠地とするハンニバルの軍勢はガリアを通りアルプスを越えて，北からローマ領内に侵攻した．ハンニバルはイタリア半島各地で勝利を重ねたが，ローマはカルタゴ軍の背後を突こうと，その根拠地であるイベリア半島に前218年スキピオの率いる遠征軍を上陸させた．スペイン史では，この年からローマのヒスパニア支配が始まったとされる．奮戦したハンニバルも，最後は北アフリカのザマの会戦に敗れ，またも戦争はローマの勝利に終わった．この結果，ローマはヒスパニアを獲得することになった．しかし，カルタゴがまた不死鳥のように復活することを恐れたローマは意図的な挑発を行い，第3次ポエニ戦争（前149-46）を起こした．カルタゴは惨敗し，侵攻したローマ軍は生き残った住民を奴隷に売り，市街を焼き払ってカルタゴを地上から抹殺した．ポエニ戦争と同時期に始まった4次にわたるマケドニア戦争でもローマは最終的に勝ち，カルタゴの滅亡した前146年ギリシャも併合して完全に地中海の覇権を握ることになった．

2.1.3. イベリア半島のローマ化

第2次ポエニ戦争を契機としてローマ人のイベリア半島進出が始まったが，その支配は一挙に半島全土に広がったわけではなかった．前3世紀末最初にローマ軍が侵攻して以降，ローマは地中海沿岸から内陸に向け支配を推し進めて行った．しかし，内陸部ではルシタニア人，ケルトイベリア人などが激しく抵抗し，北部でもカンタブリア人，アストゥール人，ガラエキア人などが勇猛果敢に抵抗した．このため，ヒスパニアの完全支配は約200年を費やして前19年にようやく達成された．このようにヒスパニアのローマ化は地中海沿岸の南部から北上し，北西部に至ってようやく完了することとなった．ローマ支配の早い半島南部と東部では徹底したローマ化が進行したのに対し，北部と北西部では表層に留まった．後にスペイン語揺籃の地となるカンタブリアは，激しい抵抗の末最後に征服された土地で，ローマ化がもっとも遅い地域であったことが注目される．

一方で，イベリア半島のローマ化がガリアより早く始まったことも注意を引く．ラテン語はイタリア半島からその周辺に波紋のように広がったわけではない．ローマがイタリア半島の外で獲得した属州の中でヒスパニアはシチリア・サルディニアに次いで古く，イタリアとヒスパニアの間にあるガリアの征服が行われるのは前2~1世紀のことである．イベリア半島に初めてラテン語が移植された時期には，まだ古典ラテン語は成立していなかった．スペイン語がガリアの地に生まれたフランス語よりも古語的特徴を残しているのは，こうした歴史的背景と関係があると考えられる．

ローマは，第2次ポエニ戦争中の前205年イベリア半島からカルタゴの勢力を一掃し，ヒスパニア属州を設置した．戦後の前198年，同地はヒスパニア・キテリオル（Hispania Citerior 近ヒスパニア）とヒスパニア・ウルテリオル（Hispania Ulterior 遠ヒスパニア）の2属州に分割された．共和制末期，本国ローマでは閥族派と民衆派の激しい抗争が起きたが，ヒスパニアでは民衆派の総督セルトリウスが反乱を起こし，一時ローマから独立するという事件があった（前88-72）．ついで，ローマ帝政が開始されたアウグストゥス時代の前27年，まだ半島北部では征服戦争が継続している時期にヒスパニアはバエティカ（Baetica），ルシタニア（Lusitania），タラコネンシス（Taraconensis）の3属州に再編された．さらに，ディオクレティアヌス帝時代の後284年，バエティカ，ルシタニア，カルタギニエンシス（Carthaginiensis），ガラエキア（Gallaecia），タラコネンシスの5属州に細分化が行われた．ローマ人は半島に多数の都市を建設したが，その遺跡は今日でもタラゴーナ，セゴビア，メリダ，セビーリャ近郊のイタリカなどスペイン各地で見ることができる．

ローマによる半島征服が進むにつれて文化的なローマ化と言語のラテン語化も進んだ．ローマはどの地域でも一貫した言語政策をとったことはなく，ラテン語を強制したわけではないが，ラテン語は行政・司法や軍隊の公用語であり，高度なローマ文化の媒体であったから，ローマの強力な政治支配が導入されると，領土全体の共通語として属州の住民の間に浸透していった．ヒスパニアでは前3世紀から始まるラテン語と土着の諸言語との二言語併用ないし多言語併用の時代を経て紀元1世紀の帝政時代にはほぼ全土のラテン語化が達成されたものと見られる．帝政期に入った1世紀以降，公共建築や記念物などとともにラテン語碑文も急増する．その反対にイベリア語やケルトイベリア語の文字資料はほとんど姿を消し，3世紀以降は皆無となってしまう．こうして帝政時代初期に先住民の言語はすべて死語と化したが，唯一の例外はバスク語で，現代まで生き残った．

帝政時代にはローマ化の進んだヒスパニアで有名な文人が輩出するようになった．代表的な人物は修辞学者セネカ（M. Annaeus Seneca, 前55-後39），その息子で皇帝ネロの師であった哲学者セネカ（L. Annaeus Seneca, c. 4-65），詩人ルカヌス（M. Annaeus Lucanus, 39-65），マルティアリス（M. Valerius Martialis, c. 43-104），修辞学者クゥィンティリアヌス（M. Fabius Quintilianus, c. 30-c. 100）などである．また，ヒスパニア生れでローマ最初の属州出身の皇帝となったトラヤヌス（M. Ulpius Trajanus, 在位98-117）はダキア遠征などを行って，その治世にローマ帝国の領土は最大となった．その後継者であるハドリアヌス帝（P. Aelius Hadrianus, 同117-138）もヒスパニア出身であった．ともに五賢帝の中に数えられるローマ最盛期の皇帝である．

1世紀にローマでキリスト教の布教が始まるが，まもなくヒスパニアでも布教が行われ，3世紀にはヒスパニア各地に信仰が広がったと見られる．

ローマ帝国は4世紀初めにキリスト教を公認し，同世紀末にテオドシウス帝が国教化する．キリスト教によって帝国内の精神的・宗教的統一の維持を図ったのである．こうした動きと連動して帝政末期には半島各地でカトリックの教会組織が根付いていた．ただし，ローマ化の遅かった北部地方は，布教も遅く，キリスト教が浸透するのは中世初期の時代であったと見られる．

2.2. ローマ支配前の言語の影響

2.2.1. 基層の音韻的影響

イベリア半島の先住民の言語は，バスク語を除きローマ帝政期に死語となってしまったが，そうした言語は基層として支配者の言語であったラテン語に何らかの影響を与えたと推定される[11]．ラテン語が地域ごとに分化し，ロマンス諸語が形成されたのも，そうした基層の違いが主因であると考えられる．

スペイン語に特有の言語的特徴のうち音韻面でローマ支配前の言語の基層によると従来考えられてきた主要なものは次のとおりである．

(1) /f/ の気音化と消失――ラテン語の語頭の f- はスペイン語で次のように変化した：[f] > [h] > [Ø]．つまり，スペイン語では気音化した後，16世紀頃消失した：fīliu (fīlius) > fijo > hijo「息子」，fumu (fumus) > fumo > humo「煙」．気音化はイベロロマンス語の中でスペイン語に固有の現象とされ，東部レオン方言を除くと，イベリアの他の言語には起きていない：cf. P. filho, C. fill. さらに注目されたのは，この現象がスペイン北東部のカンタブリア地方とピレネー山脈を挟んで南フランスのガスコーニュ地方にも見られることである．つまり，カンタブリアを発祥の地とするスペイン語とガスコーニュ語（オック語の方言）はバスク語またはそれに隣接するカンタブリア語の領域と重なることになる．これによりバスク・カンタブリア語基層説が提唱されたのである．この基層には唇歯音 [f] がなかったため[12]，そ

[11] ある地域にあった言語が他の言語に取って代わられ，新しい言語に影響を残した場合，その言語を基層（言語）(sustrato) と言う．言語接触の一形態で，かなり長期の二言語併用を経ることによって影響が現れると考えられる．

[12] 現代バスク語には借用語の音として /f/ が存在する．

れを [h] で置き換えたと推定する．この学説は，メネンデス・ピダール（Ramón Menéndez Pidal）のような有名な学者が唱えたこともあって，従来有力視されてきた．

これに対し内的変化説は，基層説を否定する根拠としてバスク語の影響があるはずのない地域にも [f] > [h] の現象が散発的に見られることに注目する．今日ではイベリア半島以外でもガスコーニュ語の他に，南イタリア方言，北イタリア方言，マケドニア・ルーマニア方言などロマニア各地に同じ現象が散見されることが明らかになっている．さらに，スペイン語でもすべての [f] が気音化したわけではなく，例外的に [f] が保持された場合（fuerte, fuente など）があることにも注目する．その上で，古い時代のラテン語の f の音価は両唇音 [ɸ] であったか，または少なくとも異音として [f] のほかに [ɸ] が共存していたと推定し，ローマその他の地域では [ɸ] > [f] に収斂したのに対し，辺境地域ではその変化が起きず，後に [ɸ] > [h] と変化したと推定する．しかし，この説によっても，なぜ一部の地域だけ [f] への変化が起きなかったかという疑問は残る．また，どちらの説を採るにせよ，スペイン語で [f] が維持される場合もあることを説明するのは難しい．

(2) /v/ の欠如――スペイン語では無声唇歯音 /f/ に対応する有声唇歯音 /v/ が欠けている．このため，ラテン語の b, v はどちらも /b/ となる： vacca > vaca [báka]「雌牛」．この点でフランス語やイタリア語と対照的である：F. vache [váʃ], I. vacca [vák:a]．これは前記 /f/ の欠如と並行する現象で，同様の理由によるものと説明される．しかし，この現象の広がりはカスティーリャだけではなく，西はガリシアとポルトガル北部から東はカタルーニャの一部とガスコーニュにまで及んでいる．そこで，バスク・カンタブリアよりもさらに古い基層によるものとする説もある[13]．

(3) /r/ と /ɾ/ の母音間での対立および語頭では /ɾ/ が現れない現象――スペイン語を含むイベロロマンス語では母音間で /r/（ふるえ音）と / ɾ /（はじき音）が音素として対立する：caro「高価な」/ carro「荷車」，pero「しかし」/ perro「犬」．また，イベロロマンス語では語頭に / ɾ / が現れることはなく，すべて /r/ となる： rico「裕福な」，rosa「バラ」．これは他地域のロマンス語に見られない現象であるが，バスク語には存在するので，やはりバ

[13] v. Echenique（2005: 73）.

スク語基層説が唱えられている.

(4) 母音間無声閉鎖音の有声化——スペイン語はラテン語で母音間にある無声閉鎖音を有声音に変化させた：sapere > saber「知る」, mūtāre > mudar「変える，変わる」. この現象はイベリアだけではなく，ガリア（フランス語，オック語）とガロイタリア語（イタリア北部諸方言）にも広く見られるもので，西ロマニアに共通する主要な特徴の一つとされる．これらの地域は古代のケルト語領域と重なることからケルト基層説が有力な学説として唱えられている.

(5) 5 母音体系の保持——ラテン語は長短の区別を持つ 5 母音体系であったが，西ロマンス語では 7 母音体系に移行した．イベロロマンス語では東部のカタルーニャ語も西部のポルトガル語も，それを継承・発展させてスペイン語よりも複雑な母音体系を持つ．しかし，スペイン語は 7 母音を 5 母音の体系に縮小させた．これは 5 母音体系を持つバスク語の基層によるものではないかとする主張がある.

以上のような音韻現象について基層が原因であると立証するのは，実は容易なことではない．そもそも基層言語は，それ自体不明な点が多く，使用領域や時期も不明の点が多い．そこから次の 2 つの問題が生じる．第 1 は基層言語の存在した領域と基層の影響を受けたとされる言語現象の広がる地域が重なり合うかどうかという空間的な問題である．第 2 は基層の接触した時期と基層が原因とされる現象が発現した時期までの期間をどのように査定するかという時間的な問題である．たとえば，前記（1）の /f/ の気音化は両方の問題を抱えていると思われる．空間的に見ると，同じ現象はバスク語と無関係な北イタリアやバルカン半島のロマンス語方言にもあるとされる．時間的に見ると，/f/ の消失まで基層によるものとするなら，基層が実に 1,000 年以上も作用し続けたことになる．ロマンス諸語の分化の有力な原因として基層説を否定することはできないし，地名その他の語彙について基層を論じるのはあまり問題がない．しかし，音韻面での基層説は，実証の困難な仮説の域を出ない場合が多いと言わざるを得ない.

2.2.2. 基層の形態的影響

他地域のロマンス語に見られないスペイン語の派生接辞の中には基層に由来するのではないかとされるものがいくつかあるが，その主要なものを挙げる.

(1) 形容詞・名詞を派生する -(i)ego ――たとえば，andariego「歩くのが好きな」，mujeriego「女好きな」，labriego「農民」，nocherniego「夜遊びする」，palaciego「宮殿の」，gallego「ガリシアの」，manchego「ラ・マンチャの」などに見られる．この接尾辞についてはケルトイベリア語起源説とイベリア語起源説がある．

(2) 人の姓を形成する接尾辞 -z ―― たとえば，Ferraz, Gómez, Muñiz, Muñoz, Sánchez などスペイン語の姓に頻繁に現れる要素である．語源についてはイベリア語説のほかに，バスク語，ゴート語さらにはアラビア語説まであり，決着はついていない．

2.2.3. 基層の語彙的影響

基層は言語のさまざまの面に影響し得るが，もっとも影響が及びやすいのは語彙である．スペイン語で古くからある語彙の中にはイベリア半島以外のロマンス語に存在しないものがかなり多数あり，基層に由来すると見られる．しかし，その多くは，ケルト語系を除き，語源がどの言語に由来するのか判別するのが困難である．そうした語彙は，語源辞典では語源不詳と記述されるのが普通である．バスク語との関係が推測される語彙もかなり多いが，隣接する古代の諸言語間には当然言語接触があったと見られるので，バスク語固有のものであったのかどうか確認するのは困難である．それよりさらに古い基層に由来する可能性もある．また，バスク語とラテン語およびその後身のロマンス語との接触は常に持続していたので，基層の問題ばかりでなく後世にスペイン語が借用した可能性も考える必要があるだろう．

A. 一般語彙

a. 起源不明――おそらくはイベリア語または非印欧系言語が起源と推定されるもの

〔自然・地形〕alud「なだれ」，arroyo「小川」，balsa「水たまり」，barranco「断崖」，barro「泥」，breña「険しい荒れ地」，charco「水たまり」，nava「盆地」，ráfaga「突風」，sima「深い穴」，vega「平野」；〔植物〕aulaga「ハリエニシダ」，carrasca「ケルメスナラ」，chaparro「ヒイラギガシ」，coscojo「ケルメスナラの虫こぶ」，madroño「マドローニャ（コケモモの類）」，zarza「木イチゴ」；〔動物〕becerro「子牛」，conejo「ウサギ」，galápago「ウミガメ」, garrapata「ダニ」, gusano「虫」, perro「犬」, sapo「ヒキガエル」;〔住居・道具〕abarca「サンダルの1種」, cama「寝台」, gorra「帽子」, toca「頭巾」, tranca「棍棒」;〔生活〕ascua「燃えさし」, manteca「脂肪, ラード」, moño「まげ」, morcilla「腸詰め」, sarna「疥癬」, silo「サイロ」, tamo「けば」;〔人間〕bruja「魔女」, gordo「太った」, legaña「目やに」, muñeca「手首」, pestaña「まつげ」

b. バスク語起源とされるもの

cencerro「カウベル」, charro「田舎風の」, izquierdo「左の」, laya「鋤（すき）」, pizarra「石板, スレート」, sabandija「トカゲ, 虫」, zamarra「チョッキ」, zurdo「左利きの」

c. 印欧系で非ケルト語起源とされるもの

aliso「ハンノキ」, páramo「荒野」,

d. ケルトイベリア語起源とされるもの

〔自然・地形〕berrueco「岩山」, comba「湾曲」, légamo「へどろ」, losa「平石」;〔植物〕abedul「シダカンバ」, álamo「ポプラ」, berro「クレソン」, brezo「ヒース」;〔動物〕berrendo「まだらのある」, garza「サギ」;〔農業〕amelga「畝」, colmena「（ミツバチの）巣箱」, gancho「フック」, huero「空っぽの, （卵が）無精の」;〔住居・道具〕baranda「手すり」, porra「棍棒」, tarugo「木片」;〔その他〕basca「吐き気」, brío「活力」, cantiga / cántiga「頌歌」, greña「ぼさぼさの髪」

この他にスペイン語には半島外のケルト語起源と見なされる語彙もある. その多くは古い時代にガリア語からラテン語に採り入れられ, ラテン語とともにイベリア半島にもたらされた：alondra「ヒバリ」, braga「パンツ」, cabaña「小屋」, camisa「シャツ」, carpintero「大工」（< L. carpentārius ← carpentum「二輪馬車」）, carro「荷車」, cerveza「ビール」, camino「道」, legua「レグア（距離の単位）」, pieza「物品, 断片」, salmón「鮭」, vasallo「家臣」など.

B. 地名

語彙の中で地名は基層の影響がもっとも残りやすい分野である. しかし, 地名はその地域にかつて存在した古い基層言語による可能性も大きいので, 語源を探るのは困難な場合が多い.

a. 起源不明――イベリア語を含む非印欧語起源とされるもの.

〈半島東部・南部の -eno / -ena の付く地名〉Caracena, Leciñena, Lucainena, Navaleno;〈主に北部の -ar / -ara の付く地名〉Andújar, Béjar, Láncara, Modúbar, Mondéjar, Nájera

接尾辞 -eno / -ena はローマ支配期にも生産的で，ラテン語の人名に付いた例も見られる：Mairena（< Marius), Marchena（< Marcius), Purchena（< Porcius), Villena（< Bellius）

b. バスク語起源――半島北部.

〈hiri / uri「都市」と関連する地名〉Ilerda（< L. Ilerda), Elche（< L. Illici), Elvira（< L. Illiberi), Calahorra（< L. Calagurris);〈etxe「家」と関連する地名〉Echevarri, Egea, Iruecha, Javerri, Javier, Javierre, Jereza, Jérica;〈arantza「サンザシ」と関連する地名〉Arancedo, Aranjuez

c. 非ケルト系の印欧語起源

〈半島北部の -asco / -osco / -usco の付く地名〉Benasco, Benasque, Velasco, Viascón, Amusco, Biosca, Orusco

この接尾辞は北イタリアのリグリアから南フランス，イベリア半島まで地中海沿岸に広がっていたリグル語（ligur）起源とされる．リグル語は非印欧系とする説もある.

d. ケルトイベリア語起源――特に半島西部および中部.

〈-briga「要塞」を含む地名〉Alpuébrega（< L. Alpobriga), Coimbra（P.< L. Conimbriga), Munébrega（< L. Munobriga）;〈 -dunum「要塞」を含む地名〉Berdún, Besalú, Boldú, Navardún, Salardú, Verdú;〈seg-「勝利」を含む地名〉Segorbe（< L. Segobriga), Segovia（< L. Segovia), Segoviela, Segoyuela, Cigüenza, Sigüenza（< L. Segontia）;〈argant-「銀」を含む地名〉Arganda, Argandoña, Arganza

e. フェニキア語・ポエニ語起源――半島東部沿岸およびバレアレス諸島.

〈フェニキア語〉España（< L. Hispānia), Cádiz（< L. Gādēs < Gadir), Málaga（< L. Malaca < Malaka), Medina Sidonia（< L. Sīdōn < Sidun）;〈ポエニ語〉Cartagena（< L. Carthāgō Nova), Ibiza（< L. Ebusus), Mahón（< L. Portus Māgōnis）

f. ギリシャ語起源――半島東部沿岸.

Ampurias（< L. Emporiae < 'Εμπόριον), Denia（< L. Diānium < Διάνιον）

2.3. ラテン語の発展

2.3.1. ラテン語の興隆と変遷

ラテン語の最古の資料は前5世紀頃から残っている碑文である．最古の時代には多数の方言に分かれていたと見られるが，前4世紀頃からローマが発展・拡大するに伴い，ローマ方言を中心に言語的統一が進むようになった．この時代の言語は古期ラテン語（latín arcaico）と呼ばれる．前3世紀にローマは南イタリアでギリシャ文化と接触したことにより，それに触発されてラテン文学が誕生する[14]．前1世紀に至ると古典ラテン語（latín clásico）が成立し，キケロに代表されるラテン語の散文が完成を見るようになった．紀元前1世紀と紀元1世紀にまたがるラテン文学の黄金時代にはウェルギリウスなどによって韻文も完成の域に達した．1世紀から2世紀にかけてローマは最盛期を迎えるが，文学史上は絶頂期を過ぎて白銀時代と呼ばれ，修辞と技巧を凝らした文学が生み出された．3世紀以降はラテン語も少しずつ変化して後期ラテン語（latín tardío）と呼ばれる時代に入る．この時期はローマ帝国にキリスト教が浸透し，ラテン語作品の中では宗教的文書が最も重要性を持つようになる．言語的にはキリスト教と結びついたギリシャ語の影響がさらに強まり，また民衆語が反映するようになった．

2.3.2. 俗ラテン語の分岐

古典ラテン語が成立し，文章語の規範が確立した頃からそれと民衆的な口語は分離し始めた．特に紀元後の帝政期に入ると，固定化した文語に対して変化してやまない口語は次第に乖離して行き，3世紀頃には両者の相違がはっきり認識されるようになったと見られる．このような民衆の口語的な特徴を反映する言語を俗ラテン語（latín vulgar）と呼ぶ．5世紀に西ローマ帝

[14] ヘレニズム世界の共通語であり，文化語でもあったギリシャ語の重要性は大きく，前2世紀にギリシャ本土がローマの支配下に入ると，その影響力はますます強まる．ローマの教養人にとってギリシャ語の知識は不可欠のものであり，ローマ帝国はラテン語とギリシャ語の二言語併用と言ってもよい社会であった．ギリシャ語はラテン語の傍層言語として語彙・表現だけではなく文法面でも影響を与えた．

国が崩壊すると，旧帝国内の言語的統一は次第に失われ，口語と文語との相違も大きくなって行った．6~7世紀になると文語のラテン語は，教育を受けずに理解するのは困難となり，キリスト教聖職者や学者・文人のみが使用する言語となった．さらにこの時代より後になると，旧西ローマ帝国の版図であったラテン語の使用地域，つまりロマニアは，相違の大きいラテン語の2変種，中世ラテン語とロマンス語が共存する二言語使い分け（diglosia）の社会に移行する．

ちなみに，東ローマ（ビザンチン）帝国は15世紀末まで存続するが，ヘレニズム文化の中心地域であっただけにギリシャ語の勢力が強く，ラテン語の使用は限られていた．儀式など公的な場では6世紀までラテン語が使用されたが，その後はバルカン半島の周辺部などを除き完全にギリシャ語化した．

2.4. 俗ラテン語

2.4.1. 俗ラテン語の概念

俗ラテン語は古典ラテン語と対比される概念であるが，両者の関係については，さまざまの見解が従来示されてきた．たとえば，話し言葉と書き言葉，民衆語ないし俗語と正式の言語，地方の言語とローマのような大都会の言語，帝政末期の言語と初期の言語などの対立概念である．しかし，今日では古典ラテン語（ないしその後身の後期ラテン語）と対置されるような別種のラテン語が並行して存在したとは考えないのが普通である．実際に，一貫して俗ラテン語で書かれた文献などというものは存在せず，その実態はさまざまの断片的な資料から再構されたものでしかない．したがって，古典ラテン語が成立した時期からロマンス語が成立したと見られる時期（8世紀頃）までの話し言葉にあったと推定される民衆的な言語特徴の総体を俗ラテン語と考えるのが妥当である．俗ラテン語の直接的な資料としては庶民の残した碑文や落書き，俗語が多く含まれる文献，とりわけキリスト教文書や技術書の語彙・語法，文学作品中に現れる口語的表現，文法家の残した誤用を指摘する記述などがある[15]．間接的資料となるのはロマンス諸語を比較して行われる再構，ゲルマン語など他言語に借用された語彙からの推定などである．このようにして再構された俗ラテン語は原ロマンス語（protorromance）とか前ロマンス語（prerromance）と呼ばれることもある．これはまた特に西ローマ帝国滅亡からロマンス語成立までの時期の俗ラテン語を指している場合もある．しかし，いずれにせよ，ある一定の時期にロマニア全体にわたって均質な一つの言語が存在していたと考えることはできない．

2.4.2. 俗ラテン語の音韻的特徴

以下では古典ラテン語と対比しながら俗ラテン語で起きていた主要な変化と特徴を取り上げることにしたい．

A. アクセントの変化

最古の時代のラテン語のアクセントについては不明の点が多いが，古典ラテン語のアクセントは一般に高さ（ピッチ）アクセントであったとされている[16]．しかし，3~4 世紀にかけて俗ラテン語では古典期の高さアクセントを失って強勢（強さ）アクセントに移行し始め，5 世紀にはすでに移行が完成したと見られる．

古典ラテン語のアクセントの位置は語を構成する音節の型により規則的に定まっていた．つまり，古典ラテン語は固定アクセントを持つ言語であると言ってよい．1 音節語を除けば，原則として語末の音節（末尾音節）にアクセントが来ることはない．したがって，2 音節語は第 1 音節にアクセントがある（例：lú.pus「オオカミ」，á.qua「水」）．3 音節以上の語は，末尾から数えて 2 番目の音節（末尾第 2 音節）が長ければ，そこにアクセントがあり，短ければその前の末尾第 3 音節にアクセントがある（例：á.ni.mus.「魂」）．長い音節とは長母音もしくは二重母音を含む音節（例：a.mī́.cus.「友人」，a.láu.da.「ヒバリ」）または閉音節，つまり子音で終わる音節を指す（例：a.lúm.nus.「養子」）．ただし，閉鎖音＋流音 r の組合せは別の音節に分かれないので，その閉鎖音と直前の母音が閉音節を作ることはない，つまり長い音節とはならない（例：cá.the.dra.「ひじ掛けいす」）．また，アク

---

[15] 俗ラテン語的な語彙と「正しい」ラテン語の語彙を対比したリストとして有名なものに 3~4 世紀に書かれた Appendix Probi（プロブス文典付録）がある．

[16] ラテン語のアクセントの本質については議論があり，最近では初めから一貫して強勢アクセントであったという説もある．v. Lloyd（1987: 88）．

セントは末尾第3音節よりも前にさかのぼることはない.

俗ラテン語では後述のように母音の長短の区別がなくなったので，音節の長短の区別も失われ，語形だけでアクセントの位置が自動的に決まるということはなくなった．つまり俗ラテン語は，アクセントの位置が語によってそれぞれ相違する自由アクセントの言語に変わったことになる.

B. 母音の変化

a. 古典ラテン語の母音体系

古典ラテン語は / i, e, a, o, u / の5母音体系であるが，各母音にそれぞれ長短の差異があったので，次の10母音が区別されていた：/ ī, ĭ, ē, ĕ, ā, ă, ŏ, ō, ŭ, ū /[17]．日本語と同じように長母音は短母音より持続時間が長く発音されたと考えられる．この他，少数のギリシャ語からの借用語に正書法では y で表される / y, ȳ/ があったが，早い時期から / ĭ, ī/ と発音されていたと見られる．二重母音としては / ae, oe, au / の3種類があった[18].

正書法上では，母音は書かれたとおりに発音されるが，母音の長短は表記されない[19]．なお，古代のラテン語にはいわゆる大文字しかなかった．小文字が使用されるのは中世以降のことである．また, J と U の文字は存在せず, I と V がそれぞれ母音，半子音のどちらを表すのにも用いられた.

b. 俗ラテン語における母音変化

(a) 母音の変質

古典ラテン語の母音体系は，3~4 世紀にかけてアクセントの変質と並行して母音の長短の差異が音色の差異に変質したと見られる．高さアクセントが強勢アクセントに変質したことによって強勢の置かれる母音は長めに調音されるようになったため，母音の長さは余剰的な特徴となってしまい，代わりに長母音は開口度がより小さく，張りを伴って調音され，短母音はより開口度が大きく，ゆるみを伴って調音されるようになったのである．ただし，

---

[17] ラテン語の長母音を音韻論的にどう解釈するか，つまり長母音を短母音とは別の音素と見なすか，同じ母音の連続と見なすかは議論が分かれるところである．後者が妥当のように思われるが，この問題には立ち入らないでおく.

[18] この他，eu, ei, ui という母音の組合せも例外的に出現する.

[19] 現代のラテン語教科書等では母音の長短を記号で示すことがある．本書では原則として長音のみを記号で示す.

ā / ă は長短の区別がなくなると同時に開口度の差異も生じず，結局，古典ラテン語の長短 10 母音の体系が開口度の異なる 9 母音の体系に変化したと推定される．後に西ロマンス語では，これが 7 母音体系に縮小する[20].

古典ラテン語	/iː/	/i/	/eː/	/e/	/aː/	/a/	/o/	/oː/	/u/	/uː/
	｜	｜	｜	｜	＼	／	｜	｜	｜	｜
俗ラテン語	/i/	/ɪ/	/e/	/ɛ/	/a/		/ɔ/	/o/	/ʊ/	/u/

二重母音も次のように変化し，単母音化したと見られる．

/ae/ > /ai/ > /ɛː/ > /ɛ/　/oe/ > /oi/ > /eː/ > /e/　/au/ > /ou/ > /oː/ > /o/

ae の単母音化はもっとも早く前 2 世紀から始まり，oe の単母音化は 1 世紀から始まった．しかし，au の単母音化はそれよりもずっと遅く，東ロマニアでは二重母音のまま維持された．イベロロマンス語でもポルトガル語では ou に変化した段階で止まっている：aurum「金」> P. ouro, E. oro, R. aur

(b) 無強勢母音の消失

強勢アクセントへの移行とともに無強勢音節にある母音の語中音消失 (síncopa) が起きるようになった：oculu(m)「目」> *oc'lu, vetulu(m)「年とった」> *vet'lu > veclu.　calidu(m)「熱い」> *cal'du

(c) 新しいワウの発生

下記の半子音 /w/ の摩擦音化に並行して俗ラテン語では新たなワウが発生した．ワウ (wau) とは二重母音を構成する半母音の [u̯] を指す．古典ラテン語にはすでにワウは存在した：aurum, taurus「雄牛」．新しいワウは音節末子音の母音化 (alteru (alter「どちらか一つの」> autru)，音位転換 (vidua「未婚女性，未亡人」> viuda) などにより発生した[21]．このワウは直前の音節に一定の影響を及ぼすことになる．

(d) ヨッドの発生

下記の半子音 /j/ の摩擦音化と並行して，俗ラテン語では古典ラテン語で

---

[20] Lausberg (1970: 210) によれば，イタリア半島ではすでに 3 世紀までに 7 母音体系になっていたとしており，これを古典ラテン語の音量的体系に対して「イタリック音質的体系 (sistema cualtitativo itálico)」と呼んでいる．

[21] 音位転換または音位転倒 (metátesis) とは同じ語の中でそれを構成する音が位置を変えることを言う．2 音が互いに位置を交換する場合 (相互音位転換) と 1 音のみが位置を変える場合 (単純音位転換) がある．

母音連続を構成していた母音の一つが変化してヨッドを形成するようになった[22]．ヨッド（yod）とは二重母音を構成する半母音の [i̯] を指す．たとえば，ratiōne(m)（ratiō「計算」）は ra.ti.ō.ne(m)．と 4 音節に分節され，隣接する /i/ と /o:/ は別の音節を構成する母音連続であった．しかし，俗ラテン語でアクセントが強勢アクセントに変質したのに伴い，/i/ または /e/ とその直後の母音は二重母音化し，/i, e/ がヨッド化するようになった：vī.ne.a(m)「ブドウの木」＞ vi.nia., mu.li.e.re(m).（mulier「女」）＞ mu.lié.re. この変化は少なくとも 1 世紀には生じていたと推定される．俗ラテン語で発生したヨッドは，このように母音連続の解消によるものだけではない．母音の音位転換（bāsiu(m)「接吻」＞ *baisu），子音の消失（amāvī（amō「愛する」の完了 1sg.）＞ *amái），あるいは音節末の子音の口蓋化（lacte（lac「牛乳」）＞ *laite）によっても発生した．これらのヨッドは，それを含む音節またはその直前の音節に影響を与え，さらに二次的な音変化を生じさせることになる．

C. 子音の変化

a. 古典ラテン語の子音体系

紀元前 1 世紀 ～ 紀元 1 世紀の古典ラテン語は次のような子音体系を持っていたと考えられる．

		唇　音	歯　音	軟口蓋音	声門音
閉鎖音	無声	p	t	k	
	有声	b	d	g	
無声摩擦音		f	s		h
鼻　音		m	n		
側面音			l		
顫動音[23]			r		

このラテン語の子音体系は，調音点から見ると硬口蓋音の系列が欠けてお

[22] 異なる音節に属する 2 母音が隣接することを母音連続（または母音分立，hiato）と言う．

[23] ロマンス語学などの慣用でははじき音（単顫動音）とふるえ音（複顫動音）を総称して顫動（センドウ）音（vibrante）と呼ぶ．なお，伝統的に顫動音と側面音は併せて流音（líquida）と呼ばれる．

り，調音法から見ると有声摩擦音の系列が欠けていることが特徴である．/h/ 以外の子音は，母音間では重子音（consonante geminada）となることがある（正書法では -pp-, -tt-, -cc-, -ss-, -nn-, -ll-, -rr- など）．ただし，有声閉鎖音の重子音 -bb-, -dd-, -gg- および -ff-, -mm- が出現するのはまれである．上記のほかに，[kw]（正書法では qu-）および [gw]（同じく gu-）をそれぞれ1つの音素と認める見解もある．さらに，前述の半母音のヨッド [i̯] およびワウ [u̯] については，母音 /i/ および /u/ の異音と見なす見解とこの両方またはワウ のみを独立した子音音素と認める見解もあり，意見の分かれるところである[24]．こうしたラテン語音韻論の問題については深く立ち入らず，ここではいずれも独立した音素とは認めないことにする．

ラテン語の正書法は規則的で，原則として1字1音を表すので，上記の子音もほぼそのまま正書法上の綴字と一致する．ただし，/k/ は c か q（qu [kw] という結合のみ），まれに k で表記される．また，子音結合 /ks/ を表す文字 x がある．その他に，主にギリシャ語からの借用語で ph, th, ch という帯気音を表す綴字が見られ，同じくギリシャ語借用語で z と母音字 y が用いられた．教養のある階層は，これらの文字をギリシャ語風に発音したが，その発音は一般民衆には普及しなかったようである．

b. 俗ラテン語における子音変化

(a) 語末の /-m/ の消失

語末の /-m/ は前2世紀より前の古期ラテン語の碑文ではむしろ表記されないのが普通であった：oceanu（ōceanus「大海」の対格）．古典ラテン語では正書法上で復元されているが，実際にどのように発音されていたかは必ずしも明らかではない．鼻音としては発音されず直前の母音が鼻母音化していたのではないかと推定する説もある．俗ラテン語では原則として消失した．

(b) /h-/ の消失

気音 /h/ はすでに共和制時代の前1世紀には消失していたと見られる．それを反映した綴り字も現れる（habere「持つ」> abere, homo「人」> omo）

---

[24] Väänänen（1981:100）は /kw, gw, y, w/ ばかりでなく /ŋ/（dignus などの g）も音素と認めている．Alarcos Llorach（1968: 229-230）はいずれも音素とは認めないか，もしくは音素の資格は疑わしいとし，/h/ もラテン語の早い時期から消失したという理由でやはり音素から外している．

一方で，黙音化することは卑俗な習慣と見なされていたので，過剰修正によって不要な h を書いた例も現れる[25]：arena「砂」> harena.

（c）半子音 /w/ の摩擦音化

古典ラテン語の母音 /u/ は音節頭にある場合，半子音（接近音）[w] として発音されたと考えられる（本来のラテン語の正書法では常に v だが，現代の表記では音節頭は v，音節主音の場合は u で表す）：vacca「雌牛」，avis「鳥」．つまり，母音 /u/ の条件異音として [w] が存在したと見なすことができる．俗ラテン語では，この音が帝政期が始まる 1 世紀には摩擦音化（[w] > [ß]）していた．この変化により v と b との混同が生じるようになった．さらにこの音はロマニアの多くの地域で唇歯音 [v] に変化した．しかし，この最終段階の [ß] > [v] の変化はイベリア半島全体には及ばなかったようである[26].

（d）半子音 /j/ の摩擦音化

古典ラテン語で音節頭にある母音 i は半子音（接近音）[j] として発音されていたと推定される（現代のラテン語表記では j で表すのが普通）：jam「もう」，major「もっと大きい」．つまり，母音 /i/ の条件異音として半子音（接近音）[j] が存在していたと考えられる．俗ラテン語では 2~3 世紀頃からこの音が子音的特徴を強めるようになり，やがて地域によっては摩擦音 [ʝ] もしくは [ʒ]（または破擦音 [dʒ]）に移行し始めたと見られる．これは古典ラテン語になかった一連の硬口蓋音が形成される過程の先駆けとなる現象であった．

（e）/ku̯/ のワウの消失

qu- /ku̯/ という結合の /u̯/ が消失する傾向は古期ラテン語にもあったが，俗ラテン語では 1 世紀に comodo（< quōmodo「どのように」）のような例が現れ始める．その後，母音 /a/ の前を除いてこの消失傾向は強まり，ecus（< equus「馬」），cocina（< coquīna「飲食店」）のような例が出現する．

（f）ヨッドによる口蓋化

---

[25] 過剰修正（ultracorrección, hipercorrección）とは十分な言語知識のない話者が正しいと信じてかえって誤った音や形式を用いることを指す．

[26] Lapesa（1981:39）は，ローマ化がもっとも進んだイベリア東部と南部ではこの変化が起きたが，その他の地域では起きなかったとしている．

俗ラテン語で母音が変化して生じたヨッドは隣接する子音を口蓋化する働きをした[27].

（1）/di̯ / および /gi̯ / の口蓋化——ヨッドが後続する /d/ と /g/ は 1 世紀頃の俗ラテン語では口蓋化を起こし，重音の [j:]（または [d:j]）に変化したと見られる．その結果，j [j] との混同が起きるようになった．当時の綴り字では i や z で書かれることがある：adjūtor「協力者」> aiutor, diēbus（diēs「日」の与格）> zebus

（2）/ti̯/ の口蓋化——ヨッドが後続する /t/ は口蓋化を起こし，2 世紀頃には [ti̯] > [ts] の変化が生じた．綴り字では tz, z, c などで書かれることがある：Vincentius > Vincentzus, justitia「公正」> justicia.

（3）/ki̯/ の口蓋化—— /ti̯/ に続いて /ki̯/ も口蓋化を起こして [ki̯] > [ti̯] > [ts] と変化し，/ti/ に由来する [ts] と混同が生じる結果となった．それを反映して次のような綴り字が現れる：fatio（< facio「作る」）．ただし，ロマニアの一部地域（中部イタリア，レティア，フランス）では両者の区別が維持される．

（g）/k, g/ + /e, i/ の口蓋化

以上のような口蓋化が起きた後，第 2 段階の口蓋化が前舌母音 /e, i/ の前の /k/ と /g/ に起きた．前記の /ki̯/ と /gi̯/ の場合は口蓋化が起きた後，ヨッドそのものは消失したが，この場合は母音 /e, i/ が消失することはない．この口蓋化が反映したと見られるラテン語の綴り字は 5 世紀以降に現れる：incitamentum「拍車」）> intcitamento, septuaginta「70」）> setuazinta. ただし，この変化はロマニア全体には広がらず，サルディニア語やダルマチア語では生じなかった．イベリア半島では 5 世紀初め西ゴート人の侵入以降の時代に変化が起きたと推定される．口蓋化による変化の過程は，途中までロマニア全体で共通しているが，最終的な結果は東西で異なっている[28].

西ロマニア：　[k] > [k^{j}] > [t^{j}] > [ts]

東ロマニア：　[k] > [k^{j}] > [t^{j}] > [tʃ]

---

[27] 口蓋化（palatalización）とは，ある音の調音点が隣接する音の影響で硬口蓋に向って上昇する現象を言う．日本語では一般に五十音のイ列（キ，シ，チ，ニなど）の子音は後続の母音イの影響で口蓋化を起す．

[28] Alarcos Llorach（1968: 239）は，フランス語，スペイン語では最終段階で [tʃ] > [ts] の変化が起きたとする．

同じく前舌母音の前で /g/ も口蓋化したが，変化の結果と地域的分布の関係は /k/ の場合と異なっている．東・西ロマニアの境界とは一致せず，次のように3つの流れに分れた．

北イタリア諸方言：　[g] > [g^j] > [d^j] > [dz]

中部・南部イタリア諸方言，ルーマニア語，レトロマン語，古フランス語，古ポルトガル語：　[g] > [g^j] > [d^j] > [dʒ]

スペイン語，シチリア方言：　[g] > [g^j] > [d^j] > [j]

(h) 母音間の有声閉鎖音の摩擦音化

西ロマニアでは一般に母音間の閉鎖音に軟音化現象が起き[29]，摩擦音化したと見られる．2世紀のヒスパニア碑文には次のようなそれを裏付ける例がある： cubiculum「寝室」> cuuiculo, immūtāvit（immūtō「変える」の完了3sg.）> imudavit．有声閉鎖音の中では特に -b- にこの傾向が著しかったが，これは前記のワウ，つまり v の子音化現象と並行していた．このため，1世紀以降，b と v の表記の混乱がよく見られる： viginti「20」> biginti, bene「良く」> vene.

(i) 子音連続の同化

母音間にあって隣接する子音連続が同化する現象はすでに紀元前から民衆的な傾向としてあったらしく[30]，帝政期以降の俗ラテン語ではそれが顕著になった．ただし，その広がりはロマニアの地域によって相違がある．

/rs/ > /s/: dorsum「背中」> dossum　sūrsum「上の方へ」> susum

/ns/ > /s/: cēnsor「監察官」> cesor　mēnsa「テーブル」> mesa

/nf/ > /f/: īnfāns「子ども」> ifas

cōnfēcī（cōnficiō「仕上げる」の完了 lsg.）> cofeci

/pt/ > /t/: scrīptus「書かれた」> scritus

---

[29] 軟音化（lenición）とは母音間で子音の調音が弛緩する現象．ケルト語では顕著に見られる．

[30] 語中においてある音節の末尾子音と次の音節の頭子音が隣接する場合，それを子音連続（secuencia de consonantes）と呼ぶことにする．同化（asimilación）とは，同じ語のある音が隣接する他の音に作用して，その音声的特徴の一部または全部が共通になるよう変化させることを指す．先行する音が後続する音を同化する場合を進行同化，逆の場合を逆行同化，互いに別の音に変わる場合を相互同化と言う．

septembre（september「7 月」の奪格）> setembre

/kt/ > /t/: facta（factum の複数「結果」）> fata

auctor「証人，著者」> autor

/ks/ > /s/: vīxit（vīvō「生きる」の完了 3sg.）> visit

/ps/ > /s/: ipse「自身」> isse

(j) 語末の /s/ の弱化・消失

語末の /-s/ は古期ラテン語の時代には弱化傾向があったようで，名詞変化語尾の -s が落ちている例がある．しかし，古典期にはそうした脱落は影を潜める．その後，東ロマニア（中部・南部イタリア，バルカン半島）では語末の -s が消失する新しい傾向が現れ，西ローマ帝国滅亡後の時期に完全に消失した．しかし，西ロマニア（北部イタリア，ガリア，ヒスパニア）ではこの消失が起きなかった．前述のとおり，これは東・西ロマニアを分ける重要な指標となっている．

2.4.3. 俗ラテン語の文法的特徴

A. 名詞の語形変化

a. 格体系の縮小

古典ラテン語の名詞には 3 性（男性・女性・中性），2 数（単数・複数），6 格（主格，呼格，対格，属格，与格，奪格）の文法範疇があり，それによって語形変化（曲用 declinación）を行った．その変化の仕方によって名詞は 5 種類の曲用型に分かれる．その中で代表的な 3 類型について第 1 曲用（I）の女性名詞 terra「大地」，第 2 曲用（II）の男性名詞 lupus「オオカミ」，第 3 曲用（III）の男性名詞 mōns「山」を例にとって語形変化を次に示す．

	I		II		III	
	単数	複数	単数	複数	単数	複数
主格	terra	terrae	lupus	lupī	mōns	montēs
呼格	terra	terrae	lupe	lupī	mōns	montēs
対格	terram	terrās	lupum	lupōs	montem	montēs
属格	terrae	terrārum	lupī	lupōrum	montis	montum
与格	terrae	terrīs	lupō	lupīs	montī	montibus
奪格	terrā	terrīs	lupō	lupīs	monte	montibus

帝政時代の1世紀頃から俗ラテン語では格の用法に混乱が生じ，その使用の縮小が始まった．この変化を招き寄せた条件は，音変化によって格語尾の区別が曖昧になったことであるが，それと同時に格に頼らず語順と前置詞の使用によって統語関係を示そうとする傾向が強まったことが重要である．語順に関しては後述するが，前置詞に関しては，属格の代わりに ex「から」，dē「から外へ」，与格の代わりに ad「へ」，奪格の代わりに in「において」，cum「とともに」，per「によって」などが使用されるようになった．これらの前置詞は，古典ラテン語でも一定の用法で格の使用を補完するために用いられていたが，その使用が拡大したのである．こうして名詞の統語関係は格変化による総合的表現から語順と前置詞による分析的表現へと変化した．古典ラテン語の6格のうち，呼格，奪格は廃れ，属格と与格は形態的に融合して，俗ラテン語では次第に主格，属・与格，対格の3格に収斂し，さらに対格はあらゆる前置詞に支配される格，すなわち前置詞格的な機能を担うようになり，結局対格と前置詞に支配されない主格の2つだけが残ることになった．その結果，5~6世紀にかけてロマニア全体で主格（直格）と対格（斜格）の2格体系が成立したようである．俗ラテン語で成立した2格体系は次のような形態をとっていたと推定される．

	I		II		III	
	単数	複数	単数	複数	単数	複数
主格	terra	terrae / terras	lupus	lupi	mons / montis	montes
対格	terra	terras	lupu	lupos	monte	montes

さらに，7世紀末になると西ロマニアの大部分では主格が消失し，名詞は残る対格1つだけとなって，格体系は消失した．ただし，ガリアのフランス語およびオック語では14~15世紀まで2格体系が維持された．東ロマニアでもルーマニア語諸方言を除き1格体系となった．ルーマニア語は今日でも2格体系を保っているが，これは俗ラテン語の格体系が継承されたものか，それが崩壊した後，新たに再構成されたものなのか明らかではない[31]．

[31] 俗ラテン語の2格体系と異なり，ルーマニア語の2格体系は主・対格と属・与格との対立であり，形態から見てもラテン語の体系がそのまま維持されたとは考え難いところがある．

b. 中性の消失

1 世紀頃から中性名詞の衰退傾向が現れ始める．もともと中性名詞は男性名詞と同じ第 2 曲用に属するものが多く，男性名詞と似た格変化を行っていた．このためラテン語の初期の時代から男性名詞と混同を起こすことがあった．俗ラテン語では音変化によって語尾の区別が曖昧になったこともあって男性名詞との混同が進むようになった：balneum「浴室」> balneus, vinum「ブドウ酒」> vinus．中性名詞の消失は 4~6 世紀にかけて進行した．しかし，俗ラテン語の時代には中性名詞がまだ完全に消失するには至らなかった．その後のロマンス語の段階になると，一般に中性名詞は男性名詞に合流して男性・女性の 2 性体系が完成した．ただし，ルーマニア語では変則的な形態として中性名詞が残っている[32]．

中性名詞の大部分は男性名詞に移行したが，第 3 曲用の中性名詞の一部は女性名詞に転化したものもある．そうした語の中にはロマンス諸語間で男性・女性に分化し，同じ言語の中でも揺れをみせているものがある：lāc「乳」> P. leite m., E. leche f., C. llet f., F. lait m., I. latte m.; mare「海」> P. mar m., E. mar m./ f.[33]，C. mar m./ f., F. mer f., I. mare m.

c. 曲用型の縮小

古典ラテンの語の名詞は幹母音の相違により 5 種類の曲用型（変化パターン）があった．次に 5 類型の幹母音と実例を示す[34]．第 3 曲用（III）の nāvis は「船」を意味する．

曲用型	I	II	III		IV	V
幹母音	-ā	-ŏ	子音語幹	-ĭ	-ŭ	-ē
実例	terra	lupus	mōns	nāvis	manus	māteriēs

以上のうち，第 5 曲用（V）の女性名詞はすでに古典期に第 1 曲用（I）に同化する傾向があり（māteriēs「木材，材料」> māteria, faciēs「外観，

---

[32] ルーマニア語文法では混性（mixed gender）とも呼ばれ，単数では男性名詞，複数では女性名詞として扱われる．

[33] スペイン語の mar は通常は男性名詞（el mar）であるが，一定の表現では女性名詞となる：la alta mar「外洋」.

[34] 動詞や名詞の語根に付加されて語幹（tema）を作る母音を幹母音（vocal temática）と言う．語幹にはさらに変化語尾（desinencia）が付く．

顔」> facia, diēs「日」> dia），同様に第4曲用（IV）の名詞（domus「家」, manus「手」）は第2曲用（II）と混同されることがあった．俗ラテン語ではこの傾向が定着して第4・第5曲用は消失し，曲用型は5種類から3種類（I: -a, II: -o, III: -e）に縮小した．

B. 形容詞の語形変化

a. 性・格の縮小

ラテン語の形容詞は文法範疇の面でも形態面でも名詞と共通点が多い．このためラテン語文法ではどちらも名詞（nombre）とされ，その下位分類として実体詞（sustantivo），つまり狭い意味の名詞と形容詞（adjetivo）とに分けられる．名詞に起きた歴史的変化は当然形容詞にも及ぶことになった．形容詞は名詞の性・数・格に一致して変化するが，名詞と同様に性と格は縮小し，2性・2格体系となった．ただし，スペイン語の「中性定冠詞＋形容詞」lo bueno のような形式は，形容詞の中性形が男性形と同形のものとして維持されたと見ることもできる．

b. 比較変化の消失

古典ラテン語で形容詞は比較級と最上級の形式を持ち変化した：［原級］fortis, -e「強い」，［比較級］fortior, -ius,［最上級］fortissimus, -a, -um. しかし，俗ラテン語では比較級の副詞 magis あるいは plūs「もっと多く」による分析的表現をとるようになった：fortior → magis fortis / plūs fortis. ロマンス諸語ではこれら副詞の一つを固定化して使用するようになった：P. mais forte, E. más fuerte, C. més fort, R. mai tare; F. plus fort, I. più forte. しかし，使用頻度の高い少数の不規則な比較級はロマンス語まで受け継がれた．

最上級の形式も次第に使用されなくなる．すでに古典ラテン語には「maximē＋形容詞」という最上級の分析的表現があったが，俗ラテン語では multum, bene, sānē などの副詞が絶対最上級の意味を表すのによく利用された：multum bonus「非常によい」.

C. 冠詞の萌芽

古典ギリシャ語が古くから定冠詞を発達させていたのとは対照的に古典ラテン語には冠詞がなく，名詞の定・不定の区別は主に文脈によって示されていた．冠詞の形成はロマンス語の時代に入ってからであるが，俗ラテン語にはすでにその萌芽状態が見られる．

a. 定冠詞の起源

帝政末期から指示形容詞 ipse「それ自身（の）」または ille「あの」が名詞と頻繁に結びつき，前方照応的に用いられていた．つまり，指示詞が場面指示から文脈指示へと適用範囲を広げていたわけで，さらに総称的な用法まで現れ，定冠詞に近づいて行った．

b. 不定冠詞の起源

名詞について「ある一つの」という不定の意味を表すために古典ラテン語では不定形容詞 quīdam「ある種の」を用いたが，すでに数詞の ūnus「1つの」が用いられることもあった．4 世紀以降，この ūnus の不定冠詞的用法が一般化する一方で quīdam は消失した．

D. 動詞の活用

俗ラテン語における動詞の語形変化（活用）は名詞・形容詞に比べると保守的で，かなりの部分が維持された．しかし，ここでも語形変化による総合的表現から複合形式を用いた分析的表現へと移行する現象が見られる．

a. 受動態の消失と再構成

古典ラテン語の動詞活用には能動態と対立して受動態が存在したが，受動態は 5 世紀までに消失した．受動態の消失を招いた条件として次のような事実がある．

(1) ラテン語の受動態には動詞の語形変化による単純形式（未完了時制）と完了分詞を用いる複合形式（完了時制）が共存し，形態的に均一な体系ではなかった．次に第 1 活用の動詞 amō「愛する」を例として直説法 6 時制の受動態 1 人称単数形のみを示す．

現在	amor	完了	amātus sum
未完了過去	amābar	過去完了	amātus eram
未来	amābor	未来完了	amātus erō

(2) ラテン語には形式的には受動態であるが，能動の意味を持つ異態動詞（verbo deponente）や半異態動詞（verbo semideponente）が存在した．異態動詞とは，受動態の形式をとりながら意味は能動である動詞で，loquor「話す」，mīror「驚く」，luctor「格闘する」などがその例である．半異態動

詞とは，意味は能動であるが，完了系列の時制だけ受動態の形式をとる動詞で，例としては gaudeō「喜ぶ」/ gāvīsus sum, soleō「習慣である」/ solitus sum などがある．これらはラテン語の受動態が歴史的には中動態の機能も併せ持っていたことの名残であるが[35]，受動態の形式と受動という意味の対応関係に不透明性をはらむものであった．

こうした状況のもとで俗ラテン語では受動態に代わって複合形式による受動表現が再構成されるようになった．受動形式の再構成はまず完了時制から始まったと推測される．古典ラテン語の受動態完了時制は前記のとおり複合形式で表されたが，たとえば受動態完了には「過去の行為」と「現在の結果」という二つの意味があった：domus clausa est「家は閉ざされた」（過去の行為）/「家は閉ざされている」（現在の結果）．しかし，完了は次第に現在の領域に引き寄せられて現在の行為または結果を表すようになり，そこにできた過去を表す空白部分は助動詞の完了を用いる新しい複合形式で埋められることになった．こうして上記の古典ラテン語の受動態の時制体系は，次のような新しい体系で置き換えられるに至る．

現在	amātus sum	完了	amātus fuī
未完了過去	anātus eram	過去完了	amātus fueram

このような受動形式に加えて，後にロマンス語ではラテン語にはなかった再帰動詞による受動表現も発展するようになった．

b. 未来形の消失と再形成

俗ラテン語では未来形が消失し，やがて新しい未来形が再形成されることになった．未来形の消失を招いた条件としては次のような事実がある．

(1) ラテン語の未来形には形式上の統一性が欠けていた上に，一部の活用は他の時制と紛らわしい形態をとっていた．統一性の欠如とは，同じ未来時制でありながら第1～第2活用と第3～第4活用との間に大きな形態上の相違があったことである．実例を第1活用 amō，第2活用 moneō「気付かせる」，第3活用 dīcō「言う」，第4活用 audiō「聞く」の直説法未来1人称単数形で示す．

---

35 中動態（voz media）は印欧語に見られる態の一つで，サンスクリット語やギリシャ語に存在する．動作が自分自身になされること，自分自身のために行われることなどを示す．

I	II	III	IV
amābō	monēbō	dīcam	audīam

紛らわしい点とは，第2～第3活用では直説法未来と接続法現在の1人称単数が同形であり，直説法未来完了と接続法完了では1人称単数以外すべて同形であったことである．次に第3活用 dīcō の人称変化の例を示す．

直説法未来	dīcam	dīcēs	dīcet	dīcēmus	dīcētis	dīcent
接続法現在	dīcam	dīcās	dīcat	dīcāmus	dīcātis	dīcant
直説法未来完了	dīcerō	dīceris	dīcerit	dīcerimus	dīceritis	dīcerint
接続法完了	dīcerim	dīceris	dīcerit	dīcerimus	dīceritis	dīcerint

(2) さらに，俗ラテン語で生じた音変化により未来形と他の時制との区別に混乱が起きるようになった．たとえば，第1活用では未来と完了の間で語尾の子音変化のため混同が起きる：［未来］amabit > amavit /［完了］amavit．第3活用では現在と未来の間で語末母音の変化のため混同が起きる：［現在］dicit > dicet /［未来］dicet.

こうした状況の下，俗ラテン語では未来形に代わるいくつかの表現が使用されるようになった．代替表現としては次のようなものがある．

(1) 現在形による代用．特に確定的な未来の行為を表す場合には現在形が使用された．この現在形の用法は現代のロマンス諸語にも広く見られるものであるが，中部・南部イタリア方言の中には未来形が消失したまま再形成されなかった例もある．

(2) 複合形式の形成．新たに形成された主な表現形式は次のとおりである．

(ｉ) 未来分詞 + sum:	amātūrus sum
(ⅱ) 不定詞 + habeō:	amāre habeō
(ⅲ) 不定詞 + debeō / vōlō:	amāre debeō / amāre vōlō

これらのうち，(ⅱ) は初め義務・必然の意味を持つ表現であったが，次第に単なる未来の意味に転化した．(ⅲ) は義務を表す debeō「しなければならない」，意欲を表す vōlō「欲する」による表現形式である．後にルーマニア語では vōlō を用いる表現が未来時制に転化したが，その他のロマンス諸語では (ⅱ) 不定詞 + habeō の形式が未来時制として文法化された．

c. 複合時制の形成

俗ラテン語では古典ラテン語に存在した単純形式の完了形が新たに形成さ

れた複合形式で置き換えられるようになった．やはり，これにも変化を招き寄せるような条件があった．ラテン語の完了形には完了（現在完了 perfectum praesens）と過去（歴史的または物語の完了 perfectum historicum）の2つの意味があった．たとえば，scripsī は文脈により「(すでに) 書いてある」(完了) とも「(かつて) 書いた」(過去) とも解釈される．しかし，次第に過去の意味が優越するようになり，これと区別するために完了の意味は複合形式で表現されるようになった．そのために使用されたのは「完了分詞 + habeō」の形式である．この形式そのものはすでに古期ラテン語の時代から存在し，初めは構成素それぞれの意味が保たれており，完了分詞は直接補語（直接目的語）と性・数一致を行う：epistulam scriptam habeō「私は書かれた手紙を持っている，私は手紙を書いてある」．俗ラテン語では動詞によっては助動詞として habeō の他に sum を用いる形式も使用されるようになった．異態動詞・半異態動詞の完了（loquor → locūtus sum「私は話した」，gaudeō → gāvisus sum「私は喜んだ」）にならったものである．6世紀以降，これらの完了分詞を用いる複合形は現在完了の意味に近づくようになる．やがてこうした完了形にならって複合形式の過去完了「完了分詞 + habēbam / habuī」も発達し始める：comparātum habēbam「私は調達してあった」，missum habuī「私は送ってしまっていた」．

d. 接続法過去時制の再編

ラテン語の接続法には4時制があった．次に第1活用の動詞 amō の1人称単数形のみを示す．

現在	amem	完了	amāverim
未完了過去	amārem	過去完了	amāvissem

ところで，接続法の各時制は，直説法ほどその用法の区別が明確ではなく，文体的に選択の余地がある場合も少なくなかった．後期ラテン語の時代になると，過去完了形 amā(vi)ssem を未完了過去，時には完了の代わりに使用する傾向が強まる．その結果，未完了過去形 amārem は消失するに至った．完了形 amā(ve)rim は活用が似ている直説法未来完了 amāverō と混同が生じ，大部分のロマンス諸語では消失したが，スペイン語，ポルトガル語，古ルーマニア語などでは生き残った[36]．

e. 活用型の縮小

ラテン語の動詞には幹母音の相違により次の4種類の活用型があった．基本形である直説法現在1人称単数形と不定詞（不定法）の形式を合わせて示す．

活用型	I	II	III			IV
幹母音	-ā	-ē	子音	-ŭ	-ĭ	-ī
不定詞	amāre 「愛する」	monēre 「注意させる」	dīcere 「示す」	minuere 「小さくする」	capere 「捕らえる」	audīre 「聞く」
現在	amō	moneō	dīcō	minuō	capiō	audiō

これらの類型のうち第2活用（II）と第3活用（III）の間には古くから相互に入れ替わる例があった．俗ラテン語では第2活用よりも第3活用が好まれ，その傾向を引き継いだロマンス諸語の多くでは第2活用動詞の大部分が第3活用に移行した．しかし，カタルーニャ語を除くイベロロマンス語はその逆で，第2活用が一般化し，第3活用は完全に消失する．つまり，ラテン語のあった4種類の活用型が3種類に縮小する：I : -āre > -ar, II : -ēre / III : -ere > -er, IV : -īre > -ir.

E. 統語法の変化

俗ラテン語は，統語面で大きな変革が起きた．古典ラテン語では語順が非常に自由であったが，文の基本語順は「主語(S) + 直接補語(O) + 動詞(V)」の配列をとり，動詞は文末に位置するのが一般的である：Pater Paulum appellat.「父親はパウルスを呼ぶ」．古典語の模範とされるカエサルの文章では動詞の80~90% が文末の位置を占めると言われる．しかし，俗ラテン語ではSVO（Pater appellat Paulum）またはOVS（Paulum appellat pater）のように動詞を文の中間の位置に置く配列が支配的となった．それとともに，技巧を凝らした文章語に対して日常使用される話し言葉は語順をより固定化する傾向があったと見られる．文章語ではしばしば起きる転置法（hipérbaton），つまり正常な語順を入れ替えることは避け，句内の語順は「被修飾語 + 修飾語」とするのが普通となる．

もう一つ動詞に関して目立つのは，古典語では主動詞に対する補文として不定法構文が多用されたのに対し，俗ラテン語ではそれを従属節に置き換え

[36] スペイン語とポルトガル語では接続法未来として残っている．

る傾向が増したことである．特に，6 世紀以降，接続詞に導かれる従属節が増大する．よく用いられた接続詞は quod と quia である．たとえば，古典語では直接話法の文を間接話法に転換すると，不定法構文が用いられる：Dixit: epistulam scrībō.（彼は「手紙を書く」と言った）→ Dixit sē epistulam scrībere. これに対し俗ラテン語では従属節が用いられる：Dixit quod epistulam scrīberet. これらの接続詞は，さらに使用範囲を広げ，古典語の ut「…するように」，cum「…の理由で」などの代わりにも使用されるようになった．quod と quia は中世スペイン語でそれぞれ que, ca として受け継がれる．

2.4.4. 俗ラテン語の語彙的特徴

俗ラテン語の語彙には次のような変化が現れた．

（1）語形変化をする語の場合，不規則変化をする語が規則変化をする類義語に置き換えられる．たとえば，動詞では次のような例がある[37]．

edō（ēsse）「食べる」→ comedere「食いつくす」（> E. comer, P. comer），mandūcāre「かじる」（> C. menjar, F. manger, I. mangiare）

ferō（ferre）「運ぶ」→ portāre「持ち運ぶ」（> C. portar, F. porter, I. portare），levāre「軽くする，持ち上げる」（> E. llevar, P. levar）

loquor（loquī）「話す」→ LV. parabolāre「たとえ話をする」（> C. parlar, F. parler, I. parlare），LV. fabulāre「おしゃべりする」（> E. hablar, P. falar）

（2）形式が短くて混同される恐れのある語がより長い形式の類義語または派生語で置き換えられる．

ōs「口」（cf. os「骨」）→ bucca「ほお，口」（> E. boca, P. bôca, C. boca, F. bouche, I. bocca）

auris f.「耳」→ auricula（> E. oreja, P. orelha, C. orella, F. oreille, I. orecchio）

vetus「老いた，古い」→ vetulus > veclus（> E. viejo, P. velho, C. vell, F. vieux, I. vecchio）

fleō（flēre）「泣く」→ plōrāre「嘆き悲しむ」（> E. llorar, P. chorar, C.

---

[37] 以下，ラテン語の動詞を示すときは基本形とされる直説法現在 1 人称単数形とともに不定詞能動現在形をかっこ内に示すことにする．

plorar, F. pleurer), plangere「胸をたたいて嘆き悲しむ」(> I. piangere)

(3) 一般的な意味を持つ語が民衆的な類義語で置き換えられる.

equus「馬」→ caballus「駄馬」(> E. caballo, P. cavalo, C. cavall, F. cheval, I. cavallo)

caput「頭」→ testa「つぼ」(> F. tête, I. testa), *capitia (> E. cabeza, P. cabeça; C. cap, testa)

pulcher「美しい」→ bellus「好ましい, きれいな」(> F. beau, I. bello), fōrmōsus「形のよい」(> E. hermoso, P. formoso, C. formós)

parvus「小さい」→ pitinnus / pisinnus / putillus / pusillus「ごく小さい」(> E. pequeño, P. pequeno, F. petit, C. petit, I. piccolo), minūtus「小さい, 短い」

(4) 古典ラテン語には存在しなかった新語が形成される. たとえば, 複合による前置詞・副詞の形成が見られる.

nunc「今」→ ad hōram, hāc hōrā (> E. ahora, P. agora)

ex, ā (ab)「…から」→ dē ex (> F. dès, EM. des > desde)

tum, tunc「その時」→ in tunc (> E. entonce(s)

post「後で」→ dē post (> E. depués, después)

(5) 古典ラテン語にあったニュアンスの異なる類義語が消失し, 単一の語彙に収斂する. たとえば, 形容詞 magnus「大きい, 広い, 多い」と grandis「大きい, 重要な」, omnis「すべての, どれも」と tōtus「全体の」, alius「他の」と alter「どちらか一つの, 他方の」のペアではいずれも前の語が消失して後の語だけが残り, スペイン語ではそれぞれが grande, todo, otro となる.

(6) ギリシャ語からの借用語が増大する. ギリシャ語は高度な文化を背景に古くからラテン語に影響を与えてきたが, 語彙面では特に専門的な術語がそこから採り入れられた. さらに, キリスト教がローマ帝国に浸透するにつれ, 宗教用語としてギリシャ語が多数ラテン語の中に導入されるようになった. たとえば, angelus「天使」(> E. ángel), episcopus「司教」(> E. obispo), cara「頭, 顔」(> E. cara「顔」), cata「に従って」(> E. cada「各々の」). この背景としてキリスト教とギリシャ語との強い結びつきがある. キリスト教は当初ギリシャ語を話す都市のユダヤ系市民の間に広がった宗教であり, 新約聖書はギリシャ語で書かれていた.

2.5. ヒスパニアのラテン語

2.5.1. ヒスパニアのラテン語の特徴

イベリア半島に移植されたラテン語は他の地域のラテン語に比べ，古風な特徴を持ち，また保守的な傾向を持っていたと言える．特に語彙面にこれがうかがえる．その原因としては時間的なものと空間的なものが考えられる．時間的な原因は，イベリア半島にラテン語の伝播が始まった前3世紀末はまだ古典ラテン語の成立以前であり，ラテン語の古い時期の語彙が移植されたことである．空間的な原因は，ヒスパニアがローマ帝国の周辺地域にあったため帝国の中心部で起きた言語的刷新が波及するのに時間がかかり，時にはそれから取り残され，古風な特徴を残すことになったことである．したがって，古語的と言われる語彙には古典ラテン語以前のものと古典ラテン語に由来するが，ロマニアの中心部（ローマとその近隣の地方）では別の新しい語に置き換えられてしまったものが含まれる．次のような語がその例である．

L.	E.	C.	F.	I.	R.
audīre 聞く	oír	oir	entendre	sentire	auzi
caput 頭	cabeza	testa	tête	testa	cap
ēsse 食べる	comer	menjar	manger	mangiare	mînca
equa 雌馬	yegua	egua	jument	cavalla	iapă
loquī 話す	hablar	parlar	parler	parlare	vorbi
fervēre 煮立つ	hervir	bullir	bouiller	bollire	fierbe
fōrmōsus 美しい	hermoso	formós	beau	bello	frumos
(h)umerus 肩	hombro	espatlla	épaule	spalla	umăr
magis, plūs もっと多く	más	més	plus	più	mai
mēnsa テーブル	mesa	taula	table	tavola	masă
mulier 女	mujer	dona	femme	donna	muiere
rogāre 尋ねる	preguntar	preguntar	demander	domandare	întreba

フランス語（F.）とイタリア語（I.）は共通の語源に由来するものが多く，いずれもスペイン語（E.）に残る語彙よりも新しい時期にラテン語（L.）に登場したものである．スペイン語とルーマニア語（R.）には共通する語源に由来する語がかなり見られる．これはヒスパニアとルーマニア語発祥の地で

あるバルカン半島のダキアがそれぞれローマ帝国の西と東の周辺部にあったため古語的な語彙が残ったことによると考えられる.

注目されるのは，カタルーニャ語（C.）がスペイン語と同じくイベリア半島にありながら，上記の例に限らずフランス語・イタリア語と共通する語彙がかなり見られることである．カタルーニャ語はスペイン語やポルトガル語と共通するイベロロマンス語的な語彙を保持する一方で，フランス語や特に南フランスのオック語と共通する語彙をかなり持っている．こうした背景にはローマ時代の歴史的事情が関係している．前述のとおり，ヒスパニアのローマ化は地中海沿岸の南部と東部から始まり，両地域は半島内陸部に比べラテン語化が早く進んだ文化的な先進地帯であった．しかし，両地域で用いられたラテン語には多少の相違点があったようである．南部のバエティカ州（ほぼ現在のアンダルシーア地方）では教養のある階層のローマ人が定住し，ラテン語を教える文法学校も設立されていたので，そのラテン語は純粋で，保守的であったと言われる．一方，東部のタラコネンシス州（ほぼ現在のカタルーニャ・バレンシア地方）には南イタリアから移住した退役兵士，商人などが多く，ラテン語にも南イタリア的特徴があったと言われる．それと同時に，ガリアやイタリアとの交通が盛んであったため，文化的に帝国中心部からの影響を受けやすく，そのラテン語も革新的であったと言われている.

スペイン語の古風な特徴は文法面でもいくつか見られる．たとえば，スペイン語の動詞活用ではフランス語・イタリア語には継承されなかったラテン語の直説法過去完了形（amāveram）および未来完了形（amāverō）が残っている．ただし，機能は変化し，前者は接続法過去形（amara），後者は接続法未来形（amare）となった．これらの形式を維持した点はポルトガル語も共通するが，カタルーニャ語では消失した．しかし，文法面でスペイン語がフランス語・イタリア語よりも全体として保守的であるとは言えない．動詞活用型の単純化，不規則動詞の規則化などむしろ革新的な点も多いからである.

2.5.2. ラテン語に由来する地名

スペインの地名はローマ前の時代から伝承されているものが多いが，ローマ支配の時代に命名されたものもかなりある．その中で多いのは自然や地形にちなんで付けられたものと人名に由来するものである．ローマの皇帝や将軍の名に由来する地名としては次のような例がある：(Augustus >) Augusta Emerita > Mérida, Caesar Augusta > Zaragoza, Lux Augusti > Lugo, Pax Augusta > Badajoz, (Caecilius >) Castra Caecilia > Cáceres, (Metellus >) Colonia Metellinensis > Medellín

ローマ帝国がキリスト教化した後には聖人や信仰にちなんだ地名も生まれた：Ecclesia Sancti Emeterii「聖エメテリウスの教会」> Santander, Sancta Juliana「聖ユリアナ」> Santillana, Sanctus Facundus「聖ファンクンドゥス」> Sahagún, Sanctus Jacobus「聖ヤコブ」> Sant Yago > Santiago など.

2.6. 西ローマ帝国の崩壊と西ゴート王国の成立

2.6.1. ゲルマン人の侵入と西ローマ帝国の崩壊

ゲルマン人は2世紀半ば頃からすでにローマ帝国に侵入を開始していたが，初期にはローマもこれを軍事的に撃退したり，同盟を結んで国境地方への定住を認めるなどの対策を講じて何とか対応していた．しかし，375年ドナウ河下流のゴート人がフン人に圧迫されて，ドナウ川の南に移動したのが発端となり，飢餓に苦しむゲルマン民族が続々と領土に侵攻し始めると，末期のローマ帝国にはもはやそれを阻止する力がなかった．

イベリア半島にはすでに3世紀頃からフランク人などによる散発的な侵入や略奪があったが，本格的なゲルマン民族の侵入が始まるのは5世紀のことである．フン人に圧迫されたヴァンダル人（vándalo），スエビ人（suevo）およびアラン人（alano）が東方からローマ帝国内に侵入してきたが，中心地イタリアへの進攻は阻止されたため，ガリアを経て409年ヒスパニアに侵入した．ヴァンダル人は半島南部に一時定住するが，429年地中海を越えて北アフリカにヴァンダル王国を建て[38]，スエビ人は411年現在のガリシア地方にスエビ王国を建てた[39]．最後にピレネー山脈を越え，半島に侵入したのが西ゴート人であった．

2.6.2. 西ゴート王国の成立

ゲルマン民族大移動のさきがけとなった西ゴート人は，ローマ帝国の内紛に介入しながら移動を続け，410年には一時ローマ市を占拠，略奪を行い，市民を恐怖に陥れた[40]．しかし，ローマの懐柔策を受け入れて同盟者となり，ガリア南西部のアクィタニアに定住した．そこから415年ローマの要請に応じて先に侵入したヴァンダル人などを討伐するためにヒスパニアに侵攻した．こうして，476年西ローマ帝国が消滅する頃には，西ゴート王国はトローサ（現トゥールーズ）を首都とし，現在の南フランスからスペインまでの広い地域を支配下に置いていた．しかし，ガリア北部では西ゲルマン系のフランク人が勢力を増し，507年ヴイイェの戦いで西ゴート人を破るに至る．このため，西ゴート王国はガリア南部のわずかな領土（セプティマニア）を残すのみでヒスパニアに封じ込められた．

西ゴート王国はレオビヒルド王（Leovigildo, 573-86）の時代[41]，ヒスパニア南部にあったビザンチン帝国領を浸食し[42]，西部ではスエビ王国を滅ぼし(585)，北東部ではバスク人・カンタブリア人を服属させ，最終的にトレードに首都を定めた．この結果，ローマ時代には地中海に近い東部および南部

---

[38] ヴァンダル人は東ゲルマン系の言語を話し，2世紀頃現在のポーランドから南下してダキア地方に移住していたが，フン人に圧迫されて西方へ移動を開始した．ヒスパニアに侵入した後，西ゴート人に圧迫されたため地中海を越え，北アフリカのローマ領カルタゴに王国を建設したが，585年東ローマ帝国に滅ぼされた．なお，アラン人はイラン系の遊牧民族で，カスピ海北方に住んでいたが，その中の西方集団がヴァンダル人と連合し，ローマ帝国内に侵入した．その後も，ヴァンダル人と行動をともにした．

[39] スエビ人はモラヴィアに住んでいたゲルマン人で，一部の部族がヒスパニアに移動し，ヴァンダル人の一部とともに現在のガリシア地方にスエビ王国を建設した．

[40] ゴート人は初めバルト海沿岸に住んでいたが，3世紀に黒海北部沿岸に移動し，ドニエプル川を挟んで東ゴート人（ostrogodos 光輝あるゴート人）と西ゴート人（visigodos 賢明なゴート人）に分かれ，たびたびローマ帝国辺境でローマ軍と衝突した．4世紀ローマ帝国が放棄したダキア地方に定住していた頃ゴート人司教ウルフィラ（Ulfilas）の布教などによってアリウス派キリスト教に改宗した．370年頃フン人が東ゴート人の領域に侵入したため，東ゴート人の一部は西ゴート人の領域に避難し，それに圧迫された西ゴート人は376年ローマ帝国の許可を得てドナウ川を越え，帝国内に移動したが，食糧を得られなかったため略奪を行いつつ移動を始めた．これを阻止しようとした東ローマのワレンス帝は378年アドリアノープルの戦いで敗死する．その後，西ゴート人はトラキア地方を経てローマに侵攻したが，アフリカへの渡航計画が頓挫したため，再びイタリア半島を北上してガリアに侵入した．ちなみに，ゲルマン人の多くが最終目的地としたのは穀倉地帯の北アフリカであった．

[41] 以下，君主名の後に示す数字はすべて在位年代を表す．

にあったヒスパニアの政治的・文化的中心は内陸中部に移ることとなる．

すでにローマ帝国末期の4世紀後半にはカトリックが国教化され，ヒスパニア住民（ヒスパノローマ人）の間にもカトリックが広く普及していたが，支配者の西ゴート人はカトリック教会から異端とされたアリウス派キリスト教を信奉していたため，ヒスパニア住民との間には宗教的な軋轢が生じた．この対立は西ゴートの王族も巻き込んで内乱にまで発展する．最終的には，レカレード王（Recaredo I, 586-601）が589年トレード公会議でアリウス派を棄てカトリックを国教とすることで決着した．王はまたゴート人とヒスパノローマ人の法体系を融合させるため『裁判法典』（Forum Judicum > Fuero Juzgo）を654年に公布した．こうして西ゴート王国は宗教や法制面で後世のスペインに影響を残すことになる．

宗教的対立が解消したことにより文化的にもゴート的な要素とイスパノローマ的な要素の融合が進んだ．言語面では一層早くからローマ化が進展していたようで，書き言葉としては王国初期の時代からラテン語が使用されており，ゴート語の文書は残っていない．西ゴート時代のラテン語著述家を代表するのはセビーリャ大司教で学者でもあったイシドーロ（Isidoro, 560-636）である．主著『語源論』（Etymologiae）は1種の百科辞典で，国外にまで広く影響を及ばした．

2.7. ゴート語の影響

2.7.1. ゴート語

ゴート語は印欧語族ゲルマン語派東ゲルマン語系の言語で，東・西ゴート人の間であまり言語的相違はなかったようである．イタリアに建国した東ゴート王国（493-555）は短期間で滅亡したこともあって東ゴート人の言語資料はほとんど残っていない．西ゴート人の言語資料は4世紀に成立したウルフィラ訳の聖書（旧約聖書の一部と新約聖書）がほとんど唯一のものであ

[42] 6世紀にローマ帝国再興を目指す東ローマのユスティニアヌス帝は将軍ベリサリオスを派遣して北アフリカのヴァンダル王国とイタリアの東ゴート王国を征服し，さらに554年西ゴート王国の東南部を占領した．ビザンティン領スペインは625年西ゴート王国が再征服するまで約70年続く．

る．これは東ゲルマン語の中でも他に類を見ないまとまった資料であり，またゲルマン語最古の資料でもある．西ゴート王国時代のゴート語に関する資料は非常に乏しい．その理由は，西ゴート人が急速にラテン語化して行ったためである．ローマ帝国領内に侵入して以来，すでに西ゴート人は文化的にローマ化が進行していたのである．その上，西ゴート人はヒスパニアの全人口の中では少数派であった．被支配者のヒスパニア住民（ヒスパノローマ人）が 400~600 万人であったのに対し，支配者の西ゴート人はせいぜい 20 万人程度であったと推定されている[43]．6 世紀にカトリックが国教化され，ゴート語によるアリウス派の典礼が廃止されたことも，ゴート語衰退の傾向に拍車をかけた．この時代にゴート語は完全に死語化したと見られる[44]．

こうしてヒスパニアのゴート語は上層言語として主に語彙面でスペイン語に影響を残しただけで，8 世紀に西ゴート王国が滅亡するよりも前に消滅した[45]．上層言語とは言うものの，二言語併用の期間が短かったため，ガリアにおけるフランク語とは比較にならないほど影響力は小さかったと考えられる．

2.7.2. ゴート語の形態的影響

語彙面を除くと，ゴート語がスペイン語に残した痕跡はきわめて少ない．現在では生産性を失っているが，-engo / -enco という派生接尾辞はゴート語起源とされる： abadengo「大修道院長の」，abolengo「祖先」，mostrenco「所有者不明の」，realengo「王室領の」など．

---

[43] v. 立石（2000: 47）.

[44] ドナウ川下流域には 9 世紀頃まで孤立したゴート語が残っていた．また，クリミア半島には 16 世紀半ばまでゴート語話者がいたと言われ，フランドル人の旅行者による少数の語彙の記録が残されている．しかし，このクリミア・ゴート語と古代のゴート語との親縁関係については不明の点が多い．

[45] ある言語が他の言語の領域に侵入し，その地を支配するが，言語的影響を残して消滅した場合，それを上層（言語）（superestrato）と言う．

2.7.3. ゴート語およびその他のゲルマン語の語彙的影響

A. 一般語彙

スペイン語の中にはゲルマン語起源とされる語彙がかなりあるが，ラテン語とゲルマン語の接触は古い時代からあったので，その中でさらにゴート語起源と特定される語彙はあまり多くない．次に挙げるのはその例であるが，この中にはイベリア半島に西ゴート人が定住する以前にラテン語に借用されていたと見られる語も一部含まれる．

〔軍事〕banda「集団」，bando「徒党」，espía「スパイ」，guardia「監視」，guardián「番人」，ronda「巡回」，tregua「休戦」;〔牧畜〕casta「血統」，esquila「家畜に付ける鈴」，estaca「杭」;〔道具・物品〕aspa「糸車」，espárrago「支柱」，espeto「焼き串」，espuela「拍車」，frasco「小瓶」，grapa「かすがい」，guadaña「長柄の鎌」，rueca「糸巻き棒」，sera「大かご」，tapa「ふた」，toldo「天幕」;〔植物〕aliso「ハンノキ」，brote「芽」，moho「かび」，parra「ブドウのつる」;〔動物〕ganso「ガチョウ」，gavilán「ハイタカ」;〔生活〕broza「ごみ」，buñuelo「揚げ菓子」，hato「衣類」，ropa「衣服」;〔感情〕gana「意欲」，grima「嫌悪」;〔その他〕albergue「宿屋」，arenga「熱弁」，fango「泥」，sitio「場所」，truco「からくり」;〔動詞〕agasajar「もてなす」，amagar「…の素振りをする，前兆がある」，amainar「弱まる」，ataviar「着飾らせる」，botar「投げ捨てる」，bramar「ほえる」，bregar「懸命に働く」，brotar「芽吹く」，cundir「(液体などが) 広がる」，escanciar「(酒を) 注ぐ」，esquilar「(家畜の毛を) 刈り込む」，ganar「得る」，guarecer「保護する」，lastrar「バラストを積む」，rapar「(ひげ・髪を) そる，ひったくる」，sacar「引き出す，取り出す」，talar「切り倒す」，triscar「もつれさせる」;〔形容詞〕lozano「はつらつとした」，rico「金持ちの」，ufano「思い上がった」

ゴート語以外のゲルマン語起源で，ラテン語に借用されたと推定される語彙もかなりある：banco「ベンチ」，guerra「戦争」，guisa「仕方」，jabón「石鹸」，tejón「アナグマ」，yelmo「かぶと」，fresco「新鮮な」; guardar「守る」，guiar「案内する」，robar「盗む」など．これらは他のロマンス語にも入っているものが多い．また，次のようなゲルマン語起源の語彙はフランク語（もしくは他のゲルマン語）からフランス語またはオック語を通じてスペイン語に借用されたと見られる：arpa「竪琴」，bala「弾丸」，barón「男爵」/ varón「男性」，blanco「白い」，buque「船」，esquina「角」，estribo「あぶみ」，falda「スカート」，feudo「封土」，guante「手袋」，sala「広間」，jardín「庭」，orgullo「誇り」，blandir「（剣を）振りかざす」など.

B. 固有名詞

スペイン語の語彙の中で比較的重要な位置を占めるゴート語の遺産は人名である．男子名としては Adolfo, Alfonso, Alonso, Álvaro, Bermudo, Fernando / Hernando, Galindo, Gonzalo, Ramiro, Ramón, Rodirigo, Ruy など，女子名には Elvira がある.

地名の中にもゴート人が居住したことを示すものがある：Godos, Godojos, Gotor, Toro（< Campi Gothorum），Villatoro（< Villa Gothorum）など．西ゴート時代にヴァンダル人が通過した名残を留めている歴史的な地名もある．アンダルシーアはこの民族の名に由来する：*(Portu) Wandalu「ヴァンダル人の港」> A. Al-Ándalus > andaluz → Andalucía.

3. 初期イベロロマンス語の形成 (8世紀〜12世紀)

3.1. 西ゴート王国の崩壊とイスラム支配

西ゴート王国では王位の世襲制が確立していなかったため，貴族間で王位継承の争いが絶えなかった．最後の王ロドリーゴ（Rodrigo, 710–11）が即位すると，前国王の一族との間で内乱が起きた．これが北アフリカを征服してまもないウマイヤ朝イスラム帝国の介入を招くことになった．711年イスラム軍はイベリア半島に本格的な侵入を開始し，グアダレーテの戦いでロドリーゴ王を敗死させた．イスラム軍はさらに侵攻を続け，713年には首都トレードを陥落させ，北部のアストゥリアス地方などを除くヒスパニア全土を支配下に収めた．さらに，イスラム軍はピレネー山脈を越え，フランス南部のセプティマニアにも進攻したが，732年トゥール・ポワティエの戦いでフランク軍に敗れ，フランス北部への進出は阻止された．

イベリア半島のイスラム支配は8世紀から15世紀まで約800年に及ぶが，キリスト教諸国との関係から見ると，3つの時期に分けることができる．第1期（711–1031）はイスラム教徒の侵攻から後ウマイヤ朝滅亡までの時期で，イスラム支配が北部のキリスト教諸国に対し政治的・軍事的に優位に立っていた時代である．第2期（1031–1212）は北アフリカから侵攻したムラービト朝，ついでムワッヒド朝が半島南部を支配する一方，北部のキリスト教諸国が国土回復戦争で発展・拡大した時代である．この時期の末年にキリスト教諸国はナーバス・デ・トローサの戦いでムワッヒド朝に勝利し，圧倒的に優位に立つことになる，第3期（1212–1492）はイスラム支配の末期で，ムワッヒド朝が滅亡すると，まもなくイスラム支配はグラナダ王国を残すのみとなってしまう．

イスラム教徒支配下のヒスパニアはアル・アンダルス（Al-Ándalus）と呼ばれ，当初はダマスクスのウマイヤ朝カリフに服属する属州となり，首都はコルドバに置かれた．756年ウマイヤ朝は滅亡し，アッバース朝に取って代わられた．生き残ったウマイヤ一族のアブド・アッラフマーン1世（Abderramán I, 756–88）はアル・アンダルスに脱出し，その地の支配権を握ってアミール（総督，首長）と自称する．これは後ウマイヤ朝（omeyas, 756–1031）と呼ばれ，イスラム世界で初めてカリフから独立した国家が生まれることになった．10世紀アル・アンダルスは最盛期を迎え，アブド・アッラフマーン3世（Abderramán III, 912–61）はバクダードのアッバース朝カリフに対抗してカリフと称した．首都コルドバは東のバグダードと並んでイスラム文化の西の中心地となったが，コルドバ・カリフ国は長くは続かなかった．カリフの座をめぐる激しい内紛のため1031年王朝は崩壊し，カリフ制は廃止されて第1次群小王国（taifas）時代を迎える．しかし，ここから始まる第2期が文化的にはアル・アンダルスの絶頂期であった．

アル・アンダルスに侵入したイスラム教徒は一様にモーロ人（moro）と呼ばれることが多いが，上層のアラブ人，シリア人，多数を占める下層のベルベル人（北アフリカ出身で狭い意味のモーロ人），奴隷にされたスラヴ人（サカーリバ）など多様な民族から構成されており，その間にはしばしば対立や内乱があって，政治的には不安定であった．征服されたキリスト教徒住民（イスパノゴート人）の大半は比較的短期間にイスラム教に改宗したが，この人々はムラディー（muladí），キリスト教徒側からは背教者（renegado）とも呼ばれた．

イスラム支配下では，キリスト教徒とユダヤ教徒は「啓典の民」として偶像崇拝者とは区別され，人頭税さえ負担すれば信仰や財産を保証された．このため，改宗を拒み，少数派としてその信仰を維持する人々もいた．イスラム支配下の半ばアラブ化したキリスト教徒はモサラベ（mozárabe）と呼ばれる．ユダヤ人もアル・アンダルスの政治・経済・文化などさまざまの面で活躍し，繁栄を謳歌した．しかし，11~12世紀のムラービト朝・ムワッヒド朝時代になるとキリスト教徒・ユダヤ教徒はイスラム教への改宗を強制され，北部のキリスト教国に亡命する者も少なくなかった．他方，キリスト教諸国にも国土回復戦争が進展するにつれ，少数派のイスラム教徒が住むようになり，ムデハル（mudéjar）と呼ばれた．

ピレネー山脈の彼方では西ローマ帝国の滅亡後，ゲルマン人の国家が成立し，それが近代国家へと歴史的に継続していくが，イベリア半島ではイスラム支配によってゲルマン人国家が崩壊し，政治的にも文化的にも断絶が生じたことが特異な点であり，これが言語面にも影響を及ぼすことになる．

3.2. アラビア語の影響

3.2.1. イベリア半島のアラビア語

アラビア語（árabe）とはセム・ハム語族（現在はアフロ・アジア語族とも呼ばれる）グループ中のセム語族に属する北アラビア語を指す．7 世紀にイスラム教が勃興すると，その聖典コーランの言語として文字化・規範化されて古典アラビア語が成立した．イスラム教の普及とともに使用領域はアラビア半島からメソポタミア，北アフリカに広がり，8 世紀にはイベリア半島にまで移植された．しかし，10 世紀にアッバース朝が事実上崩壊する頃から各地で口語の方言分化が進むようになった．

アル・アンダルスではアラビア語が公用語であり，高度なイスラム文明を背景に強い文化的影響力を持っていた．支配される住民の大半はロマンス語（モサラベ語）を日常話し続けたが，イスラム化が進むにつれ次第にアラビア語が広がり始めた．ロマンス語を話す住民も，教養のある者はその宗教にかかわりなくアラビア語を読み書きすることができた．一方で，移住してきたアラブ人やベルベル人もロマンス語を話すことができた．このようにアル・アンダルスは，モサラベ語が消滅する 12 世紀末までは二言語併用的な社会であったようである[1]．こうした背景の下にアル・アンダルスのモサラベ語は特に語彙面でアラビア語から多大の影響を受けたが，北部キリスト教諸王国のロマンス語も，その点では変わりはなかった．あらゆる分野でイスラム文化は圧倒的な優位性を誇っていたからである．一方で，アラビア語口語の側もモサラベ語から多数の語彙を借用していた．こうして，アラビア語は半島南部のロマンス語に特に初期には上層言語として影響を残したが，北部キリスト教諸王国のロマンス語とも言語接触の機会は絶えずあったので，傍層言語として多大な影響を残すことになった[2]．イベリア半島のアラビア

---

[1] v. Corriente（2005: 187）.

[2] ある言語に地域的に隣接してそれに影響を与える言語を傍層（言語）（adstrato）と言う．

語口語（アンダルス・アラビア語 árabe andalusí，またはイスパノ・アラビア語 hispanoárabe）は地域的・社会的方言の集合であり，一様ではなかった．しかし，アンダルス・アラビア語は全体として半島外のアラビア語方言とは異なる特徴を持っていたようである．

キリスト教徒側の国土回復戦争が進展し，アル・アンダルスが縮小すると，半島のアラビア語も後退し始める．15 世紀末，ナスル朝グラナーダ王国が滅亡してイスラム支配が消滅すると，スペインのイスラム系住民（ムデハル人）はカトリック教会による迫害を受け，改宗を迫られたため反乱を起こした．ついに 1502 年，カトリック両王はグラナーダのイスラム教徒に改宗か国外追放を迫る勅令を発布した．大多数は表面的には改宗して残留する道を選んだが，以後モリスコ人（morisco）と呼ばれ，異端審問所の監視下に置かれた．さらに，1566 年フェリペ 2 世がアラビア語の使用とアラブ風の衣服・儀式を禁止したため，反乱が起きた．次の国王フェリペ 3 世は，窮地に立たされたモリスコ人がオスマン・トルコと連携するのを恐れ，1609 年モリスコ人追放令を発した．その結果，17 世紀にイベリア半島のアラビア語はほぼ消滅した．

3.2.2. アラビア語の語彙的影響

停滞した中世ヨーロッパに対しイスラム世界では豊かな経済を基盤に高度な都市文明が繁栄した．東の中東地域と並んで，アル・アンダルスはその西の中心地であったので，アラビア語から多数の語彙が半島のロマンス語に流入した．ヨーロッパの諸言語に今も残るアラビア語起源の語彙は，イベリア半島か，もう一つのイスラム世界との接点であった南イタリアのシチリアから各地へ伝播したものである．スペイン語には特に 12 世紀まで大量のアラビア語が借用されたが，13 世紀のアルフォンソ時代にも盛んであり，15 世紀まで借用は続いた．スペイン語には地名も含めると 4 千語を超えるアラビア語借用語が導入されたと言われる[3]．ただし，この中には現代すでに廃語となったものも含まれる．黄金世紀に差し掛かると，すでにイスラム文化は輝きを失い，前の時代の反動で，アラビア語起源の語彙をラテン語の学識語で置き換えようとする傾向も現れたからである．それでもなお，アラビア語

---

[3] v. Lapesa（1981: 33）.

は語彙面でスペイン語にもっとも影響を与えた外国語と言うことができる．アラビア語借用語の多いことは，ロマンス諸語の中でスペイン語およびポルトガル語を際立たせる重要な特徴である．

アラビア語借用語は語頭が al-（歯音・歯擦音が後続すると -l はそれに同化して a- だけとなる）で始まるものが多いが，これはアラビア語の定冠詞に由来する[4]．なお，スペインのアラビア語借用語はアラビア古典語からではなく，主に口語，特に日常使用されていたアル・アンダルス方言から借用されたものである．

A. 一般語彙

借用された語彙はさまざまの分野にわたるが，イスラム世界の高度な文明をうかがわせるものが多い．以下に現在も使用される主要な語彙を概観する．たとえば，数学・天文学・化学などの科学用語には次のような例があり，その多くはスペイン語から他のヨーロッパ諸語にも借用された．

〔化学〕albayalde「鉛白」，álcali「アルカリ」，alcanfor「樟脳，カンフル」，alcohol「アルコール」，alquimia「錬金術」，alquitrán「タール」，alumbre「ミョウバン」，azogue「水銀」，azufre「硫黄」，elixir「錬金液，妙薬」，redoma「レトルト」，talco「滑石」；〔数学〕álgebra「代数」，algoritmo「アルゴリズム」，cifra「数字」，guarismo「アラビア数字」；〔天文学〕almanaque「暦」，auge「絶頂，遠地点」，cenit「天頂」，nadir「天底」，Aldebarán「アルデバラン，牡牛座のアルファ星」，Vega「ヴェガ，織女星」；〔医学〕bazo「脾臓」，jaqueca「偏頭痛」，momia「ミイラ」，nuca「うなじ」

社会制度や都市文明を示す語彙もある．

〔行政・法制〕aduana「税関」，albacea「遺言執行人」，alcabala「売上税」，alcalde「市町村長」，alguacil「執行吏」，almoneda「競売」，arancel「関税」，barrio「地区」，ceca「貨幣鋳造所」，tarifa「料金表」；〔軍事〕acicate「拍

---

[4] ヨーロッパの諸語に借用されたアラビア語彙には同語源でありながら定冠詞付きの語形と付かない語形が共存している場合がある：cf. スペイン語 algodón / 英語 cotton．一般に冠詞付きのものはスペイン経由，付かないものはイタリア経由が多いとされる．スペイン語の場合，アラビア語の名詞は定冠詞付きで借用されるのが原則であった．この理由については諸説あるが，アル・アンダルスに住むベルベル語話者の言語習慣によるとする説もある（v. Corriente, 2005: 198）.

車」，adalid「指導者」，adarga「楕円形の楯」，alfanje「三日月刀」，alférez「旗手，少尉」，algara「騎兵隊」，algarada「騒動」，aljaba「えびら」，almirante「提督」，hazaña「殊勲」，jinete「騎手」，rebato「警鐘」，rehén「人質」，tambor「太鼓」，zaga「後衛」；〔都市〕adarve「城壁上の通路」，alcazaba「城塞」，alcázar「城」，aldea「村」，alfoz「周辺地域」，arrabal「場末，郊外」，atalaya「監視塔」；〔商業・貿易〕alhóndiga「穀物市場」，almacén「倉庫」，arrecife「岩礁」，arroba（重量・容量の単位），azumbre（液体量の単位），fanega（穀類の単位），maquila「粉ひき料」，maravedí（貨幣の単位），quilate「カラット」，quintal（重量の単位），tahona「パン屋」，zoco「市場」；〔工芸〕alfarero「陶工」，alhaja「宝飾品」，arracada「イヤリング」，azabache「黒玉」，badana「羊のなめし革」，marfil「象牙」，taracea「寄せ木細工」，tarea「仕事」；〔建築・住宅〕adobe「日干し煉瓦」，adoquín「敷石」，ajimez「アーチ型の窓」，alarife「建築の棟梁」，albañal「下水道」，albañil「石工」，alcantarilla「下水道」，alcoba「寝室」，aldaba「ノッカー」，alféizar「壁の開口部」，anaquel「棚」，arcaduz「水道管」，arriate「花壇」，arsenal「兵器工場」，azotea「屋上」，azulejo「化粧タイル」，mezquita「モスク」，tabique「仕切壁」，tarima「壇」，zaguán「玄関」

イスラム教徒はアル・アンダルスに灌漑施設をもたらし，農業が飛躍的に発展した．こうした事情を反映して農牧業・園芸関係の語彙も多数流入した．

〔農業・牧畜〕aceña「粉ひき水車」，acequia「用水路」，alberca「用水池」，albufera「潟」，aljibe「雨水貯め」，almáciga「苗床」，almazara「オリーブ油絞り機」，almiar「麦わら・干し草の山」，alquería「農家」，azud「水車」，gañán「作男」，noria「水くみ水車」，rabadán「羊飼い頭」，res「家畜」，zagal「若い羊飼い」，zalea「羊の毛皮」，zanja「溝」；〔農作物・果実〕aceituna「オリーブの実」，acerola「アセロラ」，ajonjol「ゴマの一種」，albahaca「バジル」，alcachofa「アーティチョーク」，alfalfa「ムラサキウマゴヤシ」，alfóncigo「ピスタチオ」，algodón「綿」，algarroba「イナゴ豆」，alubia「インゲン豆」，arroz「イネ，米」，azúcar「砂糖」，bellota「どんぐり」，berenjena「ナス」，chirivía「アメリカボウフウ」，sandía「スイカ」，zanahoria「ニンジン」；〔植物〕acebuche「野生のオリーブ」，adelfa「キョウチクトウ」，alcaravea「ヒメウイキョウ」，alerce「カラマツ」，alhelí「アラセ

イトウ」，almez「エノキ」，azafrán「サフラン」，azucena「白ユリ」，azahar「柑橘類の花」，jara「ゴジアオイ」，retama「エニシダ」；〔動物〕acémila「ラバ」，alacrán「サソリ」，alcaraván「イシチドリ」，alcotán「ハヤブサ」，gacela「ガゼル」，jabalí「イノシシ」

多様で豊かな日常生活を反映する語彙も多い．

〔食品〕aceite「オリーブ油」，albóndiga「肉団子」，alcorza「糖衣」，almíbar「糖蜜」，arrope「シロップ」，atún「マグロ」，fideo「ヌードル」，jarabe「シロップ」；〔衣服〕albornoz「フード付き外套，バスローブ」，almadreña「木靴」，borceguí「編み上げ靴」，jubón「胴着」，zaragüelles「半ズボン」；〔生活用品・道具〕ajuar「家具」，albarda「荷鞍」，alcuza「油入れ」，alfiler「ピン」，alfombra「じゅうたん」，alicates「ペンチ」，almirez「乳鉢」，almohada「枕」，ataharre「尻がい（馬具）」，babucha「スリッパ」，alforja「振り分け荷物」，candil「鈎付きランプ」，jaez「馬具」，jarra「水差し」，jofaina「洗面器」，talega「荷物袋」；〔娯楽〕ajedrez「チェス」，azar「運」，laúd「リュート」，naipe「スペイン式トランプ」；〔色彩名〕azul「青」，añil「アイ，藍色」，carmesí「深紅色」；〔社会生活〕alarde「誇示」，alboroto「騒動」，alborozo「大喜び」，algarabía「アラビア語，意味のわからない言葉」，alharaca「大騒ぎ」，almuédano「祈祷時間を知らせる人」，asesino「人殺し」，jábega「地引き網」

アッバース朝時代のイスラム帝国ではペルシャ語，ギリシャ語などからアラビア語への翻訳が盛んに行われた．当時のイスラム世界は東西文化が交流する場であり，その融合と発展はめざましく，10～11 世紀頃にイスラム文化は最盛期を迎える．その文化の媒体となる共通語がアラビア語であった．こうした事情を反映してアラビア語からの借用語にはさまざまの言語を語源とするものが含まれている．上記の語彙の中にもその例がある：(ペルシャ語）alhelí, auge, azucena, azul, escarlata, jazmín, naranja, taza；(サンスクリット語，ただしペルシャ語経由）ajedrez, alcanfor, limón, naranja, toronja；(ギリシャ語）acelga「フダンソウ」，adarme（重量の単位），alambique, atún, azufaifa「ナツメ」，guitarra, zumo．さらにはラテン語を語源として形成された語彙もある：alcázar（< castrum），alpiste（< pistum）「クサヨシ」．

上記の他に現在では慣用句の中だけに現れる語がある：(de) balde「ただ

で」/（en）balde「無駄に」,（de）marras「例の」. また,「何某」の意味で用いられる代名詞的な名詞とでも言うべき語 fulano, mengano がある.

名詞以外の品詞は少ないが, 次のような例がある.

〔形容詞〕alazán「栗毛の」, baladí「取るに足りない」, baldío「不毛の」, gandul「怠け者の」, garrido「麗しい」, horro「解放された」, loco「気の狂った」, mezquino「けちな」, zarco「明るい青の」;〔動詞〕acicalar「飾り立てる」, arrebatar「もぎ取る」, halagar「喜ばせる」, zafar(se)「避ける」, he（aquí）「ほら,（ここに）…がある」（文法的には動詞 haber の命令形として扱われる）;〔前置詞〕hasta「まで」;〔間投詞〕hala「がんばれ」, ojalá「どうか…であるように」

もう一つ無視できない種類の語彙として翻訳借用（なぞり, calco）がある. たとえば, hidalgo「郷士, 資産を持つ人」（< hijo de algo「(何らかの) 資産を持つ息子」）, infante「王子」（<子ども）, plata「銀」（<板金）などの意味の転化は, アラビア語で対応する語の意味をなぞったものとされる. また, 日常的な表現の中にもアラビア語の表現をなぞったものが相当あると言われる. たとえば, que Dios guarde / mantenga「神がお守りくださるように」, si Dios quiere「神がお望みならば」など. ただ, こうした表現がなぞりであることを厳密に実証するのはかなり難しい. この他, スペインの諺にはアラビア語に由来するものが多数あると言われる. スペイン語では人を表す男性名詞, たとえば padre「父」の複数形 padres は「父親たち」を意味するほかに男女のペア「父母, 両親」も意味する. この語法はアラビア語法を採り入れた可能性があるとされるが, やはり確証はない.

なお, いわゆるアラビア数字はインド起源であるが, イスラム世界で使用され, 10 世紀頃イベリア半島からヨーロッパに伝播したと見られる. やがてローマ数字に代わって西洋で広く使用されようになる.

B. 地名

アラビア語起源の地名は北部を除くスペイン各地に多数残っている. その中で共通の要素を含む地名として次のものがある. guad-（< wādi「谷, 川」）を含むもの：Guadalajara（石ころの川）, Guadalaviar（白い川）, Guadalquivir（大きい川）, Guadarrama（砂の川）, Guadarromán（ザクロの川）など. guad- にロマンス語の要素が結合した地名もある：Guadalcanal（< canal「運河」），Guadalupe（< lupu(lobo「狼」)），Guadiana（< Anna），Guadix（< Acci）など．(al)calá（< qalʿat「城塞」）を含むもの：Alcalá（Alcalá de Henares, Alcalá de Júcar ほか各地に多数），Calatañazor, Calatayud, Calatorao, Calatrava など．medina（< madīnat「都市」）を含むもの：Medina, Medina Sidonia, Medina del Campo, Almedina, Medinaceli など．他にもよく知られた地名として Albacete（< al-basit「平原」），Algeciras（< al-jazīra「島」），La Mancha（< manja「高原」），Maqueda（< makāda「堅固な」），Rábida（< rābita「辺境の要塞」）などがある．また，Gibraltar（< jabal al-Tariq「タリクの山」）は最初にイベリア半島に侵攻した総督の名前（Tariq ibn Zayid）にちなんで付けられた．

さらに，スペインの地名にはアラビア語起源ではないが，アラビア語を経由したことによって通常の音変化の原則から外れ，現在の語形になったものもある：Caesar Augusta > A. Saraqusta > Çaragoça > Zaragoza, Hispalis > A. Ishbilīya > Sevilla, Lūcentum > A. Al-Laqant > Alicante.

3.2.3. アラビア語の音韻的・文法的影響

アラビア語が特に語彙面でスペイン語に与えた影響は非常に大きいが，音韻および文法面ではあまり影響がなかったようである．音韻的に見ると，アラビア語はスペイン語にない歯擦音や軟口蓋音などが豊富であるが，それらは当時のロマンス語ないしスペイン語に存在する音に置き換えられた．ラテン語に存在しなかった硬口蓋音の発生についてアラビア語の影響とする説もあるが，ロマンス語全般に見られる変化であり，学問的に十分な裏付けはない．アクセント面でも本質的な変化はなく，アラビア語借用語の流入によってアクセントの位置がスペイン語で常用される型から外れる語彙，すなわち末尾音節強勢語（jabalí, malavedí, algodón, almirez），子音で終わる末尾第 2 音節強勢語（almíbar, azúcar）および末尾第 3 音節強勢語（albóndiga, alcándara）が多少増えたと言える程度である．

形態面では，現在もなお生産的な唯一の派生接尾辞として残っているのがアラビア語の形容詞派生接辞に由来する -í である．これは名詞の語尾に残っているほか（hurí「天女」，jabalí, maravedí, muladí, baladí），固有名詞から形容詞を派生するのに用いられる：alfonsí「アルフォンソ 10 世（時代）の」，fatimí「ファティマ朝の」，marroquí「モロッコの」．現代でも造語力があり，主にアラビア語に関連する中東地域などの地名形容詞を派生するのに使用される：andalusí「アル・アンダルスの」，bengalí「バングラデシュの」，ceutí「セウタの」，iraní「イランの」，iraquí「イラクの」，israelí「イスラエルの」，paquistaní「パキスタンの」，yemení「イェーメンの」.

統語面では，ロマンス諸語の中でスペイン語に主語の倒置（動詞＋主語の型）が多いのはアラビア語の影響によるものとする説がある．アラビア語の構文は名詞文と動詞文に大別され，動詞文は動詞が文頭に置かれることが根拠となっている．確かにスペイン語とポルトガル語はロマンス諸語の中でも主語倒置が比較的多いと言われるが，これまでのところ十分な研究はなされてない．中世のスペインでは膨大な文献がアラビア語からスペイン語に翻訳されたので，これ以外にも表現や語法の面でアラビア語が影響を及ぼした可能性は否定できないが，今後の解明を待たなければならない．

3.3. 国土回復戦争とキリスト教諸王国の発展

3.3.1. キリスト教諸王国の建国

8世紀初めイスラム教徒がヒスパニアのほぼ全土を征服したとき，西ゴート貴族の一部はイスラム支配の及ばなかったアストゥリアス地方の山岳部に避難した．その中の一人ペラーヨ（Pelayo，718–34）はイスラム教徒に抵抗し，オビエドに王国を建設する[5]．これはやがてアストゥリアス王国と呼ばれるようになる．この時期から国土回復戦争（Reconquista）が始まったとされるが，国土回復戦争が本格化するのはキリスト教徒側が政治的・軍事的に優位に立つようになった12世紀以降である[6]．イベリア半島は，イスラム支配を受けて住民の大部分が一度はイスラム化したにもかかわらず後にキリスト教圏が復活したという点で他に例のない歴史を持つ地域であると言える．

A. アストゥリアス・カンタブリア地方

キリスト教徒の国土回復戦争は2つの中核から南に向かって進行した．まず西の中核はアストゥリアス王国の拠点であったアストゥリアス・カンタブ

---

[5] 722年伝説的なコバドンガの戦いでイスラムの派遣部隊を破り，王国を建設したとされる．

リア地方である．領土を拡大したアルフォンソ 3 世（Alfonso III el Magno, 866-910）の死後，その領土は一時レオン，ガリシア，アストゥリアスに 3 分割されるが，その中で以後レオン王国が主導権をとるようになる．

レオン王国の東部にあって東はバスク地方に接し，北のカンタブリア山脈から南のブルゴスに至る狭い地域は 9 世紀前半頃カスティーリャ（Castilla）と呼ばれるようになった．そこはイスラム支配地域と対峙するキリスト教徒側の最前線に当たり，多数の城塞が築かれた辺境地帯であった[7]．初めは地域の境界も明確ではなく，住民も雑多で，その言語や文化も不明の点が多い．この地域に設けられたカスティーリャ伯爵領はやがてカンタブリア地方から南に向かって領土拡大を続けるとともに自立志向を強め，960 年頃レオン王国から独立する．この領地は，一時ナバラ王サンチョ・ガルセス 3 世が併合するが，1035 年王が没すると，息子のフェルナンド 1 世（Fernando I el Grande, 1035-65）が相続し，カスティーリャ王国となった．レオンとカスティーリャは諸国間の戦争や遺産分割などを契機に統合と分裂を繰り返すが，1230 年フェルナンド 3 世 の時代に最終的にカスティーリャ王国がレオン王国を統合した．

レオン王国の西部では 11 世紀末にポルトゥカーレ伯爵領がコインブラ伯爵領を統合し，自立し始める．この地方は元来レオン王国に属するガリシア伯爵領の南部辺境であったが，北部のガリシアがその後もレオン王国に留まったのに対し，ミーニョ川下流以南の南部辺境は国土回復戦争の最前線で，分離独立の志向が強かった．これを抑止しようとするレオン・カスティーリャ王国と戦った末，1143 年ポルトガル王国として独立する．

B. ピレネー地方

国土回復戦争の東の中核はピレネー地方に誕生した．フランク王国のシャルルマーニュ帝は 778 年アル・アンダルス遠征を行い，失敗するが，その後

---

[6] 国土回復戦争とはもちろんキリスト教徒側から見た概念である．キリスト教徒側には，自分たちこそヒスパニアの正統な支配者であった西ゴート王国の継承者であって，簒奪者のイスラム教徒から失地を回復しなければならないという歴史認識が根強く存在した．しかし，キリスト教国とイスラム教国は常に敵対していたわけではなく，同じ教徒間の争いや異教徒間の同盟も珍しいことではなかった．

[7] カスティーリャ（Castilla）の語源はラテン語 castella（castellum「城塞」の複数）に由来する．

も侵攻を続け，795年にはイスパニア辺境領を創設したと言われる．これがキリスト教徒側のもう一つの拠点となり，後にアラゴン王国とバルセローナ伯爵領に発展する．同じく東部のバスク人は8世紀頃から自立の傾向を強め，824年侵攻したフランク軍を破ってイニゴ・アリスタ（Iñigo Arista, c.820-51）がパンプローナ王国を建てた．王国は初めはイスラム教徒と同盟していたが，やがて自立し，10世紀頃にはナバラ王国と呼ばれるようになる．11世紀前半サンチョ・ガルセス3世（Sancho Garcés III el Mayor, 1000-35）の時代にはアラゴン，カスティーリャなども支配下に収め最盛期を迎えた．しかし，王の死後，その領土はナバラ，アラゴン，カスティーリャの3国に分割された．やがて国土回復戦争が進展すると，西のカスティーリャと東のアラゴンに挟まれたナバラ王国は南への進出路をふさがれ，拡大の余地を失う．

バルセローナ伯爵領はフランク王国に服属するカタルーニャ諸伯爵領の一つであったが，その中で最も強大となり，9世紀末にはフランク王国から独立する．1137年アラゴン王国と合併してアラゴン連合王国（Corona de Aragón）となった．バルセローナ伯爵領（カタルーニャ）はポルトガルと同様に独立国となる可能性もなかったわけではないが，結果としてスペイン国家に留まる歴史を歩むことになる．

こうしてイベリア半島北部に誕生したキリスト教徒側の2つの中核は国土回復戦争を断続的に続けながら南に向かって領土を拡大して行く．これに対しアル・アンダルス側では，北部遠征を繰り返し行った後ウマイヤ朝の宰相アル・マンスール（Almanzor）が11世紀初頭に没すると，軍事的優位を失う．南部でムワッヒド朝が興隆する12世紀半ば頃，北部では西から東にかけてポルトガル，カスティーリャ，ナバラ，アラゴンの4王国が並立する情勢となった．国土回復戦争の初期には，レオン王国とナバラ王国がその中心であったが，この時代にはナバラ王国はすでに小国化し，レオン王国は解体されて，そこから分岐したポルトガル，カスティーリャ，アラゴンの3王国がその後の国土回復戦争の主役となるのである．

3.3.2. ヨーロッパへの復帰

文化的に見ると，イベリア半島北部のキリスト教諸国は11世紀に「ヨーロッパへの復帰」を果たしたと言われる[8]．それまで半島は東部のカタルーニャ地方を除くとピレネー山脈の彼方とは交流が途絶え，孤立した状態にあった．ところが，この時代にフランスから宗教的・文化的影響が強く及ぶようになったからである．その契機となったのは，ナバラ王国最盛期のサンチョ・ガルセス 3 世が政治的・文化的にヨーロッパ化政策をとり，南フランスからクリュニー修道院改革を導入したことである．レオン・カスティーリャ王アルフォンソ 6 世（Alfonso VI el Bravo, 1065–1102）も同じ改革を推進した[9]．こうして，サンティアーゴ街道沿いに改革の拠点となる修道院が続々と建てられ，司教座はクリュニー修道院出身者が占めるようになった．教会建築にもロマネスク様式が入ってくる．さらに，1080 年のブルゴス公会議の決定によりアラゴン，ナバラに続いてカスティーリャも教会の典礼様式をそれまでの西ゴート式（モサラベ式とも言う）からローマ式に変更した．従来，同じカトリックでありながら孤立していた半島キリスト教諸国の典礼様式が他の西欧諸国と同一になり，同じラテン語祈祷文が使用されるようになったのである．ローマ字書体も西ゴート文字（letra visigoda）からフランスのカロリンガ文字（letra carolina）に変えられ，復古的な特徴を持つ中世ラテン語が導入された．こうした変化によりピレネーの彼方との宗教的・文化的交流が以前よりも活発になった．しかしその反面として，西ゴート文字で記されたラテン語文書は忘れ去られ，西ゴート王国以来の文化的伝統に断絶が生じることになったとも言われる．

同時期に起きた重要な出来事は，サンティアーゴ巡礼が盛んになったことである．半島北西部のガリシア地方では 9 世紀初めに使徒聖ヤコブ（Santiago）の墓とされるものの発見という奇跡的な事件が起きた[10]．その遺跡はまもなくローマ教皇によって公認され，その地には教会が建てられて，サンティアーゴ・デ・コンポステーラ（Santiago de Compostela）と呼ばれるようになった．アストゥリアス王国軍の先頭に白馬にまたがった聖ヤコブが出

---

[8] Vicens Vives（1970: 67–68）による．

[9] アルフォンソ 6 世は，11 世紀末にトレードを占領し，タホ川までの中部を支配下に収めたことによりキリスト教諸国の盟主としてのカスティーリャ王国の地位を確立した．

[10] イエスの 12 使徒の一人大ヤコブがヒスパニアで布教したという伝説は 7 世紀頃広まり，8 世紀末にはイェルサレムで殉教したヤコブの遺体が船でガリシアまで運ばれたと信じられるに至った．

現し，イスラム軍を破ったという奇蹟伝説もこの時代に生まれた．11世紀には半島外のカトリック教会との交流が活発化したことやアルフォンソ6世が街道の安全を確保する施策をとったことなどでサンティアーゴ・デ・コンポステーラはイェルサレム，ローマと並ぶ三大聖地の一つとして広くカトリック世界に知られるようになり，サンティアーゴ巡礼は最盛期を迎えた．この時代に同地には大司教区が移され，現存する大聖堂の建設も始まった．サンティアーゴ街道（フランス街道 camino francés とも呼ばれた）を通ってフランスから多数の巡礼者が訪れるとともに商人や職人，聖職者，貴族も流入した．また，11~13世紀にかけて国土回復戦争で獲得した人口希薄な新領土には多数の農民が入植した．当時，これらフランス各地から渡来する人々はすべてフランク人（franco）と呼ばれた．スペインの王侯貴族が南フランスの貴族と婚姻関係を結ぶ例も増える．12~13世紀には南フランスの吟遊詩人（trovador）も，この街道を往来するようになった．こうして，隣国フランスの文化的影響が非常に強まった．しかし，交流は一方的ではなかった．スペインからは高度なイスラムの学術・文化が西欧世界に伝播して行ったのである．

11世紀末，教皇ウルバヌス2世の呼びかけで十字軍が始まるが，その影響は当然イベリア半島にも及んだ．12世紀に北アフリカから侵入したムワッヒド朝がアル・アンダルスを支配下に収め，宗教的に排外主義をとったことにも刺激され，これに対抗しようとする十字軍思想が半島のキリスト教諸国に広がった．国土回復戦争は，それまで以上にイデオロギー的な裏付けが強化されることになった．その象徴としてキリスト教徒軍の旗印となったのは「モーロ人殺しの聖ヤコブ」（Santiago Matamoros）であり，やがてスペイン全体の守護聖人とされるようになる．

3.3.3. ベルベル人王朝の勃興と衰退

レオン・カスティーリャ王国は1085年イスラム教徒の一大中心地であったトレードを占領した．これに危機感を募らせたアル・アンダルスの群小諸王（taifas）は北アフリカのムラービト朝にイベリア半島への派兵支援を要請した．ムラービト朝（almorávides, 1056–1147, 首都マラケシュ）は西サハラのベルベル人によるイスラム教革新運動から始まり，当時北アフリカで勢力を伸ばしていた．要請に応じたムラービト朝の遠征軍は1086年キリスト教諸王国の連合軍を破り，短期間にアル・アンダルスのほぼ全土を占領するに至った．しかし，初期の宗教的情熱を失うと急激に軍事力の衰退と分裂が始まり，1147 年新興のムワッヒド朝に滅ぼされた．

ムワッヒド朝（almohades, 1130–1269, 首都マラケシュ）も同じく西サハラのベルベル人が興した宗教運動から始まった．1145 年イベリア半島に遠征軍を送り，ほどなくアル・アンダルスを支配下に置いた．しかし，1212 年にはナバス・デ・トローサの戦いでキリスト教諸王国連合軍に決定的な敗北を喫して半島での勢力を失い，まもなくアル・アンダルスは分裂状態となった．カスティーリャとアラゴンは少しずつ半島南部に支配を広げ，13 世紀以降はナスル朝（nazaríes）のグラナーダ王国（1230–1492）がかろうじてイスラム支配を維持するのみとなる．13 世紀後半に北アフリカに残存するムワッヒド朝を滅ぼしたやはりベルベル人のマリーン朝（benimerines, 首都フェズ，1196–1465）はグラナーダ王国の要請に応えてイベリア半島に侵攻を試みるが，1340 年サラードの戦いに敗れて以降失地回復を断念する．

ところで，ムワッヒド朝がイベリア半島に侵攻してまもない 1150 年に製紙法が北アフリカから半島にもたらされた．紙はその後急速にイベリアからヨーロッパへと普及する[11]．この結果，非常に高価な羊皮紙に代わって，より安価な紙を用いた文書・書籍の作成が可能になった．この意味でムワッヒド朝がその後のヨーロッパの文化史に与えた影響はきわめて大きいと言わなければならない．

3.4. イベロロマンス語諸方言の形成と発展

3.4.1. ロマンス諸語の形成

5 世紀に西ローマ帝国が滅亡した後，民衆の話す口語ラテン語（俗ラテン語）はますます変化して行った．6 世紀にガリアではフランク王国が全土を支配し，北イタリアではランゴバルド王国が成立してローマの文化的伝統は

[11] 製紙法は 1 世紀初めに後漢で発明され，日本には 7 世紀初めに伝来して独自の和紙製法が発達した．西方への普及はもっと遅く，8 世紀半ば，西域で唐軍の捕虜によってアッバース朝に伝わり，9 世紀末にエジプトに達した．イベリア半島からフランスに伝播するのは 12 世紀末だが，ヨーロッパの辺境である英国に製紙場ができるのは 15 世紀のことである．

衰退する．それでも帝政末期の後期ラテン語の流れを汲む文語のラテン語は使用され続けた．それは口語の影響を受けて各地でさまざまの変異を見せながら，ゆるやかに変化していた．ところが，8 世紀にフランク王国のシャルルマーニュ帝（Carlomagno, 742–814）は国家統一の手段として教会を中心にラテン語の統一と純化をめざし，古典ラテン語の復興を図る政策をとった．これが「カロリング朝ルネッサンス」と呼ばれる文化運動である．この時代以降，教会，学校，役所などで宗教，学問，文学，法律あるいは公文書などに用いられたラテン語を中世ラテン語（latín medieval）と呼ぶ[12]．この改革の結果，学校で教育されるようになった文語のラテン語と日常話される口語との相違はますます広がることになった．これはとりもなおさず，ラテン語の二つの変種の差異・隔絶が明確に意識されることにもつながる．第 3 回トゥール公会議（813）で教会の説教にラテン語ではなく俗語（rustica lingua romana）を用いる方針が決定されたことは，そうした状況を裏付ける重要な史実である．ラテン語は，教育を受けていない民衆には理解不能なものとなっていたのである．同じ社会の中での垂直的な言語分化と並行して，口語の地理的な分化も進行していた．ロマニアの政治的統一が失われたことにより言語の求心力も失われ，地域ごとの方言分化が進展したからである．

ラテン語とは異なるロマンス語（lenguas románicas）と呼ぶべき言語がいつ成立したかを判定するのは難しい問題であるが，8 世紀頃にはロマニア各地で成立していたと見なすことができる．文語のラテン語もすでに均一な言語ではなくなっていたが，口語は地理的相違がさらに著しく，各地域でさまざまのロマンス語が形成されることになった．ロマンス諸語が成立したと考えられる 8~9 世紀は，イベリア半島ではイスラム支配の始まった時代に相当する．イベリアに限らず，初期のロマンス語に関する資料は乏しいので，ラテン語からロマンス語に移行する重要な時期に起きた言語変化の詳しいことはわからない．しかし，10 世紀頃になると，ロマニアの各地で最初のロマンス語による文献が出現し始める[13]．スペイン語最初の文献とされるものも，この時代に出現することになる．

---

[12] 西ローマ帝国滅亡の 5 世紀末あるいはイタリアでランゴバルト王国が成立した 6 世紀半ばを中世ラテン語の始期と見なす考え方もある．

3.4.2. イベロロマンス語諸方言の分岐

イベリア半島では 10 世紀頃から北部でキリスト教諸国がそれぞれ基礎を固めるが，その地域にそってロマンス語方言が形成されるようになる．半島南部のアル・アンダルスでも独自のロマンス語方言が形成される．これらを総称してイベロロマンス語（iberorromance）と言う．半島北部と南部では次のようなロマンス語諸方言が形成された[14].

半島北部

○東部——カタルーニャ語

○中部——ナバラ・アラゴン語，カスティーリャ語，アストゥリアス・レオン語

○西部——ガリシア・ポルトガル語

半島南部——モサラベ語

これらの方言は多かれ少なかれ地域による変異を抱えており，単一の言語というより諸方言の集合体と言うべきものである．初期の段階ではまだ文章語の規範が確立せず，言語的相違もそれほど顕著ではない．諸国の国境と方言の境界は必ずしも一致しないが，言語規範の形成は諸国の政治的命運と密接に関連していた[15]．正式の文章語としては依然ラテン語（中世ラテン語）が使用されたが，各地の公証人文書などではロマンス語的特徴が色濃く混じったラテン語が用いられていた．

3.4.3. イベリア半島北部のロマンス語

A. 東部——カタルーニャ語

バルセローナ伯爵領のあるカタルーニャ地方はフランク王国から政治的に

---

[13] ロマンス語最古の文献とされるのは，ニタール（Nithardus）によるラテン語の年代記『ルイ敬虔王の息子たちの歴史』に引用された 9 世紀の「ストラスブールの誓約」で，最初のフランス語テキストと言われる．

[14] ロマンス語諸方言（または諸語）の呼称として「…語」と「…方言」を使い分けるのは煩わしいし，あまり意味がないので，一律に「…語」と呼ぶことにする．なお，一般に言語と方言を区別する絶対的な言語学的基準はなく，多くの場合その使い分けは慣習によるか政治的理由による．

[15] 11~13 世紀のイベリア半島の言語分布については図 1~2（p.73）を参照．

独立した後も南フランスとの関係が深く，12 世紀以降プロヴァンス地方にも領地を持っていた．このため，カタルーニャ語（catalán）は中世を通じて隣接する南フランスのオック語から強い影響を受けた．カタルーニャの詩人たちは中世を通じいわゆるプロヴァンス語で詩作を行った[16]．12 世紀末ないし 13 世紀初めに最初の文献『ウルガニャー説教集（Homilies d'Organyà)』が現れ，13 世紀には文章語の規範を確立させる．14 世紀後半にはアラゴン連合王国の公用語として勢力を伸ばした．しかし，15 世紀末にアラゴンがカスティーリャと合併してスペインの国家統一が成ると，カスティーリャ語が優位に立つようになる．16~18 世紀のカタルーニャ語は文学の衰退期で，文章語の規範を失い，話し言葉の方言分化が進んだ．文芸復興運動（Renaixença）が起きて文学の伝統が復活するのは 19 世紀のことである．

カタルーニャ語は音韻的に見ると，無強勢母音が弛緩し，語末母音は -a を除き消失するという特徴がある．こうした点はオック語と共通する．もっとも，無強勢母音が弛緩する点は西部のポルトガル語とも共通している．

B. 中部——ナバラ・アラゴン語，カスティーリャ語およびアストゥリアス・レオン語

ナバラ・アラゴン語（navarro-aragonés）は，ナバラ地方とアラゴン地方のロマンス語諸方言の総称であり，単一の言語を指すものではない．この領域は西隣のカスティーリャ語と東隣のカタルーニャ語に挟まれた位置にあるので，両方の言語の中間的な様相を示す．半島中部の 3 方言の中では東側のナバラ・アラゴン語と西側のアストゥリアス・レオン語が音韻面で共通の保守的な特徴を持ち，中央のカスティーリャ語がそれを分断する形で革新的な特徴を示している場合が多い．スペイン語最初の文献とされる 10 世紀の『サン・ミリャン注釈』はナバラ・アラゴン語的特徴が強いとされる．この地域の東側にあってバルセローナ伯爵領と接するアラゴン王国は 14 世紀には独自の文学を発展させたが，その後次第に西に隣接するカスティーリャ語が浸透するようになった．特にアラゴン王家が断絶し，15 世紀にカスティー

---

[16] カタルーニャ語ではプロヴァンス語（provençal）の他にロマン語（llengua romana），オック語（llengua d'oc），リムーザン語（llemosí）とも呼ばれ，トロバドールが使用したかなり人工的なロマンス語である．

リャ出身，トラスタマラ家のフェルナンド 1 世（Fernando I, 1412–16）が即位すると，急速なカスティーリャ語化が進んだ．この結果，16 世紀以降は北部のピレネー山岳地帯に高地アラゴン語（altoaragonés）が話し言葉として方言に分化しながら残るのみとなってしまった．現代では交通・通信の発達と過疎化の進行によりこの地域でもアラゴン語は消滅しつつある．

カスティーリャとアラゴンに挟まれたナバラ王国は元来バスク語の領域であるが，西側のバスク地方に比べ東側のナバラ地方はロマンス語化がより進んでおり，バスク語とともにナバラ・アラゴン語が使用されていた．13 世紀以降ナバラの王位はフランスのシャンパーニュ家に継承され，公文書はフランス語で書かれるようになる．文化的には南フランスの影響が強まるが，同時に民衆にはカスティーリャ語が浸透して行く．アラゴンよりも一層早くカスティーリャ語化が進み，同地方のナバラ・アラゴン語，厳密に言えばナバラ語（navarro）は 16 世紀初めに完全に消滅した．

カスティーリャ語（castellano）は半島北端の中央部に位置するカンタブリア地方で形成された方言であり，北部諸方言の中でもっとも革新的な特徴を持つ．それには歴史的な要因と地理的な要因がからんでいる．歴史的に見ると，ローマ時代，半島のローマ化は南部から進んだので，北部のこの地方はラテン語化がもっとも遅かった地域であり，ラテン語使用の長い伝統を持っていなかった．またバスク語の領域と隣接する地域であったことも注目される．この地域にはバスク語話者あるいはバスク語とロマンス語の二言語併用者が住んでいたと考えられる．9 世紀にレオン王国東部のカンタブリア地方に誕生したカスティーリャ伯爵領は南へ向かって次第に領域を拡大し，11 世紀に王国となった．カンタブリアを含む旧カスティーリャ地方（Castilla la Vieja）は国土回復戦争の最前線にある新興地域なので周辺地域から流入する住民も多く，それだけに社会的流動性が高かった．地理的要因としては，北部の中央に位置していたため，東西の言語的特徴が混じり合う接点となったことが挙げられる．この地域の言語は各地の方言が混ざり合い，均質化の傾向が強かったと見られる．ただし，カスティーリャ語にも地域的変異があって，その西部はアストゥリアス・レオン語と接し，東部はナバラ・アラゴン語と接しているのでそれぞれ過渡的な言語特徴を示していた．カスティーリャが領土を拡大するにつれてカスティーリャ語の使用領域は急速に拡大する．このカスティーリャ語こそ現在スペイン語と呼ばれる言語である.

アストゥリアス・レオン語（asturleonés）は北部のアストゥリアス地方とその南のレオン地方のロマンス語諸方言の総称であって，単一の言語ではない．この言語領域の東側にはカスティーリャ語が位置し，西側にはガリシア・ポルトガル語がある．このため両方の言語の中間的な様相を示し，ガリシア・ポルトガル語ほど保守的ではないが，カスティーリャ語に比べるとより保守的な言語特徴を持つ．政治的にはいずれの言語も初めはレオン王国の領域に属していた．北部の山岳地帯に孤立したアストゥリアス語（asturiano）は地域差が大きく，より保守的なのに対し，国土回復戦争とともに使用領域を広げた南部のレオン語は比較的均質で，より革新的であった．レオン語（leonés）は13世紀にはレオン王国の公文書に使用されるようになり，14世紀まではレオン語的特徴を示す文献も存在した．しかし，統一された文章語の規範が確立する前にカスティーリャ語の浸透が始まる．1230年レオン王国とカスティーリャ王国が恒久的に統合すると，カスティーリャ語がレオン地方においても文章語の地位を占め，話し言葉にもその影響が増大した．レオン語は使用領域も次第に縮小して，黄金世紀以降はカスティーリャ語の地域方言，田舎の言葉と見なされる存在になってしまう．

一方，アストゥリアス地方にもカスティーリャ語の浸透が早くから進み，アストゥリアス語が独自の文章語規範を確立することはなかった．もっぱら話し言葉として使用され，方言分化が進んだ．近代以降，都市部は完全にスペイン語化されるに至ったが，農村部では日常の話し言葉として使用され続けた．これらはバブレ諸方言（bables）と呼ばれる．19世紀にロマンス主義的思潮が流行すると，アストゥリアスの作家たちの間でバブレを復興させ，文章語を確立しようとする気運が高まった．しかし，20世紀にはこの地方で鉱工業が盛んになったため，他の地方からの人口流入が増加し，ますますカスティーリャ語化が進むことになった．現在ではアストゥリアス地方の人口の約3割が農村部でバブレを使用するに過ぎないと言われる[17].

C. 西部——ガリシア・ポルトガル語

ガリシア・ポルトガル語（galaicoportugués）は，レオン王国西部のガリ

---

[17] v. Echenique（2005: 378）.

シア地方で生まれたロマンス語であるが，12 世紀にその言語領域は政治的に分断されてしまう．ミーニョ川以北のガリシア伯爵領がレオン・カスティーリャ王国に留まったのに対し，それ以南のポルトゥカーレ伯爵領はレオン王国から分離・独立し，ポルトガル王国となったからである．北部のガリシアは南へ領土を拡張させる余地がなかったのに対し，南部のポルトガルは南に向かって国土回復戦争を繰り広げ，1147 年リスボンを占領し，1249 年には早くも国土の南端まで征服を完了させた．

ガリシア・ポルトガル語は古風な特徴を持つ言語である．13 世紀から 14 世紀前半にかけてこの言語は抒情詩文学を繁栄させ，詩の言語として威信を持つようになった．この時代はガリシア・ポルトガルのみならずレオン・カスティーリャの吟遊詩人さえこの言語で詩作を行うほどであった．しかし，15 世紀以降ガリシアは政治的にも言語的にもカスティーリャへの従属性が強まり，その言語は文章語としての生命力を失って文学の「暗黒時代」に入る．これに対し，ポルトガル王国は 13 世紀に南部のリスボンの言語に基づく中世ポルトガル語をラテン語に代えて公用語とし，独自の文学を発展させて行く．こうして，14 世紀半ば頃から両者が方言分化し始めた．現在ではそれぞれガリシア語とポルトガル語という別の言語として扱われる．ガリシア語がポルトガル語と音韻的に相違する点は，鼻母音が欠けていること，有声歯擦音 /ʒ, z, dz/ が無声化したこと，ポルトガル語では /ʃ/ に変化した /tʃ/ を維持すること，有声唇歯音 /v/ が存在しないことなどである．19 世紀にはガリシアでもガリシア語による文学再生運動（Rexurdimento）が起きた．現在のガリシア語は諸方言に分かれ，その使用は農漁村部に限られている．一方，ポルトガル語は 16 世紀以降海外にも広がり，植民地ブラジルに移植された．

3.4.4. イベリア半島南部のロマンス語

半島南部アル・アンダルスではモサラベ語（mozárabe）が形成された．これは単一の言語ではなく，アル・アンダルスのロマンス語全体を指す呼称であり，南部諸方言の集合体と考えるべきである．アル・アンダルスの最盛期は前述のとおりアラビア語とロマンス語の二言語併用の社会であり，その宗教にかかわりなく教養のある住民はアラビア語とロマンス語を併用することができた．モサラベ語の話者はキリスト教徒のいわゆるモサラベ人とは限らず，イスラム教徒，ユダヤ人も含まれていたのである．このため，モサラベ語という名称は不適切であり，アンダルシー・ロマンス語（romance andalusí）またはロマンダルシー語（romandalusí）と呼ぶべきであるとの主張もある[18]．モサラベ語による文学は11世紀頃から現れ，アラビア文字（またはヘブライ文字）で表記された．これはアルハミーア文学とも呼ばれる[19]．しかし，モサラベ語が使用されるのは主に日常の話し言葉に限られ，文章語の規範が成立することはなく，各地で方言分化が進行していたと見られる[20]．モサラベ語はカスティーリャ語に比べると，全般に保守的な音韻特徴を持っている．

国土回復戦争が進むにつれ，モサラベ語は衰退の道をたどることになる．アル・アンダルスでは9世紀モサラベ人の間に熱狂的な殉教運動が起き，その反動でキリスト教徒への迫害が強まったため，多数のモサラベ人が改宗するか北部のキリスト教国へ移住することを余儀なくされた．さらに，11~12世紀にアル・アンダルスを支配したムラービト朝およびムワッヒド朝は，どちらもイスラムの宗教運動から始まっただけに異教徒に対し不寛容であって，キリスト教徒を迫害し，改宗を拒む者は北アフリカに追放した．このため，モサラベ人の間には半島北部へ移住する動きが強まり，その共同体は次々と消滅して行った．この結果，アル・アンダルスのモサラベ語は12世紀後半に消滅したと見られる．モサラベ人の宗教的・文化的中心地であったトレードが1085年レオン・カスティーリャ王国によって奪還されたことも，かえって急速なカスティーリャ語化を招くことになった．モサラベ語は文章語としては確立しておらず，地域差も大きかったので，より威信の高いカスティーリャ語に対抗できなかったのである．しかし，モサラベ語的特徴はトレードの文献に13世紀頃までは残っていたと言われる．こうして，モサラベ語は北部から南下してきたロマンス諸語に吸収・同化され，消滅してし

---

18 v. Corriente（2005: 186）.

19 アルハミーア（aljamía）はアラビア語 al-ʻajamiyya「外国語」に由来する．狭い意味では，15世紀以降キリスト教諸国のモリスコ人がアラビア文字で書いたロマンス語文献またはユダヤ人がヘブライ文字で書いたユダヤスペイン語の文献をアルハミーアと呼ぶ．

20 モサラベ人は初期には文章語としてラテン語を用いていたが，次第にアラビア語を使用するようになった．

まったが，スペイン語，とりわけそのアンダルシーア方言，さらにカタルーニャ語やガリシア・ポルトガル語にも語彙や音韻の面で影響を与えたと推定される．ただし，それを具体的に裏付けるモサラベ語の資料は乏しい．

結局，イベロロマンス語の中で独自の文章語規範と文学を持つ言語として自立し，その文学的伝統を近代まで維持し続けることができたのは東部のカタルーニャ語，中部のカスティーリャ語（スペイン語）および西部のポルトガル語のみであった．

3.5. 最初の古期スペイン語文献

ロマンス語が形成されたと見られる初期の時代にはロマンス語で書く習慣はまだ成立せず，相変わらず文書はラテン語で書かれていた．そうした中世ラテン語に地域による相違はあまりないが，ロマンス語的な特徴が時には顔を出すことがあった．特に公証人文書のように日常の社会生活とかかわりを持つ文書ではその傾向が強い．ラテン語と民衆のロマンス語の間にいわば「ロマンス語化したラテン語」（latín arromanizado）が存在したのである．しかし，それはラテン語の素養が不足しているのでなければ，公証人文書では特に地名・人名の表記に正確を期すため，あるいは表現上の必要からやむなくロマンス語的要素を混入させたものであって，あくまでラテン語文書として書かれていたのである[21]．

現在のスペインの領域でそうした類のラテン語ではなく，明らかに意図して書かれたロマンス語最古の文献と認められているものは『サン・ミリャン注釈』（Glosas emilianenses）と呼ばれる宗教的文書で，10 世紀後半または 11 世紀初めに書かれたとされる[22]．この文書名は，かつてはナバラ王国の領域（現在はラ・リオーハ自治州）であったサン・ミリャン・デ・ラ・コゴーリャ（San Millán de la Cogolla）修道院で発見されたことにちなむ．文書はラテン語による宗教講話と悔罪総則の本文に多数のロマンス語による注釈が

[21] スペインでは 12 世紀頃まで表記上はラテン語でも，実際にはロマンス語風に読み下していたとする説もある．日本の江戸時代の和製漢文文書のようなものであろうか．v. Wright（1982）．

[22] v. Bustos（2005: 304）．なお，巻末の資料テキスト 1 を参照のこと．

記されているほか，ロマンス語によるまとまった翻訳文が挿入されており，意図的にロマンス語で書かれたことは明らかである．なお，この文書にはバスク語による注釈も含まれている．一般にスペイン語最古の文献と言われるが，言語的にはナバラ・アラゴン語的特徴が強いとされ，カスティーリャ語最古の文献とは言えない．しかし，この文書が存在したリオハ地方は当時国土回復戦争による再植民が行われ，さまざまな方言的要素が混ざり合う合流点であり，この文書の言語は，カスティーリャ，リオハ，アラゴン，ナバラなどの特徴が混合したコイネー（共通語）であるとも言われる．そうしたことを考慮すれば，広い意味でスペイン語最古の文献と言っても差し支えないであろう．

『サン・ミリャン注釈』と同じく10世紀後半であるが，それより後に書かれたとされるのが『シロス注釈』（Glosas silenses）である[23]．ナバラ王国の西に隣接するカスティーリャ王国の領域であったブルゴス近郊（現在はカスティーリャ・イ・レオン自治州ブルゴス県）のサント・ドミンゴ・デ・シロス（Santo Domingo de Silos）修道院で発見された宗教的文書で，『サン・ミリャン注釈』を筆写したものと見られる．しかし，前者と違ってロマンス語の部分は語彙の注釈だけである．

イスラム支配下にあった半島南部のアル・アンダルスでもほぼ同時期に最初のロマンス語文献が出現する．ハルジャ（jarcha < kharja）と呼ばれるモサラベ文学の作品である．これはムアッシャハ（moaxaja < muwashshaha）と呼ばれる様式のアラビア語またはヘブライ語の抒情詩の末尾に挿入された2~3行の短い詩で，国文学で言う反歌のような性格のものである．ハルジャはすべてロマンス語というわけではなく，その一部にロマンス語で書かれた作品が含まれている．それはアル・アンダルスにおけるアラビア語（またはヘブライ語）とロマンス語の二言語併用的な文化状況を反映している．ムアッシャハという様式は10世紀に創案されたと言われるが，残っている作品の大部分は11世紀半ばから12世紀半ばまでに書かれたものである．その存在は長く忘れられていたが，1948年ヘブライ文字で書かれた作品がカイロのシナゴーグで最初に発見され，後にアラビア文字の作品が発見された．

---

[23] シロス注釈は定説よりも遅く11世紀後半に成立したとする説もある（v. Bezler, 1991）．

作品に用いられるアラビア文字・ヘブライ文字は，どちらも母音を表記しない習慣なので，翻字と解釈にはかなり困難が伴う．これがスペイン語による文学作品としては現存する最古のものということになる．それどころか，ロマンス語による最初の抒情詩とする説もある．それまでヨーロッパの抒情詩は 12 世紀プロヴァンスの吟遊詩人文芸から始まるとされていたのであるが，これもアル・アンダルスのアラブ文学に触発されて誕生したというのである．

以上の文献に見られるロマンス語は現在のスペイン語つまりカスティーリャ語ではないが，後の時代にナバラ・アラゴン語もモサラベ語もカスティーリャ語に合流するので，その源流の一つをなしているとは言える．したがって，広い意味で古期スペイン語（español arcaico）の文献であると言うことができるだろう．

図 1：11 世紀後半イベリア半島の言語分布

図 2：13 世紀末イベリア半島の言語分布

4. 中世スペイン語
(13 世紀〜15 世紀前半)

4.1. 国土回復戦争の進展とカスティーリャの興隆

キリスト教諸国による国土回復戦争は 11 世紀以降本格化するが，1212 年ナーバス・デ・トローサの戦いでキリスト教諸国連合軍がムワッヒド朝を大敗させたことによりキリスト教徒側の優位は決定的となった．12 世紀に成立したアラゴン連合王国は 13 世紀には地中海に矛先を向け，バレアレス諸島のマヨルカ島（1229），イビサ島（1235），さらにメノルカ島（1287）を占領し，隣接するバレンシア地方もイスラム支配から奪還した（1238）．アラゴンは国土回復戦争の勢いをそのまま地中海の東の方向に振り向け，シチリア（1282）とサルデーニャ（1297）に進出を始め，15 世紀にはナポリ王国も併合して南イタリアを支配するに至る．

一方，それまで統合と分離を繰り返してきたレオンとカスティーリャは，1230 年カスティーリャ王フェルナンド 3 世（Fernando III el Santo, 1217-52）がレオン王位も継承したため最終的に統合され，カスティーリャ連合王国（Corona de Castilla）となった．王はアンダルシーアのグワダルキビール川流域で攻勢を強め，コルドバ（1236），ハエン（1246），セビーリャ（1248）を相次いで占領した．1266 年ムルシアもカスティーリャに併合された．この結果，13 世紀後半以降，半島でイスラム支配が残るのはアンダルシーア南部のナスル朝グラナーダ王国のみとなった．その一方で，カスティーリャ王国内部では 13 世紀のアルフォンソ 10 世時代から 15 世紀まで王位継承をめぐり貴族・都市を巻き込んだ内乱が絶えなかった．国土回復戦争による領土拡大に伴いイスラム教徒（ムデハル人），ユダヤ人という異教徒が増加したことも社会の軋轢を生む要因となった．14 世紀にはムデハル人の反乱が起きる一方，14 世紀から 15 世紀にかけて各地で反ユダヤ暴動が起き，ユダヤ人は迫害され，カトリックへの改宗を強いられた．改宗したユダヤ人は改宗者（converso）または新キリスト教徒（cristiano nuevo）と呼ばれ，その後も異端審問所の監視の目が向けられた．

経済面では 13~14 世紀にカスティーリャ王国は牧羊業が発展し，フランドルとイタリアに羊毛を輸出して繁栄した．アラゴン王国も政治的進出に伴う地中海貿易の発展で栄えた．しかし，イベリア半島ではこの時代から 15 世紀に至るまで数度にわたるペストの大流行があって，各国で農村人口が減少し，特にアラゴン王国の農業は深刻な打撃を受けた．さらに，13 世紀末に成立したオスマン・トルコが興隆するにつれて地中海貿易が阻害されるようになったため，15 世紀以降アラゴン王国は経済的衰退に向かうこととなる．

学問の分野で注目されるのは 13 世紀にイベリア半島で初めて大学が創設されたことである．カスティーリャ王国最初の大学は 1208 年頃パレンシアに創立されるが，まもなくバリャドリードに移された．1218 年にはサラマンカ大学が創立された．ポルトガルでは 1290 年リスボンに最初の大学が創設されるが，後にコインブラに移転した．

4.2. アルフォンソ時代におけるスペイン語規範の成立

10~11 世紀頃の古期スペイン語については資料が乏しいが，12 世紀半ばから最初のカスティーリャ語の韻文作品が現れ始める．13 世紀に特筆すべき出来事は，カスティーリャ王国でロマンス語がラテン語に代わり公用語化され，散文の規範が成立したことである．これ以降，続々とロマンス語，つまりカスティーリャ語で書かれた文献が出現するようになる．13 世紀から 15 世紀前半に至るまでのカスティーリャ語を中世スペイン語（español medieval）と呼ぶことにする．

カスティーリャ語が他のイベロロマンス語の中で優越的な地位を占めるに至った背景にはカスティーリャ王国の興隆と版図の拡大があった．北部キリスト教諸王国の中で中央部に位置する地理的な利点もあってカスティーリャ王国は国土回復戦争で主導的な役割を果たした．特に，かつての西ゴート王国の旧都トレードを 1085 年奪還したことは半島の中で政治的威信を高めるのに大いに役立った．急速に拡大した領土内でイスラム教徒・ユダヤ教徒を含むさまざまの宗教的・文化的背景を持つ住民を統治するためには実用的な公用語が必要であるが，その要請に応えるのはカスティーリャ語しかなかった．こうした政治的要因とともに，もう一つの見逃せない要因は，イベロロマンス語の中でカスティーリャ語がいち早く文化的な威信を獲得したことである．それに大きく貢献したのは，13 世紀のアルフォンソ 10 世賢王（Alfonso X el Sabio, 1252–84）である．アルフォンソ時代と言われるその治世は，文化史的にもスペイン語史的にも画期的な時代であった．

賢王は国土回復戦争を継続する一方，王国の法的統合と中央集権的な行政機構の整備に努力を傾けた．ローマ法に基づく『七部法典』（Código de las Siete Partidas, c. 1256–65）の編纂はその成果である．しかし，賢王の政治的野心はたびたび反対を受け，挫折を重ねた．ローマの伝統継承を強く意識する賢王は神聖ローマ帝国の皇位を熱望し，ドイツ諸侯や教皇に働きかけを行うが，内外の反対でその企ては失敗する．王権を強化しようとする国内の諸改革に対しても貴族や市民，ムデハル人の反発が強く，度重なる反乱が起きた．最後には次男の王子に反乱を起こされ，王は失意の中に病死する．

他方，賢王は文化史上では間違いなく画期的な業績を残した．レオンとカスティーリャを最終的に統合した先代のフェルナンド 3 世はすでに王の秘書的業務を行う尚書庁（Cancillería）でラテン語とともにカスティーリャ語を公文書に用いさせており，やがてその使用はラテン語を上回るようになった．アルフォンソ 10 世はそれを一層推進し，レオン・カスティーリャ王国の国外向け文書を除き公文書にラテン語を使用することを廃止し，全面的にカスティーリャ語に切り替えた．これはイベリア半島の他の王国にも西欧諸国にも先立つ英断であった[1]．重要なことは，この時代にラテン語に代わりロマンス語が書き言葉に用いられるようになったのは自然発生的な現象ではなく，明確な政治的・文化的意図をもって実行されたということである．書き言葉として必要な語彙はラテン語やギリシャ語から導入されると同時に，既成の語彙から多数の派生語が作られ，また綴り字についても一定の原則が立てられるようになった．これが「アルフォンソ正書法」（ortografía alfonsí）と呼ばれるものであるが，その実体はアルフォンソ王の主導により産み出された諸文献の綴り字に現れる文字体系を指している．近代のアカデミア

[1] 隣国フランスで公用語がラテン語からフランス語に変わるのは 16 世紀フランソワ 1 世の時代である．

正書法のように統一された規則が確立していたわけではなく，まだ不統一や不安定性を内包していたが，根幹の部分は後の時代に受け継がれて行く[2]．さらに，アルフォンソ王はカスティーリャ語を官庁の用語（公用語）としたに留まらず，歴史や学術的著述のための媒体としても自ら率先して利用した．これを契機にアルフォンソ時代からカスティーリャ語の文学作品が急増するようになる．こうして他のヨーロッパ諸国に先駆けてロマンス語が文章語として確立され，散文の規範が定まって行った[3]．

11 世紀末にイスラム教徒から奪還されて以降，カスティーリャ王国の首都となったトレードはキリスト教，イスラム教およびユダヤ教の三文化が交流する文化都市となり，すでに 12 世紀からいわゆる「トレード翻訳学派」（Escuela de Traductores de Toledo）の活動が始まった[4]．そこでは，アラビア語に翻訳されていたギリシャ古典やアラビア諸学の文献がいったんカスティーリャ語に翻訳され，それからさらにラテン語に翻訳された．ただし，アルフォンソ時代にはカスティーリャ語からラテン語への重訳は行われなくなる．初期には神学・哲学の文献が中心だったが，この時代にその活動は天文学など自然科学分野にも広がり，トレードと並んでセビーリャも学術の中心地となった．賢王はユダヤ人やモサラベ人，イスラム教徒も含む多数の学者を集めて翻訳事業を行わせた．英国，ドイツ，イタリアなど外国出身の学者もこれに加わった．イベリア半島でイスラム支配の退潮が目立ち始めたこの時代にイスラム文化の影響はむしろ強まるのである．その文化的影響は中世の暗闇の中にあった西ヨーロッパ全体に及んだ[5]．こうした学術活動の共通語となったのはカスティーリャ語であった．

王自身もカスティーリャ語による著作を多数編纂した[6]．それは多方面にわたっており，法律分野では『フエーロ・レアル』（*Fuero real*, 1254）と前記の『七部法典』があり，歴史分野では『イスパニア史』（*Estoria de Espa-*

---

[2] この正書法は，14 ～ 15 世紀に語源を尊重した綴り字の改変が一部加えられることになる．

[3] アルフォンソ時代の公用語について従来の定説ではトレードまたはブルゴスの言語を規範としたとされるが，最近の研究によれば，そのように断定することはできないようである（v. Fernández-Ordóñez, 2005: 403）．

[4] 12 世紀初期にトレード大司教ライムンド（Raimundo de Sauvetat）が翻訳者集団を組織し，アラビア語からの翻訳事業を推進した．

ña, c. 1270–74)[7]，『世界史』(*General estoria*, c. 1270–80)，科学分野では科学と道徳的説話が混合した『アルフォンソ天文表』(*Libro de las Tablas alfonsíes*, 1263–72)，『宝石論』(*El lapidario*, c. 1277–79) などがある．科学分野の作品はこの他にも多数あるが，その大部分はアラビア語の原典を下敷きにしている．文学作品としては『聖母マリア古謡集』(*Cantigas de Santa María*, c. 1264–75) がある．これは王国内のロマンス語の一つ，ガリシア語で書かれており[8]，抒情詩を含む説話集である．詩の多くはセヘル (zéjel) というアラビア語の抒情詩に起源を発する詩形で書かれている．

このようにカスティーリャ語はいち早く文章語の規範を持ち，文化的威信を誇る言語としてイベリア半島のロマンス語の中で優位に立つようになった．カスティーリャ語という名称はアルフォンソ時代に確立し，スペイン語という呼称もこの時代に初めて現れる[9]．この後，旧レオン王国地域のアストゥリアス・レオン語はカスティーリャ語に呑み込まれ，同化される道をたどるようになる．南部にあったモサラベ語もやはりカスティーリャ語に吸収され消滅してしまう．こうしてカスティーリャ語はイベリア半島中央部の言語的統一を実現して行くことになる．歴史的に見てスペイン語の特異な点は，初めは狭小な辺境の地のロマンス語方言にすぎなかったものが急速に使用地域を拡大し，やがてスペイン全体の国家語となったことである．

---

[5] 古代ヘレニズムの伝統と西欧中世の間には歴史的な断絶がある．ヘレニズムの遺産はビザンチンからオリエントを支配したイスラム世界に継承され，この時代にスペインを経てヨーロッパに流入した．もう一つの中継地はノルマン王朝のシチリア王国であった．イスラム世界から古典文化が流入したことにより西欧に「12世紀ルネサンス」が開花し，それ以降西欧文明が自立・発展することになる．v. 伊藤 (2006).

[6] アルフォンソ10世の著作とされるものは，王自身が執筆したというより多数の著者グループを統括する企画・編集者の役割を果たしたものと考えられる．それは名目上のものではなく，表現，用語および表記の校閲にも積極的に関わったようである．

[7] この作品の写本を研究したメネンデス・ピダールが『最初の総合年代記 (Primera crónica general)』という題名で校訂本を出版したため通称として『総合年代記』とも呼ばれる．なお，巻末の資料テキスト3 を参照されたい．

[8] ガリシアにはサンティアゴ街道を通じて南フランスの吟遊詩人の影響が及び，古くから抒情詩が発展した．13～14世紀はその最盛期で，ガリシア語は抒情詩のための言語と見なされ，他の地方の詩人たちもガリシア語を使用した．

[9] v. Fernández-Ordóñez (2005: 385).

4.3. スペイン文学の出現と発展

ラテン語に代わるカスティーリャ語の文学はまず韻文で始まった．その担い手は詩を口承し，または歌って各地を回る無名の遍歴芸人たちである．そのような口承文学は「遍歴芸人文芸」（mester juglaresco）と呼ばれる．その中心的なジャンルは「武勲詩」（cantar de gesta）と言われる叙事詩であり，10〜11 世紀に出現したと言われるが，作品は散逸して残っていない．12〜13 世紀に南フランスの抒情詩と北フランスの叙事詩の影響がサンティアーゴ街道を通じてイベリア半島に及んでくる．この時期の作品もほとんど断片的なものしか残っていないが，そうした中で唯一ほぼ完全な形で伝わっているのが『わがシードの歌』（Cantar de mio Cid）である．これは現存するカスティーリャ語最古の文学作品とされる．スペインの碩学メネンデス・ピダールは，この作品が 1140 年に口承文学として成立し，1307 年に現存する写本が作られたと主張し，これが長く定説となってきた．しかし，近年外国人の研究者を中心に個人創作説が出ている．それによると，最古の写本に記されたペル・アバト（Per Abbat）という名前は従来考えられていたような写字生ではなく作者自身であり，1307 年ではなく 1207 年に原本が書かれたとする[10]．この新説には批判もあり，定説を完全に覆すまでには至っていないが，作者の問題はともかく，成立年代に関しては言語的特徴から見て，12 世紀末ないし 13 世紀初めの作品ではないかとする説が有力になりつつある[11]．この作品は 11 世紀後半に実在したカスティーリャ王国の英雄ロドリーゴ・デ・ディアス・デ・ビバール（Rodrigo de Díaz de Vivar），通称エル・シード・カンペアドール（el Cid Campeador）を主人公とする叙事詩である．

民衆的な「遍歴芸人文芸」に対して 13 世紀から主に聖職者による「聖職者文芸」（mester de clerecía）が現れた．これも韻文形式で，宗教的あるいは歴史的な題材を扱い，ラテン語の原典を踏まえて，ラテン語を知らない

---

[10] v. Smith（1987: 37-40）．なお，テキストは巻末の資料テキスト 2 を参照．

[11] v. Franchini（2005: 333-335）．本書も成立時期についてはこの見解をとることにしたい．

人々のためにスペイン語で書かれた．その代表的な作品はベルセーオ（Gonzalo de Berceo, c.1195-c.1264）による『聖母の奇跡』（Milagros de Nuestra Señora）で，聖母マリアの伝説を集めた物語詩である．これより前だが，やはり13世紀の作品とされるものとして『アポロニオの書』（Libro de Apolonio）や『アレクサンドレの書』（Libro de Alexandre），『フェルナン・ゴンサレスの詩』（Poema de Fernán González）がある．最初の作品は主人公アポロニオの冒険物語，2番目はアレクサンドロス大王の生涯を描いたもの，最後の作品はフェルナン・ゴンサレス伯を主人公とする物語である．

同じ時代には宗教劇が演じられ，民衆を教化する手段となっていた．このジャンルで現存するスペイン語最古の演劇作品と目されるのは12世紀後半ないし13世紀初めに書かれたと言われる『東方の三博士の聖史劇』（Auto de los Reyes Magos）である．トレードの大聖堂で発見されたもので，韻文であるが，147行の断片しか残っていない．

13世紀アルフォンソ時代にカスティーリャ語による散文の規範が成立して以降，カスティーリャ語の文学は豊かなものになって行く．文学史的には14世紀を代表する韻文作品としてイタ主席司祭フアン・ルイス（Juan Ruiz, Arcipreste de Hita, c.1283-c.1350）の『良き愛の書』（*Libro de buen amor*）[12]，詩を交えた散文作品としてドン・フアン・マヌエル（D. Juan Manuel, 1282-1348）の『ルカノール伯爵』（*Conde de Lucanor*）がある．

4.4. 中世スペイン語の形成

4.4.1. ラテン語から中世スペイン語までの音韻変化

イベリア半島におけるロマンス語の初期の段階は，他の地域と同様資料が乏しいので，古期スペイン語の姿は断片的な資料により推定するしかない．しかし，13世紀以降は，文献が増えていわば忽然と中世スペイン語（中世カスティーリャ語）が明瞭な姿を現すという印象を受ける．以下では俗ラテン語から中世スペイン語に至るまでの期間に起きたと推定される言語変化の過程を跡づけることにする．

---

[12] 巻末の資料テキスト4を参照.

A. アクセント

前述のとおり，古典ラテン語は高さアクセントを持っていたと見られるが，俗ラテン語では強勢アクセントに変質した．また，アクセントの配置に関しては，古典ラテン語は語を構成する音節の長短によってアクセントの位置が決まる固定アクセントの言語であったのに対し，そうした区別のなくなったスペイン語は語によってアクセントの位置が異なる自由アクセントの言語に変質した．ラテン語のアクセントの位置そのものは原則として維持されたが，一部移動した事例もある．その主な場合は次のとおりであるが，これらの変化は帝政末期のラテン語ですでに始まっていたようである．

(1) ラテン語にあった母音連続の多くが二重母音化し，それに伴ってアクセントの位置が前の母音から後の母音に移動した[13]：mulíere（mulier）> muliére > mujér「女」，puteus「井戸」→ putéolu（putéolus）> puteólu > pozuélo「（地面に埋めた）つぼ」．

(2) 末尾第2音節が短母音で，その後に閉鎖音＋流音が続く場合，それがアクセントを引き寄せた：ténebrae > tiniéblas「暗闇」，íntegru（integer）> entéro「全部の」．この場合，ラテン語では末尾第2音節は短いものとして扱われ，アクセントは末尾第3音節にさかのぼるのであるが，すでに古典ラテン語でも韻文ではアクセントが末尾第2音節に来ることが認められていた（ténebrae / tenébrae）．スペイン語ではこの傾向が一般化した．

(3) ラテン語では動詞の接頭辞部分にアクセントがある場合，スペイン語では動詞の語幹にアクセントが移動した：cómparō > compáro（comparar「比較する」），rénegō > renégo > reniégo（renegar「否認する」）．ラテン語ではアクセントの配置規則に従って，機械的にアクセントの位置が決まっていたが，すでに後期ラテン語の時代から動詞のアクセントは接頭辞を避けて語幹に移動する傾向があったようである．音配列よりも形態的境界が重視されたと言えるだろう．

(4) ローマ帝政末期にキリスト教が広がったのに伴い，多数のギリシャ語

---

[13] 以下，ラテン語の名詞・形容詞を提示する場合は，通常ロマンス語の語形の起源となる対格の語尾 -m を除いた形式を示し，それが男性または中性のときおよび -a 以外の語尾で終わる女性名詞のときは，参照の便宜を図るため，その後のかっこ内に単数主格を示す．また，スペイン語の語義がラテン語とかなり相違する場合は，ラテン語の語義も合わせて示す．

彙が借用されるようになったが，それらの多くはギリシャ語のアクセント位置を維持した．このため，古典ラテン語の時代に借用されたギリシャ語とはアクセント配置が相違する傾向が現れた．たとえば，ギリシャ語の名詞語尾 -ία は古典ラテン語時代には強勢を持たない要素として受容された（cōmoedia > EM. comedia「喜劇，演劇」，tragoedia > EM. tragedia「悲劇」）が，新しい借用語ではギリシャ語のアクセント位置がそのまま導入され，母音連続が生じた（melodía「メロディー」，manía「妄想」）[14].

B. 母音の変化

a. 強勢母音

(a) 5 母音体系の確立

既述のとおり，古典ラテン語は長短の区別のある 5 母音体系であったが，俗ラテン語では長短の区別がなくなって音色の相違に変化し，当初は次のような 9 母音が区別されていたと推定される：/ i, ɪ, e, ɛ, a, ɔ, o, ʊ, u /. しかし，この母音体系は微妙な開口度の相違を持つ 9 母音を区別しなければならないので，現実には維持するのが困難であり，俗ラテン語からロマンス語に移行する過程で開口度が近接する母音のいくつかは合流した．その結果，西ロマンス語では次のように 4 段階の開口度を持つ 7 母音体系に縮小したと推定される[15].

/i/						/u/
	/e/				/o/	
		/ɛ/		/ɔ/		
			/a/			

この西ロマンス語の体系は前舌母音と後舌母音にそれぞれ半広母音 /ɛ, ɔ/ と半狭母音 /e, o/ の対立があるのが特徴である．しかし，ガリシア・ポルトガル語を除く西ロマニアの大部分ではやがて半広母音 /ɛ, ɔ/ について /ɛ >

[14] 現代スペイン語でも，たとえば地名ではラテン語的なアクセント配置を持つ末尾第 2 音節強勢語（Bulgaria, Grecia, Rumania）とギリシャ語的なアクセント配置を持つ末尾音節強勢語（Etiopía, Hungría, Turquía）が共存している．

[15] ここで西ロマンス語とは，西ロマニアの諸言語が分化する以前の推定される状態を指す．東ロマンス語ではこれと異なる過程を経て，最終的には 6 母音体系（i, e, ɛ, a, o, u）に変化した．

i̯e /, / ɔ > u̯e / u̯o のような二重母音化が生じた．ただし，フランス語とイタリア語ではこの二重母音化が開音節のみで起き，閉音節では起きなかったのに対し，スペイン語ではどちらの場合でも生じた．この結果，イタリア語では 7 母音体系が維持され，フランス語ではその他の母音にも二重母音化が生じてさらに複雑な母音体系を発達させたのに対して，中世スペイン語では半広母音が解消してより単純な 5 母音体系に移行した．結局，強勢音節の単母音は古典ラテン語から中世スペイン語に至るまでに次のような変化を遂げた．

古典ラテン語	/i:/	/i/	/e:/	/e/	/a:/	/a/	/o/	/o:/	/u/	/u:/
俗ラテン語	/i/	/ɪ/	/e/	/ɛ/	/a/		/ɔ/	/o/	/ʊ/	/u/
西ロマンス語	/i/	/e/		/ɛ/	/a/		/ɔ/	/o/		/u/
中世スペイン語	/i/	/e/		/i̯e/	/a/		/u̯e/	/o/		/u/

つまり，スペイン語では半広母音 / ɛ, ɔ / が原則としてすべて二重母音化したことにより 3 段階（狭，半狭，広）の開口度を持つ 5 母音体系に縮小する結果となった．このような / ɛ, ɔ / の二重母音化は，イベロロマンス語ではスペイン語と同じ他の中部方言（アラゴン語，レオン語）にも共通してみられる特徴であるが，これらの方言では変化に多少の変異を伴い，不安定な様相を示す．たとえば，/ɛ/ > /i̯e, i̯a/ および /ɔ/ > /u̯o, u̯e, u̯a/ のような変異が競合し，アクセントの位置も /íe/-/i̯é/, /úe/-/u̯é/ のように変異があって一定ではない．これに対し，スペイン語は，二重母音化が早くから生じ，しかも 10 世紀には上記のようなそれぞれ一つの型にほぼ固定していた[16]．こうした二重母音の均一化はスペイン語の特徴と言える．スペイン語の 5 母音体系成立については同じく 5 母音体系だったと見られるイベリア語またはバスク語の基層によるとする説もある．しかし，/ ɛ, ɔ / の二重母音化そのものは西ロマニアだけでなく東ロマニアのルーマニア語にも見られるので，基層説

[16] /ɛ/ と /ɔ/ の二重母音化という現象は西ロマニア全体で 3~4 世紀には起きていたようである．カスティーリャ語で ie, ue という形式が最初に確証されるのは 9 世紀のことである（Quilis, 2005: 98）．

を裏付けるのは困難である.

上記の母音変化の実例を次に示す.

/i:/ > /i/: fīcu（fīcus）> higo「イチジク」　fīlu（fīlum）> hilo「糸」
amīcu（amīcus）> amigo「友だち」　vīta > vida「命」

/i, e:/ > /e/: circā > cerca「近くに」　nigru（niger）> negro「黒い」
tēla「織物」> tela「布」　mēnsa > mesa「テーブル」

/e/ > /ɛ/ > /i̯e/: centum > ciento「100」 metu（metus）> miedo「恐怖」
septem > siete「7」　petra > piedra「石」

/a:, a/ > /a/: mātre (māter) > madre「母」 ānsa > assa (EMd. asa)[17]「取っ手」
manu（manus）> mano「手」　asinu（asinus）> asno「ロバ」

/o/ > /ɔ/ > /u̯e/: bonu（bonus）> bueno「良い」 novem > nueve「9」
costa「肋骨」> cuesta「坂」　focu（focus「炉」）> fuego「火」

/o:, u/ > /o/: hōra > hora「時間」 tōtu (tōtus「全体の」) > todo「すべての」
lupu（lupus）> lobo「オオカミ」　LV. cuppa > copa「杯」
musca > mosca「ハエ」

/u:/ > /u/: dūru (dūrus) > duro「硬い，厳しい」 ūnu（ūnus）> uno「1」
fūmu（fūmus）> humo「煙」　acūtu（acūtus）> agudo「鋭い」

上記の変化で生じた二重母音の中には例外的にさらに変化を遂げたものもある．14 世紀に一部の語では二重母音の / u̯e / が単母音化して / e / に変化した：colubra「雌ヘビ」> LV. *colobra > culuebra > culebra「ヘビ」，fronte（frōns）> fruente > frente「額」.

(b) 二重母音の変化

古典ラテン語には 3 種類の二重母音があったが，中世スペイン語に至るまでに次のように変化した.

/ae/ > /ɛ:/ > /ɛ/ > /i̯e/: caelu（caelum）> */kɛlu/[18] > cielo「空」
quaerō「尋ねる」> */kɛro/ > quiero「私は欲しい」

/oe/ > /e:/ > /e/: poena「罰」> pena「苦悩」
foedu（foedus）> *fedu > feo「みにくい」

---

[17] 中世スペイン語と現代の正書法が異なる場合に限り，後のかっこ内に現代の語形を示す.

[18] 正書法によらない推定形を示すときは便宜的に/　/で示す.

/au/ > /ou/ > /o:/ > /o/:　auru（aurum）> *ouru > oro「金」
　causa「原因，事情」> *cousa > cosa「物事」

二重母音 /au/ の単母音化はすでに俗ラテン語の時代から起きていたが，俗ラテン語ないしロマンス語の段階で二次的に /au/ が発生した場合もある．これらも単母音化（/au/ > /o/）したが，その時期は遅れ，10~11 世紀までに変化した．/au/ が発生した原因は次のようにさまざまである．

（1）ワウの音位転換によるもの：sapīvī（sapiō の完了 1sg.）> sapui > *saupi > sope > supe（saber「知る」の単純過去 1sg.）

（2）ワウの母音化によるもの：amāvit（amō の完了 3sg.）> *amaut > *amau > amó（amar「愛する」の単純過去 3sg.）

（3）/al/ + 子音という結合で音節末の /-l/ が母音化したことによるもの：alteru > *altru > *autru > otro「他の」，saltu > *sauto > soto「森」

同様に，俗ラテン語以降，二次的に発生した /ai/ も単母音化した：basiu > *baisu > beso「接吻」，capiat（capiō「捕らえる」の接続法現在 3sg.）> *caipat > quepa（caber の接続法現在 3sg.）．

このように比較的早くから二重母音 /ai, au/ が単母音化したのはイベロロマンス語の中でスペイン語の特徴である．

（c）母音連続

ラテン語にあった母音連続は二重母音化するのが普通である：pietāte（pietās「敬虔」）> piedad「哀れみ」，coāgulu（coāgulum「凝結乳」）> quajo（EMd. cuajo）「凝固剤」．しかし，維持されたものもある：leōne（leō）> león「ライオン」．

ロマンス語の段階で二次的に発生した母音連続は維持されるのが普通である：cadere > caer「落ちる」，lēgāle（lēgālis「合法の」）> leal「忠実な」，audīre > oír「聞く」，rādice（rādix）> raíz「根」

ロマンス語の段階で同じ母音が連続するよう変化した場合は，13 世紀以降単母音に縮小するのが一般的である：sedēre「座る」> seer > ser「である」，vidēre > veer > ver「見る」．しかし，この場合も少なくとも正書法ではそのまま維持されたものがある：crēdere > creer「信じる」，legere > leer「読む」．

b. 無強勢母音

ロマンス語では強勢のない音節の母音は，無強勢であるために弱化し，強勢母音のような4段階の開口度を維持することができなかった．すなわち，/e/ - /ɛ/，/o/ – /ɔ/ という半広母音と半狭母音の対立がなく，5母音しか区別されないのが特徴である．しかも，無強勢母音が語の中のどの位置にあるかによって変化の仕方は異なる．語頭と語中の音節では5母音となるが，語末音節では3母音に縮小した．そこで，以下では語頭，語中および語末音節に分けて考察する．無強勢母音は一般に強勢母音より不安定で，黄金世紀までしばしば変異や例外的な逸脱が見られる．

(a) 語頭の無強勢母音

語頭（語の初めの位置）の音節にある無強勢母音はラテン語からスペイン語に至るまでに次のように変化した．ただし，中世スペイン語では / i, e / および / u, o / の間でそれぞれ混同が生じることもあった．

古典ラテン語	/iː/	/i/	/eː/	/e/	/aː/	/a/	/o/	/oː/	/u/	/uː/
	｜	＼	｜	／	＼	／	＼	｜	／	｜
西ロマンス語	/i/		/e/		/a/			/o/		/u/
	｜		｜		｜			｜		｜
中世スペイン語	/i/		/e/		/a/			/o/		/u/

以下に実例を示す．

/iː/ > /i/:　cīvitāte（cīvitās）> ciudad「都市」

　līmitāre「限る」> lindar「隣接する」

/i, eː, e/ > /e/:　circāre「一回りする」> cercar「囲む」

　sēcūru（sēcūrus）> seguro「安全な」

　seniōre（senior ⇐ senex「年老いた」の比較級）> señor「紳士，主人」

/aː, a/ > /a/:　LV. pānāria > panera「パンかご」

　capitāle（capitālis「主要な」）> cabdal > caudal「水量，豊富」

/ oː, o, u/ > /o/:　nōmināre「名付ける」> nombrar「指名する」

　corōna > corona「冠」 lucrārī「儲ける」→ lucrāre > lograr「達成する」

/uː/ > /u/:　cūrāre「気を配る」> curar「治療する」

　mūtāre「動かす，取り替える」> mudar「変える，変わる」

二重母音のうち，/ae/ と /oe/ は強勢音節と異なり同音に変化する．

/ae, oe/ > /e/:　praecōne（praecō「告知役人」）> pregón「告示」

　LV. *foetibundu（*foetibundus）> hediondo「臭い」

/au/ > /o/:　auricula > *oricla > oreja「耳」

autumnu（autumnus）> otoño「秋」

（b）語中の無強勢母音

語中の無強勢母音，すなわち強勢音節の前または後に位置する母音は -a- を除き一般に消失した．この語中音消失の現象はすでに俗ラテン語で始まっていた．とりわけ，/ r, l, s / の前後の無強勢母音は消失しやすかった．

sōlitāriu（sōlitārius）> *sol'tariu > soltero「独身の」

labōrāre > *lab'rare > labrar「耕す」

positu（pōnō の完了分詞）> *pos'tu > puesto（poner「置く」の過去分詞）

この母音消失によりスペイン語では新たな子音連続が生じることになった．

lūmine（lūmen）> lumne > lumbre「火，明かり」

calidu（calidus）> caldo「スープ」　littera > letra「文字」

（c）語末の無強勢母音

語頭よりも単純化が進み，中世スペイン語では次のように 3 母音に縮小した．

古典ラテン語	/iː/	/i/	/eː/	/e/	/aː/	/a/	/o/	/oː/	/u/	/uː/
	｜	＼	｜	／	＼	／	＼	｜	／	｜
西ロマンス語	/i/		/e/		/a/			/o/		/u/
	＼		／		｜			＼		／
中世スペイン語		/e/			/a/				/o/	

以下に実例を示す．

/iː, i, eː, e/ > /e/:

fēcī（faciō の完了 1sg.）> fizi > fize（fazer「する」の単純過去 1sg., EMd. hice）　Jovis（Juppiter の属格）> jueves「木曜日」

patrēs（pater の主格・対格 pl.）> padres「父親」(pl.)

lūcet（lūceō の現在 3sg.）> luce（lucir「輝く」の現在 3sg.）

/aː, a/ > /a/:　amās（amō の現在 2sg.）> amas（amar の現在 2sg.）

amīca > amiga「女友だち」　lingua > lengua「舌，言語」

/uː, u, oː, o/ > /o/:　cornū > cuerno「つの」　lacu（lacus）> lago「湖」

citō「速く」> cedo「[古] すぐさま」

ego > LV. eo > yo「私（人称代名詞）」

（d）-e の消失

上記の変化によって生じた /e/ が歯音 /d, dz/ および歯茎音 / s, n, l, ɾ / の直後にある場合，スペイン語では通常語末音消失（apócope）が起き脱落した．

aetāte（aetās）> edade > edad「年齢」
mercēde（mercēs）> merced「恩恵」　lūce（lūx）> luze > luz「光」
cruce（crux）> cruz「十字架」　mēnse（mēnsis）> messe > mes「月」
pāne（pānis）> pan「パン」　male > mal「悪く」
colōre（color）> color「色」

さらに，11 世紀後半から 13 世紀初めまで上記以外の子音の後でも語末の -e の消失が広範囲に起きた．ほとんどあらゆる種類の子音および子音連続の後で消失が起きたと言ってよい．いわゆる「極端な語末音消失」(apócope extrema）と呼ばれる現象である．一部の語では -o にまで語末音消失が及んだ．その結果，近代スペイン語では許されない種類の子音や子音群が語末に多数生じることになった．この語末音消失現象は，すでに古くから民衆語の傾向としてあったと見られるが，この時代さらにフランス語およびオック語の影響が強まったことにより一層顕在化したものと考えられる[19]．その背景には 11 世紀のレオン・カスティーリャ王アルフォンソ 6 世時代以降，フランスの北（フランス語地域）と南（オック語地域）からフランク人と呼ばれる多数の外国人が農民や聖職者として移住してきたという事実があり，しかもその言語が文化的威信を持ち，まだ形成途上にある文章語に強い影響を及ぼしたことが指摘される．しかし，13 世紀半ばアルフォンソ 10 世時代には巻き返しが生じて，このような語の語末母音は原則として「復活」し，14 世紀には消失現象が完全に終息した[20]．しかし，例外的に現代まで語末音消失形が生き残った場合もある．名詞の前に置かれるのが普通である次の語は，語末音消失形が広く用いられたが，現代でも被修飾語の前に限って用いられる．

grande（grandis）> grand / grant > gran（grande + 単数名詞）「大きい」

---

[19] フランス語・オック語ともにラテン語の /a/ 以外の語末母音は消失していた．

[20] /-e/ の消失は民衆的な現象を反映しているらしく，それが盛んに行われた時代にも文献資料では消失が起きていない例がある．口語でもおそらく語末母音消失がすべての地域にわたって一般化していたわけではなかったのであろう．

bonu（bonus）> bueno > buen（bueno＋男性単数名詞）「良い」
malu（malus）> malo > mal（malo＋男性単数名詞）「悪い」
prīmāriu（prīmārius）> primero > primer（primero＋男性単数名詞）「第 1 の」　centum > ciento > cien（ciento＋名詞）「100」[21]

同様に，名詞の前で後接的に用いられるのが常であった次の語は，消失した母音 /-o/ が復活しなかった．

dominu（dominus）> domno > don（＋男子名）「…さん」
sanctu（sanctus）> sant(o)> san（santo＋男性聖人名）「聖…」
secundum > segundo > segúnd / segúnt > según「[前置詞] …に従って」

動詞の活用形はしばしば一般的な音変化法則の例外をなすことがある．実際に，動詞の活用形では語末の / l, n, ɾ, z / の後でも -e の語末音脱落が起きないのが普通である．しかし，後述のように命令法では広く脱落が生じた．

以上のような音変化によりスペイン語では語末に現れる無強勢母音は原則として /a, e, o/ の 3 種類に限られ，/i, u/ が現れることはなくなった．もし出現するとすれば，外来語は別として次の例のように学識語または準学識語である．

spīritu（spīritus）> espíritu「精神」　tribu（tribus）> tribu「部族」
mētropoli（mētropolis）> metrópoli「大都市」

（e）無強勢母音の不安定

母音体系の中で特に無強勢母音は不安定であり，上記の原則に反する変異が起き，異形が競合する場合も少なくない，たとえば，次のような異形が見られる（現代に残る語形は斜体で示す）:（e / i の競合）aequāle（aequālis）> *igual* / egual「等しい」，recipere > *recibir* / receber「受け取る」，vīvere > *vivir*, bivir / vevir, bebir「生きる」;（o / u の競合）complēre > *cumplir* / complir「果たす」，jocārī > *jugar* / jogar「遊ぶ」，suffere > *sufrir* / sofrir「苦しむ」．

c. ヨッドによる母音変化

以上の一般的な母音変化に対し特定の音韻的環境では例外的な変化が生じた．その主要なものはヨッドの作用によるものである．すでに述べたとお

---

[21] 現代では名詞の前でなくても cien を用いるのが普通になっている．

り，ヨッドとは俗ラテン語で生じた半子音または半母音の [i̯] を指し，俗ラテン語において母音連続の二重母音化や母音の音位転換，子音の口蓋化などさまざまの原因によって発生したものである．ヨッドはそれを含む音節またはその直前の音節に音変化を引き起こした．母音に関しては次のような変化が生じた．

(a) 母音変異

ヨッドはその直前の音節にある母音の開口度を一段階狭い母音に変化させる作用をした．このような現象を母音変異と言う[22]．なお，スペイン語では開口度が最小である /i, u/ に母音変異が起きることはない．

/aː, a/ > /a/+ /i̯/ > /e/:　母音間の子音の脱落などによってロマンス語で新たに生じた二重母音 /ai/ は /e/ に変化した．

amāvī（amō の完了 1sg.）> amai > amé（amar の単純過去 1sg.）

子音連続 /-kt-/ の /k/ が口蓋化してヨッドに変化した結果，/ai/ という結合が発生した場合も同様に母音変異が起きて，/ai̯/ > /ei̯/ > /e/ と変化した．

lacte（lāc）> *laite > leite > leche「ミルク」

faciō ⇒ factu（factum pp.）> *faitu > feito > fecho（pp. ⇐ fazer「する」，EMd. hecho）

/e/ > /ɛ/（+ /i̯/）> /e/:　ラテン語の強勢母音 /e/ は二重母音化して /i̯e/ となるのが原則であるが，直後の音節にヨッドがある場合は，母音変異が生じたため二重母音化が起きなかった．これはイベリアの中部方言の中でスペイン語を特徴付ける点である．

LV. nervio（nervium）> nervio「神経」　superbia > soberbia「尊大」

ラテン語の強勢母音 /e/ の後にヨッドが発生して二重母音 /ei/ が形成された場合も，/e/ 自体の二重母音化は起きることがなく，ヨッドはその後消失した．

integru（integer「手つかずの」）> enteiro > entero「全部の」

māteria「材料」> madeira > madera「木材」.

/-eʎu/ > /-ɛʎo/ > /-ieʎo/ > /-iʎo/:　口蓋化した -ll- /ʎ/ の直前にある /ɛ/ は，

---

[22] 母音変異（または音転位，metafonía）とは同じ語の中にある母音が別の母音を変化させる現象をを指す．ドイツ語のウムラウト（Umlaut）に相当する．共時的な場合と通時的な場合があるが，ここではもちろん通時的変化を指す．

いったんは二重母音化したものの，14世紀後半からヨッドを失い，単母音に縮小してしまう[23].

castellu（castellum）> */kastɛllo/ > castiello > castillo「城塞」

sella > */sɛlla/ > siella > silla「椅子」

/i, eː/ > /e/（+ /i̯/）> /i/: ヨッドはその直前の音節にある母音 /e/ をより開口度の狭い母音 /i/ に変化させた.

vīndēmia > vendimia「ブドウの収穫」

cēreu（cēreus「ろうそく」）> cirio「大ろうそく」

しかし，子音連続 /-kt-/ の /k/ が口蓋化してヨッドが生じた場合は，例外的に母音変異が生じなかった.

strictu（strictus「緊張した」）> *streitu > estrecho「狭い」

dirēctu（dirēctus「まっすぐな」）> *direitu > derecho「右の，まっすぐな」.

/o/ > /ɔ/（+ /i̯/）> /o/: 強勢母音 /o/ の直後の音節にヨッドがある場合も，/e/ の場合と同様に二重母音化（/ɔ/ > /u̯e/）が起きなかった. これもやはりカスティーリャ語の特徴である.

folia（folium の複数）> hoja「葉」

podiu（podium「バルコニー」）> poyo「作りつけの腰掛け」

LV. noviu（novius「新婚者」）> novio「婚約者」

/oː, u/ > /o/（+ /i̯/）> /u/: 上記のとおり，/oː, u/ > /o/ となるのが原則であるが，直後の音節にヨッドがある場合は母音変異を引き起こし，結果として /u/ が維持された. ヨッドによりその後の子音が口蓋化した場合，ヨッド自体は消失する.

multu（multum）> *muitu > mucho「大いに」

pūgnu（pūgnus）> *puinu > puño「拳」 pluvia > lluvia「雨」

（b）音位転換

ヨッドは直前に子音 /p, r, s/ がある場合，次のようにそれと互いの位置を交換する音位転換を起した. これによって生じた二重母音はさらに単母音に

---

[23] Menéndez Pidal（1968: 56）によれば -iello > -illo の変化はカスティーリャ北部およびブルゴスではすでに10世紀に確認されており，14世紀に文学の文献にまで浸透するに至った.

変化した．

/p/ + /i̯/ > /i̯p/:

capiō「捕らえる」> *caipo > *queipo > quepo（caber「入り得る」の現在 1sg.）

sapiam（sapiō の接続法現在 1sg.）> *saipa > *seipa > sepa（saber「知る」の接続法現在 1sg.）

/r/ + /i̯/ > /i̯ɾ/:　ārea「広場」> *aira > *eira > era「脱穀場」[24]

LV. *carraria > *carraira > carrera「競争，経歴」

prīmāriu（prīmārius）> *primairu > primero「第 1 の」

/s/ + /i̯/ > /i̯s/:　bāsiu（bāsium）> *baisu > *beiso > beso「接吻」

cāseu（cāseus）> *casiu > *caisu > *queiso > queso「チーズ」

音位転換により生じた二重母音のこのような変化（/ai/ > /ei/ > /e/）は半島東部のカタルーニャ語と共通するが，西部のポルトガル語は二重母音 ei の段階で留まり，現代に至っている：cf. P. primeiro, C. primer「第 1 の」.

d. ワウによる母音変異

俗ラテン語で生じたワウ（半子音または半母音の [u̯]）もヨッドほど広範囲ではないが，一定の場合に母音変異を引き起こした．次の例では，無強勢の /e/ が後続する音節のワウの影響で /i/ に変化した．

aequāle（aequālis）> egual > igual「等しい」

varius「雑色の」→ LV. variola > veruela > viruela「天然痘」

e. 学識語の問題

ラテン語から歴史的に継承されてきた語彙を民衆語（voz popular）または伝承語（voz patrimonial o hereditaria）と呼ぶのに対し，中世以降学問上などの必要により古典語（ラテン語・ギリシャ語）から直接借用した語彙を学識語（cultismo）または教養語と呼ぶ．学識語は民衆語と違って一般的な音変化法則の適用を受けておらず，語尾だけはスペイン語に適応した形態をとるのが普通である．何らかの理由により民衆語のように完全な音変化はこうむっていないが，純粋な学識語に比べると，ある程度の変化を受けている語もあり，これを準学識語（semicultismo）と言う．

学識語または準学識語は，これまで述べた母音変化の原則から外れた例外

[24] era「時代」（< aera）は異語源の同音異義語である．

的な様相を示すことになる．たとえば，強勢音節で /ĭ/ > /e/ の変化が起きていない．

libru（liber）> libro 「本」

dominicu（dominicus「主の」）> domingo「日曜日」

同様に，/ŭ/ > /o/ の変化も見られない．

mundu（mundus）> mundo「世界」 lucru（lucrum）> lucro「収益」

子音に関しても同様に，学識語および準学識語は通常の音変化から外れた例外をなす．

C. 子音変化の概略

ラテン語から中世スペイン語に移行する間に生じた子音変化でもっとも顕著な現象としては（1）閉鎖音の口蓋化による硬口蓋音系列の形成，（2）母音間の閉鎖音に生じた相互に関連する現象，すなわち無声音の有声音化，二重音の単子音化および有声音の摩擦音化，（3）唇歯音 /f/ の気音化ないし黙音化，（4）子音連続の同化または異化作用による単音化，（5）語末の閉鎖音の消失などを挙げることができる．以下では主要な子音変化を語頭，語中および語末の 3 つの環境に分けて概観する．

D. 語頭の子音および子音群

語頭の位置は，一般に語中や語末に比べると変化が起きにくい環境である．このため，ラテン語の子音の中には原則としてスペイン語にそのまま引継がれたものも少なくないが，一方で著しく変化したものもある．

a. 変化しなかった子音

次のような子音は原則として語頭の位置では変化しなかった．

（1）閉鎖音 /p, t, b, d/:　patre（pater）> padre「父」

portu（portus）> puerto「港」　tauru（taurus）> toro「雄牛」

tēgula > teja「瓦」　bonu（bonus）> bueno「良い」

bucca「ほお，口」> boca「口」　dūru（dūrus）> duro「硬い」

diē（diēs）> día「日」

（2）鼻音 /m, n/:　manu（manus）> mano「手」

novu（novus）> nuevo「新しい」

（3）流音 /l/:　lacu（lacus「桶，池」）> lago「湖」

lupu（lupus）> lobo「オオカミ」

語頭に限らず /l/ は変化しないのが原則であるが，語頭で後続のヨッドに影響され口蓋化を起こした例がある．

levō「軽くする」> lievo > llevo（llevar「持って行く」の現在 1sg.）

この変化は非常に例外的で，同じ環境でも一般には口蓋化が起きていない：lepore（lepus「ウサギ」）> liebre「野ウサギ」．

やはり例外的であるが，語頭の l- が定冠詞の一部と誤解され，語頭音消失（aféresis）を起こした例がある．

līmen → līmināris > limnar > limbrar >（el）lumbral > umbral「敷居」

b. 語頭の閉鎖音の変化

(a) /k/ の口蓋化

/k/（+ /e, i/）> $[k^{j}]$ > $[t^{j}]$ > /ts/: 既述のとおり，前舌母音 /e, i/ の前にあるラテン語の c- /k/ は俗ラテン語の段階ですでに口蓋化していたが，中世スペイン語ではこのように変化し，ラテン語になかった破擦音 /ts/ が生じた．

centum > ciento「百」　caepa → caepulla > cebolla「タマネギ」

cippu（cippus「杭」）> cepo「わな」

この段階までの音変化はイベロロマンス語で共通する： C. cent, P cento「100」．しかし，近代になって西部と東部では /s/ に，スペイン語では /θ/ にそれぞれ変化する．

スペイン語では同じ環境で例外的に /tʃ/ に変化した例がある．これらはモサラベ語に由来する形式とされる．

cīmice（cīmex）> chinche「南京虫」

cicere（cicer「エジプト豆」）> chícharo「エンドウ豆」

一方，前舌母音 /e, i/ の前の位置を除く c- /k/ は他のロマンス語と同様，そのまま維持された．

carru（carrus）> carro「荷車，馬車」 colōre（color）> color「色」

cūna > cuna「ゆりかご」

しかし，例外的に同じ環境で /k/ > /ɡ/ という有声化が起きた事例がかなり存在する．これは /ɾ/ を含む語頭の子音群でも起きる．

cattu（cattus）> gato「雄ネコ」 camella「杯」> gamella「飼い葉桶」

crassu（crassus「厚い」）> graso「脂肪の多い」

crēta「白墨，粘土」> greda「粘土」

このような /k/ の有声化という現象はすでにラテン語にもあったと見られ，ギリシャ語の影響とする説がある．これに対してバスク語基層と結びつける説もあるが，それを裏付ける有力な証拠はない．初期には casa > gasa のように現代語には残っていない例もあった．

(b) /g/ の口蓋化

/g/ (+ /é, í/) > [gʲ] > /j/: 強勢音節で前舌母音の前にある g- /g/ は，/k/ と同様に俗ラテン語ですでに口蓋化しており，中世スペイン語ではヨッドとなるが，次第に子音性を強め，摩擦音化して行く．正書法では y- または hi- で表記される．

gelū「氷結」> hielo「氷」　generu（gener）> yerno「娘婿」

gypsu（gypsum）> yeso「石膏」

この変化はスペイン語に固有のものであり，他のイベロロマンス語ではフランス語などと同じく [g > gʲ > dʒ > ʒ] と変化した： gelū > C. gel, P. gelo

/g/ (+ /e, i/) > [gʲ] > [j] > /ø/: 強勢音節とは対照的に無強勢音節では前舌母音の前の g- に由来するヨッドが最終的に消失した．

gelāre > yelar > helar「凍る」　gingiva > yencía > encía「歯茎」

germānu（germānus「肉親の，兄弟」）> ermano（EMd. hermano）「兄弟」

この変化もスペイン語固有のもので，他のイベロロマンス語では摩擦音 [ʒ] として維持される：C. gelar, P. gelar

学識語または準学識語の場合は上記のような変化ををこうむらず，硬口蓋摩擦音 /ʒ/ となった．正書法上は g（+e / i）で表記される．

gente（gēns「氏族」）> gente「人々」

geniu（genius「守り神」）> genio「才能，気質」

genere（genus「出生，種族」）> género「種類」

gemere > gemir「うめく」

一方，後舌母音 /a, o, u/ および子音の前にあるラテン語の g- /g/ はそのまま維持された．

gallu（gallus）> gallo「雄鶏」　gutta > gota「しずく」

(c) /ku̯-/ のワウ消失

/ku̯-/ (+ /e, i/) > /k/： qu- /ku̯/ の後に前舌母音が続く場合，ワウ /u̯/ は消

失した．ただし，正書法上は変化がない．

quaerere「尋ねる」> querer「欲しい」 quīndecim > quince「15」

ただし，このワウの消失傾向はすでに述べたとおり俗ラテン語で始まっており，早く消失した場合は /k/ + 前舌母音の場合と同じ変化（/k/ > /ts/）をたどることとなった．

quīnque > LV. cinque > cinco「5」

quīncuaginta > LV. cinquaenta > cincuenta「50」

これに対し，/ku̯-/ に強勢のある /á, ó/ が続く場合はワウが維持された．

quāle（quālis「どのような」）> qual（EMd. cual）「どれ，どの」

quattuor > quatro（EMd. cuatro）「4」

ただし，同じ強勢音節の環境にありながらワウが消失する例もある．

quōmodo > LV. quomo > como「どのように」

quota（pars）「何番目の（部分）」> cota「標高」

/ku̯-/（+ /a, o/）> /k/:　同じく /a, o/ が後続していても無強勢の場合は，ワウが消失した．

quattuordecim > catorce「14」　LV. *quassicare > cascar「割る」

これにも例外があって，無強勢なのにワウが残っている例がある．

quādraginta > quarenta「40」　quadrāgēsima > quaresma「四旬節」

c. 語頭の摩擦音の変化

(a) /f/ の気音化

/f/ > /h/:　唇歯音の f- /f/ は気音，すなわち声門摩擦音 /h/ に変化した．この現象は気音化（aspiración）と呼ばれる．

fābulārī「しゃべる」→ fābulāre > fablar > hablar「話す」

filiu（fīlius）> fijo > hijo「息子」　fervēre > ferbir > hervir「沸騰する」　fūmu（fūmus）> fumo > humo「煙」

この現象は早くも 9 世紀から半島北部のカンタブリア地方で確認されており，北部から南部へと広がった．発生した気音はやがて黙音化し，16 世紀には消失する．中世スペイン語の綴り字では f とも h とも書かれる：fablar / hablar．おそらく気音に至るまでには [f] > [ɸ] > [h] のような変化過程を経たと推定されるが，実際の発音では一定の期間 [f, ɸ, h] が異音として共存していたと考えられる．気音でないことを示すためか，時には ff- と書かれることもあった．この気音化現象はきわめてスペイン語的な特徴とされるが，その原因としては既述のとおりバスク・カンタブリア語基層説と内的変化説が対立する．

さらに，問題を複雑にしているのは，一定の音環境では気音化が起きず，/f/ が維持されることである．その一つは，/f/ に流音 /ɾ/ または /l/ が後続する場合である．

frēnu（frēnum「手綱」）> freno「はみ，ブレーキ」

fronte（frōns）> frente「額」

floccu（floccus「綿ぼこり」）> fleco「房」　　flōre（flōs）> flor「花」

もう一つは，/f/ が二重母音 /u̯e/ の前にある場合である．

focu（focus「炉」）> fuego「火」　　fonte（fōns）> fuente「泉」

forte（fortis）> fuerte「強い」

二重母音 /i̯e/ の前の /f/ は不安定で，維持される場合と気音化する場合がある．

fēsta（fēstum の複数）> fiesta「祭り，パーティー」

ferru（ferrum）> fierro / hierro「鉄」

学識語または準学識語と考えられるものは気音化が起きない．

fāma > fama「名声」　　fide（fidēs「信頼」）> fe「信仰」

februāriu（ferbruārius）> febrero「2 月」

ただし，中世スペイン語では fe に対して he，febrero に対して hebrero という異形もあった．

カスティーリャ語以外の f- を維持する方言，たとえばレオン方言に由来するとされる語もある：foedu（foedus）> feo「みにくい」．しかし，中世スペイン語では [f] と [h] が交替する揺れはよく見られるので，この語の場合はたまたま [f] が残ったにすぎないとする見解もある[25]．実際に，語によっては前記の hierro と同様二つの異形を持つものがある：profundu（profundus「深い」）> perfondo > fondo「底」/ hondo「深い，底」．

さらに，[f] をもつ学識語と [h] を持つ民衆語が二重語として存在する場合もある[26]：fōrma「姿，形」> forma「形」/ horma「木型」．

正書法上では，ラテン語の /f/ が気音化した場合は h で表記される．これ

---

[25] v. Ariza（1989: 106-107）．

[26] 同じ語源を持つ 2 つの語が共存する場合，二重語（doblete）と言う．

に対しラテン語本来の /h/ は，既述のように古典ラテン語の時代から発音されていなかったと推定される．この語源的な h は，中世スペイン語の正書法では学識語を除くと表記されないのが普通である．

honōre（honor）＞（h）onor「名誉」

homine（homō「人間」）＞（h）omne＞（h）ombre「人，男」

近代スペイン語の正書法では語源に従いこの h が復元されている．したがって，h という綴り字にはラテン語本来のものと f 音が気音化したものが含まれていることになるが，いずれにしても黙音である．

(b) /s/ の散発的な変化

原則として s- /s/ はそのまま維持された．

saltu（saltus「山林地」）＞soto「森」

solu（solum「土台，土」）＞suelo「地面」 site（sitis）＞sed「渇き」

/s/ > /ʃ/: このように /s/ が硬口蓋摩擦音 /ʃ/ に変化した例もかなりある．

sāpōne（sāpō）＞xabón（EMd. jabón）「石けん」

sūcu（sūcus「汁」）＞xugo（EMd. jugo）「ジュース」

sēpia「イカ」＞xibia（EMd. jibia）「甲イカ」

この変化にはさまざまの要因が考えられるが，従来多くの語についてモリスコ的影響と説明されて来た．つまり，こうした語彙はアラビア語話者のモリスコ人を経由しており，モリスコ人はスペイン語に固有の舌尖歯茎音の [s̺] をアラビア語の [ʃ] 音に置き換えたというのである．しかし，これに対しては疑問が出されている．音声学的な説明では，2つの歯擦音 /s/ と /ʃ/ の調音点が近いため互いに混同が起きやすかったとする．また，混同とは言うものの，変化は /s/ > /ʃ/ のみで，その逆方向はないことから /s/ を強調するためにこの変化が起きたとする見方もある．この説では，語頭においてこれら2つの音素が対立するような語が存在しないことも変異を可能にしたと考える[27]．

/s/ > /ts/: 少数の語では硬口蓋破擦音 /ts/ に変化した例も見られる．

serāre > cerrar「閉める」

siccus「乾いた」＞ LV.（carō）*siccina「乾し（肉）」＞ cecina「乾し肉」

LV.（crībrum）saetaceum「豚毛でできた（ふるい）」＞ setaceu ＞ ce-

[27] v. Lloyd（1987: 266）.

daço（EMd. cedazo）「ふるい」

d. 語頭の流音の変化

ラテン語の語頭の r- ははじき音 [ɾ] であったと推定される．これに対し中世スペイン語では語頭の /r/ にいわゆる r の強化（esforzamiento）が行われ，母音間の -rr- と同じくふるえ音 [r] で調音されるようになった．ただし，正書法上は変化がない．語頭の r- の強化はイベロロマンス語的な音韻的特徴で，ポルトガル語，カタルーニャ語にも見られる．イベリア以外では南部イタリア諸方言にも同じ現象がある．

/r/ [ɾ] > [r]:　rapidu（rapidus「猛烈な」）> raudo「速い」

rota > rueda「車輪」　rēge（rēx）> rey「王」

e. 語頭のヨッドおよびワウの変化

(a) /j/ の消失または維持

/j/（+ /e/）> /ø/:　無強勢の前舌母音 /e/ の前にあるヨッド j- /j/ は同じ環境の /g/ と同様の変化をたどり消失した．つまり，語頭では一般に無強勢の /je/ という音節は維持されることがなく，ヨッドが消失したのである．これはスペイン語に固有の変化である．

jactāre > *jectare > echar「投げる」

jānuāriu（jānuārius）> LV. jenuariu > enero「1 月」

/j/（+ /a, o, u/）> /j/:　後舌母音の前にあるヨッドは強勢とは無関係に複雑な様相を見せる．より古風で，おそらくはモサラベ語とも関連すると見られる語の場合はヨッドが維持され，正書法では y で書かれる．

jacēre > yazer（EMd. yacer）「横たわる」　jam > ya「すでに」

jugu（jugum）> yugo「くびき」

jungō「くびきをかける」⇒ jūncta（jūnctus pp. の女性形）> yunta「2 頭立ての牛馬」

/j/（+ /a, o, u/）> /ʒ/:　同じ音声的環境にありながら，硬口蓋摩擦音 /ʒ/ に変化している場合も多い．こちらはより新しい言語的特徴を示していると見られ，おそらくは学識語ないし準学識語的な来歴を持つか，フランス語またはオック語から借用されたものと推定される．

jōcu（jōcus）> juego「遊び」　jūnctu（jūnctus）> junto「いっしょの」

jūdicāre > judgar > juzgar「裁く」

jūdice（jūdex「審判者」）> júdez > júez > juez「裁判官」

オック語から借用されたと推定されるものに次の語がある：jam magis > OA. ja mais > jamás「決して…ない」．これらの語に見られる有声摩擦音は後述のようにやがて無声化し，黄金世紀には軟口蓋摩擦音に変化する（[ʒ] > [ʃ] > [x]）．

例外的な事例としては，/e/ 以外の母音の前でもヨッドが消失する場合がある．おそらく直後の音節に硬口蓋音があるため，同種の音を回避しようとする異化作用が働いたものと考えられる[28]：

jejūnu（jejūnus「断食の」）> LV. jajūnu > ayuno「断食」

jungere > uncir「くびきをかける」

ところで，スペイン語の語頭にある y- の中にはラテン語の g- や j- とは無関係で，ラテン語の短母音 /ĕ/ が変化して形成された二重母音に由来するものもある．

herba「茎，草木」> yerba（EMd. hierba）「草」 equa > yegua「雌馬」

(b) /w/ の摩擦音化

すでに見たとおり音節頭にあるワウ，つまり v- /w/ はすでに俗ラテン語の時代に摩擦音化して両唇摩擦音 /ß/ となり，ロマニアの多くの地域ではさらに唇歯摩擦音 /v/ に変化した（フランス語，イタリア語，ルーマニア語など）．ところが，スペイン語では両唇摩擦音 /ß/ が維持された[29]．イベロロマンス語ではポルトガル語が /v/ を持つが，カタルーニャ語では 15 世紀頃からバレアレス方言などを除き /b/ と同音になった．

/w/ > /ß/:　vacca > vaca「雌牛」　venīre > venir「来る」

一方，ラテン語の b- /b/ はそのまま維持されたので，語頭では両唇閉鎖音 /b/ と両唇摩擦音 /ß/ が音素として対立していたことになる．しかし，中世スペイン語の綴り字ではしばしば両者の混同が見られる．

vivere > bivir / vivir / bevir / vevir（EMd. vivir）「生きる」

vervactu（vervactum）> barvecho（EMd. barbecho）「休耕地」

中でも多いのはラテン語の v- が b- で置き換えられる例である．

---

[28] 異化（disimilación）とは近似した，または同じ 2 音が隣接するか，近接しているとき，その差異を強めようとする変化を指す．後続の音が変化する進行異化と先行する音が変化する逆行異化に分かれる．

[29] スペイン語でも他のロマニア地域と同じくいったんは唇歯音 [v] に変化したとする説もあるが，確証はない（Ariza, 1989: 84–92）．

vacca > vaca / baca（EMd. vaca）「雌牛」
vidua > bibda / biuda（EMd. viuda）「未亡人」
vipera「マムシ」> bívora / vívora（EMd. víbora）「毒ヘビ，マムシ」

後の時代に /b/ と /ß/ は 1 つの音素に合流し，18 世紀の正書法改革により b と v は語源に基づき書き分けられるようになった．しかし，中世スペイン語で生じた綴り字の混同が定着して，現代まで維持されているものもある．

vulture（vultur）> buitre「ハゲタカ」
vōta（vōtum「誓願」の複数）> boda「結婚式」

こうした b と v の正書法上の混乱は中世スペイン語でかなり多く見られることから，実際にどこまで両者の音素対立が貫徹していたのか再検討の余地がありそうである．

f. 語頭の子音群の変化

子音 + /l/ から成る子音群には下記のとおり変化が起きたが[30]，/ɾ/ を含む子音群 /pɾ, bɾ, tɾ, dɾ, kɾ, gɾ, fɾ/ には変化がなかった．ただし，既述のとおり，/kɾ/ は /gɾ/ となる場合がある．なお，/tl/ および /dl/ という子音群はラテン語には存在しなかった．

（a）/pl, kl, fl/ の口蓋化

/pl, kl, fl/ > [pʎ, kʎ, fʎ] > /ʎ/:　無声子音 /p, k, f/ の後の /l/ は口蓋化し，それに吸収されて直前の /p, k, f/ は消失した．

plōrāre「叫ぶ，泣きわめく」> llorar「泣く」
plāga「傷」> llaga「潰瘍」
applicāre「近づける，上陸させる」> LV. plicāre > llegar「着く」
pluvia > lluvia「雨」　　clāmāre「叫ぶ，呼ぶ」> llamar「呼ぶ」
flamma > llama「炎」

この変化はスペイン語に固有のものである．東部イベロロマンス語（カタルーニャ語，アラゴン語）では，この子音群は変化せず維持された：C. plānu > pla「平らな」，clāve > clau「鍵」，flamma > flama「炎」．一方，西部イベロロマンス語（ガリシア・ポルトガル語）では口蓋化の後，それがさらに破擦音に変化した：[ʎ] > [tʃ] > [ʃ]: P. chão「平らな」，chave「鍵」，chama「炎」．一方，南部のモサラベ語では東部と同様これら子音群の口蓋

[30] 同じ音節に属する子音結合を子音群（grupo de consonantes）と呼ぶことにする．

化は起きなかった．スペイン語を特徴付けるこの口蓋化の原因についてはバスク基層説がある．しかし，イベリア以外のロマンス語にも同じ子音群で /l/ が口蓋化したり，頭子音が脱落する現象は見られるので，基層説に十分な根拠があるとは言えない．この音変化はそれほど古いものではなく，11~12 世紀頃に起きたと見られる．

スペイン語でも学識語または準学識語の場合は，これらの子音群がそのまま維持される．

platēa「道路，広場」> LV. *plattea > plaça（EMd. plaza）「広場」
plūma > pluma「羽」　　clāru（clārus）> claro「明るい」
clima > clima「気候」　　flōre（flōs m.）> flor「花」
flaccu（flaccus「無力の」）> flaco「やせこけた」

また，同語源で音変化が起きていない学識語と変化した民衆語が二重語として共存する場合もある．

plānu（plānus）> plano / llano「平らな」
plēnu（plēnus）> pleno / lleno「いっぱいの」
clāve（clāvis f.）> clave「（謎を解く）鍵」/ llave「鍵」

ただし，語源的な子音群が維持されている場合がすべて学識語または準学識語というわけではない．カスティーリャ語以外のロマンス語に由来するものもある．たとえば，次の語は古フランス語に由来する．

placitu（placitum「決定」）> FA. plait > pleito「訴訟」

上記の子音群の中で /fl/ は口蓋化が起きずに維持された場合が比較的多く，ときには /f/ が消失することもある：flaccidu（flaccidus「無力の」）> lacio「しおれた」．

（b）/bl-, gl-/ の閉鎖音消失

有声閉鎖音 /b, g/ と /l/ の結合の場合は，無声音の場合と変化の仕方が異なる．/bl-/ はもともとラテン語で例が少なく，スペイン語に継承されたものはさらに少ない．この子音群は維持されるのが原則であるが，/b/ が消失した例もある．

blandu（blandus「こびへつらった」）> blando「柔らかい」
LV. blastemare「冒涜する」> lastimar「傷つける」

/gl-/ > /l/:　一般に /gl-/ では /g/ が脱落する．

glattīre「（子犬が）きゃんきゃん鳴く」> latir「鼓動する」

globellu（globellus「小球」> luviello > ovillo「（毛糸の）球」

glīre（glis「山ネズミ」）> EA. lir > lirón「オオヤマネ」

しかし，学識語では /gl-/ が維持される．

globu（globus）> globo「球」　glōria > gloria「栄光」．

（c）/s-/ + 子音に対する語頭音添加

/s/ で始まる子音群の前に母音 /i/ または /e/ を添加する語頭音添加（prótesis）の現象は，すでに俗ラテン語でも見られたが，中世スペイン語では，/e/ を添加することが一般化した．

stāre「立つ」> estar「ある，いる」

spatiu（spatium）> espacio「空間」

scrībere「刻む，書く」> escribir「書く」

scamnu（scamnum「床几」）> escaño「ベンチ，議席」

この変化により /es-/ で始まる語が増えたため，その類推により語頭が /as-/ から /es-/ に変化した語もある．

auscultāre > *ascultare > ascuchar > escuchar「傾聴する」

abscondere > asconder > esconder「隠す」

（d）/s/ + 子音の同化

/sk/（+ /e, i/）> /ts/:　同じく /s/ で始まる子音群の中で sc- /sk/ の後に前舌母音が続く場合は，/k/ が破擦音 /ts/ に変化し，その前の /s/ は同化・吸収された．後に近代スペイン語では /ts/ が /θ/ に変化する．

schedula「断片」> cédula「書類」

schisma「割ること」> cisma「分裂」

しかし，同じ環境でありながら語頭音添加が起きて，/s/ が残った例もある：　scaena「舞台」> escena「舞台，場面」．

E. 語中の子音および子音連続

語中の位置は音変化の起きやすい環境である．以下では変化が起きた場合のみを取り上げる．西ロマンス語では一般に母音間の無声子音（閉鎖音および摩擦音）の有声化が起きた．この現象は西ロマニアと東ロマニアを分ける重要な指標となっている[31]．この変化の原因については，ケルト基層説と構造再編説がある．ケルト基層説は西ロマニアが古代のケルト人の居住領域と重なることおよびケルト語には子音の軟音化現象が広く見られることに由来する．しかし，無声音の有声化現象はケルト人が居住しなかった中部イタリアなどでも起きていることが基層説の弱点である．これに対し，構造再編説は西ロマンス語に共通して見られる重子音の単音化，無声子音の有声化および有声子音の摩擦音化に注目し，これらを合わせて説明しようとする．すなわち，西ロマンス語では語中の子音に次のような一連の変化が連動して起きたと推定する．

/p:, t:, k: / > / p, t, k / > / b, d, g / > / ß, ð, ɣ /

ただし，変化が起きた歴史的順序は図式の方向とは逆で，(i) 有声閉鎖音の摩擦音化，(ii) 無声閉鎖音の有声化，(iii) 重子音の単子音化であったと推定される[32]．実際に，有声子音 /b/ の摩擦音化はすでに俗ラテン語で生じていたと見られるので，こうした有声子音の摩擦音化が引き金となって一連の変化が連続して起きたと考えることができる．この構造的仮説は連続的な変化を体系的に説明することが可能であるが，それでもなぜ主に西ロマニアでこれらの変化が起きたかという根本的な疑問が残る．ケルト基層がこうした現象を助長するような役割を果たしたと考えるなら，両説は矛盾しないことになるだろう[33]．

a. 語中の閉鎖音の変化

(a) 母音間の有声閉鎖音の摩擦音化

一連の変化の最初に起きたと推定されるのは母音間の有声閉鎖音 /b, d, g/ の摩擦音化である．ただし，正書法上は -v- に書き換えられた -b- の場合を除き，変化がない．中世スペイン語では，下記の例に見られるようにこれらの摩擦音が消失する段階にまで達している場合もある．一般に /d/ が最も消失しやすく，/g/ がこれに次ぐ．

/b/ > /ß/ (> /ø/)： すでに俗ラテン語では正書法上で -b- と -v- の混同が見られるので，語中の有声音の摩擦音化は早くから進行していたと見られ，ロマニア全体に広がっている．イベリア半島では 7 世紀からラテン語文献で -b- と -v- の混同を確認することができる．

---

[31] ただし，高地アラゴン方言は西ロマニアのイベリア半島にありがならこの有声化がほとんど起きなかった (Lapesa, 1981: 41)．

[32] Alarcos (1968: 243) による．これに対し Martinet のように (iii) から (i) の方向に変化が起きたと主張する学者もいる．

[33] v. Lloyd (1987: 147)．

bibere > bever（EMd. beber）「飲む」

cabāllu（cabāllus「駄馬」）> cavallo（EMd. caballo）「雄馬」

faba「豆」> fava > hava（EMd. haba）「そら豆」

ところで，ラテン語で母音間にあった -v- は語頭の場合と同じく中世スペイン語では両唇摩擦音 /ß/ に変化した.

vīvere > bivir（EMd. vivir）　「生きる」lavāre > lavar「洗う」

novem > nueve「9」　rīvu（rīvus）> río「川」

vacīvu（vacīvus）> vacío「空の」

このため，母音間の -b- に由来する同じ摩擦音と合流することになり，どちらも正書法上は -v- で書かれた. この音は脱落する傾向があり，特に上記の río, vacío に見られるように -ivu という語尾では脱落しやすかった. この他にも後述のように動詞の完了形と未完了過去形の語尾に現れる -v- が脱落した.

/d/ > [ð]（ > /ø/）： 母音間の /-d-/ はロマンス語の初期の段階から消失する傾向があり，現在でもその傾向は続いている. しかし，下記の例にもあるように摩擦音として維持されている語もある.

crēdere「任せる，信用する」> creer「信じる」

crūdēle（crūdēlis）> cruel「残酷な」　sūdāre > sudar「汗をかく」

nīdu（nīdus）> nido「巣」 foedu（foedus）> feo / hedo「みにくい」

維持と消失を決定づける条件は必ずしも明確ではないが，/d/ が同じ母音で挟まれている場合および前舌母音 /e, i/ の前にある場合は消失しやすく，反対に /a/ および後舌母音 /o, u/ の前では維持されることが多いようである. また，-idu という語尾の /-d-/ は消失する傾向が強い.

līmpidu（līmpidus「明るい」）> limpio「清潔な」

flaccidu（flaccidus「無力な」）> lacio「しおれた」

sūcidu（sūcidus「湿っぽい」）> suzio（EMd. sucio）「汚れた」

この場合にも母音が脱落して，/d/ は維持された例がある.

calidu（calidus「熱い」）> caldo「スープ」

rapidu（rapidus「猛烈な」）> rabdo > raudo「速い」

/g/ > [ɣ]（ > /ø/）（/g/ + /e, i/ の場合を除く）： 前舌母音の前の /g/ は口蓋化するため，このように摩擦音化するのはそれ以外の環境ということになる. 消失する場合と維持される場合があるが，その条件について説明するのは困難である.

negāre > negar「否定する」

lēgāle（lēgālis「法定の」）> leal「忠実な」

rēgāle（rēgālis）> real「王の」

Augustu（Augustus）> Agustu > agosto「8 月」

なお，母音間の /d, g/ + 流音の結合では，これら有声閉鎖音がヨッド化した上で消失する例がある.

cathedra「ひじ掛け椅子」> *cadeira > cadera「腰」

integru（integer「手つかずの」）> *enteiro > entero「全部の」

(b) 母音間の無声閉鎖音の有声化

母音間の有声閉鎖音の摩擦音化に連動して，次に無声閉鎖音の有声化が起きたと推定される．この変化が起きた時期ははっきりしないが，5 世紀以降と見られる.

/p/ > /b/: lupu（lupus）> lobo「オオカミ」

apis → apicula > abeja「ミツバチ」

/t/ > /d/: vīta > vida「生命」　metu（metus）> miedo「恐怖」

/k/ > /g/（/k/ + /e, i/ の場合を除く）:

sēcūru（sēcūrus「心配のない」）> seguro「安全な，確実な」

acūtu（acūtus）> agudo「鋭い」

この変化によって生じた有声閉鎖音とラテン語の -b-, -d-, -g- に由来する有声摩擦音は当初は音韻的に区別されていたようである．有声摩擦音が不安定で，ときには消失したのに対し，これらの有声閉鎖音は比較的安定して保たれた．しかし，これら有声閉鎖音と有声摩擦音との音韻的対立はまもなく解消し，どちらも語中では摩擦音 [β, ð, ɣ] で発音されるようになったと推定される.

語中であっても子音の直後に位置する /p, t, k/ はそのまま維持された.

tempus > tiempo「時」　ponte（pōns）> puente「橋」

musca > mosca「ハエ」

また，母音間であっても子音の直前にワウを含む二重母音，つまり /au̯/ がある場合は，有声化が妨げられた.

autumnu（autumnus）> otoño「秋」

paucu（paucus）> poco「少ない」

次のような例は，一見するとこの例外のようであるが，二重母音が単母音に変化した俗ラテン語の形式に由来すると見られる： paupere（pauper）> LV. popere > pobre「貧しい」.

なお，派生接辞（特に接頭辞 re-）などを含む合成語の場合[34]，形態素の境界が意識されたものは，母音間であっても無声子音の有声化が起きなかった.

LV. recaptāre > recatar「［古］よく見る」

repudiāre > repoyar「［古］拒絶する」

（c）重子音の単子音化

無声閉鎖音の有声化に続いて語中にある無声閉鎖音の重子音は単子音化した．機能的な観点から見ると，単子音が有声化して「あき間」ができたので，もはや重子音をわざわざ調音する必要はなくなり，より効率的な単子音であき間を埋めるよう変化したと考えられる．スペイン語では正書法上も単子音で書かれるようになった.

/p:/ > /p/: cappa「頭巾」> capa「ケープ」

cippu（cippus）> cepo「わな」

/t:/ > /t/: gutta > gota「しずく」

mittere「投げる，送る」> meter「入れる」

/k:/ > /k/: bucca「ほお，口」> boca「口」

siccu（siccus）> seco「乾いた」

（d）/k/ ＋前舌母音

/k/（+ /e, i/）> /dz/: 前舌母音 /e, i/ の前の -c- /k/ は語頭の場合と同じく口蓋化した上に母音間では有声化して破擦音 /dz/ となった．中世スペイン語の正書法では z で書かれる.

vīcīnu（vīcīnus）> vezino（EMd. vecino）「隣の」

addūcere「導く」> aduzir（EMd. aducir）「EM. 持ってくる，EMd. 提示する」 dīcere「示す，述べる」> dezir（EMd. decir）「言う」

facere > fazer（EMd. hacer）「する，作る」

（e）/g/ ＋前舌母音

---

34 合成語（palabra compleja）とは単一の語根から成るのではなく，語根と接辞あるいは複数の語根から構成される語を指す.

/ɡ/（+ /e, i/）> /j/ > /ø/:前舌母音の前の -g- /ɡ/ は語頭の場合と同じくヨッド化した後，規則的に消失した．

frīgidu（frīgidus）> frido > frío「冷たい，寒い」

digitu（digitus）> dedo「指」　legere > leer「読む」

rēge（rēx）> */reje/ > rey「王」

rēgīna > reína（EMd. reina）「女王」

b. 語中の摩擦音の変化

(a) 母音間の無声摩擦音の有声化

無声閉鎖音と同様に母音間にある無声摩擦音 /f, s/ も有声化した．

/f/ > /ß/: スペイン語では /f/ に対応する有声唇歯音 /v/ ではなく，有声両唇音 /ß/ に変化した．

Stephanu（Stephanus）> Esteban（男子名）

prōficiō「前に出す」⇒ prōfectu（prōfectus pp.）> provecho「利益」

ギリシャ語からの借用語でも語中の -ph- は有声化した．

raphanu（raphanus）> rábano「ハツカダイコン」

cophinu（cophinus「かご」）> cuévano「荷かご」

しかし，接頭辞のような形態素の境界が意識されたと見られる合成語の場合は有声化が起きなかった．

dēfēnsa（LT.「防衛，禁止」）> dehesa「牧草地」

cōnficere「仕上げる」→ LV. *co(n)fectare > cohechar「（役人を）買収する」

/s/ > /z/: 母音間の /s/ も有声化したが，正書法上は -s- のままで変化がない．

casa「小屋」> casa「家」　ūsu（ūsus）> uso「使用」

また，/s/ とその直後に生じたヨッドが音位転換を起こした場合にも /s/ の有声化が起きた．

LV. ceresia > *cereisa > ceresa > cereza「サクランボ」

cāseu（cāseus）> *caisu > queso「チーズ」

なお，無声閉鎖音の場合は，直前にワウを含む二重母音があると通常は有声化が妨げられたが，/s/ はその場合でも有声化した：causa「原因，事情」> cosa「物事」．

単子音の -s- に対し重子音の -ss- は下記のとおり無声の単子音となったの

で，母音間では /z / と /s/ が対立することになった．しかし，有声の /z/ は 14 世紀頃から無声化し始める．

(b) 重子音 /sː/ の単子音化

/sː/ > /s/: 語中にある /s/ が有声化したのに連動して重子音 -ss- /sː/ は単子音化した．正書法上は -s- との区別を示すため変化していない．

passu（passus）> passo（EMd. paso）「歩み」

grossu（grossus）> gruesso（EMd. grueso）「厚い」

しかし，ときには /-sː-/ が口蓋化して硬口蓋摩擦音 /ʃ/ となる場合もある．

bassus「低い」→ *bassiare > baxar（EMd. bajar）「降りる，下がる」

russeu（russeus「えんじ色の」）> roxo（EMd. rojo）「赤い」

この場合も語頭の /s/ が口蓋化した場合と同様にモリスコ的影響によるものとする説，聴覚的に /s/ と /ʃ/ が類似するため混同が起きたとする説，また /ks/（> /ʃ/）との混同があったとする説もある．いずれにせよ，両音は音声学的に調音点が近接し，聴覚的にも類似することが混同を生じさせる条件となったのであろう．

c. 語中の鼻音の変化

(a) 重子音 /mː/ の単子音化

/mː/ > /m/: 語中にある重子音 -mm- /mː/ は単子音化した．

flamma > llama「炎」　gemma「芽」> yema「卵黄」

summu（summus「最高の」）> EM.（en）somo「[古] 上に」

この変化によりラテン語にあった語中の単子音 -m- と重子音 -mm- との区別はなくなった．

(b) 重子音 /nː/ の口蓋化

/-nː-/ > /ɲ/: 語中の重子音 -nn- /nː / は口蓋化し，新たに生じた硬口蓋鼻音 /ɲ/ は，中世スペイン語の初期には -nn- などと書かれたが，やがてスペイン語独特の文字 ñ で統一されるようになる．

canna「アシ」> caña「茎」　annu（annus）> año「年」

pannu（pannus「布きれ」）> paño「ラシャ，タオル」

この結果，ラテン語にあった /nː/ - /n/ という対立の代わりにスペイン語では /ɲ/ – /n/ の対立が生じることになった．この音変化は東部イベロロマンス語と共通で，カタルーニャ語では /ɲ/ が -ny- で表記される．これに対し，西部のポルトガル語では /nː/ > /n/ と単子音化した：cf. C. any, P. ano「年」.

(c) 鼻音による語中音添加[35]

語源的には存在しない鼻音 -n- が前後の鼻音の影響で出現し，音節末に添加される場合がある．

macula > *mancla > mancha「しみ，汚れ」

LV. mattiana > mazana > manzana「リンゴ」

接頭辞 en- の類推からやはり語源的には存在しない -n- が語頭の音節に語中音添加された場合もある．

exāmen「群れ」> LV. examine > enxambre（EMd. enjambre）「ハチの群れ」

LT. exagiu（exagium「計量」）> ensayo「試し」

d. 語中の流音の変化

(a) 重子音 /l: / の口蓋化および /r: / の強化

重子音のうち -ll- /l: / は口蓋化し，-rr- /r:/ はいわゆる強化が行われて，ふるえ音に変った．この結果，ラテン語で母音間にあった /l/ – /l:/, /r/ – /r:/ という単子音対重子音の対立はなくなったが，代わりに /l/ – /ʎ/, /ɾ/ – /r/ という新たな音素対立が生じ，意味的な示差が維持されることになった．

/-l:- / > /ʎ/:　正書法上はラテン語と同じ -ll- のままだが，音声的には硬口蓋側面音 /ʎ/ に変わった．この結果，/li̯/ に由来する /ʎ/ と衝突し，これに変化を引き起こすことになる．

valle（vallēs）> valle「谷」

pullu（pullus「動物の子」）> pollo「ひな鶏」

cabāllu（cabāllus「駄馬」）> caballo「馬」

この語中の /l:/ の口蓋化は東部イベロロマンス語と共通する音変化であるが，イベリア西部では口蓋化が起きず，単子音化した：cf. C. cavall, P. cavalo「馬」．イベリア以外ではフランス語とオック語でも単子音化して /-l-/ と /-l:-/ との区別はなくなった．一方，イタリア語では /-l:-/ の口蓋化は起きず，単子音と重子音の区別が維持される．

語末の母音が消失して /l:/ が語末に残される場合は単子音化して /l/ となった：pelle（pellis「毛皮」）> pielle > piel「皮膚，毛皮」．

---

[35] 調音を容易にするため，あるいは類推によって語源的ではない音を語中に挿入する現象を語中音添加（epéntesis）と言う．

また，学識語の場合には /lː/ が単子音化し，準学識語の場合には /ld/ という子音連続に置き換えられたが，両方の異形が共存する例もある．

vacillāre > vacilar「動揺する」　rebelle（rebellis）> rebelde「反乱の」
appellāre「呼びかける，名付ける」> EM. apeldar「名付ける」/ apelar「上訴する」　bulla「球」> EM. bulda / bula「印爾，（教皇の）大勅書」

/-rː-/ > /r/:　語中の重子音 -rr- は正書法はそのままであるが，中世スペイン語では単子音化してふるえ音に変わった．これは語頭の r- と同音である．

carru（carrus）> carro「荷車，馬車」　terra > tierra「陸地，土地」

一方，ラテン語の母音間の単子音 -r- は，スペイン語でははじき音 /ɾ/ で調音され，両者の対立が維持されることになった：cāru（cārus）> caro「高価な」．

例外的に，一部の語では母音間の -r- が -rr- /r/ に変化した例がある：serāre > cerrar「閉める」．

（b）流音の散発的な変化

語中の -r- /ɾ/ と -l- /l/ はそのまま維持されるのが原則である．

tauru（taurus）> toro「雄牛」　tēla「織物」> tela「布」

しかし，語中の流音はやや不安定な面があり，散発的に変化を起こすことがある．たとえば，語中の /ɾ/ はときには音位転換を起こした．

crepāre「響く」> quebrar「破産する，壊す」
（fīcus）bifera「年2回採れる（イチジク）」> bebra > breva「夏イチジク」

同じく /l/ も音位転換を起こす例がある．

oblīvīscī → LV. *oblītāre > olvidar「忘れる」

また，/ɾ/ と /l/ が相互に音位転換を起こした例もある．

mīrāculu（mīrāculum「不思議」）> miraglo > milagro「奇蹟」
perīculu（perīculum「試し」）> periglo > peligro「危険」
parabola「寓話」> parabla > palabra「語」

さらに，/l/ が /ɾ/ に取って代わり，逆に /ɾ/ が /l/ に取って代わった例もある．

G. *spaura > espuela「拍車」　arbore（arbor）> árbol「木」
marmor > mármol「大理石」
mespilum > LV. *nespiru（nespirum）> niéspero > níspero「西洋カ

リン」

ちなみに，特に音節末で /ɾ/ と /l/ とが入れ替わる現象（r / l の中和）は古くは 12 世紀のモサラベ語で見られ[36]，現代でもスペイン南部で広く見られる．

例外的に語中の -r- は脱落することもあった：LV. tremulare > tembrar > temblar「震える」．

e. 語中のヨッドの変化

(/e, i/ ＋) /-j-/ > /ø/:　ラテン語の -j- /j/ は直前に前舌母音 /e, i/ がある場合，消失した．

pējōre（pējor）> peor「より悪い」

mējere > *mejare > mear「小便をする」

その他の場合は /j/ が維持された．正書法上は y で表記される．

mājōre（mājor）> mayor「より大きい」

māju（mājus）> mayo「5 月」

jējūnāre > *(j)ajunar > ayunar「断食する」

以上とは別に借用語および学識語ではラテン語の -j- が /ʒ/ に変化して維持された．借用語の場合はフランス語またはオック語（もしくはカタルーニャ語）に由来する．その代表的な例は接尾辞 -aje（< F. -aje / O. -atge < -aticu(m)）を含む語である：silvāticu（silvāticus「森の」）> O. salvatge > salvaje「野生の」．学識語または準学識語として導入された語としては次のような例がある：mājestāte（mājestās）> majestad「威厳」．

f. 語中の子音連続および子音群の変化

(a) 子音＋ /-k-/ ＋ 前舌母音

前舌母音 /e, i/ の前の -c- /k/ は口蓋化し，/ts/ に変化するが，その前にある子音は変化する場合とそのまま維持される場合がある．

/-sk-/ (＋ /e, i/) > /ts/:　-sc- /sk/ に前舌母音 /e, i/ が続く場合は，/k/ の口蓋化が起きた後，/s/ はそれに吸収されて消失する．

mīscēre「混合する」> mecer「揺する」

pisce（piscis）> peçe > pez「魚」

---

[36] v. Lapesa（1981: 505）．なお，対立する二つの音素がある環境で示差性を失う現象を中和（neutralización）と言う．

flōrēscit（flōrēscō の現在 3sg.）> florece（florecer「開花する」の現在 3sg.）

/-nk-/（+ /e, i/）> /nts/:　この場合は /n/ が維持される．

vincere > vencer「打ち負かす」

uncia > onça（EMd. onza）「オンス（重量の単位）」

/-lk-/（+ /e, i/）> /uts/:　次の例では /l/ がワウに変化して二重母音を形成した後，/au̯/ > /o/ と単母音化した．

calce（calx「かかと」）> *cauce > coz「蹴飛ばし」

falce（falx）> *fauce > hoz「鎌」

しかし，/l/ が母音化せず，そのまま維持される場合もある：dulce（dulcis）> dulce「甘い」．ただし，この語の場合にも中世スペイン語には duce, duz という異形があった．

/-rk-/（+ /e, i/）> /ɾts/:　この場合，/k/ は /ts/ に変化する．

parcere「惜しむ」> parcir「許す」

torquēre「巻く，回す」> LV. *torcere > torcer「ねじる」

同じ子音連続でも一部の語は /k/ が /tʃ/ に変化した：marcidus「しおれた」）→ *marciditare > marchitar「しなびさせる，やつれせる」．このような変化はモサラベ語に由来すると言われる．

(b) 子音 + /g/ + 前舌母音

前舌母音の前の -g- /g/ は口蓋化するが，その前の子音によって変化の仕方は異なる．-ng- /ng/ + 前舌母音の場合には 3 種類の異なる変化が起きた．同じ語で異形が共存することもあるが，このように変化が多様となった原因は明らかではない．

/-ng-/（+ /e, i/）> /ndz/ または /ɲ/:　第 1 の場合は，前舌母音の前の /g/ がヨッド化した後，そのヨッドが /n/ の後で /dz/ に変化した．

gingiva > enzía（EMd. encía）「歯茎」

singulī「個々の」> *singellu > senzillo（EMd. sencillo）「単純な」

jungere > uñir / unzir（EMd. uncir）「くびきを掛ける」

第 2 の場合は，発生したヨッドが直前の /n/ を口蓋化させ，/ɲ/ に変えた．

cingere「帯で巻く」> ceñir「巻き付ける」

ringī「歯をむき出す」→ LV. ringere > reñir「けんかする」

tangere「触れる」> tañer「（楽器を）弾く」

第3の場合としてヨッドがそのまま維持される事例もある：quīngentī > quinientos「500」.

/-rg-/（+ /e, i/）> /ɾdz/:　-rg- に前舌母音が続く場合は一律にこの変化が起きた.

argilla「白粘土」> arzilla（EMd. arcilla）「粘土」

spargere > esparzir（EMd. esparcir）「ばらまく」

stergēre「ぬぐう」> estarzir（EMd. estarcir）「型紙で転写する」

（c）無声子音 + /-l-, -r-/

この子音群では無声子音が母音間にある単子音の場合と同様に有声化する．無声子音 /f/ が有声化した場合は /ß/ となる.

capra > cabra「ヤギ」　Āfricu（Āfricus「南西風」）> ábrego「南風」

duplu（duplus）> doble「二重の」

ecclēsia > LV. eclesia > iglesia「教会」

母音 + /-fl-/ > /ʎ/:　母音の後に /fl/ が現れる場合は，口蓋化が起きた.

afflāre「吹き付ける」> fallar > hallar「見つける」

sufflāre > sollar「[古] 吹く」

子音 + /-pl-, -fl-, -kl-/ > /tʃ/:　子音の後に -pl-, -fl-. -cl- が続く場合は，次のように前項とは異なる口蓋化が起きた.

amplu（amplus「広大な」）> ancho「広い」

inflāre >（h）inchar（EMd. hinchar）「ふくらます」

conclāvārī「部屋に落ち着く」→ conclavāre > conchabar「寄せ集める」

ただし，学識語はこの変化をこうむらず，子音群がそのまま維持される.

implicāre > implicar「巻き込む」

inflammāre「点火する」> inflamar「燃やす」

inclināre > inclinar「傾ける」

（d）有声子音 + /-l-, -r-/

語中で有声閉鎖音の後に /l/ が続く子音群の場合，閉鎖音は摩擦音化して維持されるのが原則である．しかし，/r/ が続く場合は，閉鎖音が摩擦音として維持される事例と消失する事例に分かれる．次に示すのは維持される例である.

febre（febris）> fiebre「（病気の）熱」

quadru（quadrum「正方形」）> quadro（EMd. cuadro）「絵，四角」

nigru（niger）> negro「黒い」

次に示すのは有声子音が消失した例である.

quadrāgintā > quarenta (EMd. cuarenta)「40」　pigritia > pereza「怠惰」

/l/ が後続すると有声子音は維持されるが，音位転換を起こす例もある.

oblīvīscor「忘れる」⇒ oblitu（oblitus pp.）> olbido> olvido「忘却」

sibilāre > silbar / silvar（EMd. silbar）「口笛を吹く」

（e）/-l-/ ＋子音

音節末の /l/ が子音の前で母音化する現象はすでに俗ラテン語にも見られる：calculus > cauculus「小石」. 中世スペイン語では無声閉鎖音が後続する場合および前にある母音が /a, u/ である場合に母音化が起きやすかったが，同じ環境でありながら変化しない事例も少なくない．時にはそれが同語源の二重語として共存する場合もある．変化しないのは学識語または準学識語であるとは必ずしも言えない.

/-lp-/ > /up/ または /lp/:　talpa → LV. talpu（talpus）> *taupo > topo「モグラ」　palpāre「撫でる」> popar「愛撫する」/ palpar「手探りする」

/-lt-/ > /ut/ または /lt/:　saltu（saltus「森林，牧場」）> *sauto > soto「木立」　saltāre「踊る」> sotar「[古] 踊る」/ saltar「跳ぶ」

/-ult-/ > /uʎt/ > /ui̯t/ > /utʃ/:　母音 /u/ の後に /-lt-/ が続く場合は，/t/ の口蓋化が起きた.

multu（multum）> muito > mucho「大いに」

a(u)scultāre > ascuchar / escuchar（EMd. escuchar）「傾聴する」

cultellu（cultellus）> cuchillo「ナイフ」

この子音連続で /l/ のヨッド化が起きる段階まではイベリア西部と共通するが，さらに /t/ の口蓋化が起きたのはスペイン語に固有の変化である：P. muito, C. molt「大いに」. なお，mucho には異形の muy がある．これは語末音消失によって生じた形式である： muito > muit > muy. 中世スペイン語にはさらに mucho の語末音消失形 much もあり，muy と共存していた. 前者は母音で始まる語の前で，後者は子音で始まる語の前で用いられた：a una priessa much estraña「大変大急ぎで」（Cid, 587）/ commo sodes muy bueno「そなたは非常に良き人だから」(Cid, 690).

/-lb-, -lw-/ > /lß/:　語中で /l/ の後にある /b, w/ は摩擦音化して /ß/ となる

が，/l/ 自体は維持される場合が多い．

alba（albus「白い，明るい」の女性形）> alva（EMd. alba）「あけぼの」　calvu（calvus）> calvo「はげた」

しかし，/l/ が母音化する例もある：ulva「チサノリ」> *ouva > ova「アオサ（植物）」．

/-ls-/ > [i̯s] > [i̯ʃ] > /ʃ/:　この場合は /l/ が母音化して /s/ を口蓋化させた．

pulsāre「打つ」> puxar >（EMd. pujar）「せり上げる，押しまくる」

LT. impulsāre「押しやる」> empuxar（EMd. empujar）「押す」

しかし，学識語ではこの変化が起きない：pulsu（pulsus「打撃」）> pulso「脈」．

(f) /-r-/ + 子音

語中で /r/ に子音が後続する環境では次のような変化が起きた．

/-rb-/ > /ɾß/:　herba > yerba > yerva（EMd. hierba）「草」

barba > barva（EMd. barba）「ひげ」

superbia > soberbio > sobervio（EMd. soberbia）「尊大」

/-rs-/ > /s/:　この子音連続は同化作用により /s/ となり，中世スペイン語の正書法では -ss- で表記される．

ursu（ursus）> osso（EMd. oso）「クマ」

trānsversu（trānsversus「斜めの」）> traviesso（EMd. travieso）「いたずらな」

verrō「掃く」⇒ versum（pp.）→ LV. *versura > vassura（EMd. basura）「ごみ」

同じ子音連続が有声の /z/（正書法上は -s-）に変化する例もある．これはすでに俗ラテン語で /rs/ > /s/ という変化が起きていた語である．

deorsum「下の方へ」> deosu(m) > yuso「[古] 下に」

sūrsum「上の方へ」> susu(m) > suso「[古] 上に」

学識語では，この子音連続が維持されるが，中には変化の起きた民衆語と学識語が二重語として共存している例もある．

persōna > persona「人」

cursu（cursus「行路」）> cosso（EMd. coso）「闘牛場」/ curso「課程，経過」

（g）鼻音＋子音

すでに俗ラテン語でも音節末の鼻音が後続する子音の前で同化あるいは消失する現象が見られたが，中世スペイン語でも同じ現象が見られる．

/-mb-/ > /mm/ >/m/:　lumbu（lumbus「腰」）> lomo「（動物の）背，背肉」

palumbēs「河原バト」→ LV. palumbu（palumbus）> palomo「ハト」

この変化は一律ではなく，学識語では当然 /mb/ という子音連続が維持される：ambiguu（ambiguus「不定の」）> ambiguo「曖昧な」．ところが，維持されたのは学識語だけとは限らない．中世スペイン語では /mb/ を維持する形式と変化した形式がしばしば共存していた．次の語の場合，現代語ではどちらも子音連続を維持する形式が生き残っている．

ambōs（ambō）> amos / ambos「両方の」

cambiāre「交換する」> camiar / cambiar「変える」

なお，この同化現象は現代にもあり，口語では tamién（< también「もまた」）のような例が聞かれることがある．

/-mn-/ > /nn/ > /ɲ/:　この場合は逆行同化して -nn- となり，口蓋化が起きた．

dominu（dominus「主人」）> LV. domnu > dueño「所有者」

damnu（damnum）> damno > daño「損害」

scamnu（scamnum「腰掛け」> escaño「議席」

/-nf-/ > /f/:　この子音連続ではすでに俗ラテン語の時代から鼻音が消失する現象が見られた．

infante（infāns「子ども」）> ifante / infante（EMd. infante）「子ども，王子」

cōnfundere「混ぜる」> cofonder > cohonder「［古］混乱させる，打ち倒す」

Sanctī Fācundī「聖ファクンドゥスの」> San Fagunt > Safagund > Sahagún（レオン県の地名）

/-ns-/ > /z/:　正書法上では母音間の -s- が有声音 /z/ を表す．なお，下記の pesar と同語源の学識語として pensar「考える」がある．

pensāre「測る」> pesar「重さがある」　ānsa > asa「取っ手」

mēnsa > mesa「テーブル」

mānsiōne（mānsiō「滞在，住宅」）> maisón > mesón「居酒屋」

同じ子音連続でありながら例外的に /z/ が口蓋化して有声硬口蓋音 -j- /ʒ/ に変化した例もある：(forficēs) tōnsōriās「理髪用（はさみ）」> tiseras > tijeras「はさみ」.

(h) 子音＋鼻音

音節末の /g/ に鼻音が続く場合，次の変化が起きた.

/-gn-/ > /nː/ > /ɲ/:　この子音連続は逆行同化して -nn- となり，語源的な -nn- の場合と同じく口蓋化した.

līgnum「木材」⇒ līgna（pl.）> lenna > leña「まき，たきぎ」

sīgnum ⇒ sīgna（pl.）> senna > seña「合図」

cōgnātu（cōgnātus「近親者」）> cuñado「義兄，義弟」

次の語の場合は口蓋化した後，その直後の無強勢母音が消失したため，語中音添加が起きたと推定される：pīgnus「担保」⇒ pīgnora（pl.）> péñora > peñra > pendra / peindra（EMd. prenda）「衣類」.

(i) 閉鎖音＋閉鎖音

母音間にある閉鎖音＋閉鎖音の子音連続はすでにローマ帝政時代から同化する傾向が現れていたが，中世スペイン語でも同化が起きるか，または閉鎖音の１つがヨッド化して口蓋化が起きた.

/-kt-/ > [çt] > [i̯t] > /tʃ/:　母音変異の項で取り上げた leche, hecho もこれと同じ事例である.

tēctu（tēctum）> techo「天井，屋根」

jactāre「何度も投げる」> *jaitare > echar「投げる」

nocte（nox）> *noite > noche「夜」　octō > *oito > ocho「8」

子音連続 -ct- /kt/ で音節末の /k/ がヨッド化する現象は西ロマニア全体に見られるため，ケルト基層によるとする説もある．しかし，そのヨッドが後続する子音 /t/ まで口蓋化するのは，イベロロマンス語の中でもスペイン語とレオン語のみに固有の変化である：cf. P. feito, C. fet「事実」．スペイン語の正書法では破擦音 /tʃ/ を表記するために ch が用いられる.

この子音連続で当初発生したヨッドは factu > hecho, lacte > leche などの例に見るとおり先行する母音に母音変異を引き起こしたが，先行する母音が /e/ の場合は母音変異が起きなかった．すでに母音変異の例外として取り上げた dīrēctu > derecho, strictu > estrecho は，この場合に該当する．しかし，/i/ の後では口蓋化で発生したヨッドがそれに吸収され，消失した：frīgō「煎る」⇒ frīctu（frīctum pp.）> *friito > frito（pp. ⇐ freír「油で揚げる」）．この場合に例外的な変化の過程を経た例もある：dīcō ⇒ dictu（dictum pp.）> decho > dicho（pp. ⇐ decir「言う」）．decho > dicho で起きた母音変化はより古い形式 dito（< dictu）の影響で生じたと見られる．

学識語または準学識語の場合にも口蓋化が起きることはなく，/kt/ が維持されるか，時には音節末の /k/ が脱落する．下記の directo は前記の derecho と同語源の二重語である．

dīrēctu（dīrēctus）> directo「まっすぐの，直接の」

lūctu（lūctus）> luto「喪」

/-kt-/（+ /e, i/）> /ts/:　このように /-kt-/ の後に前舌母音が続く場合，この子音連続が /ts/ に変化する例がある．

dīrigere「整える」→ LV. *directiare > dereçar > adereçar（EMd. aderezar）「調理する」

/-pt-/ > /tː/ > /t/:　この子音連続では，/p/ が後続の /t/ に同化され，重子音化した後，単子音化したと見られる．

septem > *sette > siete「7」

aptāre「適応させる，整える」> atar「縛る」

scrīptūra > escritura「筆記，文書」

(j) 閉鎖音 + /-s-/

この子音連続では閉鎖音が後続の子音に同化する場合と口蓋化する場合がある．

/-ps-/ > /sː/ > /s/:　この場合は，前の子音が同化して重子音に変化した後，単子音化した．

ipse「自ら」> LV. isse > esse（EMd. ese）「その，それ」

gypsu（gypsum）> yesso（EMd. yeso）「石膏，しっくい」

/-ks-/ > /çs/ > /i̯s/ > /ʃ/:　-x- /ks/ は /kt/ の場合と同じく，前の /k/ がヨッド化し，後の子音を口蓋化させた．正書法は x のままであるが，表す音は /ʃ/ に変化したわけである．

āxe（āxis）> */ai̯se/ > exe（EMd. eje）「軸」

māxilla「あご，ほお」> LV. maxella > *maxiella > mexiella > mexilla（EMd. mejilla）「ほお」

laxius「より広がって」> */lai̯si̯us/ > lexos（EMd. lejos）「遠くに」

dīxistī（dicō の完了 2sg.）> dixiste（EMd. dijiste）（decir「言う」の過去 2sg.）

ただし，/ks/ が音節末の位置になる場合は口蓋化が阻止され，/s/ に変化した．この場合は二次的子音連続の項で取上げる．

以上挙げた他にも音節末に位置する閉鎖音（内破音）が消失する例は黄金世紀に至るまで多数見られるが，18 世紀に学士院が創立され，正書法の改編が行われた際には，語源に基づいて消失した音を復元する動きが強まる．しかし，実際の発話では正書法にかかわりなく内破音を摩擦音化したり，消失したりする傾向が今なお続いている．

g. 語中の子音＋ヨッド

閉鎖音を始めとする子音の多くは，ヨッドが後続する場合，その影響で口蓋化し，ヨッドそのものは消失した．

（a）/-t-, -k-/ ＋ヨッド

/-ti̯-, -ki̯-/ > /dz/:　語中の /ti̯, ki̯/ は語頭の場合と異なり，有声破擦音 /dz/ に変化した．正書法上は z で書かれる．

ratiōne（ratiō「計算，評価」）> razón「理由，道理」

puteu（puteus「穴，井戸」）> pozo「井戸」

ēriciu（ēricius）> erizo「ハリネズミ」

corticea（corticeus「樹皮の」の女性形）> corteza「樹皮」

ただし，この場合には多くの混乱があり，無声破擦音 /ts/ となる例もある．正書法では ç または c（＋ /e, i/）で表記される．

platēa > LV. plattĕa > plaça（EMd. plaza）「広場」

capitiu（capitium「頭巾」）> cabeço「丘，山頂」/ cabeça「頭」

brāchium > LV. bracchiu（bracchium）> braço（EMd. brazo）「腕」

coriācea（coriāceus「革の」の女性形）> coraça（EMd. coraza）「胴よろい，甲羅」

学識語または準学識語の場合，/ti̯/ は無声音 /ts/ に変化し，しかもヨッドは維持される．

grātia「好意，恩顧」> gracia「好意，恩寵」

vitiu（vitium「過失，悪徳」）> vicio「悪徳」

（子音＋）/-ti̯-, -ki̯-/ > /ts/:　子音の後に /ti̯, ki̯/ が位置する場合は無声音

/ts/ になるのが原則である.

Martiu（Martius）> março（EMd. marzo）「3 月」

tertiāriu（tertiārius）> tercero「第 3 の」

capere「捕らえる」→ LV. *captiare > caçar（EMd. cazar）「狩る」

lancea > lança（EMd. lanza）「槍」

しかし，この場合にも一部の語では /ts/ と /dz/ が異形として共存した：arcus「弓，アーチ」→ arcione > arzón / arçón「鞍橋」.

/-sti̯-, -ski̯-/ > /ts/: 先行する子音が /s/ の場合も /ti̯, ki̯/ が /ts/ に変化する.

āscia「斧」→ asciola > açuela（EMd. azuela）「手斧（ちょうな）」

fascia「ひも，帯」> faça > haça（EMd. haza）「畑」

pisce（piscis）> peç（EMd. pez）「魚」

このように /-ski̯-/ が /ts/ に変化するのはイベロロマンス語の中でスペイン語特有のもので，イベリア西部と東部では /ʃ/ に変化する：fascia > P. / C. faixa「帯」. スペイン語の faja（< EM. faxa）「ガードル，帯」はこれと同語源で，カタルーニャ語からの借用と見られる.

以上観察したとおり語中の /ti̯, ki̯/ は不安定で，同じ音声環境にありながら有声音 /dz/ と無声音 /ts/ が共存する事例が数多く見られる. 有声化が妨げられた理由としては，次のことが考えられる.（i）学識語または準学識語であるために有声化が妨げられた：plaça.（ii）ヨッドの影響で閉鎖音が重音化し，有声化を妨げた：braço.（iii）初期の正書法の混乱，他のロマンス語方言の混入などその他の理由による.

（b）/-d-, -g-/ + ヨッド

/-di̯-, -gi̯-/ > /j/: 語中の /di̯, gi̯/ はヨッド化したが，この音変化はすでに俗ラテン語で起きていたと見られる.

radiāre「光らせる，輝く」> rayar「線を引く」

podiu（podium「バルコニー」）> poyo「（壁に作りつけの）腰掛け」

fugiō > huyo「私は逃げる」 LT. exagiu（exagium）> ensayo「試し」

同じ環境でありながら，一部の語は /di̯/ > /ts/ の変化が起きた.

gaudiu（gaudium）> goço（EMd. gozo）「喜び」

fodere → *fodiare > hoçar（EMd. hozar）「（豚などが鼻で）掘る」

さらに，/di̯/ が /j/ に変化した形式と /ts/ に変化した形式が二重語として共存する場合もある.

badiu（badius「鹿毛色の」）> bayo「鹿毛色の」/ baço（EMd. bazo）「黄褐色の」

radiu（radius「棒，光線」）> *radia > raya「線」/ raça（EMd. raza）「人種」

（/e, i/ +）/-di̯-, -gi̯/ > /j/ > /ø/:　前舌母音の後に /di̯, gi̯/ が来る場合は，変化の過程で発生したヨッドが消失した.

fāstīdiu（fāstīdium）> fastiyo > hastío「嫌悪」

perfidia「不誠実」> porfía「口論，固執」

videō > veo（ve(e)r「見る」の現在 1sg.）

digitu（digitus）> dedo「指」　vāgina > vaina「さや」

（子音 +）/-di̯-, -gi̯-/ > /ts/:　子音に先行された /di, gi/ は /ts/ に変化する. なお，下記の vergüença に対して vergüeña という異形も共存していた.

hordeum「大麦」→ hordeolu（hordeolus）> orçuelo（EMd. orzuelo）「ものもらい（麦粒症）」

LV. virdia「青物」> berça（EMd. berza）「キャベツ」

fār「小麦」→（farra）grandia（pl.「大きい（麦）」）> LT. grandia > grança(s)（EMd. granza(s)）「もみ殻」

verēcundia「内気，臆病」> vergüença（EMd. vergüenza）「恥」

argilla > arcilla「粘土，陶土」

（c）/-l-/ + ヨッド

/-li̯-/ > /ʎ/ > /ʒ/:　側面音 -l- /l/ は後続するヨッドにより口蓋化を起こし，初め硬口蓋側面音 /ʎ/ に変化し，ついで有声摩擦音 /ʒ/ に変化した. 正書法上は j で表記される.

muliere（mulier）> */muʎeɾe/ > mug(i)er（EMd. mujer）「女」

cilia > */tseʎa/ > ceja「眉毛」

fīliu（fīlius）> */fiʎo/ > fijo > hijo「息子」

palea「もみ殻」> */paʎa/ > paja「わら」

途中の /ʎ/ の段階までの変化は他のイベロロマンス語も同じである：C. muller, P. mulher「女」. しかし，それがさらに /ʒ/ に変化したのはスペイン語に固有の変化である. スペイン語でこのような音変化が起きたのは構造的要因によって説明される. すなわち，/li̯/ が口蓋化して /ʎ/ に変化した後，

遅れて重子音 /-ll-/ も /ʎ/ に変化したため，示差性を維持しようとして玉突きのように既存の /ʎ/ が摩擦音化し，/ʒ/ に変化したと推定される．

同じ音声環境でも学識語の場合は口蓋化が起きないが，準学識語の場合は硬口蓋音 /ʎ/ に至る段階まで変化した．

LT. battualia > batalla「戦闘」

mīrābilia（mīrābilis「驚くべき」の n.pl.）> maravilla「驚異」

humiliāre > omillar / humillar「辱める」

無声子音 +/ -li̯/ > /tʃ/: cochleāre（cochleār）> cuchara「さじ」

（d）/-n-/ + ヨッド

/-ni̯-/ > /ɲ/:　この場合は口蓋化により硬口蓋鼻音 /ɲ/ が発生した．正書法上は最終的にスペイン語独特の文字 ñ で表記されることになった．

vīnea > *vinia > viña「ブドウ畑」

seniōre（senior ⇐ senex「老いた」の比較級）> señor「主人，紳士」

Hispānia > España「スペイン」

同じく鼻音でも /mi̯/ の場合は口蓋化が起きなかった：praemiu（praemium「特典」）> premio「賞」.

（e）/-b-/ + ヨッド

/-bi̯-/ > /j/ または /bi̯/:　この場合は口蓋化した後，/b/ が消失する場合と変化が起きない場合が共存する．

habeam > haya（haber の接続法現在 1sg.）

rubeu（rubeus「赤みがかった」）> rubio「金髪の」

rabiēs > LV. rabia > rabia「激怒」

（f）その他の子音 + ヨッド

その他の子音にヨッドが後続する場合，ヨッドは維持されるのが原則であるが，次のような連続ではヨッドが前の子音と音位転換を起こすことがあった．

/-pi̯-, -ri̯-, -si̯-,/ > / i̯p, i̯ɾ, i̯s/:　sapiat（sapiō の接続法現在 3sg.）> *saipat > sepa（saber「知る」の接続法現在 3sg.）

coriu（corium）> *coiru > cuero「皮」

segūsiu（segūsius）> *seguisu > sabueso「ブラッドハウンド（犬）」

h. 語中の子音＋ワウ

（a）/-ku̯-/ のワウの消失および維持

母音間にある -qu- /ku̯/ では子音 /k/ が有声化するが，ワウは後続の母音次第で消失する場合と維持される場合がある．

/-ku̯-/（+ 母音（a を除く））> /g/: 前舌母音 /e, i/ を含む音節の場合，正書法では gue, gui と書かれるが，ワウは消失して発音されない．

aliquod（aliquī の n. sg.）> algo「何か」

sequī → *sequire > seguir「従う」　aquila > águila「ワシ」

/-ku̯-/（+/a/）> /gu̯/: ワウの後に母音 /a/ が続く場合は，ワウが維持された．

aqua > agua「水」　equa > yegua「雌馬」

aequāle（aequālis）> igual「等しい」

（子音 +）/-ku̯-/ > /k/: 子音の後に /ku̯a/ が続く場合は，/k/ は有声化せず，ワウだけが消失する．

numquam > nunca「決して…ない」　squāma > escama「うろこ」

語頭の /ku̯/ の場合と同じく，語によっては前舌母音 /e, i/ の前にあるワウの消失が古い時期に起ったものがあり，その場合は ce-, ci- と同様の音変化をこうむった．

coquere > LV. cocere > cocer「料理する」

coquīna > LV. cocina > cocina「台所」

lāqueu（lāqueus「わな」）> LV. *laciu > lazo「投げなわ，わな」

(b) /-gu̯-/ のワウの維持および消失

-gu- /gu̯/ という結合では，/a/ の前のワウは維持された：lingua > lengua「舌，言語」．しかし，それ以外の母音の前ではワウが消失した．

/-gu̯-/（+ 母音（/a/ を除く））> /g/: 母音 /e, i/ を含む音節は，正書法では gue, gui と書かれるが，u は発音されない．

sanguine（sanguis）> sangne > sangre「血」

anguilla > anguila「ウナギ」

i. 3 子音連続の解消

語中に 3 子音から成る連続がある場合，スペイン語はそれを縮小しようとする傾向がある．その場合，主に中間の子音が脱落してより単純な 2 子音連続に変化することが多い．この変化は俗ラテン語の時代から起きていた．すでに取り上げた子音連続を除くと，次のような事例がある．

/-ksp-, -kst-, -ksk-/ > /sp, st, sk/:

expendere「測定する，支払う」> espender「[古] 費やす」

（hora）sexta「第 6（時）」> siesta「昼寝」

LV. *excarsu（*excarsus「間引いた」）> escaso「わずかな」

/-nkt-, -nst-/ > /nt/: sanctu（sanctus）> LV. santu > santo「聖なる」

constāre「存続する，値する」> costar「…の値段である」

/-mps-, -mpt-/ > /ns, nt/: campsāre「曲げる」> cansar「疲れさせる」

prōmō「取り出す」⇒ prōmptu（prōmptus pp.）> pronto「素早い」

j. 二次的子音連続

母音の項で述べたとおり，ロマンス語が形成される過程で強勢前または強勢後の語中母音は一般に消失した．このため，ラテン語には存在しなかった子音の結合，つまり二次的に形成された子音連続が発生した．そうした二次的子音連続またはロマンス語的子音連続と呼ばれるものは，スペイン語の一般的な音韻構造に適合する限りそれ以上変化しないのが原則である．しかし，そうでない場合は適合するように再調整が起きた．また，一部の子音連続はもっと単純で安定した構造に変化した．二次的子音連続に無声閉鎖音が含まれる場合，ラテン語に本来あった子音連続とは異なる変化をこうむるのが普通である．二次的子音連続を生じさせた語中母音の消失は，時期的には母音間の無声閉鎖音の有声化より後で，前述の /kt-, lt/ > /tʃ/ の変化よりもさらに後に起きたからである．以下の推定形では母音が脱落した位置を（’）で示す．

（a）閉鎖音 + /-l-/

この子音連続は，口蓋化を起こして /l/ が消失する場合とそのまま維持される場合が共存する．

/-p’l-/ > /tʃ/ または /bl/: capula（caplum「剣の柄」の複数）> LV. *cappula > *cap’la > cachas「力の強い」

populu（populus「民衆」）> *pob’lu > pueblo「国民，町」

/-b’l-/ > /ʎ/ または /ßl/: trībulu（trībulum「脱穀車」）> *trib’lu > trillo「脱穀機」

LT. insūbulu（insūbulum）> *insub’lu > ensullo / enxullo（EMd. enjullo）「（織り機の）千切り」 nebula > *neb’la > niebla「霧」

以上の例とは別に /b/ と /l/ が音位転換を起こす第3の場合もある：sibilāre > *sib’lar > silbar「口笛を吹く」．

/-k’l-, -g’l-/ > /g’l/ > [i̯l] > [ʎ] > [j] > /ʒ/:　oculu（oculus）> *oc’lu > ojo「目」　auris → auricula「（小さい）耳」> *auric’la > oreja「耳」

articulu（articulus「関節」）> *artic’lu > artejo「指の関節」

tēgula > *teg’la > teja「瓦」

これはスペイン語に固有の変化であり，他のイベロロマンス語では /ʎ/ の段階までで変化が止まっている：cf. C. ull, P. olho「目」; C. orella, P. orelha「耳」.

しかし，この変化が起きた時代より後に入った準学識語の場合は /-k’l-/ > /gl/ と変化して /l/ は維持される.

mirāculu（mirāculum「不思議」）> miraglo > milagro「奇蹟」

perīculu（perīculum「試し」）> periglo（EMd. peligro）「危険」

saeculu（saeculum「時代」）> sieglo > siglo「世紀」

二次的に発生した /-k’l-, -g’l-/ の直前に子音があり，3 子音の連続となる場合は，上記とは異なる口蓋化が起きた.

（子音 +）/-k’l-/ > /tʃ/:　LV. *cacculu（*cacculus「小鍋」）> *cacc’lu > cacho「かけら」

masculu（masculus「男の」）> *masc’lu > macho「雄の」

concha「貝」> LT. conchula > *conc’la > concha「貝殻」

macula「汚れ」> LV. mancula > *manc’la > mancha「しみ」

/-ng’l-/ > /ɲ/:　ungula「木靴，爪」> *ung’la > uña「爪」

singulōs（singulī「各人の」）> *sing’los > seños「［古］各人に一つの」

この場合に /gl/ > /tʃ/ という口蓋化が起きた例もある：cingulu（cingulum「帯」）> *cing’lu > cincho「たが」.

ラテン語にはギリシャ語からの借用語を除いて /tl, dl/ という子音結合はなかったので，すでに俗ラテン語でも無強勢母音が脱落した場合に -tl- > -cl- と変化した例が見られた．その後の変化は上記の /k’l, g’l/ の場合と同じである.

/-t’l-/ > /kl/ > /ʎ/ > /ʒ/:　vetus → vetulu（vetulus）> LT. veclu > viejo「年老いた」

rotāre「回す」→ LV. *adrotulare > arrojar「投げる」

/-t- + 母音 + -l-/ > /d+ 母音 +l/ > /d’l/ > /ld/:　無強勢母音の脱落がもっと遅い時代に起きた場合には前記の過程を経ず，/t/ が有声化した後に音位転換が生じた.

LT. spatula「肩胛骨」> *spadula > *espad'la > espalda「背中」

capitulu（capitulum「小さい頭，柱頭」）> cabildo「教会参事会」

(b) 鼻音と流音で構成される子音連続

鼻音＋鼻音，鼻音＋流音，流音＋流音のような組合せの子音連続が二次的に生じた場合，2 子音の中間にわたり音を挿入する語中音添加が起きた.

/-m'n-/ > /mɾ/ > /mbɾ/: 後にある鼻音 /n/ が異化作用で /ɾ/ となり，その後わたり音 /b/ が 2 子音の間に挿入された.

homine（homō「人」）> omne / omre >（h）ombre「人，男」

fēmina「女，妻」> femna > hembra「雌」

lūmine（lūmen「光」）> lumne > lumbre「火，明かり」

sēmināre > semnar > sembrar「（種を）まく」

/-m'r-/ > /mbɾ/: （h）umeru（（h）umerus）>*um'ru >（h）ombro「肩」

memorāre「思い出させる」> *mem'rare > membrar「[古] 思い出す」

cucumere（cucumis「キュウリ」）> *cucum're > cogombro > cohombro「コンブロー（キュウリの 1 種）」

/-m'l-/ > /mbl/:

LV. tremulāre > *trem'lar > trembrar > tembrar > temblar「震える」

similāre「似ている」> *sim'lare > semblar「[古] …に見える」

この子音連続では語中音添加の代わりに音位転換（/m'l/ > /lm/）が起きることもある.

cumulu（cumulus「堆積，過剰」）> *cum'lu > colmo「山盛り，極み」

tumulu（tumulus「丘，塚」> *tum'lu > tolmo「岩山」

/-n'm-/ > /lm, ɾm/: この場合は異化作用が起きて，音節末となった /n/ が /ɾ/ または /l/ に変化した.

anima「風，呼吸」> *an'ma > alma「魂」

LV. *minimāre「減らす」> *min'mare > mermar「減る，減らす」

/-n'r-/ > /ndɾ/: スペイン語では /nr/ という子音連続が許容されないわけではないが，不安定なので，それを回避するよう /d/ が語中音添加された.

ingenerāre「植え付ける」> *ingen'rare > engendrar「（子を）なす」

cinere（cinis「灰」）> *cin're > cendra「（るつぼ用の）骨灰」

同じ環境で別の解決策としてわたり音を挿入する代りに音位転換（/-n'r-/

> /ɾn/）が起きた場合もある.

generu（gener）> *gen'ru > yerno「婿」

teneru（tener「柔らかい，若い」）> *ten'ru > tierno「柔らかい，優しい」

（dies）Veneris「ウェヌスの（日）」> *ven'ris > viernes「金曜日」

また，-nr- という結合がそのまま維持された場合もあるが，この -r- は語頭にある場合と同様にふるえ音 /r/ で発音される：honōrāre「賞賛する」> *on'rare > honrar「名誉を与える」.

（c）鼻音＋閉鎖音

/-m'd-/ > /nd/:　下記の linde には同語源の学識語 límite「境界」がある.

comite（comes「仲間」）> comde > conde「伯爵」

līmite（līmes「あぜ，境界」）> *lim'de > linde「境界」

sēmita > semda > senda「小道」

（d）流音＋閉鎖音

音節末に位置することになった -l- は母音化することがある.

/-l'k-/（＋ /e, i/）> /uts/ または /ts/:　次のように /l/ が母音化する場合と消失する場合がある.

calice（calix「杯」）> calce > cauce「河床」/ caz「水路」

salice（salix）> *sal'ce > sauce / sauz / saz「柳」

/-ll-/（＋子音）> /l/:　-ll- がその直後の母音の脱落により音節末になった場合は単子音化する.

LV. *fallita（*fallitus「足りない」の女性形）> *fall'ta > falta「不足，誤り」

LT. follicāre「息を切らす」> folgar > holgar「余分である，［古］休息をとる」

（canis）gallicus「ガリアの（犬）」⇒ gallicu > gáligo > galgo「グレイハウンド」

（e）閉鎖音＋閉鎖音および閉鎖音＋摩擦音

閉鎖音が隣接する子音連続は，無声閉鎖音の有声化が起きた後，語中の無強勢母音が消失したために生じた．母音消失の結果，音節末となった閉鎖音は不安定で，さらに変化を起こす.

/-p't-, -p'd-, -b't-, -v't-/ > /bd/ > /ud/:

capitellu（capitellum「頭，先端」）> cabdiello > caudillo「首領」
capitāle（capitālis「主要な」）> cabdal > caudal「水量，資産」
rapidu（rapidus「猛烈な」）> rabdo > raudo「速い」
dēbita（dēbitum「債務」の複数）> debda > deuda「借金」
cīvitāte（cīvitās「市民権，都市」）> cibdad > ciudad「都市」

/-t'k-, -d'k-/ > /dg/ > /dzg/:
portaticu（portaticum）> portadgo > portazgo「通行税」
*jūdicāre > judgar > juzgar「裁く」

/-d'k-/（+ /e, i/）> /dz/:　duodecim > dodze > doze（EMd. doce）「12」
tredecim > tredze > treze（EMd. trece）「13」

/-k't-/ > /dzd/ > /dz/:
LT.（diēs）placitus「定めた（日）」> placitu > plazdo > plazo「期限」
recitāre「朗読する」> rezar「祈る，［古］朗読する」

/-g't-/ > /d/:　cōgitāre「考える」> coitar > cuidar「気を配る」
digitu（digitus）> dedo「指」

/-kt-, -ks-/（+ 子音）> /i̯t, i̯s/:　子音連続 -ct-, -x- は通常であれば口蓋化を起こすはずであるが，音節末の位置では前の軟口蓋音 /k/ がヨッド化するに留まり，口蓋化は起きなかった.

pectine（pecten）> *pect'ne > peine / peinde / pende（EMd. peine）「くし」
fraxinu（fraxinus）> *frax'nu > fraisno > freisno（EMd. fresno）「トネリコ」

(f) 3 子音の連続の解消

二次的に 3 子音の連続が生じた場合も，スペイン語はそれを縮小しようとする傾向を見せる．その一つの解消策は，子音連続が異化作用を起こして 1~2 子音の連続に縮小するもので，これはすでに取り上げた．もう一つの方策は子音の 1 つを消失させるもので，消失するのは通常 2 番目となった閉鎖音である．その子音連続の最後が無声閉鎖音のときは，有声化しないのが普通である.

episcopu（episcopus）> *episc'pu > obispo「司教」
hospitāle（hospitālis「客をもてなす」）> *osp'tale > hostal「旅館，小ホテル」

computāre「数え上げる」> *comp'tare > contar「数える，語る」
LT. masticāre > *mast'care > mascar「かみ砕く」
septimāna（septimānus「7日の」の女性形）> *sept'mana > setmana / sedmana > semana「週」

しかし，時には最後の子音が有声化する例もある．

vindicāre「要求する，罰する」> vendgar > vengar「復讐をする」
undecim > LT. undece > onze（LMd. once）「11」

F. 語末の子音

歴史的に見ると，スペイン語を含むロマンス諸語では語頭子音は強化される一方，語末子音は弱化し，時には消失する傾向がある．現在でもスペイン南部のアンダルシーア方言では語末の -s の気音化と消失，-d の消失，-r / -l の混同などの現象が見られ，この傾向はスペイン語の中で今も続いていると言える．

古典ラテン語で語末に現れる子音は /t, k, b, d, s, m, n, l, r/ の 9 種類あったが，このうち中世スペイン語で常に残ったのは /s/ のみである．通常は /l/ と /n/ も維持された．/r/ は語中音となって残り，/m/ は原則として消失するが，両者とも場合によっては語末に残ることがある．

a. 維持された語末子音

(a) 摩擦音 /-s/

摩擦音 -s /s/ はそのまま維持された．

deus > dios「神」
mātrēs（māter「母」の複数主格・対格）> madres「母親たち」
minus > menos「より少ない」
venīs（veniō の現在 2sg.）> vienes（venir「来る」の現在 2sg.）

/ks/ > / i̯s/：語末の子音群 -x /ks/ は単子音化する．

sex > seis「6」　vix → ad vix > avés / abés「[古] ほとんど…ない」

この場合，変化の過程でヨッドが生じたにもかかわらず語中の -x- とは異なり，/s/ の口蓋化（/s/ > /ʃ/）は見られない．口蓋化がまったく起きなかったのか，いったん発生した /ʃ/ が音節構造の制約を受けて音節末で許容される /s/ に変化したのかについては議論がある．

(b) 鼻音 /n/

ラテン語では語末に -n /n/ が現れるのは比較的まれであるが，維持されるのが原則である：in > en「…で」．しかし，音位転換を起こした上で他の音に変化する場合もある：nōmen > LV. nomene > nombre「名前」．

場合によっては例外的に消失したものもある：non > EM. non > no「…ではない」．この語末音消失の no が一般化したのは遅く，15～16 世紀のことである．しかし，それ以前から動詞に前置される無強勢代名詞の前では語末音消失形が用いられていた：non le → nol, non se → nos.

(c) 流音 /l/ および /ɾ/

流音のうち -l /l/ は維持された．

fel > hiel「胆汁」　mel > miel「蜂蜜」

一方，-r /ɾ/ は音位転換が生じて語中に取込まれ，語末には位置を変えた母音が現れるようになった．

inter > entre「…の間に」　semper > siempre「いつも」
quattuor > quatro（EMd. cuatro）「4」

b. 消失した語末子音

(a) 閉鎖音

一般に語末の閉鎖音は消失した．

/-b/:　sub > so「[古] …の下で」

/-t/:　aut > o「または」　caput「頭」> cabo「端，岬」
post「後に，…の次に」> pues「…なので，それなら」

早くから語末の /t/ は消失したが，例外的に動詞 3 人称単数語尾の -t は 10 世紀頃まで維持され，その後も残存する例が見られる：amat > ama（amar の現在 3sg.）．これに対し 3 人称複数語尾に含まれる -t は早くから消失していた：amant > aman（同上 3pl.）．

/-d/:　ad > a「…へ」　aliquod（aliquī「ある…」の中性形）> algo「何か」　illud（ille「あの」の中性形）> ello「そのこと」

/-k/:　sīc「そのように」> sí「はい」　nec > ni「…もない」
dic（dicō「示す」の命令法現在 sg.）> di（dezir「言う」の命令法 sg.）
(ad-)illāc > allá「あちらへ」

語末の /k/ は，このように消失したが，母音で始まる語が後続して複合形式を構成する場合は有声化して維持された．

hōc annō > hogaño「今年」

hāc hōrā「この時に」> agora > ahora「今」

(b) 鼻音 /-m/

語末の鼻音 -m /m/ はすでに前 3 世紀の古期ラテン語でも消失した例が見られる．古典ラテン語の正書法を見る限り一見それが復活したかのようだが，既述のとおり，実際にどのように発音されていたかは必ずしも明らかではない．俗ラテン語では消失していた．

aurum > oro「金」　novum（novus の単数対格）> nuevo「新しい」

novem > nueve「9」

amābam（amō）> amava（EMd. amaba ⇐ amar の未完了過去 1sg.）

しかし，単音節語のみ /n/ に変化して維持された．

cum > con「…とともに」

quem（関係代名詞 quī の男性単数対格）> quien（関係代名詞）

例外的に単音節語でも消失した場合がある：jam > ya「すでに」．

c. 二次的に生じた語末子音

語末子音の項で述べたように中世スペイン語ではラテン語にあった語末母音 /-e/ が歯音 /d, dz/ および歯茎音 /s, n, l, ɾ/ の後で消失した．この結果，ラテン語の語形には存在しなかった語末子音が新たに出現する場合も生じた．

(1) /-te/ > /de/ > /d/:　母音間の /t/ は有声化し，/e/ が消失した後，語末に現れる．

aetāte（aetās）> edad「年齢」

cāritāte（cāritās「高価，慈善」）> caridad「慈悲」

rēte > red「網」　salūte（salūs）> salud「健康」

site（sitis）> sed「渇き」

cantāte（cantō の命令法現在 pl.）> cantad（cantar「歌う」の命令法 pl.）

この語末子音は中世スペイン語では -t または -d と表記された（salut / salud）が，15 世紀以降はもっぱら -d と表記されるようになった．しかし，表記がどちらにせよ，語末では両者の対立が中和しており，実際の発音では無声破擦音 [ts] または有声破擦音 [dz] が交替していたと推定される．なお，現代スペイン語で見られるこの語末音が脱落する現象は，16 世紀頃から始まっていたようである．

語末の /-e/ の直前にラテン語に由来する /d/ がある場合は，それが消失するのが原則である．

/-de/ > /e/ > /ø/: fide（fidēs「信頼，信用」）> fee > fe「信頼，信仰」

pede（pēs）> pie「足」

prōdeō「現れる」→ LT. prōde > proe > pro「利益」

しかし，同じ場合に /d/ が消失しない例外的な事例もある：mercēde（mercēs「賃金，利得」）> mercé / merced（EMd. merced）「恩恵」．この語の場合，caridad のように -d で終わる抽象名詞の類推によって子音が維持されたと推定される．また，末尾第 3 音節強勢語の場合は，/-de/ という結合が維持された：lapide（lapis「石，墓石」）> laude「墓碑銘」．

（2）/-ke/ > /dze/ > /dz/ > [dz, ts]: 前舌母音の前にある /k/ が口蓋化し，有声破擦音に変化した後，/e/ は消失した．語末の /dz/ は実際の発話では無声化するようになった．

cruce（crux）> cruz「十字架」　pāce（pāx）> paz「平和」

（3）/-nse, -rse/ > /s/: mēnse（mēnsis）> mes「（暦の）月」

reversus（revertor「引き返す」の完了分詞）→ reverse > revés「裏」

（4）/-ne/ > /n/: pāne（pānis）> pan「パン」

ratiōne（ratiō「計算，評価」）> razón「道理」 sine > sin「…なしで」

（5）/-le/ > /l/: fidēle（fidēlis「信頼できる」）> fiel「忠実な」

male > mal「悪く」　sale（sāl）> sal「塩」

語末に位置することになった重子音 -ll- は口蓋化せず，単子音化した．

/-lːe/ > /l/: mīlle > mil「1000」

pelle（pellis「毛皮」）> piel「皮膚，毛皮」

（6）/-re/ > /ɾ/: mare > mar「海」　adjūtāre > ayudar「助ける」

sentīre > sentir「感じる」

/-le, -re/ の場合，一部の語では /l/ と /ɾ/ の間で異化が生じ，異なる流音に変化した．

locāle（locālis「場所の」）> logar > lugar「場所」

arbore（arbor）> árbol「木」

d. 中世スペイン語に固有の語末子音および子音群

以上で取り上げた他にも，12～13 世紀の中世スペイン語は語末の /-e/（時には /o/ も）の消失が盛んに起きており，現代語では許容されない子音や子音群が語末に出現した．ただし，この変化には揺れがあり，消失しない場合もあった．母音が消失すると，次のような子音や子音群が中世スペイン語には出現した．現代の語形は各項目の末尾のかっこ内に示す．

(1) 閉鎖音 /-p, -b, -t, -d, -k, -g/:

prīncipe（prīnceps「君主」）> princep（príncipe）「王子」

quis sapit「だれが知ろうか」> quiçabe / quisçab（quizá(s)）「おそらく」　septem > siet（siete）「7」

monte（mōns）> mont（monte）「山」

hoste（hostis「敵」）> huest（hueste）「軍勢」

humile（humilis「卑しい」）> humil > humilde > humilt（humilde）「慎ましい，卑しい」　parte（pars）> part（parte）「部分」

duce（dux「指導者」）> F. duc > duc（duque）「公爵」

Ger. *frank > F. franc > franc（franco）「率直な，フランク人」

Jacobus >（Sant）Iago >（San）Diago > Diac / Diag（Diego）「ヤコブ」

(2) 摩擦音 /-f, -s, -ʃ, -ʒ/:　amāvissem（amō の接続法過去完了 1sg.）> amassem > amás（amase ⇐ amar の接続法過去 1sg.）

dīxī（dīcō の完了 1sg.）> dix（dije ⇐ dezir（decir）「言う」の単純過去 1sg.）

genū → LV. genuculu（genuculum）> hinoj（hinojo）「[古]ひざ」

母音の消失により語末に位置することになった有声子音が無声化することもある．

novem > nuef / nuf（nueve）「9」

homine（homō「人」）→ OA. omenatge >（h）omenaje > omenax（homenaje）「臣従」

(3) 破擦音 /-ts, -tʃ/:　dulce（dulcis）> dulce > dulz / duz（dulce）「甘い」　acer > acere > arze > arz（arce）「カエデ」

calce（calx「かかと」）→ acalçar / alcalçar「追いつめる」> alcançar → alcance > alcanz（alcance）「到達範囲」

fasce（fascis）> face > faz（haz）「束」

pisce（piscis）> pece > pez（pez）「魚」

nocte（nox）> noche > noch（noche）「夜」

（4）鼻音 /-m/:　quōmodo > como > com（cómo）「どのように」

前記のとおり，スペイン語では 14 世紀に入ると，/d, dz（ts），s, n, l, ɾ/ の後を除いて，語源的に存在した語末の /-e/ を保持する現象が一般化した．つまり，少なくとも綴字の上ではいったん消失したはずの母音が「復活」したのである．ただし，一部の孤立した語や一定の語の /ʃ/ の後では /-e/ が復活しなかった．たとえば，語尾に -x /ʃ/ を持つ例として次のような少数の語が残った．

buxu（buxus）> box（boj）「ツゲ」

hōrologiu（hōrologium）> CA. relotge > *reloje > relox（reloj）「時計」

FA. carcais（FMd. carquois）> carcax（carcaj）「えびら」

4.4.2. 中世スペイン語の音韻体系と正書法

A. 中世スペイン語の音韻体系

これまで述べてきた音韻変化を経て成立した 13 世紀末頃の中世スペイン語の音韻体系は次のようにまとめることができる．

a. 母音体系

すでに述べたとおり，古典ラテン語は長短の区別のある 5 母音体系であったが，ロマンス語は長短の区別を失い，西ロマンス語では 7 母音体系となった．スペイン語以外のイベロロマンス語あるいは隣接するガロロマンス語はそれを基盤にしてより複雑な母音体系を発展させた．しかし，中世スペイン語は当初からより単純な 5 母音体系に縮小した．この体系は現代まで引継がれている．

/i/　　　　　　/u/

/e/　　　/o/

/a/

b. 子音体系

13 世紀アルフォンソ 10 世時代の中世スペイン語は下記の表のような子音体系を持っていたと考えられる．

古典ラテン語の子音体系と比較すると，中世スペイン語の子音体系は次のような特徴を持っていた．

（1）子音音素の数がラテン語の倍近く増加した．

		唇音	歯音	歯茎音	硬口蓋音	軟口蓋音
閉鎖音	無声 有声	p b	t d			k g
破擦音	無声 有声		ts dz		tʃ	
摩擦音	無声 有声	f ß		s z	ʃ ʒ	
接近音					j	
鼻音		m		n	ɲ	
側面音				l	ʎ	
顫動音	はじき音 ふるえ音			ɾ r		

(2) 増えた子音の中でもっとも目立つのは，ラテン語には存在しなかった硬口蓋音の系列が出現したことである．その原因は俗ラテン語あるいはロマンス語で発生したヨッドの作用によるものである．

(3) 同じくラテン語には存在しなかった有声摩擦音の系列が出現した．

(4) 顫動音のグループでは，はじき音 /ɾ/ とふるえ音 /r/ が対立するようになった．

(5) ラテン語にあった子音の中で唯一，声門音（気音）の /h/ が消失した．この音はすでに俗ラテン語の時代までに消失しており，中世スペイン語では正書法でも表記されないことが多い．ただし，これとは別にカスティーリャ地方では /f/ の自由異音として古くから [h] が存在し，この時代にも異音として共存していた．しばしば綴り字でも f と h が競合する : fīliu（fīlius）> fijo / hijo「息子」．

さらに，中世スペイン語の子音体系を近代スペイン語と比較すると，次のような特徴を挙げることができる．

(1) 中世スペイン語は歯擦音が非常に豊富であった[37]．近代スペイン語では歯擦音は /θ/, /s/ および /tʃ/ の 3 種類しかないが，中世スペイン語には 7 種類あった．この中で /tʃ/ を除く 6 種類は有声・無声で対立する．つまり，

[37] 歯擦音（sibilante）とは歯茎または歯と舌尖または前部舌背を用いて調音される摩擦音および破擦音を指す．

歯擦音には次のような 3 対の有声音と無声音の対立が存在した．それを含む語の例を示す（相違がある場合のみかっこ内に現在の正書法を示す）．

/ts/ : /dz/	cerca, braço（brazo），caça（caza）；	fazer（hacer）
/s/ : /z/	pensar, passar（pasar）；	casa
/ʃ/ : /ʒ/	baxo（bajo），caxa（caja），fixo（fijo）；	gente, jugar, fijo, corneia（corneja）

なお，/ʒ/ には異音として [ʒ] と [dʒ] が存在し，語頭（厳密に言うと休止の後）では破擦音 [dʒ] と摩擦音 [ʒ] が交替し，母音間では [ʒ] で実現されていたと考えられる．

(2) 近代スペイン語には唇摩擦音として無声音 /f/ しかないが，中世スペイン語では無声音 /f/ と有声音 /ß/ が存在した．このため，近代スペイン語では正書法上の区別にすぎない b と v が音韻的に対立していた．ただし，しばしば 2 音の混同が見られる．なお，/ß/ の自由異音として [ß] の他に地域によっては [v] もあったと考えられる．

(3) 有声閉鎖音 / b, d, g / には調音点が同じ摩擦音 [ß, ð, ɣ] がそれぞれ存在した．しかし，これらの中では上記のように唇音 /ß/ のみが音素として閉鎖音 /b/ と対立する．残る 2 つの摩擦音 [ð, ɣ] はそれぞれ閉鎖音 / d, g / の条件異音に過ぎなかった．こうした点で均衡に欠けた面を持つ体系であった．

B. 中世スペイン語の正書法

中世スペイン語の綴り字は時代により，また文献により相違があり，かなり混沌とした印象を受ける．その原因は二つあると考えられる．その一つは，特に初期ロマンス語の段階において顕著であるが，ラテン語には存在しなかった音韻をどう書き表すかという書記上の問題がまだ解決されていなかったことである．これはどのロマンス語にも共通する大きな問題であり，スペイン語でもこの問題に直面してさまざまの綴り字が工夫された．しかし，スペイン語で文書を書く習慣が確立するにつれ，一定の規範に向け収斂しようとする動きが加速する．それに大きく貢献したのは 13 世紀アルフォンソ時代の諸作品に現れるいわゆる「アルフォンソ正書法」である．もう一つの混乱の原因は時代や資料により実際の発音と語形にかなり変異が存在し，それが綴り字にも反映することである．同時代でも，いくつかの異形が競合している場合が少なくない．これは，中世スペイン語の時代には近代スペイン語のように統一され，固定化された言語規範がまだ確立していなかったことの現れである．ともかく，アルフォンソ正書法は，多少の変異や変化を伴いながらも基本的には黄金世紀まで維持されることになる．以下に述べるのは 13~15 世紀頃の中世スペイン語に見られる表記の原則である[38]．

a. 母音字

母音字 a, e, i, o, u の用法は現代語と大差はない．しかし，i と u は下記のように子音の表記にも用いられた．なお，中世スペイン語ではアクセント記号を使用する習慣は一般的ではなかった．

b. 子音字

近代スペイン語とは用法に多少とも相違のある文字および近代語にない子音の表記について取り上げる．

(a) b

b は /b/ を表し，どの位置でも [b] と発音される：cabeça (cabeza)，bien, (h)uebos 'necesidad'．b と v はときに交替することがあるが，これは音声的な混同を反映している：boz (voz)，bezino (vecino)．

(b) c, k, q

c は /e, i/ の前で /ts/ を表す：cinc (cinco)，cibdad (ciudad)．それ以外の場合，c は近代語と同じく /k/ を表す：catar 'mirar', crubir, cobrir (cubrir)．初期には k が /e, i/ の前の /k/ を表すために用いられることもあった：ke (que)，akell (aquel)．しかし，アルフォンソ時代にこの書記法は廃れる．

q は u の前で用いられ，現代語と同じく que /ke/, qui /ki/ という結合で /k/ を表すが，13 世紀前半には qe, qi という綴り字も用いられた．中世スペイン語では現代語と異なり a, o 音の前でも q が用いられ，qua /ku̯a/, quo /ku̯o/ という音節を表す：quedo, quinze (quince)，qual (cual)，quomo (como)．

---

38 実例の後の（ ）は，正書法が現代語と相違する場合に対応する現代語の語形を示すが，意味は必ずしも現代語と同じではない．実例の後の ' ' は現代では廃語になっている場合，意味の対応する語を示す．

（c） ç, z

破擦音 /ts/ を表記する文字として ç（ce con cedilla または単に cedilla と呼ばれる）が用いられた．起源的には c に z を組合わせて作られた文字で，13 世紀にこの形に落ち着き，よく使用されるようになった．アルフォンソ正書法では当初 ç は /a, o, u/ の前，c は /e, i/ の前で使用されるのが原則であったが，やがてどの場合にも ç が用いられるようになった：çapato（zapato），çumo（zumo），çebo（cebo）．しかし，16 世紀から再び前舌母音の前では ce, ci，後舌母音の前では ça, ço, çu のように書き分けるのが一般化した．

この文字は現代でもイベロロマンス語ではカタルーニャ語とポルトガル語で用いられ，フランス語も 15 世紀末に導入した．しかし，スペイン語では音変化に伴い，18 世紀の正書法改革で廃止され，z に書き換えられた．

有声破擦音 /dz/ を表すためには z が用いられた：fazaña（hazaña），dezir（decir）．しかし，ç の文字が確立するまでは無声の /ts/ も z で表記されることがあった．語末では原則として -z のみが現れ，-ç は用いられない（juez, voz）が，-z と書かれていても，語末では有声音 /dz/ と無声音 /ts/ の音素対立が中和され，実際には無声音で発音されていたと見られる．おそらくはそのためか，語末でも ç が現れる例がある：veç（vez），boç（voz）．

（d） ch

ch は現代語と同じく /tʃ/ を表す．初期には /tʃ/ を表すため，g, gg, i などいくつかの綴り字が用いられたが，11 世紀後半にフランス語から ch が導入され，後には che という文字名も与えられた．ch は 13 世紀にはまだ /k/ を表すためにも用いられた：bacha（vaca）．しかし，この表記はやがて少数の学識語や外来語に限られるようになった：Christo（Cristo），cherubín（querubín）．

（e） f, h

f は現代語と同じく /f/ を表す．ただし，中世スペイン語では /f/ の異音として [f] と [h] があり，次第に後者が一般化する．したがって，過渡期には f で書かれていても [h] で発音されていた可能性がある．実際に h で書かれることも多く，両方の表記が競合していた：fijo / hijo, fazer / hazer（hacer）．やがて，気音化した [h] は消失し，h は無音の字（黙字）となってしまう．語頭と語中で ff という綴り字も用いられた（ffuero（fuero），offreçer（ofrecer)）が，これは特に [f] を表記するためであったと考えられる．

語源的にラテン語に存在した h は俗ラテン語の時代から黙音であり，中世スペイン語では副詞の hy（< ibi）などを除き表記されないのが普通である：aver（haber），omne（hombre），yerba（hierba）．語源的な h- が正書法上で復活するのは 18 世紀以降である．これとは別に中世スペイン語では語源的でない黙音の h が表記される場合がある．一つは消失したヨッドの名残を留める hermano（< germānu）のような場合である．時には語源的に必要のない h が書かれることもあった： hedad（edad）．もう一つは二重母音の /ue/ で始まる語を表記するための hue- という綴り字である：huebos ‘necesidad’, huerto．これは u と v の区別が確立していなかった中世語で，たとえば uerto と書いて verto と読まれる可能性を除くための工夫であったと見られる．

(f) g

g は母音 /e, i/ の前では音素 /ʒ/ を表していた：gente, ginete（jinete）．これ以外の場合は現代語と同じく /g/ を表す：gastar, grieve ‘duro’．/ge, gi/ という音節を表記するには現代語と同じく gue, gui が用いられるが，時には ge, gi も現れる．/gu̯e, gu̯i/ を表すために分音符付きの ü が用いられるのは 17 世紀からである：agüero.

(g) j

j は音素 /ʒ/ を表すために用いられた： fija（hija），juego．この音素の異音としては [ʒ] の他に [dʒ] があったと推定される．いずれにせよ，この音素を表記するため中世スペイン語の初期には j の他にも，i, g, gg などさまざまの表記が用いられたが，やがて j と i が一般化した．i と j の機能分担は u / v の場合と同じく当初は確立していなかったので，i は母音 /i/ を表すほかに子音 /ʒ/ の表記にも用いられた：iudio（judío），reia（reja）．また，13 世紀初めにはこの音の表記に -li- が用いられることもあった：filio（hijo），mulier（mujer）．しかし，アルフォンソ時代にこの子音の表記は j にほぼ統一された．なお，上記のとおり，前舌母音 /e, i/ の前では g がこの音素を表記するのに用いられたが，中世語を通じてこの場合に g と i/j の間で混乱が見られた：mugier / mujer（mujer），ageno / ajeno（ajeno）．

(h) ll

音素 /ʎ/ を表記するため，初期にはその語源により lg, gl, ly, ll などさまざまな表記がなされたほか，単独の l も用いられた：lorar（llorar）．しかし，アルフォンソ時代に ll が一般化し（eg. valle, llama, llorar），後に elle という文字名も与えられた．

(i) nn, ñ

音素 /ɲ/ を表記するため，初期にはその語源により ng, gn, ny, nn などと書かれ，単独の n も用いられた．しかし，13 世紀アルフォンソ時代には nn が一般的となった．当時からすでにおそらくは nn を縦に重ねて書いたものに由来する ñ も用いられており，15 世紀頃にはスペイン語独特の文字として確立し（eg. año, señor），やがて eñe という文字名も与えられた．

(j) r, rr

現代語と同じく母音間の -r- ははじき音 /ɾ/，-rr- はふるえ音 /r/ を表記する：ora（hora）; fierro（hierro）．しかし，初期にはまだその区別が確立しておらず語中の /r/ の表記にも単独の r が用いられることがある：ariba（arriba）．アルフォンソ正書法では現代と同じく語頭では単独の r- がふるえ音を表すが，位置にかかわりなく /r/ には rr- を用いる書記法もあり，15 世紀以前は両方の綴り字が競合していた：rraça（raza），rreal（real）．同様に，現代では単独の r で表される鼻音の後の /r/ が -rr- で表記されることもよくあった：onrra（honra）．

(k) s, ss

無声音 /s/ は s で表される．ただし，母音間に無声音 /s/ が現れる場合は -ss- と表記された： cassar（casar），passo（paso）．無声音 /s/ と対立する有声音 /z/ は中世スペイン語で母音間にのみ現れるが，これは単独の -s- で表記される：casa, pesar．アルフォンソ時代には無声音の表記に一貫性を持たせて語頭でも ss- を用いる例があった：ssacar（sacar）．

なお，中世スペイン語の文字には現行の s（ese redonda と呼ばれる）の他に「長い s」（ese larga）または「高い s」（ese alta）とも呼ばれる異体の文字 ſ が共存していた．初期には両者が競合していたが，やがて s は語末のみに用いる慣習が確立し，19 世紀に至るまで続いた．「長い s」は形が f と紛らわしいので，現代では誤ってそれと混同されることがある．

(l) v

v は /β/ を表す：vesino（vecino），aver（haber），vino．しかし，アルフォンソ時代にはまだ u と v の機能分担が確立していなかった．元来 u は

Vの小文字の書体であったので，母音 /u/ を表記するほか，子音 /ß/ を表すのにも用いられる：cauallo（caballo），ueer（ver）．逆にvが母音 /u/ を表すことも頻繁にあった：vn（un），vno（uno）．uとvがそれぞれ母音と子音を表記する別の文字として確立するのは18世紀以降である．

（m）x

xは音素 /ʃ/ を表記するのに用いられた：dexar（dejar），exida（salida），relox（reloj）．初期には /ʃ/ を表すのに -ss- が用いられることもあった：essida．ただし，xは学識語または準学識語ではラテン語と同様に /ks/ という子音群を表していた：extraño.

（n）y

yはラテン語でギリシャ語からの借用語に用いられたが，この伝統はスペイン語にも受け継がれた．しかし，中世スペイン語ではこの字の使用がそれ以外にも広がり，特に語頭や語末で好んで用いられた．この場合，半子音（接近音）/j/ を表すほか，母音 /i/ を表すためにも用いられる：ya, yente（gente）；y 'allí', ymaien（imagen），yguar 'igualar'; rey, ley．逆に，iが /j/ の表記に用いられることもある：iantar（yantar 'comer'），iuso（yuso 'abajo'）．現代と同じく，接続詞yや語末の二重母音の表記（eg. rey, ley）を除いてyが子音の表記専用になるのは18世紀以降である．

4.4.3. 中世スペイン語の文法的特徴

A. 名詞

a. 格の消失

ラテン語の名詞および形容詞には性・数・格という3つの文法範疇があった．このうち性・数の範疇は中世スペイン語でも維持されたが，格は消失した．

（a）主格の消失

古典ラテン語が6格体系を持っていたのに対し，俗ラテン語は2格体系に縮小したが，この体系は7世紀までに崩壊したと推定される．つまり，俗ラテン語にあった2つの格，主格（直格）と対格（斜格）のうち主格が消失し，対格のみが残ることになったのである．こうして，ラテン語にあった格変化は消滅した．この変化は西ロマンス語に共通するが，既述のとおりガロロマンス語（フランス語，オック語など）は例外的に14~15世紀まで2格体系を維持した．

中世スペイン語は，原則としてラテン語の第 1 曲用は -a，第 2 曲用は -o，第 3 曲用は -e の語尾を持つ名詞として継承することになった．また，第 4 曲用は -o，第 5 曲用は -a の語尾を持つ名詞に合流した．次に示すラテン語の語形はスペイン語の単数形と複数形の起源となった単数と複数の対格である．

I: terram, -ās > tierra, -as

II: lupum, -ōs > lobo, -os

III: montem, -ēs > monte, -es

IV: manum, -ūs > mano, -os

V: māteriem, -ēs > māteria, -ās > madera, -as

俗ラテン語の対格は主に直接補語（直接目的語）を示すため，あるいは前置詞に支配される語（被制語）を示すために用いられた．しかし，格が消失した結果，スペイン語では前置詞の被制語は特別の形態をとることはなくなり，直接補語も特別の形態をとることなく，語順または動詞との意味的連語関係によって示されることになった．

ラテン語の名詞変化では格と数が分かち難く融合しているので，特に複数のみを示す形態は存在しなかった．しかし，スペイン語に継承された男性名詞と女性名詞の複数対格は共通して語尾 -s を持つため，この形式が複数を示す形態として再分析され，複数語尾と解釈されるようになった．

(b) 対格以外の格の残存

一般に対格以外の格は消失したにもかかわらず，例外的にそれがスペイン語に生き残った例もある．

(1) 主格が残ったもの——主に固有名詞の一部で主格形が残った：Carolus > Carlos, Jēsūs > Jesús, Mārcus > Marcos, deus > dios「神」．

次の語もラテン語の主格に由来するが，前者はフランス語，後者はカタルーニャ語からの借用である：presbyter > FA. prestre > preste「[古] 司祭」，sartor > CA. sartre > C. sastre > sastre「仕立屋」．

(2) 属格が残ったもの——曜日名は属格形式が生き残った：(diēs) Mārtis（Mārs）「マルスの（日）」> martes「火曜日」，(diēs) Jovis（Juppiter）「ユピテルの（日）」> jueves「木曜日」，(diēs) Veneris（Venus）「ウェヌスの（日）」> viernes「金曜日」．さらに，これらの曜日名からの類推により他の曜日名に対しても本来の属格とは異なる形式が形成されることになった：(diēs) Lūnae「月の（日）」> lunis > lunes,（diēs）Mercurī「メルクリウスの（日）」> mercuris > miércoles「水曜日」.

(3) 奪格が残ったもの——ごく少数の副詞はラテン語の奪格に由来する：hāc hōrā > agora > ahora「今」, hōc annō > ogaño（EMd. hogaño）「今年」, locō（locus「場所」）> luego「やがて，［古］すぐに」.

b. 中性名詞の消失

古典ラテン語の名詞は男性・女性・中性の3性体系であったが，俗ラテン語では男性・女性の2性体系へ移行し始めた．この変化はローマ帝政時代の1世紀から徐々に進行し，10世紀までに中性名詞が完全に消失するに至った．俗ラテン語の項で述べたとおり，一般に，中性名詞は男性名詞に合流したが，その際に一部の中性名詞は形態上の変化をこうむった．

(a) 中性名詞の形態的変化

子音で終わる第3曲用の中性名詞には同じ曲用型に属する男性・女性名詞からの類推で語尾に -e が付加された．本来，中性名詞は単数・複数ともに主格と対格が同形である．これに対し，同じ第3曲用の男性名詞 homō「人」および女性名詞 cīvitās「市民，都市」はそれぞれ次のような対格形を持っていた： homine(m), cīvitāte(m). このような男性・女性名詞対格からの類推によって新たに次のような対格に相当する形式が出現したのである：culmen > LV. culm(i)ne > cumbre「頂上」, nōmen > LV. nom(i)ne > nombre「名前」.

同じく第3曲用の -s で終わる中性名詞のいくつかは，初期の中世スペイン語では -s の付いた形式がそのまま維持されたが，後に他の名詞からの類推でそれを除いた単数形が作られ，置き換わるようになった：corpus > cuerpos > cuerpo「身体」, opus「仕事」>（h）uebos「必要」[39], pectus > pechos > pecho「胸」, tempus > tiempos > tiempo「時間」.

(b) 複数形の新形成

ラテン語の典型的な中性名詞は，次のような複数変化を行った：verbum「言葉」⇒ verba. スペイン語では男性名詞に転換するのに伴って他の男性名詞からの類推により新たに複数語尾 -s を持つ形式が形成された：bal-

[39] 形態の似た語として huevo（< ōvum）「卵」があり，これと紛らわしい huebos は廃語となる.

neum ⇒ balnea > baño ⇒ baños「入浴，風呂」，cornū ⇒ cornua > cuerno ⇒ cuernos「つの」.

第 2 曲用に属する中性名詞の複数主格・対格語尾 -a は第 1 曲用の女性名詞単数主格語尾 -a と同じであるため，一部の中性名詞はそれと混同が生じ，女性名詞と見なされるようになった：cilium ⇒ cilia > ceja「眉毛」，fēstum ⇒ fēsta > fiesta「祭り，パーティー」，folium ⇒ folia > hoja「葉」，vōtum ⇒ vōta > boda「結婚式」．これらの語は，規則的な複数形が再形成された：cejas, fiestas, hojas, bodas. 同類の中性名詞の中には単数形と複数形に由来する形式がそれぞれ類義語として残った例もある：līgnum sg. > leño m.「丸太」/ līgna pl. > leña f.「薪」.

c. 性の転換と名詞語尾の改変

中性名詞は原則として男性に移行したのに対し，男性名詞と女性名詞は基本的にそのままスペイン語に継承された．しかし，3 性から 2 性体系への再編に伴って一部の名詞には性の転換が起きた．ラテン語では性の範疇と名詞の形態は必ずしも透明な関係で結びついていなかった．たとえば，第 2 曲用の主格語尾 -us は男性名詞が大半を占めるが，女性名詞もあり，第 1 曲用の語尾 -a は女性名詞が大半を占めるが，男性名詞もあった．有生名詞を除けば[40]，性の範疇はもともと合理的根拠を欠いている．このため，スペイン語ではラテン語よりも性範疇と名詞の形態的特徴の相関を強めようとする傾向が生じた．特に，名詞語尾 -o と男性，-a と女性との関連がより強く意識されるようになった．その結果，たとえばラテン語では女性であった -us 語尾の樹木名は男性名詞に転じた：fraxinu（fraxinus f.）> fresno「トネリコ」，pīnu（pīnus f.）> pino「松」，ulmu（ulmus f.）> olmo「ニレ」．この変化と符合するように「木」を意味するラテン語の女性名詞もスペイン語では男性に転じた：arbore（arbor f.）> árbol m.「木」.

有生名詞の場合は，とりわけ男性・女性という性の対立が強く意識されるようになり，一部の女性名詞はより明解な語尾 -a に改変が行われた：nuru（nurus f.）> nuera「息子の嫁」，socru（socrus f. ）> suegra「義母」，grūe（grūs f.）> gruya（EMd. grulla）「ツル」．また，ラテン語には存在し

[40] 人間と動物を意味する名詞は有生（animado），それ以外は無生（inanimado）に分類することができる．

なかった -a 語尾の女性名詞が男性名詞から新たに派生された例もある：infante「子ども，王子」→ infanta「幼女，王女」, señor「主人」→ señora,「女主人」león「ライオン」→ leona「雌ライオン」.

B. 形容詞

a. 形容詞の形態

名詞と同様，形容詞も格変化を失い，対格に由来する形式のみが生き残ることになった．性・数の文法範疇は維持され，名詞に呼応して語形変化を行う点はラテン語と変わらない．名詞の場合と同じく複数対格語尾の -s が複数標識として意識されるようになった．語形変化の上では第 1・第 2 曲用に由来する性変化を行うグループ（男性単数形 -o）と第 3 曲用に由来する性変化をしないグループ（その他の語尾を持つ）に分かれる．しかし，ラテン語で第 1・第 2 曲用に属していた少数の形容詞が性変化を行わないグループに移行した：firmu（firmus）> LV. firme（firmis）> firme「しっかりした」, līberu（līber）> libre「自由な」, simplu（simplus）> simple「単純な」, duplu（duplus）> doble「二重の」.

既述のとおり，使用頻度の高い一部の形容詞，たとえば bueno「良い」, malo「悪い」は，男性名詞の前で語尾音 -o が脱落したが，中世スペイン語では母音で始まる女性名詞の前でも語末音消失形が用いられた：en buen ora（EMd. en buena hora「良い折りに」）. grande「大きい」の語末音消失形 gran(d) は名詞の前後にかかわりなく用いられたが，後に制約が強まり，現代語では名詞の前でのみ gran が用いられる.

b. 形容詞の比較表現

俗ラテン語では既述のとおり形容詞の比較変化が消失した．その代わりに中世スペイン語では副詞 más を用いた迂言形式の比較表現が用いられるようになった．対応する接続詞にはラテン語の quam に代わって que が用いられた：más alto que...「…より高い」. 例外的に，一部の形容詞のみラテン語の比較級の形式が生き残った：bonus「良い」⇒ meliōre（melior）> mejor, malus「悪い」⇒ pejōre（pējor）> peor, magnus「大きな」⇒ majōre（mājor）> mayor, parvus「小さい」⇒ minōre（minor）> menor. これらのうち mayor, menor は対応する原級 magnus, parvus がロマンス語では消滅し，スペイン語ではそれぞれ grande「大きい」と pequeño「小さい」に対応する比較級となった．比較表現に用いられる más（< magis「より多く」）と menos（< minus「より少なく」）は本来比較級の副詞であるが，スペイン語ではそれぞれ mucho と poco の比較級として副詞・形容詞のどちらにも無変化で用いられるようになった．

ラテン語の比較級の形式の中には元の比較級の意味を失って普通の形容詞として再導入された学識語もある：exterior（< exteriōre ⇐ exter「外の」），superior（< superiōre ⇐ superus「上の方の」），inferior（< inferiōre ⇐ inferus「下の」），posterior（< posteriōre ⇐ posterus「後続の」）などである．また，比較級の形式が名詞として残ったものに señor（< seniōre（senior ⇐ senex「老いた」）がある．

消失した最上級に代わって中世スペイン語では分析的表現が用いられるようになった．絶対的最上級は強意を表す副詞 muy, much(o)，bien などを形容詞の前に置く方法により，相対的最上級は比較表現の前に定冠詞を置く方法により表わされる：el más alto de...「…の中で最も高い」．

C. 冠詞

a. 定冠詞

(a) 定冠詞の成立

ラテン語には冠詞が存在しなかったが，名詞の格体系が崩れるにつれて，名詞の形式的標識として冠詞の必要性が増して行ったと推定される．また，ラテン語が言語的・文化的に強い影響を受けたギリシャ語は古くから定冠詞を発展させていたので[41]，ギリシャ語との接触がラテン語の冠詞形成に影響を及ぼしたことも考えられる．

定冠詞の基本的機能は，聞き手の面前にはないが，聞き手にとって既知の個体（人・物）に話し手が言及することを示す．つまり，直示的指示に対して文脈における指示を行うことである．このような指示は，古典ラテン語では文脈上の解釈に依存するか，指示形容詞を名詞に付けることによって行われた．ところが，俗ラテン語ではとりわけ指示形容詞 ipse「それ自身の」，

---

[41] 印欧祖語に冠詞はなかったが，ギリシャ語は古くから定冠詞を発達させた。しかし，前 8 世紀のホメロスの時代には定冠詞はまだ例外的にしか用いられなかった．不定冠詞は古典ギリシャ語にはまだ存在しなかった．

ille「あの」を前方照応的な用法で使い始め，この定冠詞に近い用法が5世紀以降の後期ラテン語では顕著になった．冠詞的に用いられる指示詞の中では，ille がロマニアの大部分の地域で好まれたが，サルデーニャ，南シチリア，東部オック語地域，バレアレス諸島，バレンシアでは ipse が好んで使用されるようになった[42].

(b) 定冠詞の形式

スペイン語ではラテン語の指示詞 ille が定冠詞に発展した．男性単数形 el については主格に由来すると考える説が有力である：ille > elle > el / ell (+ 母音)．ell の形式は母音で始まる語の前で用いられた：ell omne (EMod. el hombre)．定冠詞は無強勢語で，名詞に対して後接的であるため[43]，語頭または語末の音節の脱落が生じた．すなわち，elle から語末音消失により el, ell が生じた．しかし，他の名詞や代名詞と同様に対格に由来すると考える説もある：illu(m) > LV. elo > lo / el > el．すなわち，elo から語頭音消失により lo，語末音消失により el が生じ，結局 el が残ったとする．母音間の重子音 -ll- は，定冠詞が無強勢語であるために音変化としては例外的に単子音化した．いずれにせよ，中性形 lo と区別するため男性形には el が選ばれたと見られる．この点は，指示詞の場合も中性形 esto, eso, aquello と区別するため男性単数形に este, ese, aquel の形式が選ばれたのと同じ理由である．

女性単数形 la は ille の女性単数対格に由来する：illa(m) > LV. ela > ela / la / el / ell > la / el (+ 母音) > la / el (+ a-)．女性単数には男性単数形と同形の el, ell が存在する．これは，el(l)a の語末音消失により生じたもので，中世スペイン語の初期にはあらゆる母音の前で用いられ，la との使い分けも厳格なものではなかった：la / el / ell espada (EMd. la espada「剣」).

複数形は男性・女性とも ille の複数対格に由来する：[男性] illōs > elos / los > los,［女性］illās > elas > las.

中性の定冠詞 lo はスペイン語に特有のもので，単数形しかない．ille の中

---

[42] バレアレス諸島とバレンシアはカタルーニャ語の領域で，その方言を構成する．

[43] 後接 (proclisis) とは，ある語が後続する強勢のある語に寄りかかり，同じアクセント群を構成することを指す．これに対し，先行する語に寄りかかり，同じアクセント群を構成する場合を前接 (enclisis) と言う．

性単数形から変化した：illud > elo > lo. スペイン語に中性名詞はないので，これが名詞に付くことはない．中世スペイン語でも現代語と同様に形容詞の前に現れ，それを名詞化したり（lo mucho, lo suyo），lo que のような関係代名詞を構成するのに用いられた．

初期の中世スペイン語では，男性単数形 el が母音で終わるどの前置詞とも融合するのが普通であった：contra + el → contral, para + el → paral, so + el → sol. しかし，やがて現代に残る a + el → al, de + el → del の 2 形式のみに融合形は限られるようになった．また，初期には前置詞 con, en の後で定冠詞の語頭の /l/ が /n/ に同化することがあった：con la → conna, en la → enna, en los → ennos. しかし，こうした融合形は 14 世紀には姿を消した．

（c）定冠詞の用法

中世スペイン語では定冠詞の使用が近代スペイン語よりも限られていた．主語の名詞に付くのは普通であったが，前置詞に支配される名詞，つまり被制語には用いないのが普通である：en *mano* trae desnuda el espada「彼は抜き身の剣を手にとって」(Cid, 471)．また，名詞を個別化する機能が強いので，集合名詞・抽象名詞の前で用いることはまれであり，総称的用法もまだ発達していなかった．

b. 不定冠詞

不定冠詞の基本的機能は，聞き手の面前にはないため聞き手には未知の個体に話し手が言及することにある．そうした場面では，その個体の単数性を表現することが重要となる．この目的のために俗ラテン語では数詞の「1(つの)」を使用することが始まり，スペイン語はそれを引き継いだ：[男性] ūnu(m) > uno > un, [女性] ūna(m) > una. 男性形 un は語末音消失により生じた．

不定冠詞複数形 unos, unas は単数形から新たに形成された．不定冠詞複数形はイベロロマンス語に固有のものである[44]．その機能から見れば，冠詞と言うより数量詞（不定形容詞）と見るべきである．

不定冠詞複数形がない代わりに，ガロロマンス語（フランス語，オック

---

[44] ポルトガル語では単数 um, uma，複数 uns, umas，カタルーニャ語では単数 un, una，複数 uns, unes となる．

語）および南部を除くイタリア諸方言には部分冠詞と呼ばれる形式がある．これは「前置詞 de ＋ 定冠詞」に由来する：F. Il y a *des* arbres dans le jardin.「庭には木々がある」/ Je bois *du* vin.「私はワインを飲む」．中世スペイン語でも物質名詞の前で「de ＋ 定冠詞」の形式が頻繁に用いられた：non nos darán *del* pan「われわれにはパンも手に入らないだろう」(Cid, 673)．このような形式は部分冠詞の萌芽と言うべきものであるが，スペイン語では発展せず，16 世紀以降廃れてしまった．近代スペイン語ではこのような場合，無冠詞となる．

D. 代名詞

a. 指示詞

古典ラテン語の指示詞（指示代名詞・指示形容詞）は日本語の指示詞「こ，そ，あ」の体系と似た 3 項体系を持っていた（男性単数形のみ示す）：hic「これ，この」，iste「それ，その」，ille「あれ，あの」．他に指示詞としては次のような形式があった：is「それ，その人」（すでに言及された人または物を指す），īdem「同じ人，同じもの」，ipse「自ら，それ自身」．

これらのうち，hic, is は俗ラテン語では消失し，hic の消失後は iste がそれに取って代わり，そのために生じた空白は ipse が埋めるようになった．is に対しては ille が取って代わり，古典ラテン語には存在しなかった 3 人称の人称代名詞のように用いられるに至った：ille > él．その結果，指示詞としての ille の意味は弱まってしまい，新たにそれを強化するため，俗ラテン語では ecce もしくは eccu(m)「そら，見ろ」，atque「その上に」を ille の前に置く形式 ecce ille, eccu ille, atque ille などが用いられるようになる．また，イベリアでは ecce が変化した *accu も用いられたと推定される．

結局，指示詞には次のような形式の交代が起きた（矢印は同じ機能が他の形式により取って代わられたことを示す）．

hic → iste > este

iste → ipse > esse（EMd. ese）

ille → eccu(m) ille / atque ille / *accu ille > aquel[45]

中世スペイン語ではこうしてラテン語と同じ 3 項体系が再編された．名詞と同様，指示詞もラテン語の対格から派生するが，男性単数形 este, esse, aquel だけは中性形 esto, esso, aquello と区別するため主格から変化したと考えられる.

	男性	女性	中性
単数	iste > este ipse > esse atque ille > aquel	ista(m) > esta ipsa(m) > essa	istud > esto ipsu(m) > esso atque illa(m) > aquella
複数	istōs > estos ipsōs > essos atque illōs > aquellos	istās > estas ipsās > essas atque illās > aquellas	– – –

aquel を形成する要素となった atque または *accu は iste, ipse に対しても用いられたため，中世スペイン語には上記の他に est / aqueste / aquest, es / aquesse / aques のような異形も存在した.

以上のうち，男性形と女性形は代名詞としても形容詞としても使用するが，中性形は代名詞専用で，現代語と同様に個別の物ではなく事柄や集合的な物を指示する．指示形容詞の位置は，現代語と同じく名詞の前に置くのが普通である.

b. 人称代名詞

ラテン語からロマンス語に移行した際，人称代名詞に生じたもっとも顕著な変化は強勢形（アクセントのある形式で自立語）と無強勢形（アクセントのない形式で付属語）が分化したことである．もう一つの重要な変化は，ラテン語にはなかった 3 人称の人称代名詞が形成されたことである.

ラテン語では主語代名詞の表示は義務的ではなかった．つまり，ラテン語はいわゆる代名詞主語省略言語であった[46]．中世スペイン語も同様で，主語代名詞を顕在化させる（文面に表示する）のは強調や対比のためである．必

---

[45] aquel の語源として Hanssen（1913）や Menéndez Pidal（1968），Corominas（1967）は eccu(m) ille，García de Diego（1951）は eccum ille または atque ille, Lapesa（1981）は atque（eccum）ille を想定する．音変化だけを考えれば，atque または *accu を想定する方が無理がなさそうである.

[46] スペイン語のように文の主語が人称代名詞の場合，それが顕在化しない言語を代名詞主語省略（pro-drop）言語またはゼロ主語（null-subject）言語と言う．これに対し，英語のように主語代名詞を必ず顕在化しなければならない言語を代名詞主語非省略言語と言う．ロマンス諸語ではフランス語のほか，レトロマンス語，北イタリア諸方言のみが主語代名詞非省略言語である．代名詞主語省略とは英語中心の言語観を反映する生成文法の用語であるが，便宜的に用いる.

然的に主語として機能する主格代名詞は強勢形であった．一方，与格・対格は無強勢語となって接語化し，動詞に付属する形式となった．しかし，前置詞（無強勢語）に支配される被制語としては強勢形が用いられた．こうして人称代名詞は，強勢形（主格・前置詞格）と無強勢形（与格・対格）が対立するラテン語にはなかった体系を持つようになった．

(a) 1・2 人称

(1) 主格——ラテン語から中世スペイン語へ至る間に次のような変化が生じた．

	単数	複数
1 人称	ego > LV. eo > *jeo > yo / io	nōs > nos（nós）> nosotros, nosotras
2 人称	tū > tú	vōs > vos（vós）> vosotros, vosotras

1・2 人称複数には 13 世紀頃から otros を付加した nosotros, vosotros という形式（女性形 nosotras, vosotras）が現れた．これらの形式の出現は，中世スペイン語で複数の vos が単数の聞き手に対しても敬称代名詞として用いられていたこと，つまり「敬意の vos 語法」(voseo de cortesía）と関連がある．この用法は，すでに後期ラテン語で始まっていた．これに対応して身分の高い人が 1 人称複数の nos を単数の話し手を示すために用いる用法も生じた．当初 vosotros は単数の聞き手に対する vos と区別するための複数形として生まれ，13 世紀には強調のための形式であった．nosotros は vosotros からの類推により形成された．両形式は次第に使用が広がり，15 世紀には代名詞体系の中に位置づけられる存在となり，本来の主格 nos, vos に取って代わった．こうして，以前には強勢の有無を除くと与・対格と同音であった 1・2 人称複数主格の形式が明確に分離するようになった．ただし，15 世紀末にもまだ nos, vos は使用されていた．

(2) 与格・対格と前置詞格——俗ラテン語で 1・2 人称代名詞の与格と対格は強勢形と無強勢形に分化し始めた．中世スペイン語では与格に由来する形式が強勢形となり，対格に由来する形式が無強勢形となって，機能的には与格と対格を兼ねる接語形式に変化した．ただし，ラテン語で 1・2 人称複数は与格・対格が同形であったため，無強勢形と強勢形も同音語となった．

		与格→強勢形（前置詞格）	対格→無強勢形（与格・対格）
単数	1 人称 2 人称	mihi > mibe / mi > mí tibi > tibe > ti	mē > me tē > te
複数	1 人称 2 人称	nōs > nos > nosotros vōs > vos > vosotros	nōs > nos vōs > vos > os

以上の形式のうち，1 人称単数の mibe は tibe の類推から生じ，逆に ti は mi の類推から生じた．2 人称複数の無強勢形 os は「命令法（子音語尾）+vos」から生じた語頭音消失形に由来する：venid-vos > venid-os（EMd. veníos）．この形式は 15 世紀前半には出現し，vos との競合が 16 世紀まで続く．

強勢形は前置詞に支配される被制語，つまり前置詞格となる．また，1・2 人称複数は主格と同音の形式が強勢形としても無強勢形としても用いられたが，強勢形 nosotros, vosotros が形成されると，これらが前置詞格としても用いられることになった．

なお，ラテン語には前置詞 cum と人称代名詞の融合形（mēcum, tēcum, nōbīscum, vōbīscum）があった．スペイン語はそれを受け継いだ上，さらに前置詞 con を重ねて強化した形式に変えた．このうち，1・2 人称単数と再帰代名詞の融合形のみが現代まで生き残っている：mēcum > LV. micum > *migo > conmigo, tēcum > LV. ticum > *tigo > contigo, sēcum > LV. sicum > *sigo > consigo. この他に中世スペイン語では 1 人称複数と 2 人称複数の融合形 connusco, convusco もあったが，黄金世紀に姿を消した．

(b) 3 人称

ラテン語では再帰代名詞の sē を除くと，3 人称の人称代名詞はなく，代名詞による表示が必要な場合には，指示代名詞 is などで代用した．しかし，俗ラテン語では指示代名詞 ille がこの目的のために固定化されるようになり，中世スペイン語に受け継がれた．

(1) 主格の形成――中世スペイン語の単数主格はラテン語の主格から，複数主格は対格から形成された．中性形が生き残ったのはスペイン語の特徴である．主格は強勢形であり，前置詞格としても用いられる．

	単数	複数
男性 女性 中性	ille > elle / elli > él illa > ella illud > ello	illī ⇒ illōs > ellos illae ⇒ illās > ellas

(2) 与格・対格の形成――与格・対格は無強勢形であるために語中の重子音 -ll- は一般的な音変化に従って口蓋化することはなく，単子音化（-ll- > -l-）した．同時に，この形式は定形動詞の後に置かれて前接語となることが多かったため語頭音消失が起きて単音節語となった．

		単数	複数
与格	男性・女性	illī > eli > le / li > le	illīs > *lis > les / lis > les
対格	男性 女性	illu(m) > *lu > lo illa(m) > la	illōs > los illās > las

なお，再帰代名詞は1・2人称代名詞と同じく，ラテン語の与格が強勢形（前置詞格）に，対格が無強勢形（与格・対格）に変化した．

与格　sibi > si > sí　　対格　sē > se

(3) 与格・対格の連鎖――3人称の与格・対格形が連続する場合，融合形が形成された：illī illu(m) > *illiello > *elielo > lielo > */ʎelo/ > gelo．このようにして形成された連鎖 ge lo, ge la, ge los, ge las に現れる ge は本来単数の形式であるが，使用範囲が拡大し，複数 les の意味も兼ねるに至った．

与格の ge が再帰代名詞の se と混同される現象は14世紀から始まった．これには音韻的要因と意味的要因があったと考えられる．音韻的要因とは，中世スペイン語に類似した歯擦音 /s/ - /ʃ/ - /ʒ/ があるため，しばしば相互に混同が起きたことである．たとえば，他の語でも次のように歯擦音が相互に入れ替わった例がある：tōnsōriās（tōnsōrius「理髪の」の複数対格）> tiseras > tigeras（EMd. tijeras）「はさみ」，collēctus → collēcta（colligō「拾い集める」の完了分詞 f.pl.）> cogecha > cosecha「収穫」．意味的要因とは，ge が再帰代名詞 se と同じような動詞の文脈に現れやすいことから生じる意味的な混同である：tomógelo / tomóselo「彼は彼（他人）からそれを取った／彼は彼（自分）のためにそれを取った」．こうして，ge lo の形式は se lo に置き換えられてしまう．ge はまだ16世紀前半まで用いられるが，その後姿を消す.

(c) 無強勢代名詞の融合

中世スペイン語では11世紀末から13世紀にかけて与格・対格の代名詞，つまり無強勢代名詞が語末音消失を起こすことが頻繁であった．この現象は，me, te, le, se という -e で終わる代名詞が母音で終わる語の直後に続く際，語尾の -e を落とし，前の語と融合するものである：con estos cavalleros *quel'* sirven a so sabor（< que le...「喜んで彼に仕えるこれらの騎士とともに」，Cid, 234），*quen'* las dexe sacar（< que me las...「私のために彼女らを連れ出させるよう」，Cid, 1277），*assíl'* dirán por carta（< assí le...「それはこのように文書で言われることになる」，Cid, 902）．まれな例としては，語末音消失の結果，スペイン語の音素配列に適合しない子音連続が生じると，それを解消するために語中音添加が行われることもあった：que me lo... → quemblo, ni me la... → nimbla．発音しやすいように語末音消失ではなく，音位転換が起きることもある．これは命令法複数形＋無強勢代名詞という連辞で17世紀まで時おり見られるが，その他の時制形式でも起きることがある：dadle → dalde, ponedlo → poneldo, tóvetelo → tóveldo（EMd. te lo tuve）.

中世スペイン語では不定詞語尾の -r がその直後にある無強勢の3人称代名詞または再帰代名詞の語頭子音と同化し，融合する例も見られる：ponerlo → ponello, servirle → serville, tornarse → tornasse．このような融合は15〜16世紀に行われ，17世紀にもまだ例がある.

c. 所有詞

(a) 所有詞の形態

中世スペイン語の所有詞（所有代名詞・所有形容詞）はラテン語の体系をほぼ受け継いだ．所有者単数の場合の男性・女性単数形についてラテン語からスペイン語への音変化を次に示す.

	男性	女性
1人称	meu（meus）> mío / mió	mea > mía > míe / mié > mi
2人称	tuu（tuus）> to	tua > túa > tue > tu
3人称	suu（suus）> so	sua > súa > sue > su

ラテン語では人称代名詞と同様，3人称の所有詞は欠けていたが，ロマン

ス諸語ではラテン語の再帰所有詞 suus「自分の」を転用し，再帰的な意味を除いて 3 人称に充当した．スペイン語ではこの形式を所有者の単数・複数にかかわりなく用いるのが特徴である．イベロロマンス語ではポルトガル語（seu, sua）も同様であるが，カタルーニャ語はフランス語・イタリア語と同じく suus に由来する形式を単数所有者に対し用い（英語では his, her, its に相当），複数所有者に対して（英語では their に相当）は指示代名詞 ille の複数属格 illōrum に由来する形式を採用した：C. seu / llur, F. son / leur, I. suo / loro.

上記の形式は所有形容詞として名詞に前置されるが，近代スペイン語のような強勢形と無強勢形の区別はまだなくて，強勢語であったと推定される．女性形は語末母音が変化して mie, tue, sue となり，13 世紀にはさらに -e が語末音消失を起こした mi, tu, su という形式が出現した．特に tu, su の形式は男性形の to, so と紛らわしいので混同が生じ，同じ 13 世紀末には tu, su が男性・女性にかかわりなく使用されるようになった．同時に mio と mi に関しても相互に混同があり，結局 mi が一般化した．こうして，mi, tu, su という現代まで用いられている性の対立のない体系が完成した．

1 人称 mio の形式は前置される所有形容詞（mio padre）として用いられるほか，後置形（fijo mio）や属詞（es mio）としても所有代名詞（lo mio）としても用いられた．前置形以外の機能を持つ 2～3 人称の形式としては tuyo，suyo が中世スペイン語の初期から存在した．これらは疑問・関係形容詞 cuyo（<cūju（cūjus））の類推作用を受けて古い形式 tuo，suo から作られたと見られる．

一方，所有者複数の場合はそれほど大きな変革はなく，次のように音変化した．男性単数形のみを示す．

1 人称　nostru（noster）＞ nuestro

2 人称　vestru（vester）＞ LV. vostru ＞ vuestro

(b) 所有詞の用法

ロマンス語ではラテン語よりも全般に所有形容詞の使用範囲が広がった．中世スペイン語でも現代語と同じく所有形容詞は名詞の前に置くのが普通であったが，その際，定冠詞や指示形容詞を併用することも可能であった：los *mios* amigos caros「親愛なるわが友人たち」(Cid, 103)，con çiento de aquesta *nuestra* conpaña「あのわれらの軍勢 100 人とともに」(Cid, 440).

こうした場合，所有詞には強調の意味があったと考えられる．このように定冠詞と所有形容詞あるいは un mi amigo のように不定冠詞と所有形容詞を前置して併用する語法は 15 世紀まで続いた．

d. 関係代名詞および疑問代名詞

ラテン語には関係代名詞 quī があり，先行詞と性・数の呼応を行った．その女性形 quae は，俗ラテン語では男性形 quī に合流して消失し，中性形 quod は疑問代名詞 quis の中性形 quid に取って代わられた．一方，疑問代名詞 quis は quī に置き換えられたので，関係代名詞と疑問代名詞は同じ形式となった．こうして，quī とその対格 quem に由来する qui と quien が中世スペイン語に継承され，関係代名詞および疑問代名詞として使用された．疑問代名詞としてはどちらも人を表すが，関係代名詞としては人以外を先行詞とすることもあった．qui は主語となることが多く，quien は前置詞の被制語となることが多いが，同じ場合に qui も用いられ，その機能分担は明確ではなかった．どちらも主に先行詞を含む独立用法で用いられたが，qui は黄金世紀にほぼ廃語化した．quien は先行詞の単数・複数にかかわらず無変化であった．すでに 13 世紀には複数形 quienes が出現していたが，その使用が確立するのは 16 世紀以降である．

ラテン語の疑問代名詞中性形 quid に由来する que は疑問代名詞として用いられるとともに関係代名詞としても頻繁に使用された．関係代名詞の場合，現代語と同じく先行詞は人と物のどちらでも可能であった．関係代名詞に定冠詞を付けた el que，lo que のような複合形式も初期の時代から出現していた．

この他に疑問詞の qual（< quāle（quālis「どのような」），quanto（< quantum「どれだけ」）が関係詞としても用いられた．qual は名詞の前で関係形容詞または疑問形容詞（eg. en qual logar「どの場所で」）として用いられた[47]．

E. 動詞

名詞に比べると，一般にラテン語の動詞体系はロマンス諸語によく継承された．時制体系ではラテン語よりもむしろ複雑になった面もある．動詞の諸

---

[47] 現代語では疑問代名詞 cuál，関係代名詞（el）cual は代名詞専用であって，形容詞としては用いられない．

形態のみに見られる重要な特徴は，動詞の活用には全体的な語形変化体系（paradigma）に基づく類推の圧力が強く働くため，しばしば一般的な音変化法則に反する現象が起きることである．

中世スペイン語における動詞活用の特徴として同じ動詞の活用にいくつかの異形が共存する例が少なくないことが挙げられる．その原因は，ある場合には中世スペイン語の音韻的な不安定さの反映である．たとえば，12~13世紀に盛んであった語尾音 -e の消失現象は動詞の活用形にも一部波及した例がある：［現在］vale / val（valer「守る，価値がある」），［未完了過去］dizié / dizíe / dizí（dezir「言う」，［単純過去］dixe / dis（dezir），［接続法過去］amasse / amás（amar）．また，ある場合には後述のようにラテン語に由来する語源的な不規則形式と新しく形成された規則形式が競合して，決着がついていないためである．

a. 動詞の文法範疇

（a）態

ラテン語には能動態と受動態の活用があったが，既述のとおり俗ラテン語では受動態が消失し，態の形態的な対立はなくなった．その後，スペイン語では複合形式「ser ＋過去分詞」による受動表現が再形成され，また再帰動詞による受動表現が発達した．「ser＋ 過去分詞」は受け身の動作を表すとともに動作の結果生じた状態を表すこともあった．現代語では「estar＋ 過去分詞」によって表現される用法である．

（b）法と時制・アスペクト

ラテン語には直説法，接続法および命令法という3つの叙法があり，いずれも維持されたが，それに属する時制形式は再編が行われた．

ラテン語の時制体系には未完了・完了というアスペクト（相）の対立があり，直説法には下記の6時制があった（1人称単数形のみを例示する）．

未完了相		完了相	
現在	cantō	完了	cantāvī
未完了過去	cantābam	過去完了	cantāveram
未来	cantābō	未来完了	cantāverō

未完了相と完了相の対立を軸とするこの体系は，ロマンス諸語で大幅に改変され，単純時制と複合時制の対立を軸とする体系に再編成された．複合時制は「助動詞＋過去分詞」による迂言形式であり，起源的には一つのアスペ

クト的表現であったものが文法化し，やがて時制体系の中に組み込まれるようになったものである．しかし，現在ある複合時制がすべて整備され，ロマンス語の中で時制形式として確立するまでにはかなりの期間を要した．中世スペイン語ではまだ複合時制が動詞活用体系の中で確立しているとは言えない．ラテン語の未来時制はいったん消失した後，多くのロマンス語では「不定詞＋助動詞」で構成される迂言形式として復活した．さらに新しい未来形を土台にしてラテン語にはなかった過去未来形（条件未来形 condicional）が新たに形成された．以下に中世スペイン語の末期，15 世紀頃の直説法の時制体系を示す（cantar の 1 人称単数形のみを例にとる）．

単純時制		複合時制	
現在	canto	現在完了	e cantado
未完了過去	cantava	複合過去完了	avía cantado
単純過去	canté	直前過去完了	ove cantado
過去完了	cantara		
未来	cantaré	未来完了	(avré cantado)
過去未来	cantaría	過去未来完了	(avría cantado)

複合時制の助動詞には aver と se(e)r があり，前者は他動詞に，後者は自動詞と再帰動詞に使用された．したがって，ir の現在完了は so(y) ido となる．ただし，スペイン語では初期の時代から aver が自動詞に使用される例が少なくない．複合時制の使用は全般に少なく，とりわけ未来完了と過去未来完了の使用はまれであり，時制としては未成熟であった．助動詞 aver は本来の動詞の意味「持つ」を保持していたので，現代語の「tener+ 過去分詞」と同様のアスペクト的価値を伴って使用されることもある．

中世スペイン語では過去に関する時制の区別はまだ明確ではなかった．特に，単純過去 canté と現在完了 e cantado の区別は不明確であり，初期にはほとんど区別がないように見える場合も少なくない．過去完了 cantara と複合過去完了 avía cantado の区別もそれほど明確とは言えないが，自由に交替していたわけではなく，複合過去完了は助動詞 aver の意味を残した完了アスペクトを伴うことが多い．

(c) 人称・数

音変化はあったものの人称・数語尾の体系は維持された．ラテン語の完了を除く時制に共通する人称語尾は中世スペイン語に至るまでに次のように変化した.

	単数	複数
1 人称 2 人称 3 人称	-ō > -o, -m > -ø -s > -s -t > -t / -d / -z > -ø	-mus > -mos -tis > -des（EMd. -is） -nt > -n

直説法現在以外の時制に現れる 1 人称単数語尾の -m は一般的な音変化の原則に従い，ラテン語でもすでに 1 世紀から消失していた．3 人称単数の -t（または -d, まれに -z）は中世スペイン語に受け継がれ，13 世紀頃まで散発的に見られるが，その後消失した．この結果，直説法現在および単純過去以外の時制では 1 人称単数と 3 人称単数の区別がなくなった：cantem > cante（接続法現在 1sg.），cantet > cante（同 3sg.）．2 人称複数語尾に含まれる -d- が消失するのは黄金世紀以降のことである．

b. 活用型

ラテン語の動詞には 4 種類の活用型があったが，中世スペイン語では 3 種類（-ar, -er, -ir）に縮小した．スペイン語ではラテン語の第 3 活用が一般に第 2 活用に合流するのが特徴である[48]．以下にラテン語の各活用型がスペイン語ではどのように変化したか，不定詞の実例で示す．

I: -āre > -ar　clamāre > llamar「呼ぶ」，lavāre > lavar「洗う」
II: -ēre > -er　debēre > deber「…しなければならない」，
　timēre > temer「恐れる」
III: -ere > -er　bibere > beber「飲む」，legere > leer「読む」
IV: -īre > -ir　dormīre > dormir「眠る」，sentīre > sentir「感じる」

ラテン語の第 3 活用（-ere）は語幹にアクセントを持つのが特徴であるが，この類型はスペイン語では完全に消滅した．しかし，その名残と言える不定詞の形式が中世スペイン語には 2 つだけ残っていた：facere > *fac're > fare > far「する」，dicere > *dic're > dire > dir「言う」．far には fer という異形もある：* fac're > faire > fer．これらの形式は語尾にアクセントを

[48] これはイベロロマンス語に属するスペイン語とポルトガル語の特徴であるが，カタルーニャ語は例外である．スペイン語とは逆にフランス語・イタリア語と同じく，第 2 活用が第 3 活用に吸収される傾向が一般的である．

持つ形式 fazer（EMd. hacer），dezir（EMd. decir）に駆逐されてしまったが，現代語でも未来・過去未来の語幹にかろうじて形を留めている：har-é, dir-é.

ラテン語の第 4 活用（-īre）は -ir 型に移行したが，第 2・第 3 活用から -ir 型に移行した動詞もある：

II. -ēre > -ir: implēre > implire > fenchir > henchir「ふくらます」
complēre > cumplir「果たす」
ridēre > ridire > reír「笑う」

III. -ere > -ir: fugere > fugire > fuir > huir「逃げる」
recipere > recipire > recibir「受け取る」
dicere > dicire > dezir「言う」
vivere > vivire > vivir「生きる」

ラテン語の第 3 活用に由来する動詞の中には中世スペイン語の初期に -er 型と -ir 型の間でゆれを見せるものもあった：bātuere > bater / batir「打つ」，plangere > plañer / plañir「泣く」, reddere > *rendere > render / rendir「打ち破る」．これらの例ではいずれも -ir 型が生き残った．

c. 直説法現在

（a）規則動詞

ラテン語の第 1 活用から -ar 型に移行した cantar「歌う」（< cantāre）を例にとると，現在形の活用は次のように受け継がれた．

	単数	複数
1 人称	cantō > canto	cantāmus > cantamos
2 人称	cantās > cantas	cantātis > cantades（>15 世紀 cantáis）
3 人称	cantat > EA. cantat > canta	cantant > EA. cantant > cantan

3 人称単数形は 13 世紀初頭までときどき cantat という形式が現れ，-d, -z で終わる異形もあった．しかし，その後，語末の -t は消失した．3 人称複数形では初期の文献で cantant という形式が現れることもあるが，すでに俗ラテン語で語尾の末尾にある -t は黙音化していたと見られる．

強勢母音の直後に位置する 2 人称複数語尾 -des の -d- は 14 世紀から消失し始め，15 世紀には完全に消失する：-ātis > -ades > -aes > -áis / -ás. -er 動詞と -ir 動詞の例を挙げると，debētis > debedes > debéis / debés;

dormītis > dormides > dormís．消失した一つの要因としては，敬称代名詞として vos が頻繁に使用されたため，これに対応する 2 人称複数形も多用されたことが影響していると考えられる．

ラテン語の第 2 活用の動詞は幹母音 -ē- を持つのが特徴であり，1 人称単数語尾は -eō となる．通常の音変化の原則に従えば，この場合幹母音 -e- がヨッド化して *-io となるはずであるが，第 2 活用を引き継ぐスペイン語の -er 型活用では，幹母音が消失して -o となった：dēbeō（debēre）> *debo > devo（EMd. debo ⇐ deber「しなければならない」）; timeō（timēre）> *timo > temo（temer「恐れる」）．また，ラテン語の第 3 活用の動詞のうち，幹母音 -i- を持つものと第 4 活用の動詞（幹母音 -ī-）は 1 人称単数語尾が -iō となる．この場合も一般に幹母音は消失してやはり -o となった：partiō（partīre）> parto（partir「出発する」）．しかし，以上の類型の動詞の一部は後述のとおりヨッドによる不規則形を発展させた．

ラテン語では第 3・第 4 活用の 3 人称複数語尾は -(i)unt となる．スペイン語の -er 型と -ir 型活用ではこの語尾が第 2 活用（-ent > -en）からの類推によってすべて -en に置き換えられた： bibunt > beven（EMd. beben ⇐ beber「飲む」）; partiunt > parten.

(b) 母音変化動詞

スペイン語の不規則動詞の中には人称により語幹の母音が交替を起こすもの，つまり母音変化動詞がある．この類型はラテン語には存在しなかったもので，中世スペイン語で新たに生じた不規則動詞のグループである．その第 1 の類型は，現在形の語幹にある母音 -e- / -o- が強勢のある場合に限って -ie- /-ue- に交替するものである．前述のとおり，ラテン語からスペイン語に至る音韻変化の過程で一般にラテン語のアクセントのある短母音 -é- / -ó- はそれぞれ -ié- / -ué- に変化した．この変化は，同じ母音を含む動詞でも当然起きた．しかし，動詞の場合は人称変化によりアクセントの移動があるため，現在形では語根の -e- / -o- に強勢が置かれる単数のすべての人称と複数 3 人称の計 4 形式のみに二重母音化が生じた．その結果，人称により母音交替が起きるという部分的な不規則性を持つ動詞が生まれたのである．以下の例では強勢音節の主音を斜体で示す．

negāre > negar「否定する」

n*e*gō > ni*e*go　　negā̆mus > neg*a*mos

n*e*gās > ni*e*gas	neg*ā*tis > neg*a*des（EMd. neg*á*is）
n*e*gat > ni*e*ga	n*e*gant > ni*e*gan
	dormīre > dormir「眠る」
d*o*rmiō > LV. d*o*rmō > du*e*rmo	dorm*ī*mus > dorm*i*mos
d*o*rmīs > du*e*rmes	dorm*ī*tis > dorm*i*des（EMd. dorm*í*s）
d*o*rmit > du*e*rme	d*o*rmiunt > *d*o*rmen > du*e*rmen

母音変化動詞の第 2 の類型として語幹母音の -e- が -i- に交替する -ir 動詞のグループがある．この類型はラテン語では第 4 活用の動詞で，1 人称単数語尾に含まれるヨッドの影響で語根母音の -ē- が母音変異を起こし，-i- に変化した．同じ母音変化は語幹に強勢のある他の人称（2・3 人称単数，3 人称複数）にまで広がった．この現象は他の類型の母音変化動詞からの類推によるもので，-ar / -er 型の母音変化動詞が強勢のある語幹で母音交替を起こすパターンにならったものである．

mētīrī（mētior）→ LV. *mētīre > medir「測る」

m*ē*tiō > m*i*do	mēt*ī*mus > med*i*mos
m*ē*tīs > *m*e*des > m*i*des	mēt*ī*tis > med*i*des（EMd. med*í*s）
m*ē*tit > *m*e*de > m*i*de	m*ē*tiunt > *m*e*den > m*i*den

この medir 型の母音変化は類推によりラテン語の短母音 -ĕ- に由来する語根母音 -e- を持つ他の -ir 動詞にも波及した．まず 1 人称単数形に母音変異を起こした形式が発生し，それが他の人称にも広がったと推定される：serviō（servīre）> *servo > sirvo（servir「仕える」）．

以上の母音変化動詞のうち -ir 型のグループは，語根母音にアクセントがない場合，それがヨッドの前に来ると，母音変異 /-e- > -i-/, /-o- > -u-/ を起こし，ヨッドそのものは消失した．たとえば，ラテン語でヨッドを含む接続法現在形では次のような変化のパターンが定着した：sentiāmus > sintamos（sentir「感じる」），dormiāmus > durmamos（dormir「眠る」）．

初期の中世スペイン語ではこの母音変異により生じた閉母音 -i-, -u- を -ir 動詞の他の活用形にまで広げようとする傾向があり，不定詞で複数の形式が競合する場合もあったが，近代スペイン語では一つに整理される（現代まで生き残った形式は斜体で示す）：complir / *cumplir* / comprir「果たす」，recebir / rescebir / *recibir*「受け取る」，*seguir* / siguir「後に続く」，*morir* / murir「死ぬ」，soffrir / sofrer / *sufrir*「苦しむ」．

中世スペイン語の母音変化動詞の中には，母音が変化しない人称形式の類推からやがて母音交替をやめてしまい，規則動詞に転化した例も一部見られる : praestō（praestāre）> priesto > presto（prestar「貸す」の現在 1sg.），vetat（vetāre）> vieda > veda（vedar「禁止する」の現在 3sg.）．これとは逆に，語源的には二重母音化しないはずの語根母音 -ē- を含む動詞が類推により母音変化動詞に転化した例もある : pēnsō（pēnsāre）> pienso（pensar「考える」の現在 1sg.）．このように，特に中世スペイン語の初期（13 世紀頃）は母音交替をする動詞としない動詞の区分がまだ流動的であった．

（c）子音交替の起きる動詞

不規則動詞の中には直説法現在 1 人称単数形に他の人称にはない子音を含む語幹が現れ，それが接続法現在形の語幹にも共通して現れる類型がある．この種の不規則動詞もラテン語には存在せず，中世スペイン語で新たに生まれた型である．発生した原因は，一般的な音変化の規則に従い動詞の各人称形も変化した際に，動詞の人称語尾に現れる母音の相違により語根の末尾子音が異なる変化を遂げたためである．その結果，直説法現在形では次のような子音の対立が生じた（1 人称単数形と 2 人称単数形を対比して示す）．

/g/-/z/:	dīcō > digo / dīcis > dizes （dezir（EMd. decir）「言う」）
	faciō > LV. facō > fago / facis > fazes （fazer（EMd. hacer）「する」）
/ng/-/ɲ, ndz/:	tangō > tango / tangis > tañes, tanzes （tañer「弾く」）
/sk/-/ts/:	parescō > paresco / parescis > pareçes （parecer「…のように見える」）

同様の音変化に従い 1 人称単数形と同じ子音を含む語幹は接続法現在形にも出現する：dīcam > diga, tangam > tanga, parescam > paresca.

これらの子音交替のパターンは類推により語源的には語幹に /-k-/ または /-g-/ を含まない他の動詞にまで広がった．特に著しく広がりを見せたのは 1 人称単数形が -go または -ngo となる類型である．たとえば，veniō > vengo（venir「来る」），teneō > LV. teniō > tengo（tener「持つ」），pōnō > LV. pōniō > pongo（poner「置く」），valeō > LV. valō > valgo（valer「役立つ」），saliō > salgo（salir「出る」）など．venir, tener, poner など語根末尾に -n- を含む動詞は，1 人称単数形で当初ヨッドを含む形式から口蓋化が生じ（venio > */venjo/ >*/veɲo/），上記の /ng/-/ɲ/ 型の交替からの類推で

/ng/ への変化（*/veɲo/ > vengo）が生じたと考えられる．

もう一つの子音交替の類型として直説法現在 1 人称単数形と接続法現在に -y- が現れ，それが現れない他の活用形と対立する動詞がある．このグループはラテン語の第 3 活用で幹母音 -i- を含む動詞および第 4 活用の動詞で，現在 1 人称単数形が -iō となる類型に属し，幹母音がヨッド化したため語根に /-di̯-/, /-gi̯-/ を含むようになった動詞に由来する．たとえば，次のような動詞である（直説法現在と接続法現在の 1 人称単数形を示す）．

	直説法現在	接続法現在
oír「聞く」:	audiō > oyo	audiam > oya
fuir（EMd. huir）「逃げる」:	fugiō > fuyo	fugiam > fuya

この類型は当初 -y- を含まなかった他の人称にまでそれを拡張させた：audīs > *oes > oyes, fugis > foes > fuyes．ただし，強勢のある -i- が後続する場合には -y- は現れない：oír, oímos; fuir / foír, fuimos / foímos など．この -y- は，音変化によって子音が消失したため母音連続が生じ得る場合にそれを回避する手段としても利用され，他の動詞にも広がった：cadō > cayo（caer「落ちる」），trahō > trayo（traer「持ってくる」），rodō > royo（roer「かじる」）．しかし，これら現在 1 人称単数形 -yo の形式は fuir など一部の動詞を除いて 16 世紀以降 -go という形式（caigo, traigo）に置き換えられることになる[49]．

（d）その他の主要な不規則動詞

使用頻度の高い代表的な不規則動詞は，一部の音交替ではなく，語幹が強い不規則性をもって交替するものが多い．その典型として ser, haber, ir がある．

ser の活用にはラテン語の esse「である」の活用に sedēre「座る，留まる」が補充形式として混ざり合った．両者の意味の一部が類似していたためである．不定詞は，後者に由来する：sedēre > seder > seer > ser．直説法現在形は，両方の形式が 13 世紀にはまだ競合していた．esse の現在形に由来する形式は次のように変化した．

sum > so / まれに son（EMd. soy）　sumus > somos

es > EA. es >（未来 eris >）eres　estis > *sutis > sodes（EMd. sois）

[49] roer は現代語でもなお roo, roigo, royo の 3 形式が共存している．

est > es　　　　　　　　　　　　sunt > son

このうち2人称単数は3人称単数の語尾 -t が消失した後，同形になることを避けるため，ラテン語の直説法未来2人称単数で置き換えられた[50]．また，2人称複数は1人称複数と3人称複数からの類推によって語幹が作られた．

一方，sedēre に由来する現在形は次のとおりである．

sedeō > seyo / seo	sedēmus > sedemos / seemos
sedēs > siedes / seyes	sedētis > seedes / seyedes
sedet > siede / seye	sedent > sieden / seyen / seen

こちらの形式は15世紀まで使用されたが，黄金世紀以降消失した．しかし，esse の接続法現在 sim はスペイン語に継承されず，sedēre に由来する形式 sedeam > sea が取って代わった．現在分詞と過去分詞も，それに相当する形式が esse には欠けていたため，やはり不定詞 seder / seer から派生した形式が採用された：［現在分詞］sediendo / seyendo（EMd. siendo），［過去分詞］seydo / seído（EMd. sido）．

aver（EMd. haber）はラテン語の habēre「持つ」に由来するが，中世スペイン語では「持つ」の意味の動詞として用いられる場合と不定詞または過去分詞とともに迂言形式（未来形および複合時制）を構成する助動詞となる場合があった．助動詞として用いられる場合は語幹の短縮した形式が発展したため，1人称単数形を除き2種類の活用形が共存するようになった．斜線の後に示す短縮形式は助動詞として用いられたものである．

habeō > LV. haio > heo / hai >（h)e	habēmus > avemos /（h)emos
habēs > aves /（h)as	habētis > avedes /（h)edes > heis（EMd. habéis）
habet > ave /（h)a	habent > aven /（h)an

しかし，両形式間では相互に混淆が起き，やがて1つの形式に統一される．近代スペイン語まで生き残ったのは2人称複数 avedes を除き短縮形である．

---

[50] 未来形を起源とする説には異説もある．Llyod（1987: 299）は，3人称の est > es の変化が起きる頃まで未来2人称形が孤立して残っているのは不自然だとして，未完了過去の語幹 er- から類推によって作られたと推定する．

この動詞の 3 人称単数形は非人称文（無主語文）で存在の表現「…がある」に用いられた．これには副詞（h)i（< ibī「そこに」）を伴う場合と伴わない場合があり，それを伴う場合は動詞の前か後に置かれた．やがて 13 世紀にはこの副詞が（h)a の後の位置に固定化された形式（ha i > ）hay が広がる．なお，「持つ」の意味の haber は次第に tener に置き換えられるようになり，16 世紀にはこの意味では用いられなくなる．

ir はラテン語の īre「行く」に由来するが，この動詞の活用に異なる語源の vādere「進む」が補充形式として入り込み，直説法現在を始めとする大部分の時制で置き換わった．ただし，1・2 人称複数の imos, ides は 17 世紀まで生き残る．

eō → vādō > *vao > vo（EMd. voy）	īmus > imos → vādimus > vamos
īs → vādis > vas	ītis > ides → vāditis > vades（EMd. vais）
it → vādit > va	eunt → vādunt > van

接続法現在も本来の形式 eam に代わって vadam > vaya が採り入れられた．この時制の 1 人称複数は一般的な音変化によって生じた vadāmus > vamos の形式と前記の oír 型の動詞（audiam > oya）からの類推でできた vayamos という異形が競合していた．しかし，vamos は直説法現在と同形になるので，命令の意味「行こう」となる場合を除き，接続法としては使用されなくなった．同様の理由で接続法現在 2 人称複数の（vadātis >）vades / vais も vayades（EMd. vayáis）に置き換えられた．なお，語形の短い īre の活用形が別の動詞形式で補充される現象は他のロマンス諸語でも起きたが，スペイン語・ポルトガル語以外は不定詞も異語源の形式に置き換えられている．比較のため不定詞と直説法現在 1 人称単数形を次に示す：P. ir / vou, C. anar / vaig, F. aller / je vais, I. andare / vado.

d. 直説法未完了過去

（a）規則動詞

-ar 動詞の未完了過去形はラテン語の第 1 活用の活用語尾が音変化して中世スペイン語に受け継がれた．

cantābam > cantava	cantābāmus > cantávamos
cantābās > cantavas	cantābātis > cantávades
cantābat > cantava	cantābant > cantavan

活用語尾 -ava- は後に 18 世紀の正書法改革によりラテン語の語源に従って -aba- に書き改められるが，実際の音変化とは無関係である．ラテン語と比較すると，1・2 人称複数は他の人称からの類推でアクセントの移動が生じ，どの人称でも活用語尾の最初の音節（-áva-）に強勢がかかるように画一化した：cantabámus > cantávamos, cantabátis > cantávades.

-er / -ir 動詞は，ラテン語の第 2 活用の語尾 -ēba-，第 3 活用の一部と第 4 活用の語尾 -iēba- で母音間にあった -b- が消失した．この消失は古く，俗ラテン語で始まったと考えられるが，消失の理由については諸説がある．その一つは，母音間で /b/ が消失する一般的な現象の一環とするものである．/b/ の前後に同じ母音が存在する場合は一般に消失が起きなかった（例：fava > faba > haba「ソラマメ」）ので，-ar 動詞（-aba-）では消失が起きなかったことも説明できる．別の説は，この変化が使用頻度の高い動詞 habēre（> aver），debēre（> dever）などで始まり，類推により他の動詞にも波及したとするものである．すなわち，この動詞の未完了過去では（h)abēbam のように連続する音節で -b- が繰り返し現れるので，異化作用が働き，語尾の -b- が消失したものと推定する：debēbam > LV. debēa > debía, dormiēbam > LV. dormība > dormea > dormía.

-er / -ir 動詞の未完了過去語尾は 11 世紀からさらに -ía > íe > ié のような変化が始まり，13 世紀に一般化した．二重母音の -ié- を含む形式が優勢であるが，母音連続を含む -íe- も共存し，ときにはそれが語末音消失を起こして 3 人称単数 -í, 複数 -ín の形式で現れることもあった．tener を例にとると．未完了過去は次のような活用になった．

tenía	teniemos
teniés	teniedes
tenié	tenién

このように 1 人称単数形を除き二重母音化した語尾 -ié- が優勢であった．この語尾は過去未来（tendrié）にも現れる．1 人称単数のみ二重母音化しなかったのは 3 人称単数との区別を維持しようとする意図が働いたものと見られる．ところが，14 世紀後半になると，-ía という母音連続を含む形式（tenía, tenías, tenía, teníamos, teníades, tenían）が勢いを盛り返し，二重母音の形式は急速に衰退し始める．15 世紀にはついに逆転して -ía が優勢を取り戻した．それでも，-ié / -í は 16 世紀まで存続するが，卑俗なあるいは方言

的な形式と見なされた．なぜこうした揺り戻しが生じたかについては諸説あるが，重要な要因として考えられるのは，未完了過去で画一化した強勢配置のパターンを持つ -ar 動詞（-aba）の類推的な影響が -er/-ir 動詞にも及んだことである．

(b) 不規則動詞

一般に，-er/-ir 動詞の未完了過去語尾の -b- は消失したにもかかわらず，ir（< īre）だけは例外的にこれが維持された：ībam > iva（EMd. iba）．その原因は aver の未完了過去短縮形（h)ía（< habēbam）との混同を避けるためであろうと推定される．残る不規則動詞 se(e)r は，ラテン語 esse の不規則形が維持された：eram > era.

ところで，現代スペイン語にはもう一つの不規則動詞として ver（veía）がある．中世スペイン語ではこの動詞の不定詞に 2 つの異形 ver と veer があり，これに対応して現在 3 人称単数形は ve / vee, 未完了過去は vía / veía という異形が共存していた．しかし，17 世紀以降画一化が進んで，不定詞は ver, 現在形は ve に整理されたにもかかわらず，未完了過去は veía が定着したため，不規則形と見なされる結果となったのである．

e. 直説法単純過去

(a) 規則動詞

(1) -ar 動詞――ラテン語の第 1 活用（-āre）の完了形は語尾の -v(i)- が 3 人称単数を除いて消失した．cantar を例にとり，その歴史的変化を示す（以下，強勢音節の主音は斜体で表す）．

cant*ā*vī > LV. cant*a*i > cant*é*	cant*ā*vimus > LV. cant*a*mus > cant*a*mos
cantāv*i*stī > LV. cant*a*sti >	cantāv*i*stis > LV. cant*a*stis
> cant*a*ste / cant*e*ste	> cant*a*stes / cant*e*stes（EMd. cantasteis）
cant*ā*vit > LV. cant*a*u*t > cant*ó*	cant*ā*verunt > LV. cant*a*runt > cant*a*ron

2 人称単数・複数にある canteste, cantestes という異形は 1 人称単数語尾 -é からの類推によって生じたと見られる．両形式は 13 世紀には広く用いられたが，14 世紀には衰退してしまう．

(2) -er / -ir 動詞――スペイン語の -ir 動詞はラテン語の第 4 活用（-īre）の活用語尾を引き継いだ．この類型の変化を partir を例にとり示す．

part*ī*vī > LV. part*i*i > part*í*	part*ī*vimus > LV. part*i*mus
	> parti*e*mos / part*i*mos

partīv*i*stī > LV. part*i*sti > part*i*ste　partīv*i*stis > LV. part*i*stis > parti*e*stes / part*i*stes (EMd. partisteis)

part*ī*vit > LV. part*i*ut > parti*ó*　partiv*ē*runt > LV. perti*e*runt > parti*e*ron / part*i*ron

この型も語尾にある -v(i)- の消失が起きたが，複数ではその消失により生まれた形式（partimos, partistes, partiron）と 3 人称複数語尾 -ieron からの類推により生まれた二重母音を含む形式（partiemos, partiestes, partieron）とが共存していた[51]．これは未完了過去で二重母音を含む形式と含まない形式（tenié / tenía）が競合していたのと共通する現象である．しかし，未完了過去で二重母音の形式が衰退したのと並行して，14 世紀にはやはり二重母音を含む形式が衰退し，3 人称複数（partieron）のみ二重母音の形式が生き残った．3 人称単数形では，強勢の移動が生じた：-ívit > LV. -íut > *-ío > -ió．これは母音連続を解消して二重母音化しようとする傾向と第 1 活用からの類推が作用し合って変化を引き起こしたと見られる．

ラテン語の第 2 活用（-ēre）と第 3 活用（-ere）は不規則な完了形が多いが，完了形の語尾が -ui- となるグループは，一般に第 4 活用の動詞にならって同じ語尾を採用し，規則動詞化した．たとえば，temer（< timēre）がその例である．

t*i*muī > LV. tim*i*i > temí　tim*u*imus > LV. tim*i*mus > tem*i*mos

timu*i*stī > LV. tim*i*sti > tem*i*ste　timu*i*stis > LV. tim*i*stis > tem*i*stes (EMd. temisteis)

t*i*muit > LV. tim*i*ut > tem*ió*　timu*ē*runt > LV. timi*e*runt > temi*e*ron

(b) 不規則動詞

不規則動詞の中にはまだ活用型が一定でないものが多く，異形が共存する場合もめずらしくなかった．現在形と同様，単純過去の場合も頻度の高い動詞からの類推作用は大きな力を発揮した．以下では，ラテン語にあった不規則な完了形を主要な類型に分けてその歴史的変化を跡付ける．

(1) ove の類型――上記のとおり，ラテン語の第 2・第 3 活用動詞で完了形の語尾が -ui- となるグループの多くは規則動詞化したが，不規則動詞と

---

[51] 二重母音を含む形式は dar の単純過去の類型（de(di)mus > diemos）から類推によって生じたとする見解もある（Lloyd, 1987; 301-302）．

なって残存した場合もある．その典型は第 2 活用の habēre（> aver）である．

habuī > *aubi > ove	habuimus > *aubimus > oviemos
habuistī > *aubisti > oviste	habuistis > *aubistis > oviestes
habuit > *aubit > ovo	habuērunt > *auberunt > ovieron

ラテン語の完了語尾にあったワウは先行母音に引き寄せられて音位転換を起こし，融合して -o- に変わった．3 人称単数は音変化の原則に従えば *ove となるはずであるが，1 人称単数との混同を避けるため規則動詞の 3 人称単数形（-aut > -ó, -iut > -ió）からの類推により語尾（-ut > ）-o が形成されたと見られる．こうして，ser / ir の単純過去 fue を唯一の例外として -o が不規則動詞の 3 人称単数に共通の語尾となった．

ラテン語の -ui- 型の完了は影響力が強く，俗ラテン語では本来は異なる完了形を持つ動詞にまで広がっていた．そうした動詞でも aver と同様に完了語尾のワウは音位転換を起こした．

sapēre（> saber「知る」）⇒ sapiī / sapīvī > *sapui > *saupi > sope
capere（> caber「入り得る」）⇒ cēpī > *capui > *caupi > cope

使用頻度の高い aver の単純過去形 ove は強い類推作用を及ぼし，それにならって中世スペイン語ではかなりの不規則動詞が単純過去形を作り直した．

tenēre（> tener「持つ」）⇒ tenuī > tove
crēdere（> creer「信じる」）⇒ crēdidī > LV. crēvī > crove
sedēre（> seer > ser「である」）⇒ sēdī > sove[52]

ところで，-ui- 型の完了を持つ動詞の中で語源的に語幹母音 -o- を持つものは，1 人称単数語尾にある -ī の影響で母音変異を起こし，語幹母音が -u- に変化した．

posse → LV. potēre（> poder「できる」）⇒ LV. potuī > pude
pōnere（> poner「置く」）⇒ posuī > puse

同じ母音変異は他の完了型を持つ動詞にも起きた：cognoscere（> connoscer > EMd. conocer「知る」）⇒ cognōvī > connuve（EMd. conocí）.

---

[52] これらの過去形のうち，crove, sove の形式はすでに 14 世紀頃には消失し，別の異形 creí, fui に置き換えられた．

これらの動詞は，3 人称複数でも語尾にあるヨッドの影響で母音変異を起こしたため，初期には人称により語幹母音 -u- と -o- が交替していた：pude, podiste, podo, podimos, podistes, pudieron. しかし，まもなく -u- が他の人称に広がり始め，15 世紀頃まで -u- / -o- が競合するが，最終的には -u- が全部の人称に波及した．

おそらくはこれらの動詞に見られる過去語幹の -u- からの類推により aver の単純過去にもすでに 13 世紀には ove のほかに uve という形式が出現していた．15 世紀までは ove が優勢であるが，その後 uve が逆転して近代スペイン語に hube として継承される．この -u- 語幹は他の -o- 語幹を持つ動詞にも広く類推作用を引き起こし，単純過去形は再度作り変えられる結果となった：andove > anduve, cope > cupe, estove > estuve, plogue（plazer > EMd. placer「喜ばせる」）> plugue, sope > supe, tove > tuve. これらの新しい形式はやはり 13 世紀に出現するが，しばらく競合する時期が続き，優勢となるのは 15 世紀以降である．こうして成立した -u- 語幹と下記の -i- 語幹は現在語幹と対立する不規則な単純過去語幹の典型的な特徴と見なされるようになる．

(2) dixe の類型——ラテン語の主に第 3 活用の動詞には完了に -s- 語幹を持つ不規則変化（シグマ完了）のグループがあり，その一部は中世スペイン語に受け継がれた．語幹末尾に /-k/ を持つため完了語幹が -x- /-ks-/ となる場合は，一般的な音変化の原則に従い /ʃ/ に変化した．

dīcere（> dezir（EMd. decir「言う」）⇒ dīxī > dixe
addūcere（> aduzir（EMd. aducir「提示する」）⇒ addūxī > aduxe
trahere（> traer「持ってくる」）⇒ trāxī > traxe / troxe / truxe[53]
mittere（> meter「入れる」）⇒ mīsī > mise
rīdēre（> reír「笑う」）⇒ rīsī > rise
scrībere（> escribir / escrever「書く」）⇒ scrīpsī > escrise[54]

この類型にならって単純過去形を作り替えた動詞もある．次の prender,

---

[53] 13 世紀には troxe が有力だったが，その後は traxe が優位に立った．しかし，troxe / truxe も 17 世紀まで残っていた．

[54] これらの動詞のうち meter, reír, escribir の単純過去は後にそれぞれ規則形 metí, reí, escribí に取って代わられた．規則形はすでに中世スペイン語の時代から存在し，不規則形と競合していた．

responder の語幹はラテン語の完了分詞（prehēnsu(m)，respōnsu(m)）からの類推で形成された．

quaerere（> querer「欲しい」）⇒ quaesīvī > quaesī > quise

prehendere（> prender「捕らえる」）⇒ prehendī > *prensī > prise

respondēre（> reponder「答える」）⇒ respondī > *responsī > respuse[55]

(3) fize の類型――ラテン語の第 3 活用と一部の第 4 活用の動詞の中には現在語幹の母音が変化して完了語幹を作るものがあった．その代表的な動詞は facere（> fazer > EMd. hacer「する」）や venīre（> venir「来る」）である．この類型は中世スペイン語に継承された：facere ⇒ fēcī > fize, venīre ⇒ vēnī > vine．しかし，同じ型に属する vidēre（> veer > ver「見る」）の場合は中世スペイン語で母音間の -d- を維持する形式と消失する形式が競合していた：vīdī > vide / vi．黄金世紀にも両形式は共存するが，-d- を消失した vi の形式がはるかに優勢で，近代スペイン語にはこちらが生き残る．この類型の動詞は前記 -o- 語幹の不規則動詞と同様に 15 世紀頃まで人称により語幹母音に -i- / -e - の交替があった．たとえば，venir は次のように母音が交替した：vine, veniste, veno, venimos, venistes, vinieron．しかし，16 世紀にはどの人称も -i- に画一化される．

(4) estide の類型――ラテン語の不規則動詞には現在語幹に現れる子音を重複させることによって完了語幹を作るものがあった．スペイン語でこの重複語幹の類型を受け継いだ動詞は dar「与える」，estar「…にある」の 2 つである．ただし，dar（< dāre）は母音間の -d- が通常の音変化に従い消失し，ver にならった活用をするようになった：dedī > di．一方，estar（< stāre「立つ」）は重複語幹が維持された：stetī > estide．この型は類推によって他の動詞にも影響を与えた．たとえば，andar「歩く」（< ambitāre ← ambīre「歩き回る」）はこれにならって過去形を作り替えた：ambitāvī > andide．しかし，前記の ove 型がより強力な類推作用を及ぼしたため，それぞれ新たな異形が出現し，結局こちらが勝ち残ることになった；estide > estove > estuve, andide > andove > anduve．

ところで，12～13 世紀に一般的であった語尾音 -e の消失現象は以上の不

---

[55] prise, respuse は後に規則形 prendí, respondí に置き換えられた．

規則な単純過去形にも波及した．特に -d, -n, -x, -n の後では語尾音 -e の消失が見られた：pud, pus, quis, dix, vin など．

(5) fui の類型——ラテン語 esse の不規則な完了形語幹はスペイン語 se(e)r の単純過去として受け継がれた．ただし，1 人称単数を除き，語幹 fui- に由来する形式（fue, fueron）とより卑俗な短縮された語幹 fu- に由来する形式（fo, foron）が共存し，単母音の形式は黄金世紀までなお使用される．

fuī > fúe / fúi / fui / fu(e)/fo (EMd. fui)	fuimus > fuemos / fuimos / fomos (EMd. fuimos)
fuistī > fueste / fuiste / fust(e)/ fusti / foste (EMd. fuiste)	fuistis > fuestes / fuistes / fostes> fuistes (EMd. fuisteis)
fuit > fú(e)/ fue / fo (EMd. fue)	fuērunt > fueron / foron (EMd. fueron)

ラテン語 īre の完了形 iī (īvī) はロマンス語に受け継がれなかった．すでにラテン語の時代から fuī をその代わりに用いる語法が存在したが，スペイン語はこれを継承し，ser の単純過去形 fui を ir に対しても用いるようになった．ポルトガル語も同様であるが，カタルーニャ語やフランス語は īre に取って代わった新しい形式から単純過去を作り出した：C. anar ⇒ aní, F. aller ⇒ j'allai「私は行った」．

(c) 単純過去の用法

ラテン語の完了形 (perfecto) には既述のとおり大別して現在完了と歴史的完了の用法があった．古典ギリシャ語と対比すれば，前者は現在完了，後者はアオリストに対応する．しかし，ロマンス語で複合時制が発達するとともに機能が分化し，ラテン語の現在完了の用法は複合時制の現在完了が引き受け，歴史的完了の用法のみを単純過去が受け持つようになる．しかし，中世スペイン語では機能分担が現代語ほど明確ではなく，一般に単純過去の使用範囲が広かった．

f. 過去完了

ラテン語の過去完了形は大部分のロマンス諸語で消失したが，スペイン語はポルトガル語とともにこの時制を受け継いだ（強勢音節の主音は斜体で示す）[56]．

cant*ā*(ve)ram > cant*a*ra	cantā(ve)r*ā*mus > cant*á*ramos

cant*ā*(ve)rās > cant*a*ras　　　cantā(ve)r*ā*tis > cant*á*rades（EMd. cant*á*rais）

cant*ā*(ve)rat > cant*a*ra　　　cant*ā*(ve)rant > cant*a*ran

ラテン語では1・2人称複数形の場合，アクセントが末尾第2音節にあったが，スペイン語ではすべての人称で同じ音節に強勢を配置しようとする画一化傾向が進み，末尾第3音節に強勢が移行した．

この形式はラテン語と同じく過去完了として用いられたが，すでに複合過去完了形avía cantadoも形成されていた．中世スペイン語ではまだ単純形cantaraの使用頻度が高かったが，次第に複合形にその機能を奪われるようになる．その反面，すでに初期から見られた非現実的条件文でこの時制を使用する現象が広がって行く．法性的な用法が拡大した結果，黄金世紀以降は接続法過去と同じ機能を持つ時制と見なされるに至る．

g. 複合時制

(a) 複合時制の形態

俗ラテン語の項で見たとおり，古典ラテン語にもすでにあった「habēre＋完了分詞」という表現が次第に文法化し，ロマンス語では時制形式となるに至った．中世スペイン語では助動詞aver（異形haver, haber, aber）は他動詞とともに用いられ，過去分詞は直接補語と性・数の呼応を行うのが普通であった：*Vedádal'* an conpra「彼には買い物が禁じられた」(Cid, 62) / Al rrey Yúçef tres colpes le ovo *dados*,「ユセフ王に彼は3度斬りつけた」(Cid, 1725)．特に直接補語が動詞よりも前に位置する場合はそれが原則であった．しかし，初期の時代から性・数が呼応していない例もあり，次第に呼応が行われなくなって，黄金世紀には無変化となる．自動詞と再帰動詞に対しては今日のフランス語やイタリア語と同様に助動詞としてse(e)rを用いるのが原則であった：Los mandados *son idos* a todas partes.「その知らせは至る所に伝わった」(Cid, 956) / Todos *son exidos*,「皆出て行った」(Cid, 461) / el Campeador en pie *es levantado*「カンペアドールは立ち上がった」(Cid, 2219)．この場合，過去分詞は一貫して主語と性・数の呼応を行う．しかし，初期から自動詞と再帰動詞にもaverを用いる例があり，次第にそ

[56] イベロロマンス語以外ではオック語とイタリア諸方言の一部がラテン語の過去完了を継承した．

の使用領域を拡大して行く．14 世紀にはあらゆる動詞について aver が優勢となり，黄金世紀には唯一の助動詞となる．

初期には助動詞の位置がまだ一定ではなく，文頭では「過去分詞＋助動詞」の語順をとるのが原則であった：*Exido es* de Burgos e Arlançón á passado,「彼はブルゴスを出て，アルランソン川を渡った」(Cid, 201)．それ以外の位置では助動詞が先行するのが普通である．しかし，すでに初期の段階から文頭でも「助動詞＋過去分詞」の配列が見られ，やがてあらゆる場合にこれが一般化することになる．

(b) 複合時制の用法

現在完了は現在より前に起きた行為の結果を表す用法と過去から現在までに繰り返し起きた行為または現在まで継続している行為を表す用法が主であった．しかし，単純過去も同じ用法で用いられることがあり，また同じ文脈の中で現在完了と単純過去が混用され，両時制の差異があまり感じられないような場合も少なくない．黄金世紀には現在完了の使用領域が確立し，現代語と同じく ahora, hoy のように現在を含む時間を表す副詞と共起する「拡張された現在」の用法が現れ始める．

他の複合時制も中世スペイン語では結果の用法が中心である．複合過去完了 avía cantado が主に結果を表すのに対し，ラテン語の過去完了を引き継ぐ cantara 形式は過去の基準時よりも前の出来事を表し，複合過去完了よりも頻繁に使用された．15 世紀末になると逆に複合過去完了が優位に立つに至る．全般的に中世スペイン語では複合時制の使用がそれほど広がっておらず，まだその使用領域が確立しているとは言えなかった．複合時制が動詞活用体系の中で確立した位置を占めるのは黄金世紀以降のことである．

h. 直説法未来および過去未来

ラテン語にあった未来形は消失したが，スペイン語では迂言形式「不定詞＋ habēre 」による未来形が再形成された：cantāre habeō > cantare aio > cantaré．前述のとおり，aver の 1・2 人称複数形にはそれぞれ 2 形式があったが，助動詞としては短縮形が用いられた：cantar-emos, cantar-edes．未来形と平行して aver の未完了過去の短縮形と不定詞を組み合わせた過去未来（条件未来）形が形成された：cantar-ía, sabr-ía．この形式は起源的には間接話法で過去の文脈における過去から見た未来の出来事を表すのに用いられたが，やがて過去の出来事の推定，ある条件下における仮定など今日見られるような用法を発展させる．中世スペイン語でもすでにそうした法性的な意味を持って使用された．

中世スペイン語では未来形・過去未来形が不定詞と助動詞 aver から成り立つ複合形式であることがまだ意識されており，不定詞と助動詞が分離することがあった．無強勢代名詞が未来形・過去未来形の補語となるとき，それを動詞の前に置く場合（lo daré）と不定詞と助動詞が分離してその間に代名詞を挿入する場合（darlo é）があったのである．中世スペイン語では後述のように無強勢代名詞で文を始めることはできないので，文頭に未来形・過去未来形が位置するときは分離するのが原則であった：*pedir* vos *á* poco「彼はあなた方にわずかしか要求しないだろう」（Cid, 133）．このような無強勢代名詞の挿入による分離形式は 15 世紀末にはまれになるが，17 世紀まで存続する．

未来形・過去未来形は分離可能である反面，-er / -ir 動詞の類型では融合形の不定詞と助動詞が音変化を起こす傾向があり，現代語よりも広範囲に不規則形が見られた．融合形では強勢が語末の助動詞部分にあるが，その強勢前にある不定詞語尾の母音 -e- / -i- が脱落するのである．この中には現代まで継承されているものもある： avré（EMd. habré），podré, querré, sabré. しかし，現代まで残らなかったものもかなり多い（かっこ内は現代の語形を示す）: bevré（beberé），vivré（viviré），recibré（recibiré）; perdré（perderé），entendré（entenderé）; partré（partiré）; pareçré（pareceré），dizré（diré）．母音消失が起きた後，発音を容易にするため語中音添加によりわたり音が挿入される現象もしばしば見られる．これも現代まで存続する場合（tendré, saldré）のほか，消滅してしまった例もかなりある： combré（comeré），tembré（temeré），doldrá（dolerá）．子音連続を避けるため語中音添加ではなく，音位転換が起きることもあった：porné（pondré），terné（tendré），verné（vendré）．この類型は，現代語にはまったく継承されなかった．中世スペイン語では同じ動詞について異なる型の不規則形や規則形が異形として競合する場合もしばしば見られた：averé / avré, deveré / devré（deberé），moriré / morré（moriré），verné / vendré．なお，faré（EMd. haré）と diré の形式については活用型の項ですでに述べた．-ar 動詞の融合形は以上のような音変化を起こさない．また，分離形式は上記のような不規則形を構成することはない．

このように中世スペイン語では不規則な未来形・過去未来形が豊富に見られたが，黄金世紀以降，使用頻度の高い少数の動詞を残してそれ以外は規則化し，残った不規則形も異形が整理されて画一化するようになる．

i. 接続法

ラテン語にあった接続法6時制のうち現在形はそのまま中世スペイン語に引き継がれた：cantem > cante．俗ラテン語の項で述べたとおり，未完了過去は使用されなくなり，過去完了がそれに取って代わった：cantāvissem > cantasse．今日，接続法（未完了）過去 -se 形と呼ばれている形式（cantase）である．一方，接続法完了 cantāverim は直説法未来完了 cantāverō と混交して新たに接続法未来形と呼ばれる形式（cantare）が形成され，現在および未来における仮定的な行為を示すため用いられるようになった．1人称単数形としては cantare とともに未来完了に由来する cantaro の形式が14世紀まで共存していたが，初期から cantare の形式が優勢であった．接続法の全時制で1人称単数と3人称単数が同形になるという変化表のパターンが類推作用を及ぼしたと見られる．

こうして，接続法は新たに形成された複合時制を加え，次のような6時制の体系を持つようになった（cantar の1人称単数形のみを示す）．

単純時制		複合時制	
現在	cante	現在完了	aya cantado
未完了過去	cantasse	過去完了	uviesse cantado
未来	cantare	未来完了	(uviere cantado)

j. 命令法

ラテン語の命令法には現在形と未来形があったが，未来形はすべて消失した．第1，第2および第4活用の命令法現在形2人称単数・複数の形式は一般的な音変化を経て中世スペイン語に命令法として受け継がれた．

	2人称単数	2人称複数
I. cantāre	cantā > canta	cantāte > cantad
II. timēre	timē > teme	timēte > temed
IV. partīre	partī > parte	partīte > partid

第3活用（-ere）は第2活用（-ēre）の型に合流した：bibe > beve, bibite > beved（bever（EMd. beber）「飲む」）．初期には語幹が /-a/ または /-e/ で終わる動詞に tray（traer），sey（seer, EMd. ser），vey（veer, EMd. ver）

のように語尾 /-i/ を持つ単数形があったが，やがて姿を消した．

動詞は語形変化体系の統制力が強いため，12~13 世紀に盛んであった語尾音 /-e/ の消失は動詞にはそれほど波及しなかったが，命令法には広がった．複数形では /d/ の後で一般的に /-e/ の消失が起きたが，さらに -er / -ir 動詞では単数形でも語末音消失が起きた：aprend（aprender），crez（crecer），pid（pedir），recib（recibir），ofreç（ofrecer）．これらの動詞は後に母音が復活するが，一部の頻度の高い動詞は /l, n/ の後での語末音消失が現代まで受け継がれた： sal（salir「出る」），pon（poner「置く」），ten（tener「持つ」），ven（venir「来る」）．ラテン語で不規則な命令法を持っていた fazer（EMd. hacer「する」）はそれ（fac）を失い，新たに語末音消失の命令法 faz（EMd. haz）を形成した．しかし，dezir（EMd. decir「言う」）はラテン語の不規則形を維持する：dic > di.

k. 動詞不定形

（a）不定詞（infinitivo）

ラテン語の不定法には態と時制によって変化する 6 種類の形式があった：［能動態］現在 amāre，完了 amāvisse，未来 amātūrum esse；［受動態］現在 amārī，完了 amātum esse，未来 amātum īrī．しかし，ロマンス諸語に不定詞として受け継がれたのは能動態現在形のみで，他の形式は消失した．スペイン語では後に複合形（haber amado）が形成される．

古典ラテン語では不定法構文が多用されたが，俗ラテン語では「接続詞 quod ＋ 定形動詞」で構成される従属節の使用が拡大し，不定法構文に取って代わった．その一方，不定詞は前置詞とともに用いることが可能となった．ラテン語は前置詞の被制語として動名詞を用いたが，動名詞は奪格形のみを残して機能が縮小され，他の格が果たしていた機能は不定詞で置き換えられるようになったからである．

中世スペイン語では現代語とほぼ同じ不定詞の用法が成立していたほか，「動詞＋不定詞」から成るさまざまの迂言形が法性やアスペクトを表現する手段として用いられるようになった．

（b）現在分詞（participio presente）

ラテン語の現在分詞は形容詞的な機能を持つ動詞の変化形であり，中世スペイン語でも初期には同じ機能で用いられることがあった．しかし，この用法は中世語でも古風な用法であり，一般に現在分詞は動詞的性質を薄め，形容詞または名詞に転換した：主格 amāns ⇒対格 amantem > amante「愛する / 愛人」. この結果，現代ではこの形式は動詞の語形変化表から外れ，動詞から派生した形容詞または名詞として扱われる．形態に関して -er 動詞と -ir 動詞は，下記のヘルンディオと同様，一律に -iente の語尾を持つようになった：tenēre（> tener）⇒ tenente(m) > teniente, lūcere（> lucir「輝く」）⇒ lūcente(m) > luciente. なお，初期には動詞から派生して行為者を表す形容詞・名詞の形式 -ador, -edor, -idor が現在分詞と同様の機能をもって用いられることがあった.

(c) 過去分詞（participio pasado）[57]

ラテン語の過去分詞（または完了分詞）のうち第 1 活用と第 4 活用の規則形（-ātu(m), -ītu(m)）はスペイン語に引き継がれた.

amāre（> amar）⇒ amātu(m) > amado

partīre（> partir）⇒ partītu(m) > partido

第 2 活用の規則形（-ētu(m)）は -ido の類型に合流した：complēre（> cumplir）⇒ complētu(m) > cumplido. 第 3 活用の動詞には不規則形が多いが，その中には規則化して，やはり -ido の語尾を持つようになったものが多数ある.

capere（> caber）⇒ captu(m) > cabido

cognoscere（> conocer）⇒ cognitu(m) > conocido

colligere（> coger「つかむ，捕らえる」）⇒ collectu(m) > cogido

nāscī（> nacer「生まれる」）⇒ nātu(m) > nacido

なお，se(e)r の過去分詞は規則的な seído が普通であったが，黄金世紀に異形の sido に置き換えられる.

後期ラテン語では -ui 型の完了を持つ第 2・第 3 活用の動詞に -ūtu(m) 型の過去分詞が広がり，多くのロマンス語に受け継がれた．イベロロマンス語の中ではカタルーニャ語がこの類型を持つ：perdre「失う」⇒ perdut, témer「恐れる」⇒ temut. 中世スペイン語でも -er 動詞の過去分詞として -udo が 13 世紀にはかなり広く用いられ，-ir 動詞にまで広がった：metudo（meter），tenudo（tener），vençudo（vencer）；apercebudo（apercebir, EMd. apercibir），venudo（venir）. しかし，やがてこの型は -ido（apercibi-

---

[57] スペイン語では単に participio（分詞）と呼ぶのが普通である.

do, venido）に置き換えられ，15 世紀以降は姿を消した．唯一の例外は tenudo で，黄金世紀まで用いられる．

ラテン語で語幹にアクセントを持つ不規則形のうち，使用頻度の高いものはスペイン語に引き継がれた．

aperīre（> abrir「開ける，開く」）⇒ apertu(m) > abierto

cooperīre（> cubrir「覆う」）⇒ coopertu(m) > cubierto

morī（> morir「死ぬ」）⇒ mortuu(m) > muerto

rompere（> romper「壊す」）⇒ ruptu(m) > roto

scrībere（> escribir）⇒ scriptu(m) > escrito

同じ類型にはラテン語で語幹が -su- で終わるものも少数含まれる．

dēfendere（> defender「守る」）⇒ dēfēnsu(m) > defeso（EMd. defendido）

prehendere（> prender「捕らえる」）⇒ prehēnsu(m) > preso

不規則語幹で -ct- を含むものは一般的な音変化をこうむった．

coquere（> cocer「煮る」）⇒ coctu(m) > cocho / cuecho

dīcere（> dezir）⇒ dictu(m) > dicho

facere（> fazer）⇒ factu(m) > fecho（EMd. hecho）

類推により -t- を含む不規則形が再形成された場合もある．

volvere（> volver「戻る」）⇒ volūtu(m) > vuelto

vidēre（> ve(e)r）⇒ vīsu(m) > visto

現代語に比べると，中世スペイン語はラテン語に由来する不規則な過去分詞が豊富にあり[58]，また不規則形と規則形が異形として競合する場合も少なくなかった．その多くは規則形（-ado, -ido）が後世に生き残り，不規則形は動詞の活用表から外れて形容詞として存続することになる：cocho / cocido（cocer），corrupto / corrompido（corromper「腐敗させる」），electo / elegido（elegir「選ぶ」），opreso / oprimido（oprimir「締め付ける」），preso / prendido（prender），quisto / querido（querer），salvo / salvado（salvar「救う」），surto / surgido（surgir「わき出る」），tuerto / torcido（torcer「ねじる」）．

[58] ただし，以下に示す不規則形のほとんどは学識語としてラテン語から導入されたものである．

過去分詞は現代語と同じく分詞構文で用いられるほか，形容詞の機能を果たし，また迂言形を構成した．その重要なものの一つはaverを助動詞とする複合時制（(h)a amado)，もう一つはse(e)rを助動詞とする受動表現（es amado）である．

（d）動名詞（gerundio）

ラテン語の動名詞（L. gerundium）は動詞的な性質を持つ中性名詞で，主格はなく，4格（対格，属格，与格，奪格）の語形変化を行った．ラテン語の不定詞（不定法）は主格と対格の機能しか持たないので，その他の格の機能は動名詞が補っていた．対格としての不定詞は直接補語となるのに対し，動名詞の対格はもっぱら前置詞の被制語として用いられた．動名詞の4格のうちロマンス語では奪格のみが生き残った．ラテン語の動名詞奪格形は第1活用 -andō, 第2・第3活用 -endō, 第4活用 -iendōとなるが，俗ラテン語では第2～第4活用が -endoに画一化された．スペイン語ではそこに含まれる強勢母音の -e- が一般的な音変化の法則に従って二重母音化し，-iendoとなった．

I:　amandō（amō）> amando　III: bibendō（bibō）> bebiendo

II:　timendō（timeō）> temiendo　IV: audiendō（audiō）> oyendo

スペイン語では -ir 型の動詞のみ語幹に -e- または -o- が含まれる場合，それを閉母音 -i- または -u- に変える母音変異が起きた．

feriendō > feriendo > firiendo（EMd. hiriendo ⇐ herir「傷つける」）

mētiendō > mediendo > midiendo（medir「計る」）

dormiendō > dormiendo > durmiendo（dormir）

moriendō > moriendo > muriendo（morir）

この類型では語幹に /-e-, -o-/ を含む形式と母音変異を起こした /-i-, -u-/ の形式が15世紀頃まで異形として競合していたが，やがてそれぞれ /-i-, -u-/ に画一化した．この母音変異は語尾 -iendoに含まれるヨッドの影響とも考えられるが，同じ環境にありながら -er動詞には起きていない．このため，-er型動詞に対し -ir型動詞を区別しようとする動機が働いたのではないかと考えられる．-er型ではpudiendo（poder）が唯一の例外となるが，中世語には異形podiendoもあり，より頻度が高かった．pudiendoの形式は単純過去pudeに影響されて生じたと見られる．中世スペイン語では他にもfiziendo（haciendo），toviendo（teniendo），uviendo（habiendo）のように同じ類推作用によると考えられる例があった．

機能面を見ると，ラテン語の動名詞は名詞的性質を失い，本来の現在分詞に取って代わりその機能の一部を引き受けるように変化した．しかし，動名詞奪格に由来するので，ラテン語の現在分詞にあった形容詞的機能は持たず，原則として副詞的機能のみを果たす．スペイン語でヘルンディオと呼ばれるこの形式は，現在分詞と訳すのが慣例であるが，機能から見ればむしろ「動副詞」である．ラテン語の動名詞にあった 4 格のうち奪格以外の格が担っていた機能は不定詞または「前置詞＋不定詞」の構造に取って代わられた．

中世スペイン語の現在分詞は現代と同じく副詞的な補足語として用いられるほか分詞構文でも用いられる：*Passando* va la noch, *viniendo* la man, a los mediados gallos piessan de ensellar.「夜が来て，次の朝が明け，二番鶏が鳴くと，彼らは馬に鞍を置く用意をする」(Cid, 323-324)．時には，「en ＋現在分詞」の構成をとることもある．定形動詞と現在分詞を組み合わせた迂言形式もすでに出現しており，行為の持続や展開を示す．中でも「estar ＋現在分詞」の形式がよく使用された：maguer los *están llamando*「彼らの名を呼び続けるにもかかわらず」(Cid, 2365)．今日，進行形（tiempo durativo）と呼ばれる形式である．

(e) その他の分詞

ラテン語には以上の他に次のような 3 種類の分詞形があった：未来分詞 amātūrus, 目的分詞（スピーヌム supino）amātum（対格），amātu（奪格），未来受動分詞（動形容詞 gerundivo）amandus. しかし，いずれもスペイン語を含むロマンス諸語には継承されなかった．

F. 副詞

さまざまな種類の副詞がラテン語から中世スペイン語に継承された．代表的なものを挙げると，[様態] bene > bien「良く」，male > mal「悪く」，sīc > sí「そうだ」，[否定] non > no「いいえ，…ではない」，numquam > nunca「決して…ではない」，[数量] multum > mucho / much（＋母音）/ muy（＋子音），magis > más, mīnus > menos, [時間] hodie >（h)oy「今日」，semper > siempre「いつも」，[場所] ibī >（h)i「そこに」，circā > cerca「近くに」などである．しかし，ロマンス語以降の時代に新たに加わった副詞も数多く，そのかなりの部分は語の複合によって形成された：hāc hōrā > agora（EMd. ahora「今」），in tunce > entonces「その時」，dē ex post > después「後に」，eccu(m) hīc > aquí「ここに」，eccu(m) hāc > acá「こちらへ」，dē in ante > denante（EMd. delante「前に」）.

形容詞から副詞を派生させる場合，ラテン語では第 1・第 2 曲用の形容詞（語幹 -o- / -ā-）は語基に -ē を付加し，第 3 曲用の形容詞（語幹 -i-）は同じく -iter を付加する方法が一般的であった：fīrmus → fīrmē「しっかりと」，fortis → fortiter「力強く」．この派生法は廃れてしまい，俗ラテン語では新たに「形容詞 + mente（mēns f.「精神，心」の奪格）」により様態の副詞を派生する方法が生まれた．中世スペイン語ではこの派生法が受け継がれ，多用された．当初は mente の原義が残っていて，buenamiente（< bonā mente）は「善良な心で」の意味であったが，やがて単なる副詞派生の形態となった．形態的には -mente, -miente, -mentre, -mientre などの異形が共存するが，13 世紀当時もっとも普通なのは -mientre である： malamientre「悪く」，onradamientre「名誉を保って」，primeramientre「最初に」.

G. 前置詞

ラテン語は前置詞の種類が豊富であったが，その中の主要なものはスペイン語に受け継がれた：ad > a「へ」，ante > ante「の前に」，cum > con「とともに」，contrā > contra「に反して」，dē > de「から，の」，in > en「…で」，inter > entre「の間に」，secundum > según「によって」，sine > sin「…なしで」，sub > so「[古] の下で」，super > sobre「の上に」，trāns > tras「の後に」.

ラテン語の機能語のグループには微妙な意味の違いを表す類義語が多数存在した．しかし，ラテン語からロマンス語へと変化する過程で微妙な差異は切り捨てられ，より単純でわかりやすい意味を持つ単一の語に収斂する傾向が生じた．前置詞もその例にもれない．たとえば, ab「から離れて」/ dē「から下へ」/ ex「から外へ」は dē > de「から」に, apud「のもとで」/ cum「とともに」は cum > con「とともに」に，ob「の前に，のために」/ prō「の前に，のために」は prō > por に整理された．さらに，por はラテン語の per「を通って，によって」の機能も引き継ぐことになった．ラテン語の前置詞 prō と per は形態が似ている上に，意味・用法にも類似する点があったため混同が生じ，多くのロマンス語で1つの形式に合流したのである．スペイン語では prō に由来する por が残り，per は消失した．ちなみに，ポルトガル語はスペイン語と同じであるが，イタリア語，カタルーニャ語，オック語では per（> per）が残った．フランス語のみ両方の形式を引き継いでいる：per > par「によって」，prō > pour「のために」．こうした合流の結果，por はあまりに多義的となったので，スペイン語ではやがて別の前置詞 a と複合した pora という新たな前置詞が形成され，その語義の一部を分担するようになった．これは後に変化して para「のために，にとって」となった．一方，por は「によって，を通って」などの意味を担う．

para と同様に複合によって形成された前置詞に次の例がある：des（< dē ex）+ de> desde「から」，faciēs「顔」> LV. facia > faze + a > hacia「の方へ」．また，現代ではほとんど廃れた cabe「[古] の近くに」は a cab(o) de が省略されて作られた．

機能語に外来語が加わるのは異例のことであるが，そのまれな例がアラビア語起源の hasta「…まで」であり，ラテン語の tenus に取って代わった：A. hattá > EA. hadta > hasta．中世スペイン語ではいくつかの異形があった：(h)adta, (h)ata, fata, fasta．ポルトガル語の até も同語源である．

H. 接続詞

ラテン語から受け継がれた接続詞には次のようなものがある：et > e > y / i「そして」，nec > nin / ni「も…ではない」，aut > o「または」; quia > ca「というのは」，sī > si「もしも」．ラテン語でよく使用された語が廃れ，中世スペイン語ではまったく別の語に置き換えられた場合もある：ut → que「…するように，…なので」，sed → pero（< per hōc）/ mas（< magis）「しかし」，cum → quando（< quandō）「…するとき」，quia / nam → porque / pues（< post）「なぜなら」，etsī → aunque / maguer「…ではあるが」，igitur / ergō → por eso「それゆえ」．現代では廃語になっている maguer / maguera「…ではあるが」はギリシャ語起源である（< 中世ギリシャ語 μακὰρι 「どうか…であるように」）．

中世スペイン語でよく使用された主要な連結語（接続詞，副詞）をまとめると，次のとおりである：［順接］e, otrosí「その上」，demás「その上」，［離接］mas, empero「しかしながら」，［譲歩］maguer（que），pero（que）

「…ではあるが」, aunque, ［目的］porque, ［結果］onde「そこで」, por ende「それゆえ」, ［理由］ca, porque, pues, ［時］quando など．中でも e は文を連結する接続詞として中世スペイン語では非常によく使用された．

疑問詞・関係詞としても接続詞としても中世スペイン語から現代語まで頻繁に使用される que はラテン語の疑問代名詞男性 quem または中性 quid に由来する．一般に，中世スペイン語の接続詞は，機能分担が現代語ほど明確でなく，用法の幅が広かった．中でも que は万能の機能語であり，ときには関係代名詞なのか接続詞なのか不明確な場合もある．接続詞としての que は名詞節を導くほか，現代語のように前置詞の助けを借りることなく，目的，原因，条件，譲歩などの意味の節を導き，また現代語と同じく比較構文（más...que...）や結果構文（tanto...que...）でも用いられた．その一方で，前置詞や副詞とともに構成されるさまざまの複合形式も発展しつつあった：［時］ante que「…の前に」, desque「…の後で」, fasta que「…まで」, mientra que「…の間に」, pues que「…の後で」；［譲歩］aunque「たとえ…でも」, maguer que「…ではあるが」, queque「どんな…でも」；［目的］por que「…するように，たとえ…でも」など．

I. 統語法

現代スペイン語と比較すると，中世スペイン語では動詞の法・時制などの文法範疇の境界あるいは前置詞・接続詞などの機能語の意味の境界が不分明であったが，無強勢代名詞を除くと，語順は基本的に現代語と変わらない．しかし，統語規則が十分確立していない分野もあった．たとえば冠詞の使用の有無，直接補語が人の場合に付く「人の a 」の有無などについて一様ではなく，同じ作品の中でもしばしば異同が見られる．

a. 統語機能を示す手段

名詞の格が消失した結果，スペイン語で統語機能を示す手段として語順（通常，直接補語は動詞の後に位置する），呼応（主語は動詞に人称・数の呼応を引き起こす），前置詞および意味的連語関係（文脈による意味解釈）が用いられることになった．場所・時間などの付加語的機能，つまり副詞的修飾は副詞のほか主に前置詞句によって表されるようになったが，ラテン語において奪格や対格で表現されたものの一部はスペイン語では前置詞なしの名詞句がその機能を受け継いだ：*Otro día mañana* piensan de cavalgar,「翌朝彼らは乗馬しようとする」(Cid, 645).

b. 直接補語に付く前置詞 a

スペイン語の特徴とされる「人の a」(“a” personal)，つまり直接補語が人間の場合に前置詞 a が付く現象は中世スペイン語にもすでに存在した．しかし，その用法は現代語とかなり異なっている．現代語では特定化された（普通は定名詞で表される）人間の目的語には必ず a が付く．しかし，中世スペイン語では同様の文脈であっても a が付くとは限らなかった．逆に，人間でなくても a が付くことがある．現代語で同じ現象が起きるのは意味の曖昧さを避ける場合に限られる．しかし，中世スペイン語ではそのような制約はなく，人間であると否とを問わず，直接補語を強調したい場合には a を用いたと見られる．また，固有名詞には人間でなくても a が付くことが多い．この用法は現代語にも残っているが（Deseo ver a Roma.「私はローマを見たい」)，まれになっている．こうした点から見て，中世スペイン語に関しては「人の a」という用語を用いるのはあまり適当でないとも言える．

直接補語が人の場合に前置詞 a を付ける語法は，イベロロマンス語の中でもスペイン語に古くから見られる特徴である．10 世紀にスペインで書かれた中世ラテン語の文献にもその例があると言う[59]．直接補語の前に a を使用する現象はポルトガル語やカタルーニャ語にもあり，イベリア半島の外ではイタリア中部・南部方言，シチリア，サルデーニャ，ラディン語エンガディン方言，ガスコーニュ語，フランス語の一部の方言にもあると言われるが，スペイン語に比べると，その出現は非常に限られている．ルーマニア語にはスペイン語に類似した前置詞の用法が存在するが，使用される前置詞は pe（< per）である．

c. 無強勢代名詞の統語法

(a) 無強勢代名詞の位置

中世スペイン語の基本語順は現代語とあまり変わらないが，大きく異なるのは無強勢代名詞，つまり人称代名詞と再帰代名詞の無強勢形（与格・対格）の位置である．現代語では無強勢代名詞は肯定命令文を除き必ず定形動詞の前に置かれる．つまり，動詞に対し後接する．しかし，中世スペイン語では無強勢代名詞は定形動詞の後に付く．つまり前接するのが原則であり，

---

[59] v. Norberg（1980: 41）.

それが文頭に立つことには制約があった[60]．無強勢代名詞の位置に関して現代語と相違する点をまとめると次のとおりである．

(1) 無強勢代名詞は前接語であり，原則として定形動詞の後に付加する．つまり後置される．休止の後，つまり文頭に置くことはできない．言い換えると，無強勢代名詞で文を始めることはできない．文頭でない場合でも，無強勢語である接続詞 e / mas の直後に無強勢代名詞を置くことはできない：partió*s'* de la puerta「彼は戸口から出て行った」(Cid, 51)，e mandó*lo* rrecabdar「そして彼はそれを準備するよう命じた」(Cid, 1482)．

(2) しかし，同じ節内で定形動詞の前に強勢語があれば，その動詞に先行すること，つまり前置することが可能である：Non *lo* detardan「彼らは時を遅らせることはしない」(Cid, 105)，e aquel que *ge la* diesse sopiesse vera palabra「そして彼にそれを与える者があれば必ず思い知ることになろう」(Cid, 26)．

(3) 未来形および過去未来形は場合により不定詞と助動詞が分離してその間に無強勢代名詞が挿入されることがある．つまり，助動詞に対して前置されることになる：enpeñar *ge lo* he「私は彼にそれを質入れしよう」(Cid, 92)，dar *le* ien seisçientos marcos「(彼らは) 彼に金貨600マルクを渡すこととする」(Cid, 161)．

(4) 同様に，現在完了などの複合時制においても助動詞と過去分詞の間に無強勢代名詞を挿入することが多い．この場合，代名詞は助動詞に後置される：¡Ya don Rachel e Vidas, avédes*me* olbidado!「やあ，ドン・ラケルとドン・ビーダスよ，私のことを忘れてはいないだろうな」(Cid, 155)．

(5) 無強勢代名詞が定形動詞に対し前置された場合，その代名詞と動詞の間に副詞（特に否定の no）や主格代名詞など他の語が挿入されることがある：que *ge lo* non ventassen de Burgos omne nado,「ブルゴスのだれ一人としてそれを見つけないように」(Cid, 151)，en don que *la* yo aya「贈り物として私はそれをいただきたく」(Cid, 179)．この統語法は14世紀まで盛んに行われたが，15世紀半ばには姿を消す．

(b) le 語法，lo 語法および la 語法の発生

---

[60] 前接・後接という術語はわかりにくいので，以下では前接の代わりに動詞に対し「後置」，後接の代わりに動詞に対し「前置」という用語を用いることにする．

1・2 人称代名詞については与格と対格の形態上の区別はなくなったが，3 人称のみ与格が残った．その与格には対格と異なり，性の区別がない．この代名詞体系上の不均衡が 3 人称の無強勢形の用法に一見混乱して見える状況を引き起こす条件となった．すでに『わがシードの歌』では le を人を指す対格に用いている：al bueno de Mio Çid en Alcoçer *le* van çercar.「彼らはわが良きシードをアルコセルで包囲しようとする」(Cid, 655)．このように本来は与格の le を対格 lo の代わりに用いる現象を「le 語法」(leísmo) と呼ぶ．この語法はラテン語に存在した与格支配の動詞グループで始まり，それ以外の対格（直接補語）を支配する動詞（他動詞）にも広がったとされる．初期のそして典型的な le 語法は人を指す男性対格に le を用い，物を指す場合には lo を用いる．つまり，与格と対格の区別よりも人と物の区別を優先する語法である．しかし，15 世紀以降カスティーリャ北部ではさらに le 語法が拡大して男性の人・物どちらに対しても用いる現象が増えた．ただし，数えられない物（不可算名詞）と事柄に対しては従前どおり lo が用いられる．人を指す場合でも，複数の les を男性対格に用いるのは単数の le に比べると非常に少ない．その理由は，主格単数にはもともと男性・女性・中性（事柄を指す）の 3 範疇があるので，対格で le, la, lo の 3 項対立が成立しやすいのに対し，複数では男性・女性の 2 範疇しかないことが影響していると考えられる．また，人を指していても女性の場合には le 語法がほとんど波及しなかった．

le 語法に対して語源的に正統な対格に lo, los を用いるのが広義の，あるいは語源的な「lo 語法」(loísmo) である．しかし，普通言われる lo 語法とは lo, los を男性の対格だけではなく与格にも用いる現象を指し，正確に言えば「非語源的 lo 語法」である．この場合は le 語法とは逆に複数対格の los を与格 les の代わりにも用いるのが主で，単数対格 lo を与格に用いる例は少ない．この lo 語法もカスティーリャに特徴的な現象であり，中世スペイン語初期の時代から現れるが，広がるのは黄金世紀に入ってからである．

カスティーリャではさらに女性対格の la, las を与格に用いる「la 語法」(laísmo) も見られる．le 語法，lo 語法よりは遅く，14 世紀から現れ，黄金世紀に広がる．いずれもカスティーリャでは中世スペイン語の時代から存在するが，le 語法に比べると，lo 語法はそれほど頻繁ではなく，la 語法はさらに少なかった．

d. 動詞 aver とその他の動詞との競合

中世スペイン語では類義語的な動詞が共存する場合，しばしばその意味の境界が不分明で，使用が不安定であった．その代表的なものはすでに述べた複合時制（現在完了，複合過去完了など）の助動詞として用いられる ser と aver の競合である．しかし，助動詞としては次第に aver を用いる例が増え，14 世紀には動詞の種類にかかわりなく優勢となった．

一方，aver は所有を表す動詞としても用いられたが，この意味では aver と tener が競合していた．中世スペイン語では aver が優勢であったが，微妙な意味の相違があり，aver は起動的な「取得する，得る」，tener は持続的な「所有する，保持する」の意味で使用され，また前者は抽象的な目的語をとり，後者は具体的な目的語をとることが多いと言われるが[61]，あまりそうした相違が感じられない場合も少なくない．時代が下ると，次第に tener があらゆる意味にわたって勢力を伸ばし，黄金世紀には aver を圧倒するようになる．

e. 動詞 ser と estar の競合

動詞 ser の用法は現代よりも広く，連結動詞としてだけではなく存在を表す動詞としても用いられたが，この意味では初期の段階から estar も共存しており，用法の区別は確立していなった：el Señor que *es* en çielo.「天にまします主」（Cid, 1094）Padre que en çielo *estás*「天にまします父なる神」（Cid, 330）．また，ser は状態を表す動詞としても用いられた：*alegre es* Mio Çid con todas sus conpañas「わがシードは家来たち皆とともに喜んでいる」（Cid, 2466），pero si dixere que *es enfermo*, aya espaçio de treynta dias「ただし，［夫が］病気であると［妻が］申し立てた場合には，30 日の猶予を置くべし」（Fuero de Cuenca）[62]．同じ用法ですでに estar も使用されていたが，頻度は低かった．estar はラテン語の stāre「立つ，立っている」に由来し，主に副詞的な補語や過去分詞とともに用いられた．広汎な用法を持つ ser に対し次第に使用領域を広げて行くが，所在や状態を表す動詞として確立するのは黄金世紀以降である．

---

[61] v. Lapesa（1981: 215）.
[62] Fuero de Cuenca,（1284–95）[CORDE].

f. 再帰動詞と再帰構文

ラテン語の受動態は古い中動態的な機能も兼ね備えており，特に異態動詞や半異態動詞にはその特徴が現れている．後期ラテン語ではそうした中動態的機能を受動態に代えて再帰代名詞を使用した構文で表現する傾向が生じた．ロマンス諸語ではラテン語の受動態が消失したのに伴い，その機能のかなりの部分は再帰構文が引き継ぐことになった．ラテン語にはなかった再帰動詞（代名動詞）が文法化されたのである．そして，再帰動詞は使用範囲と用法を一層拡大させて行った．中世スペイン語もその例にもれない．新たに獲得した重要な用法の一つは他動詞を再帰動詞にすることによって自動詞の意味を持たせること（自動詞化）である：alegrarse「喜ぶ」，fazerse「実行される，なる」，levantarse「立ち上がる」，quitarse「免れる」，tornarse「戻る」など．また，自動詞を再帰動詞にすることによって意味を変える強意・転意の用法も存在した： esforçarse「努力する」，exirse「退去する」，irse「立ち去る」，salirse「逃げる」，venirse「去る，生じる」など．

さらに，3 人称の se だけに限られるもう一つの新しい用法は「再帰受動構文」(pasiva refleja）である：Non *se faze* assí el mercado,「取引はそのようにはしないものだ」(Cid, 139)．主語は主に事物であるが，人の場合もまれに見られる．動詞は受動文の主語と数の呼応を行う．しかし，se を自動詞にも用いて，不定人称（または非人称）の主語標識のように使用する用法が出現するのは黄金世紀以降である．

4.4.4. 中世スペイン語の語彙的特徴

一般にスペイン語の語彙はラテン語以来の伝承語または民衆語と広い意味の借用語（préstamo）から成り立つ．広義の借用語にはラテン語またはギリシャ語から中世以降に導入された学識語および準学識語と同じく外国語から導入された狭義の借用語，つまり外来語（extrajerismo）がある．13 世紀のアルフォンソ時代にラテン語に代わりスペイン語で書く習慣が定着するが，そのために必要な文化的な語彙は主にラテン語・ギリシャ語から借用した学識語およびスペイン語自体の伝承語から形成された派生語・複合語により補充され，一部はアラビア語および隣国からの借用語によってまかなわれた．

13～14 世紀にラテン語から導入された学識語（latinismo）には次のよう

な例がある[63].

〔宗教〕absolución「赦免」, confesar「告解する」, confesor「聴罪師」, devoto「信心深い」, obediencia「従順」, orar「祈る」, pasión「受難」, predicación「説教」, redentor「贖い主」, religión「宗教」, sacramento「秘蹟」, trinidad「三位一体」;〔学術〕accidente「偶有性」, ángulo「角度」, apetito「食欲」, capítulo「章」, cerco「円形」, ciencia「化学, 学問」, conciencia「意識」, comparación「比較」, discípulo「弟子」, edificar「建設する」, edificio「建物」, estudiar「研究する」, estudio「研究」, experimento「実験」, planta「植物」, sapiencia「英知」, septentrión「北斗七星」, verbo「動詞」;〔法律〕acusación「告発」, adulterio「姦通」, adversario「相手側」, artículo「商品」, beneficio「利益」, deuda「負債」, elección「選択」, manifestar「表明する」, notario「公証人」, oficio「職務」, signo「記号」, término「期限」, testamento「遺言」;〔文学〕ánimo「魂, 心」, envidia「羨望」, odio「憎悪」, verso「韻文」

同じく13~14世紀にギリシャ語からラテン語を経由して導入された学識語（helenismo）には次のような例がある.

〔科学・医学〕anatomía「解剖学」, aritmética「算術」, astrología「占星術」, astronomía「天文学」, clima「気候」, estómago「胃」, física「物理学」, flema「痰」, geometría「幾何学」, órgano「器官, オルガン」, parálisis「麻痺」, planeta「惑星」;〔文学・歴史〕alegoría「寓意」, crónica「年代記」, filosofía「哲学」, gramática「文法」, historia「歴史, 物語」, lógica「論理（学）」, metafísica「形而上学」, poeta「詩人」, retórica「修辞（学）」;〔その他〕bárbaro「野蛮人」, canon「正典」, cementerio「墓地」, pergamino「羊皮紙」, teatro「劇場」

古期スペイン語の時代にはアラビア語からの借用語が大量に流入したが, 中世スペイン語の時代にはピレネー山脈の彼方からの外来語の流入が著しくなった. 南フランスからはオック語の借用語（occitanismo）が, 北フランスからはフランス語（オイル語）の借用語（galicismo）が入ってきたのである. この背景には前述のとおり11世紀以降フランスとの人的交流が盛んになったことがある. 12~14世紀頃にスペイン語に入ったと見られる借用語には次のようなものがある.

〔フランス語からの借用語〕arpa「ハープ」, botar「投げ捨てる」, cable

「ロープ」，chimenea「煙突」，cobarde「臆病者」，dama「貴婦人」，danzar「踊る」，dardo「投げ矢」，deán「首席修道士」，desmayar「気を失う」，duque「公爵」，emplear「使う」，flecha「矢」，galope「ギャロップ」，jaula「檻」，joya「宝飾品」，ligero「軽い」，mecha「灯心」，montar「(馬などに) 乗る」，mote「標語」，paje「小姓」，pendón「軍旗」，pleito「訴訟」，tacha「汚点」

〔オック語からの借用語〕bailar「踊る」，beldad「美しさ」，bello「美しい」，capellán「礼拝堂付き司祭」，cascabel「鈴」，desdén「軽蔑」，enojar「怒らせる」，esgrima「剣術」，estuche「ケース」，flauta「フルート」，fraile「修道士」，hereje「異端者」，homenaje「敬意」，jornada「日程」，laurel「月桂樹」，lisonja「追従」，maestre「騎士団長」，manjar「食物」，mensaje「伝言」，monje「修道士」，palenque「囲い」，rima「韻」，ruiseñor「ナイチンゲール」，salvaje「野生の」，solaz「気晴らし」，son「音」，trovar「作詞する」

13～14 世紀はアラゴン連合王国が地中海への進出を開始した時期であった．活発な商業活動を背景にカタルーニャ語からもスペイン語へ語彙の借用が行われた．カタルーニャ語と隣接するオック語を区別するのが困難な場合もあるが，次の例はカタルーニャ語からの借用語（catalanismo）とされるものである：caja「箱」，nao「船」，papel「紙」.

中世スペイン語には多数の同義語が存在した．その中には他地域のロマンス語と共通する語源を持つ語とスペイン語に固有の語が共存している場合も少なくなかった．たとえば，「わがシードの歌」の中でも次のような同義語が共存している (それぞれの対のうち前に挙げた語が後世には優勢となる)：cabeza / tiesta「頭」，coger / prender「捕える」，salir / exir「出る」，traer / aduzir「持って来る」，volver / tornar「戻る」.

---

[63] 語形は現在の正書法で示す．語源と初出年代は Cormonas（1967），および Corominas-Pascual（1980）に基づく．語源の一部は REA（2001）も参照した．以下の語彙に関する記述も同じ.

5. 黄金世紀スペイン語
（15世紀後半〜17世紀）

5.1. 黄金世紀のスペイン

「黄金世紀」とは本来スペインの文学史または文化史上の時代区分で，一般には16世紀後半から17世紀前半までの約100年間を指す．この時代にスペインは文学，美術および学問の分野で最盛期を迎え，数多くの古典的文学作品が産み出された．ただし，時期をもっと広く取って15世紀末から17世紀末までを黄金世紀とする説もある．また，文化面だけではなく，政治・経済・軍事面なども含めてより広くスペインの黄金時代という意味で用いる場合もある．ここではスペイン語史の時代区分という観点から黄金世紀を広い幅でとり，15世紀後半のカトリック両王の時代からハプスブルク朝が終焉を迎える17世紀までを黄金世紀と見なすことにする．この時代は，ヨーロッパ全体に影響を及ぼしたスペイン語の古典文学が興隆し，隆盛を極めた時期であるが，言語史的には中世スペイン語から近代スペイン語へ移行する過渡期に当たり，特にスペイン語の音韻面で重要な変化が生じた時期でもあった．

5.1.1. カトリック両王時代

14世紀はヨーロッパ全体の中世的秩序が危機に陥った時代であるが，イベリア半島もペストの流行による農村の荒廃と王位継承をめぐる絶え間ない戦乱で混乱し，疲弊した時期であった．15世紀後半にようやくカスティーリャ王国ではイサベル1世（Isabel I，1474-1504）の下で内戦に終止符が打たれた．さらに，女王の配偶者が1479年アラゴン国王フェルナンド2世 Fernando II（カスティーリャ王位1474-1504，アラゴン王位1479-1516）として即位すると，アラゴン・カスティーリャ両国は夫妻が共同統治することになった．一般に，この年をもって統一国家スペインが成立したとされる．

しかし，両国はまだそれぞれ独自の法制や貨幣，行政制度を維持していたので，実態は同君連合国家と言うべきものであるが[1]，絶対主義王制の第一歩が踏み出されたことは確かである．この後，スペイン国家の主導権はアラゴンよりも人口が多く，財政力も勝っていたカスティーリャが握ることになった．アラゴン連合王国（その中心はカタルーニャ）は東地中海がオスマントルコの支配下に入る一方で新大陸貿易に関与することは許されなかったため，衰退の道をたどることになる．

カトリック両王は 13 世紀後半以降半島に唯一残っていたイスラム国家グラナーダ王国を 1492 年占領した．このグラナーダ戦争（1481-92）を最後として国土回復戦争は終結する．カトリック両王（los Reyes Católicos）の称号はイベリア半島からイスラム支配を一掃した功績によりローマ教皇から授かったものである．同じ年にイサベル女王が後援したコロンブス（Cristóbal Colón）が新大陸に到達し，スペインは大航海時代に乗り出すことになる．1496 年カナリアス諸島を征服した後，1512 年ナバラ王国を併合して，スペインはポルトガルを除くイベリア半島の統一を最終的に達成した．

カトリック両王の時代は国内情勢が安定したことによって文化面も非常に活況を呈する．アラゴン王国が南イタリアを支配するようになったこともあって，イタリアの人文主義の影響が強まり，ギリシャ・ラテンの古典研究も盛んになった．その反面，カトリックによる宗教的統一を図り，それを原理として国家統合を達成しようとしたため宗教的・思想的には不寛容で排他的な傾向も現れ始める．それを象徴するのが異端審問所の設置（1480）とユダヤ人の強制改宗・追放令（1492）である．追放令により約 5 万人のユダヤ人が財産を没収され，国外に追放された[2]．カトリックに改宗したユダヤ人，つまりコンベルソ（converso）は残留を許されたが，その後も隠れユダヤ教徒（judaizante）に対する異端審問所の追求は続いた．

---

[1] 制度的に両国が完全統合されるのは 18 世紀ブルボン王朝の時代を待たなければならない．

[2] 追放されたユダヤ人の数については 4 ～ 5 万人から 15 万人以上まで諸説あるが，ここに挙げた数字は Kamen（2009: 87）による．

5.1.2. ハプスブルク朝スペイン

A. スペインの隆盛

16世紀前半にスペインの王朝はトラスタマーラ（Trastamara）家からハプスブルク（Habsburgo）家に交代した．カトリック両王の王女でカスティーリャ王位を継いだフアーナ1世（Juana I la Loca, 1504–16）と夫であるハプスブルク家のフェリーペ1世（Felipe I el Hermoso, 1504–06）の間に生まれたカルロス1世（Carlos I, 1516–56）がカスティーリャ・アラゴン両国の王位を継承することになったからである．1519年カルロス1世は祖父マクシミリアン1世の跡を受けてカール5世として神聖ローマ帝国皇帝にも選出された．この結果，カルロスはスペインとハプスブルク家の所領を合わせ，オーストリア，ネーデルランド（フランドル），フランシュ・コンテ，スペイン，ナポリ，シチリア，サルデーニャおよび新大陸を支配するヨーロッパ随一の君主となり，スペインはその支配を支える中心となった．カルロスの理想は神聖ローマ帝国の理念どおりヨーロッパに普遍的なキリスト教帝国を確立することであった．しかし，その理念はフランスとローマ教皇，そしてこの時代に勃興したプロテスタントの抵抗を受けることになる．フランスとの間では主にイタリアを舞台として4次にわたる戦争が起きたが，両国とも消耗し，結局ハプスブルク帝国は領土の一部を失う結果となった．スペイン国内でも増税と王権強化に反発してカスティーリャではコムニダデスの乱（1520–21），アラゴンではヘルマニアスの乱（1519–23）のような都市の反乱が起きた．1556年カルロス1世は退位して，神聖ローマ帝国の帝位とオーストリア領は弟のフェルディナント1世に，ネーデルランド，フランシュ・コンテ，ナポリ等を含むスペイン領は息子のフェリーペ2世に譲渡した．

後を継いだフェリーペ2世（Felipe II el Prudente, 1556–98）はスペイン国内の王権強化と官僚制度の確立に努め，キリスト教化に抵抗するモリスコ人の反乱（1568–71）を鎮圧し，王権に刃向かうアラゴンの地方特権を剥奪した．さらに，イベリア半島の統合をめざし，空位となっていたポルトガルの王位を1581年継ぐことに成功した．ここにアメリカ大陸とアジア・アフリカのポルトガル領土も併せ持つヨーロッパ第一の大国（実体は同君連合国家）が出現することになった．イベリア半島の外ではイタリアの覇権をめぐり宿敵フランスと戦って，これを破り（1557），地中海に進出してきたオスマントルコに対してはヴェネツィア・ローマ教皇と同盟してレパント海戦（1571）に勝利した．こうした栄光の反面，ネーデルランドで起きた自治権拡大とプロテスタント信仰の容認を求める反乱（八十年戦争，1568-1648）は長期化してスペインは大きな痛手をこうむることになった．ネーデルランド北部のプロテスタント諸州はユトレヒト同盟を結成し，1581年独立を宣言した．カトリックの盟主を自認するフェリーペ2世は，プロテスタントを支援し，スペイン船に海賊行為を働く英国とも抗争した．英国女王エリザベス1世がカトリックのスコットランド女王メアリーを処刑すると，英国侵攻のため1588年無敵艦隊を派遣した．しかし，艦隊は大敗し，以後スペインは新興のプロテスタント国家，英国とオランダに制海権を脅かされるようになる．

B. スペインの没落

フェリーペ2世の時代にハプスブルク朝スペインは絶頂期に達したが，その繁栄は長くは続かなかった．スペインには新大陸から大量の銀が流入したが，その結果激しいインフレが起きて，銀価格は下落した．一方，国内の工業と農業は需要増加をまかないきれず，外国からの輸入が増大して金銀が流出した．農村はたび重なるペストの流行もあって人口が減少し，貧富の差が拡大した．さらに，宗教改革の時代にあってカトリック世界の盟主を自負するスペインはヨーロッパ各地で続発する戦争に干渉せざるを得ず，軍事費の負担は膨大であった．中でもスペインを疲弊させたのは前記の八十年戦争である．16世紀後半にスペインの国家財政は破産状態になった．

フェリペ2世の後，スペインは「17世紀の危機」の時代を迎え，衰運をたどり始める．フェリーペ3世（Felipe III，1598-1621）は1609年宗教的統一の障害となるモリスコ人の追放令を布告し，主に農業を営んでいた約30万のモリスコ人（旧イスラム教徒）が国外追放となり，特にその人口の多かったバレンシア・アラゴン地方の農業は大きな打撃を受けた．次のフェリーペ4世（1621-65）の時代，スペインは三十年戦争（1618-48）に介入し，国力を消耗した．この戦争は神聖ローマ皇帝（ハプスブルク家）に対するボヘミアのプロテスタント諸侯の反乱から始まり，初期には宗教戦争の様相を呈していたが，やがてヨーロッパ諸国が介入して国際化し，実質的にはヨーロッパの覇権をめぐるハプスブルク家（オーストリア・スペイン）対ブルボン家（フランス）の戦いとなった．戦場となったドイツは人口が激減し，国土は荒廃したが，スペインも人的・財政的に甚大な損失をこうむった．1648年ウェストファリア条約によって三十年戦争は終結し，スペインはオランダの独立を正式に認めた．その後もなおスペインは単独でフランスとの戦争を継続したが，結局敗戦に追い込まれ，1659年ピレネー条約によりフランスと講和した．

三十年戦争の末期，軍事的負担に反発するカタルーニャは反乱（1640-52）を起こし，フランス側についたが，政治的にも経済的にも期待したような結果は得られず，最終的にはスペイン政府に屈服せざるを得なかった．その上，カトリック両王時代に獲得したピレネー以北の北カタルーニャ地方（ロセリョン・セルダーニャ）をピレネー条約によってフランスに譲渡させられた．一方，ポルトガルはカタルーニャ反乱を好機と見て同じ1640年に反乱を起こし，スペインからの独立を宣言した．スペインに戦争を継続する力はなく，1668年リスボン条約によって北アフリカのポルトガル領セウタを獲得するのと引き替えにポルトガルの再独立を正式に認めざるを得なかった．こうしてポルトガルは恒久的な独立を達成したが，カタルーニャの分離独立はこの後も成功することはなかった．

このように17世紀のスペインは絶え間ない対外戦争によって疲弊し，人口減少，産業の停滞，財政破綻，反乱や都市暴動の頻発などの問題を抱え，弱体化した．こうした弱みにつけ込んで隣国フランスは世紀後半にもたびたびスペインに戦争を仕掛け，ヨーロッパではフランドルの一部やフランシュ・コンテ，海外ではハイチなどの領土を割譲させた．

5.2. カスティーリャ語からスペイン語へ

5.2.1. 国家統一によるカスティーリャ語の伸張

カトリック両王による国家統一によりアラゴン王国ではカスティーリャ語化が進むことになった．アラゴン王国の西半分を構成するアラゴン地方ではすでに13世紀頃からカスティーリャ語化が徐々に進展していたが，国家統一後，急速にカスティーリャ語化が進み，公文書や著述にはカスティーリャ語が用いられるようになった．王国の東半分を構成するカタルーニャとバレンシアでは依然カタルーニャ語が使用され続けたが，この地域でも国家統一以後はカスティーリャ語が浸透し始めた．

カトリック両王に征服された旧グラナーダ王国へはキリスト教徒の移住が行われ，セビーリャの方言的特徴を持つスペイン語が広がった．1512 年カスティーリャに併合されたナバラでもカスティーリャ語化が急速に進んだ．こうして，15 世紀末から 16 世紀初めにかけてカスティーリャ語はスペイン全体の公用語の地位を確立しただけでなく，新たに獲得したアメリカ大陸にも使用領域を広げて行くことになった．

16 世紀にハプスブルク朝スペインがヨーロッパの大国にのし上がるのと並行して，スペインのみならずイベリア半島全体にスペイン語の威信も高まった．すでにナバラ・アラゴン語は衰退してカスティーリャ語に吸収されつつあったが，カタルーニャ語も 16 世紀以降文学語としては衰微した．カトリック両王による国家統一後，政治・経済の主導権を握ったのはカスティーリャであり，新大陸との通商もカスティーリャ王国のセビーリャが独占権を持っていた．したがって，国家統一によってカタルーニャが利益を受けることはあまりなく，産業・経済は停滞した．こうした政治的・経済的背景の下にカタルーニャ文学も輝きを失い，16 世紀から 18 世紀まで長い衰退期に入るのである．この時代，カタルーニャ出身の知識人もスペイン語で著述を行うようになった．カタルーニャ語は話し言葉としてだけ使用され，方言分化が進んだ．この時代以降，スペイン語によって営まれるスペイン文学はカスティーリャだけのものではなくなったのである．

ポルトガルは 1580 年フェリーペ 2 世の時代にスペインに一時統合されるが，1640 年最終的に分離・独立を達成する．ポルトガル語は文章語としての地位を確立して行くが，文学語としてのカスティーリャ語の威信はこの国にも及び，16 世紀にはポルトガル最高の詩人と言われるカモンイス（Luis Vas de Camões，1524-80）でさえ一部の作品はスペイン語で書いた．ポルトガル演劇の父と言われるビセンテ（Gil Vicente，1465-c.1536）も同様である．ただし，当時のイベリア半島では各地域のロマンス語が独立した別の「国語」であるという意識はまだ育っていなかったと言える．ヨーロッパ全体で明確な民族意識や国語意識が覚醒するのは 18 世紀のフランス革命以降のことである．

16 世紀にスペイン語の影響はイベリア半島の外にも及んだ．ヨーロッパ随一の大国の公用語であり，黄金世紀スペイン文学の言語でもあるスペイン語は，自ずとその重要性が高まったからである．ハプスブルク朝スペインの支配下にあるイタリア半島のミラノ，ナポリ，シチリアおよびフランドル地方だけでなく，フランス，英国，ドイツなどヨーロッパ各地でスペイン語が学ばれ，多数のスペイン語語彙がそれぞれの言語に借用された．特にイタリアとの関係は深くなり，多数の語彙がイタリアに流入したが，逆にイタリア文学の影響もスペインに強く波及した．15 世紀末以来支配が進むアメリカ大陸ではスペイン語化が進行中であったが，16 世紀後半に植民が始まったフィリピンにもスペイン語が移植された．

5.2.2.「スペイン語」という名称の確立

歴史的に見ると，「スペイン語」という名称はそれほど古いものではない．この言語が初めて書き言葉として登場した頃は，ラテン語に対してロマンス語（romance，romanz）と呼ばれた．やがてそれがカスティーリャ王国の言語であるところからカスティーリャ・ロマンス語（romance castellano, romance de Castiella）とも呼ばれるようになり，13 世紀末にはカスティーリャ語（lenguaje de Castiella,（lenguaje）castellano）という呼称が普通になった．同じ時期にすでにアルフォンソ 10 世はスペイン語（lenguaje de España，español）という呼び方も用いているが[3]，「スペイン語（español, lengua española）」が広がるのは 16 世紀以降である．スペイン全体，さらにはアメリカも含む国家の公用語という意識が強まったためであろう．しかし，カスティーリャ語という呼称も依然として使用され続けた．

5.3. 黄金世紀スペイン語の変化

5.3.1. 音韻変化

黄金世紀のスペイン語は，中世スペイン語が近代スペイン語に転換する過

[3] v. Menéndez Pidal（2005: I, 535）．ちなみに，España の形容詞として古くは espańón が用いられたが，13 世紀にオック語起源の新しい形式 español が競合するようになり，前者を駆逐するに至る（v. Lapesa, 1968: 181）．初めは性の区別がなかったが，15 世紀に女性形 española が現れた．

渡期である．近代スペイン語の初期に当たるので，近代初期スペイン語と呼ぶこともできる．13 世紀に明瞭な全体像を現した中世スペイン語は使用領域を急激に拡大させたが，音韻面でも文法面でもかなり多くの変異と不安定さを抱えていた．黄金世紀のスペイン語は，そうした混乱が収束に向かう傾向も現れた．この時代には印刷術が普及したため表記の面でも文法の面でも統一された規範を指向する動きが強まったからである．その一方で，音韻分野では 15 世紀から少しずつ現れ始めた子音の変化現象が顕著となり，16~17 世紀には子音体系全体に及ぶ一連の大変革が起きた．この子音体系の変化は，スペイン北部と南部では到達点に相違があった．その結果，黄金世紀の終わりに近代スペイン語は，二つの主要な方言が分立するようになり，現代に至っている．

A. 母音の変化

a. 語末母音 -e の安定化

15 世紀末に起きた母音に関わる変化としては，中世スペイン語の初期に始まった語末母音 -e の消失という現象（e.g. noch(e)，dix(e)）に歯止めがかかったことが挙げられる．この現象は 13 世紀のアルフォンソ時代まで著しかったが，その時代からすでに消失に逆らう傾向も見られた．14 世紀以降その傾向は顕著となり，15 世紀末になると現代語で許される語末子音以外の後で母音が消失する現象はほとんど跡を絶つようになった．その背景としてはスペインの歴史的な変化も影響を及ぼしていると見られる．12 世紀から 13 世紀初めにかけてのスペインにはフランス語およびオック語話者である貴族や聖職者が多数流入し，その言語は社会的・文化的に強い威信を持っていた．しかし，この時代には交流関係が弱まり，同時に国土回復戦争の進展によって民族的感情が高揚して，フランス語・オック語的なものを規範と仰ぐ意識は薄れたようである．

b. 無強勢母音の変異

中世スペイン語で確立した 5 母音体系そのものは安定していて黄金世紀以降も揺るぐことはなく，現代まで維持されることになる．しかし，前の時代に引き続いて，特に無強勢母音はまだ不安定で，/e/–/i/，/o/–/u/ などが交替して現れ，異形が競合する場合が少なくない．たとえば，16 世紀には次のような異形が共存していた（現代の語形は斜体で示す）：*aliviar* / aleviar「軽減する」, escrivir / escrevir (*escribir*「書く」), *vanidad* / vanedad「虚栄」; ospital / espital (*hospital*「病院」), *rencor* / rancor「恨み」; *abundar* / abondar「富む」, *cubrir* / cobrir「覆う」.

B. 子音の変化

a. /f/ の気音化と消失

カスティーリャ北部では語頭の /f/ が気音化 (/f/ > /h/) し, さらに消失する現象がすでに9世紀頃から散見され, 中世スペイン語の時代を通じて一貫して進行していた. /f/ の自由異音として唇歯音 [f] と気音 [h] は競合しており, 初期の中世スペイン語では綴り字上でも f と h がしばしば交替する. しかし, [f] に対し [h] は卑俗なものと見なされていたようである. カスティーリャ北部で早くから進んだ気音化現象は, 南部でもゆっくり広がって行き, やがて15世紀には気音 [h] が社会階層にかかわりなく一般化した : fablar > hablar「話す」, fecho > hecho「事実」, fijo > hijo「息子」, foja > hoja「葉」. 同じ時期にカスティーリャ北部の口語はもっと変化が進み, [h] は黙音化, 消失していたと見られる. 気音の消失が南部へ浸透するのは遅れるが, やがて16世紀にはスペイン語全体に広がった. ただし, 中世スペイン語でも気音化しなかった流音の前や二重母音 /ue/ の前の /f/ (frente「額, 正面」, fuente「泉」), 学識語または準学識語の /f/ (fama「名声」, forma「形」) は維持された. なお, 正書法上では15世紀末から [f] は f で表記し, [h] もしくは黙音の場合は h と書いて区別するのが普通となった.

b. /b/ と /v/ の混同と合流

両音素の混同はカスティーリャ北部で始まり, すでに14世紀末までに語頭では2つの音素は中和して閉鎖音 [b] と発音されるようになっていた. 15世紀には語中でも両音素が合流して摩擦音 [ß] で発音されるに至った : cabe (caber「入り得る」の現在3sg.) / cave (cavar「掘る」の接続法現在3sg.). これを裏付けるように綴り字の混同も見られる : saver (< saber), vien (< bien), amaba (< amava), boda (< voda), bivir (< vivir). 南部では両音素を区別しようとする傾向がなお持続していたが, 16世紀にはスペイン語全体に語中の摩擦音化が広がり, 結局, /b/ と /v/ という音素対立は解消し, 一つの音素 /b/ に合流した.

c. 語末の /-d/

中世スペイン語では語末で綴り字の -d と -t が交替して現れ，一定しなかったが，-t の方が優勢だった：piedat / piedad「哀れみ」，meetat，meatat / meatad，meitad，mitad「半分」．おそらく，語末では無声音で発音されるのが普通であったのだろう．15 世紀末になると，正書法上では -d が一般的となり，16 世紀後半にはこれが固定化するようになった．しかし，実際の発音では無声化や消失が起きていた．それを裏付けるものとして 16 世紀には trinidaz（< trinidad「三位一体」）や beldá（< beldad「美しさ」），edá（< edad「年齢」）などの綴字が見られる．

d. 歯擦音の体系的変化

黄金世紀の音韻変化の中でもっとも顕著なものは歯擦音の体系が大きく変化したことで，これを指して「歯擦音の再調整」，あるいは「歯擦音革命」と呼ぶこともある．中世スペイン語には無声・有声で対立する 3 対の歯擦音 /ts/ – /dz/，/s/ – /z/，/ʃ/ – /ʒ/ および有声音のペアを欠く /tʃ/ があった．このうち最初の 3 対が一連の変化を起こしたのである．この変化は次のような歴史的過程をたどって完成したと考えられる[4]．

（a）有声歯擦音の無声化：/dz/，/z/，/ʒ/ > /ts/，/s/，/ʃ/

中世スペイン語の初期の時代からカスティーリャ北部では歯擦音相互の混同が見られた．中でも /z/ の無声化はすでに 14 世紀後半にカスティーリャ北部で始まっていたが，他の歯擦音にも一般化し始めるのは 15 世紀後半からで，綴り字上でも混同が生じる：provechoso / provechosso，fazer / façer，razón / raçón，fijo / fixo，oveja / ovexa．3 つの有声歯擦音はそれぞれ音韻的に対立していた無声歯擦音に合流する．変化は初め音節末で始まったが，次第に母音間にも広がり，16 世紀後半には完了した．

（b）破擦音の摩擦音化：/ts/ > /s̪/ > /θ/

前記の変化により有声破擦音 /dz/ が無声化して /ts/ に合流するのとほぼ同時に，この破擦音が閉鎖要素を失って摩擦音化し，/s̪/（前部舌背歯音）になったようである．この変化は 15 世紀には始まっていたらしいが，やがて

[4] これらの音変化の時期的な前後関係については意見の対立がある．破擦音が摩擦音化した後，無声化が起きたとする説や地域により無声化と摩擦音化のどちらかが前に起きたとする説もある（v. Ariza, 1989: 161–165）．

/s̪/ の調音点が前に移動して 16 世紀後半には歯間音化し始め，17 世紀前半には歯間摩擦音 /θ/ が一般化した．

（c）硬口蓋摩擦音の軟口蓋音化：/ʃ/ > /x/

有声硬口蓋摩擦音 /ʒ/ が無声化して無声硬口蓋摩擦音 /ʃ/ に合流した後，硬口蓋音から軟口蓋音へと調音点の後退が起きる．この変化は 15 世紀末には始まっていたが，初めは卑俗な傾向と見なされていた．過渡期には硬口蓋摩擦音 [ʃ] と新しい軟口蓋摩擦音 [x] が異音として共存していた．しかし，17 世紀初頭に軟口蓋摩擦音が一般化したと見られる．

上記の（b）および（c）の過程で最終的に /s̪/ > /θ/ および /ʃ/ > /x/ の変化が生じたのは構造的な再調整によると考えることができる．無声化と摩擦音化により生じた過渡期の 3 歯擦音の体系 /s̪/（前部舌背歯音），/s̺/（舌尖歯茎音），/ʃ/（硬口蓋音）は音声学的に見ると，あまりにも狭い範囲に 3 つの摩擦音の調音点が集中しており，とりわけ新しい /s̪/ と元からあった /s̺/ は示差が困難であったと見られる．3 音素の対立を維持するため，/s̪/ は調音点がより前に移動し，/ʃ/ はより後ろに移動して軟口蓋音に変化するに至る．17 世紀末ないし 18 世紀初頭には一連の変化が完了して現代と同じく /θ/ – /s̺/ – /x/ が音韻的に対立する体系が完成した．

このような歯擦音の変化を促した構造的条件としては，次のような点が考えられる．第 1 に音声学的に見ると，一般に歯擦音は摩擦という調音法が重要であって，調音点はかなり幅があり，移動しやすい傾向がある．このため，歯擦音相互の混同や変化が起きやすいことである．第 2 に，中世スペイン語では調音点の近い場所に多数の歯擦音素がひしめいていて紛らわしかったことである：caça（caza「狩猟」）/ cassa（cassar「廃止する」の現在 3sg.）/ caxa（caja「箱」）．第 3 に，中世スペイン語では有声と無声の歯擦音 3 対があまり示差的機能を果たしていなかったことである．実際に有声・無声の対立によって意味が弁別される例は少なく，対立は主に母音間のみで生じた．

oso（osar「あえてする」の現在 1sg.）/ osso（EMd. oso「クマ」）
decir「降りる」/ dezir（EMd. decir「言う」）
fixo（EMd. fijo「固定した」）/ fijo（EMd. hijo「息子」）

また，もともと /dz/–/ts/ と /z/–/s/ はそれぞれ語末では中和し，音韻的に対立していなかった．次のような例では同じ名詞の単数形と複数形で無声音と有声音が交替する：[s]-[z] mes / meses「月」，[ts]-[dz] faz / fazes「顔」．

歯擦音の無声化がカスティーリャ北部で始まったことからその原因をバスク語基層に求める説もある．バスク語には有声摩擦音がないことが根拠となっている．しかし，無声化はカスティーリャだけではなく同じく半島北部のレオン語，アラゴン語，ガリシア語でも起きていることがこの説の弱点である．基層説とも関連するが，歯擦音の無声化を /f/ の気音化や /b，v/ の混同といった現象と共に北部的特徴の広がりとして捉え，その原因を 1561 年マドリードに宮廷が移ったことに求める説もある．これに伴い北部の住民が多数マドリードに流入して急激に人口が増え，この都市の影響力が強まって，それまでのトレド的な言語規範に変動をもたらしたとするものである[5]．

破擦音の摩擦音化（/ts/ > /s/，/tʃ/ > /ʃ/）は近隣のポルトガル語やフランス語にも見られる現象であり，一種の弛緩現象と見なすことができる．しかし，スペイン語では /ts/ が最終的に歯間摩擦音 /θ/ に変化したことが特異な点である．この結果，中世スペイン語にあった /ts/ – /s/ の音素対立は /θ/ – /s/ の対立に置き換わった．

以上のような変化は北部で進行したが，スペイン南部のアンダルシーア方言ではこれと異なる変化が起きた．上記（b）の変化により破擦音 /ts/ が摩擦音化したとき，既存の /s/ との区別が失われてしまったのである．その原因は，カスティーリャ北部では既存の /s/ が舌尖歯茎音 [s̺] として発音されていたのに対してアンダルシーアではおそらくはモサラベ語の影響により舌背歯音 [s̻] として調音されていたためではないかと言われる．こうして一つの音素 /s/ に合流した結果，北部における /θ/ と /s/ のような 2 音素の対立は確保されなかった．このような 2 つの歯擦音の融合は西ロマンス語で生じた一般的な傾向とむしろ一致するものである．

南部におけるこの歯擦音 /s/ の音声的実現は地域により相違がある．17~18 世紀にかけて S 音化（seseo）の地域と C 音化（ceceo）の地域に分裂したからである[6]．どちらも舌背歯音であることに相違はないが，S 音化の場合は舌端が歯茎に接近するのに対し，C 音化の場合は舌端が前歯に接近するので歯間音 /θ/ に近い音色になる．S 音化はセビーリャを中心とするアンダルシーアの大部分のほか，カナリアス諸島，イスパノアメリカにも広

[5] v. Lapesa（1981: 372），Alarcos Llorach（1968: 271）．

がっている．これに対しC音化はグラナーダのほか，ウエルバ，カディス，マラガなどアンダルシーア海岸部に広がっている．

アンダルシーアでも硬口蓋摩擦音 /ʃ/ の軟口蓋音化が 17 世紀前半に完了するが，その音素の実現には現在もいくつかの変異が見られる．異音としては [x, ç, h] などがあり，中でも優勢なのは [h] である．そうなった理由は，音素 /x/ が確立しようとする時期にアンダルシーア方言ではまだ /f/ に由来する気音 [h] が維持されていたため，新しい摩擦音は [h] と混同が生じ，これと合流したからである．結局，アンダルシーアでは北部の 3 音素 /θ, s, x/ に対し，2 音素 /s, h/ が対立する体系が成立した．こうして 17 世紀以降，アンダルシーアを中心とするスペイン南部とイスパノアメリカはスペイン北部とは異なる子音体系を持つことになった．

以上述べたことをまとめて図式化すると，二地域の歯擦音の体系は 15 世紀から 17 世紀にかけて次のように変化した．

北部	/ts/ /s̺/ /ʃ/	→	/ts/ /s̺/ /ʃ/	→	/s̪/ /s̺/ /ʃ/	→	/θ/ /s̺/ /ʃ/ → /θ/ /s̺/ /x/
	/dz/ /z̺/ /ʒ/ ↗						
南部	/ts/ /s̪/ /ʃ/	→	/ts/ /s̪/ /ʃ/	→	/s̪/ /ʃ/	→	/s̪/ /h/
	/dz/ /z̪/ /ʒ/ ↗						

e. Y 音化

Y 音化（yeísmo）とは硬口蓋側面音 /ʎ/ が非側面音化して硬口蓋摩擦音 /ʝ/ に融合する現象を指す．これによってたとえば次の 2 語は同音となる：haya（haber の接続法現在 1sg.）/ halla「ブナの木」．この変化はスペイン南部で始まり，北へ拡大したものと考えられる．モサラベ語で古くからこの現象が起きていて，すでに 10 世紀にその例があるとされ，14 世紀末にはトレードで孤立した例が確認されると言われる[7]．しかし，モサラベ語でそれほど古くからこの現象が実在したかどうか今日では疑問視されている[8]．この現象がアンダルシーアに広がるのは 16~17 世紀で，18 世紀には一般化する．

---

[6] ceceo には別の意味として北部のように /s/ と区別して /θ/ を発音することを指すこともあるが，ここではその意味ではない．

[7] v. Lapesa（1981: 382-383）．

[8] v. Ariza（2005: 219-220）．

Y 音化の発生を可能にした条件の一つはスペイン語において /ʎ/ と /j/ の両音素がそれほど大きな示差機能を果たしていなかったことである．両音素の対立によって意味が示差される語はごく少数であり，上記の例のほか，次のようなペアしか見つからない：calló（callar「黙る」の単純過去 3sg.）/ cayó（caer「落ちる」の同左），pollo「ひな鳥」/ poyo「石のベンチ」，mallo「木槌」/ mayo「5 月」，malla「網目」/ maya「マヤ人」．もう一つの条件は音声的なものである．通時的に見ると，有声硬口蓋摩擦音 /ʒ/ が無声化した後，その「あき間」を埋めるように接近音 /j/ は子音性を強め，硬口蓋摩擦音 /ʝ/ に変化した．一方，硬口蓋側面音 /ʎ/ は，本来前舌面が硬口蓋に完全に接触して調音されるはずであるが，接触が十分行われない弛緩した調音が広がったようである．すると，前舌面と硬口蓋との間に狭めを作って調音される硬口蓋摩擦音 /ʝ/ に近づくことになる．こうして，硬口蓋側面音から硬口蓋摩擦音への移行が起きたと考えられる．

f. 語中の子音連続の不安定

ラテン語にあった語中の子音連続の多くはロマンス語の形成期に単子音化したが，その時期に新たに出現したものもあり，中世スペイン語で導入された学識語の中にスペイン語としては例外的な子音連続を含むものも多数存在した．これらは黄金世紀にもまだ不安定で，子音の一部が脱落することもあった．たとえば，16 世紀には次のような異形が共存していた（現代の語形は斜体で示す）：*afecto* / afeto「愛情」，*digno* / dino「ふさわしい」，dubda / *duda*「負債」，escripto / *escrito*（escribir「書く」の過去分詞），*extremo* / estremo「端の」，rescibir / *recibir*「受け取る」，*solemnidad* / solenidad「荘厳」．

C. 近代スペイン語の子音体系

「歯擦音革命」が終わった 18 世紀初頭，近代スペイン語（ただし，南部のアンダルシーア方言を含まない北部のカスティーリャ方言）は現代と同じ次のような子音体系を持つようになった．

		唇音	歯音	歯茎音	硬口蓋音	軟口蓋音
閉鎖音	無声	p	t			k
	有声	b	d			g
無声破擦音					tʃ	
摩擦音	無声	f	θ	s		x
	有声				ʝ	
鼻音		m		n	ɲ	
側面音				l	ʎ	
顫動音	はじき音			ɾ		
	ふるえ音			r		

5.3.2. 文法上の変化

中世スペイン語の期間にも少しずつ文法上の変化の兆しは見え始めていたが，黄金世紀に入ると，かなり重要な形態・統語上の変化がいくつか表面化する．同時に文体的にも近代スペイン語につながる変化が起きている．

A. 冠詞

中世スペイン語では定冠詞に異形が共存していた：[男性単数] el, ell, [女性単数] la, ela,（中性）lo, elo など．しかし，黄金世紀にはほぼ現代語と同じ形式に固定化した：[男性] el, los; [女性] la, las; [中性] lo. 中世スペイン語では女性定冠詞 la, ela の異形として ell または el（< ela < ella < illa）が母音で始まる語の前で用いられた：ell alma, el espada, el otra. 黄金世紀にこれらの異形の出現はほぼ /a/ で始まる語の前に限定されるようになったが，それでも 15 世紀末にはまだ /a/ 以外の母音の前では el, ell / la どちらの形式も使用可能であった：la espada, el espada, ell espada. しかし，まもなく ell は姿を消し，残った el は 18 世紀以降にようやく現代語と同じく強勢のある /á/ で始まる女性名詞の前（el agua）に使用が限られるようになる．

この女性形の el を男性形と再解釈したことによるのであろう，類推によって強勢のある /á/ で始まる女性名詞の前で指示形容詞の男性形を用いる現象が 16 世紀に見られる：este agua, aquel alma. この語法はその後ほとんど姿を消すが，同じ場合に不定冠詞男性形 un を用いる現象（un alma, un hada）は 16 世紀から広がり始め，17 世紀に拡大して現代にまで及んでいる[9].

中世スペイン語では可能であった定冠詞と所有形容詞を名詞の前で併用する語法（la tu vida）は 15 世紀までよく見られるが，16 世紀に入るとほとんど姿を消した.

B. 代名詞

a. 人称代名詞

（a）nosotros / vosotros の定着

中世スペイン語の 1 人称複数代名詞 nos および 2 人称複数代名詞 vos は，いずれも強勢形が主格・前置詞格，無強勢形が与格・対格として用いられ，強勢の有無を除くと格による形態上の区別はなかった．主格に対してはすでに 13 世紀から otros を付加して強化した形式 nosotros，vosotros が出現しており，14~15 世紀には強調・対比を表すための形式として nos（nós），vos（vós）とともに普通に使用されるようになった．16 世紀には唯一の主格および前置詞格の代名詞（強勢形）として定着する．なお，主格の nos / vos は今日でも慣習的な特殊用法としてだけ残っている．nos の場合は「威厳の複数」（plural majestático）と呼ばれる用法で，君主，教皇あるいは司教など身分の高い人が自称の代名詞として用いる．vos の場合は，中世スペイン語における古い用法と似た「敬意の複数」（plural de respeto）と呼ばれるもので，神，聖人，君主などに対する敬称代名詞として用いられる．アメリカ・スペイン語の vos については後述する.

（b）usted の出現

中世スペイン語では対話者を指す人称代名詞として単数の tú と複数の vos があったが，複数の vos は身分の高い単数の聞き手に対しても敬称代名詞として用いられた．フランス語の vous と同じ用法である．この用法は 15 世紀にも相変わらず続いていたが，非常に多用された結果，その価値が低下

---

[9] 黄金世紀には /a/ に限らず母音の前で un が用いられることもあった（un onda）が，現代では強勢のある /á/ の前に限られる．現在のスペイン学士院の規範ではこの場合の un を una の語尾消失形として完全に容認し，逆に una を用いるのは誤りではないが，まれであるとしている（RAE，2005: 657）.

し，あまり敬意が感じられなくなってしまった．このため vos に代わって 15 世紀には vuestra alteza，vuestra merced，vuestra señoría，vuestra reverencia，vuestra excelencia など対話者を指すさまざまの敬称表現が使用されるようになった[10]．これらの形式は「所有形容詞＋名詞」という構成なので，3 人称の動詞が呼応する．この中で vuestra alteza は王族，vuestra señoría は貴族，vuestra reverencia は聖職者に対して用いられたのに対し，騎士以下の身分の者に対し広く用いられたのは vuestra merced であった．この形式はすでに中世スペイン語で出現していたが，16 世紀に多用されるようになり，最も普通の敬意を表す形式となった．日常頻繁に使用されるにつれて語形も変化し，黄金世紀の間に多様な異形が出現するようになる：vuestra merced > vuessa merced > vuessarced / voarced / voarcé > voacé / vucé / vosted > usted．結局，16 世紀後半に出現した usted という形式が次第に勢力を伸ばして定着し，18 世紀には人称代名詞として文法化されるに至った．なお，vuestra señoría，vuestra excelencia に対してもそれぞれ usía，vuecencia のような短縮形式が形成されたが，使用は非常に限られていた．

価値の低下した vos は黄金世紀にはまだ同等者間の敬称代名詞として用いられ，自分より身分の低い者や親しい人には tú が用いられた．つまり，対話者を指すために vuestra（または vuessa）merced，vos，tú の 3 形式が使い分けられていたのである．この体系は 17 世紀初めまで続くが，vos と tú の相違がほとんど感じられない状態に達したため両者を維持する必然性がなくなり，スペインでは 18 世紀以降 vos の使用が廃れてしまう．スペインとの交流がより緊密であったカリブ海域やメキシコなども同様であるが，イスパノアメリカの一部地域では反対に vos が tú を駆逐した．このように vos を使用することを「vos 語法」（voseo）と呼ぶ．

(c) 無強勢代名詞 vos > os

中世スペイン語では 2 人称複数主格代名詞 vos（vós）に対する無強勢形（与格・対格）として同形の vos が用いられていた．これから派生した os という異形はすでに 14 世紀頃から初めは前接形式（動詞に後置）として現

---

[10] これらの表現そのものは中世スペイン語にすでにあったが，盛んに用いられるようになるのは 15 世紀以降である．

れ，15 世紀後半にはどの位置でも vos と競合するようになった：darvos / daros，vos dio / os dio．16 世紀に入ると，os が圧倒的に優勢となり，この世紀の後半には vos に代わって無強勢形の地位を独占するに至った．

（d）無強勢代名詞 ge > se

中世スペイン語では 3 人称代名詞の与格と対格が連続する場合，与格には ge という形式（gelo，gela，gelos，gelas）が用いられた．ところが既述の歯擦音変化により ge が無声化して /ʃe/ になると，再帰代名詞 se との間に混同が生じた：（io）gelo dixe →（yo）se lo dixe（se lo dije「私は彼 / 彼女にそれを言った」）．音声的な類似だけではなく，使用される文脈が類似していることも混同を促す要因となった．この結果，15 世紀末に ge は se に吸収されて衰退し始め，16 世紀後半にはほとんど使われなくなった．se という形式は今日見るように再帰代名詞と 3 人称与格の人称代名詞（「にせの se」とも呼ばれる）を兼ねることになったのである．17 世紀以降 ge は農村部にのみ残り，田舎の卑俗な語法と見られるようになったが，やがて近代スペイン語では完全に消滅した．

（e）無強勢代名詞の融合形式および音位転換形式の消失

中世スペイン語では不定詞に 3 人称の無強勢代名詞が後置される場合，前述のように不定詞の語末音 /-ɾ/ と 3 人称無強勢代名詞の語頭音 /l-/ が同化し，融合する現象（tenerlo → tenello）がよく見られた．黄金世紀には融合する形式としない形式が共存していたが，中世スペイン語の時代から少なくとも正書法上では融合しない形式の方が優勢であった．融合形式は 16 世紀には特に韻文で用いられたが，17 世紀後半には姿を消した．

同じく中世スペイン語では命令法複数の語末音 /-d/ と後続する無強勢代名詞の語頭音 /l-/ が音位転換を起こす現象（tomadlo → tomaldo）がときおり見られた．この場合も両方の形式が黄金世紀まで共存し，口語では 17 世紀初めまで音位転換形式が用いられていたようだが，その後姿を消した．

b. その他の代名詞

（a）指示代名詞の異形の共存

中世スペイン語には指示代名詞 este，esse の異形として aqueste，aquesse があり，特に aqueste は 16~17 世紀にも頻繁に使用されていた．また，黄金世紀には otro を付加して強化した estotro，esotro，aquel otro，aquestotro，aquessotro，aquesse otro のような異形も出現した．しかし，これらの形式は18世紀に入ると衰退し，使用はまれになってしまう.

(b) 関係代名詞 quienes，el que の一般化

中世スペイン語の関係代名詞 quien は，先行詞が複数のときも無変化であった．すでに13世紀には新しい複数形 quienes が出現していたが，広がるのは15世紀からで，16世紀以降に一般化した．しかし，17世紀にはまだ無変化の quien も用いられていた．疑問詞 quién に対する複数形 quiénes の出現はやや遅れ，15世紀から使用が始まるが，やはり16世紀以降に一般化した.

関係代名詞に定冠詞を付ける el que のような複合形式は中世スペイン語の時代から見られるが，使用が広がるのは15世紀以降である.

(c) 不定代名詞 alguien の出現および nadi，al の衰退

中世スペイン語では不定語として alguno（< LV. *alicūnus < aliquis ūnus）と algo（< alico < aliquod）があったが，新たに alguién「だれか」が15世紀末に現れた．quien からの類推によって作られたもので，17世紀までは第2音節に強勢があったが，algo の影響で強勢が移動し，alguien となった．同じく中世語には否定語として ninguno（< nenguno < neguno < nec ūnus「一つとしてない」）と nada（<（rēs）nāta「生まれた物すべて」）があった．すでに nadi「だれも…ない」もあったが，ninguno / nenguno に比べると非常に使用頻度が低かった．nadi はラテン語の完了分詞対格に由来し，qui などの類推で語尾が変化したと推定される：(hominem) nātum「生まれた人はすべて」> omne nado > nado > nadi．これから音位転換により生じたと見られる nadie という形式（nadi > naid > naide > nadie）は古くから存在したが，16世紀以降 ninguno 以上によく使用されるようになった.

中世語では「その他のもの」の意味で不定語 ál（< alid < aliud（alius「他の」の中性形））があり，lo ál の組合せ（lo demás の意味）でよく使用されたが，16世紀には古語化し，17世紀以降はほとんど使用されなくなった.

C. 動詞

a. 2人称複数語尾

中世スペイン語では直説法現在および未来の2人称複数語尾として -des

が用いられた．単純過去を除く他の直説法時制や接続法現在も同様である．

［直説法現在］　tomades，comedes，partides

［直説法未来］　tomaredes，comeredes，partiredes

［接続法現在］　tomedes，comades，partades

ところが，すでに 13 世紀から母音間の /d/ が脱落し始め，15 世紀にはそれを維持する形式と脱落した諸形式が競合するようになり，16 世紀には脱落した形式が一般化した．結果としてアクセントの位置も変わって，2 人称複数形は末尾第 2 音節強勢語から末尾音節強勢語に変化した．

（tomar）tomades > tomaes / tomáis / tomás > tomáis

（tener）tenedes > tenés / tenéis > tenéis

（venir）venides > venís　　（ser）sodes > soes / sois > sois

この人称語尾は単純過去を除く他の時制にも適用されることになった．

［直説法未来］tomaredes > tomaréis，comeredes > comeréis，tendredes > tendréis

［接続法現在］tomedes > toméis，comades > comáis，tengades > tengáis

上記のように語尾が変化する過程で -er 動詞と -ir 動詞に生じた単母音化した語尾形式 -és，-ís からの類推で -ar 動詞にも上記のように -ás という異形が生じた．しかし，-ás と -és は卑俗な形式とされ，やがてスペインでは排除されてしまった．ところが，南米ではこの単母音化した語尾（cantás，comés）が vos 語法の地域に広がった．vos に対応する動詞人称語尾は地域によりいくつかの異形が存在するが，中でもこの形式は代表的なものとして現代でも使用される．

同じ 2 人称複数語尾であっても，末尾第 3 音節強勢語の場合は /d/ の脱落と二重母音化が時期的に遅れた．すなわち，未完了過去の場合には 2 人称複数語尾（-ávades，-íades）でやはり母音間にある /d/ が 16 世紀に消失し始めるが，一般化するのは現在形より遅く 17 世紀である．その結果，未完了過去 2 人称複数形はアクセント的には末尾第 3 音節強勢語から末尾第 2 音節強勢語に移行した：tom*á*vades > tom*a*vais > tom*a*bais．直説法過去完了（-ra 形）および接続法過去（-se 形）も 17 世紀に同様の変化をこうむった：tom*á*rades > tom*a*rais，tom*á*ssedes > tom*a*sseis.

単純過去の 2 人称複数語尾（-astes，-istes）はもともと /d/ を含んでいない．しかし，現在形と未完了過去形の人称語尾が上記のように二重母音化したことによる類推作用で末尾音節の母音が二重母音化した形式（-asteis, -isteis）が 16 世紀前半に出現し，古い形式と競合するようになった．ついに 17 世紀後半にはそれが古い形式を駆逐して一般化するに至った： tomastes > tomasteis，comistes > comisteis.

b. 不規則動詞の直説法現在 1 人称単数形

中世スペイン語では ser，dar，ir，estar の直説法現在 1 人単数形はそれぞれ so，do，vo，estó であった．しかし，すでに初期の 13 世紀から soy，doy，voy，estoy のように二重母音 -oy を伴う異形が出現していた．この変化（o > oi̯）を音韻的に説明するのは難しく，その起源については諸説がある．有力な説は，動詞 hay の語尾に現れるのと同じ副詞に由来する y（< ibī）が so に付加されて，soy が出現したと推定する．実際に fu y / hi era「(それは) そこにあった」のような形式はよく使用された．ser は使用頻度が高いため soy の形式が同じく 1 音節の 1 人称単数形を持つ他の動詞（e- が語頭音添加された estó を含む）にも類推作用を及ぼしたものと考えられる．中世スペイン語ではまだ so の形式が soy を圧倒していたが，15 世紀には soy の使用頻度が高まり，16 世紀には so を圧倒するようになった．他の動詞も 16 世紀に同じ類型の doy，voy，estoy の型が古い -o 型を凌駕するようになる．

黄金世紀には現在 1 人称単数形 -go の類型が特に -yo 型の動詞グループ（cayo，oyo，trayo）に広がった．おそらくは digo，hago などの類推によるものである．traigo はすでに 13 世紀に見られ，oigo も 14 世紀には出現しているが，中世スペイン語ではそれぞれ trayo，oyo の方が圧倒的に優勢であった．cayo も同様で，caigo の出現は黄金世紀になってからである．しかし，17 世紀には traigo，oigo が古い型を圧倒するようになり，caigo もその後を追うようになった．これらの形式に対応して接続法現在形も再編が行われた：traya > traiga，oya > oiga，caya > caiga．ただし，-yo 型から新たに形成された -go のグループの中には定着せず，近代スペイン語には残らなかったものもある：atribuigo（EMd. atribuyo），huigo（EMd. huyo）など．

c. 未来・過去未来の異形の消失

未来および過去未来に用いられる語幹について黄金世紀にはまだ中世スペイン語に見られるかなり多くの不規則形が残っており，同じ動詞に複数の異形が競合する場合もあった（現存する形式は斜体で示す）：ponré / porné / *pondré*（poner），verné / *vendré*（venir），terné / *tendré*（tener），*valdré* / valré / valrré（valer）．しかし，17 世紀後半には現在も使用される形式以外の不規則形や異形は整理されるに至った．

d. 命令法複数形の変異

命令法複数形 tomad，comed，abrid に対し 15 世紀には語末の /-d/ を消失した形式 tomá，comé，abrí が出現し，/-d/ を維持する形式と競合するようになった．新しい tomá 型は 16 世紀にある程度の広がりを見せるが，古い tomad 型の方が優勢で，これを凌駕するには至らず，17 世紀にほとんど姿を消した．

e. 動詞 haber（aver）の現在形および単純過去形

中世スペイン語の初期には既述のとおり haber（aver）の直説法現在に語源に近い長い完全形と主に助動詞として用いられる短縮形が共存していた．やがて，単数形と 3 人称複数形は短縮形に統一されるが，1 人称複数と 2 人称複数は黄金世紀にもまだ両形式が共存していた：[1pl.](h)avemos / (h)emos，[2pl.](h)avéis / (h)eis．しかし，次第に唯一の形式に収斂する傾向が強まる．1 人称複数の場合，中世スペイン語では完全形（h)avemos が優勢であったが，15 世紀後半以降逆転して短縮形の（h)emos が有力となり，近代スペイン語では唯一の形式となる．一方，2 人称複数の場合は，中世スペイン語から一貫して完全形（h)avedes が優勢であり，次第に短縮形 (h)edes を駆逐して行く．16 世紀以降は人称語尾の -d- が脱落した habéis（または（h)avéis）が一般化した．ただし，2 人称複数の短縮形は未来形の語尾に組み込まれ，現代語に姿を留めている：cantar-edes > cantar-éis.

この動詞の単純過去に関して中世スペイン語では既述のとおり ove 形式とともにより新しい uve という母音 -u- を含む形式もすでに出現していた．しばらく両形式が競合するが，16 世紀には uve（または hube）形式が圧倒的に優勢となった．esuve，anduve など類推による形式が定着するのも同時期である．

D. 副詞

a. 副詞の派生

形容詞から副詞を派生する接尾形式として中世スペイン語には -mente,

-miente，-mentre，-mientre などいくつかの異形が共存しており，初期の13 世紀には -mientre が最も好まれる形式であった．しかし，14 世紀に入ると，-mente が急速に勢力を伸ばし（e.g. firmemente「しっかりと」，verdaderamente「本当に」），15 世紀には他の形式を完全に圧倒するまでになった．他の形式もなお生き続けるが，18 世紀以降の近代スペイン語では -mente が唯一の形式となった．

b. 副詞 y，en，o の消失

中世スペイン語には代名詞的副詞 i / y / hi（< ibī）「そこに，その時，それについて」および ende / end / en（< inde）「それについて」が存在した：*í* estava doña Ximena「そこにドーニャ・ヒメーナがいた」（Cid，239），que ayades *ende* sabor「そなたがそれにより喜びを得られるように」（Cid，2100）．これと同語源の形式は他のロマンス語にも見られ，イベロロマンス語ではカタルーニャ語に存在して，今日もよく使用される：C. hi，en; F. y，en; I vi，ne．しかし，スペイン語では 14 世紀から衰退し始め，16 世紀初めには廃語となった．既述のとおり，存在を表す動詞形式 hay の語尾に現れる -y はこの副詞に由来する．

同じく中世スペイン語には関係副詞として o / u / hu（< ubī）が存在し，疑問詞「どこに」としても使用された．しかし，初期から do（dē + ubī），onde / ond / ont / on（< unde），donde / dond / dont / don（dē + unde）のように前置詞 de を含む形式も共存しており，まったく同じ機能を持って使用された．中世スペイン語では do が優勢であったが，15 世紀以降は donde が逆転した．o は黄金世紀に廃語となり，do，onde は 18 世紀以降まれとなった．

E. 接続詞

黄金世紀には中世スペイン語でよく出現した接続詞および接続詞相当句があまり使用されなくなり，別の形式に交代する例がかなり見られる．等位接続詞では e「および」が衰え，異形の y が一般化した．y / i の形式は中世スペイン語にも存在したが，使用は限られていた．反意接続詞の mas「しかし」も後退し，元は譲歩の意味を担っていた pero が一般化した．時の接続詞では cada que「…するときはいつも，…するたびに」に代わって siempre que，cada vez que が，tanto que，quanto que「…するとすぐ」に代わって

apenas, no bien... quando が広がった．理由の接続詞では ca「というのは」が廃れて como, porque の使用が広がった．porque は理由を表すほか中世スペイン語では接続法の動詞を従えて目的を表すのに用いられたが，その意味では para que が使用されるようになった．譲歩の接続詞では maguer (que), pero que「…ではあるが，…であろうと」が廃れ，aunque, si bien が一般化する．

F. 接尾辞

接尾辞 -ísimo は形容詞に付加され，形容詞の意味を強めるために用いられる．このいわゆる絶対最上級の形式が一般化するのは 16 世紀後半のことである：e.g. serenísimo「非常に平静な / 殿下」．この形式はラテン語の形容詞最上級に由来するが，形容詞の比較変化はロマンス語には継承されなかったので，いったんは消失した．スペイン語では 13 世紀に学識語として再導入されたが，黄金世紀にラテン語とイタリア語の影響を受け，形容詞の意味を強調する接尾辞として急激に勢力を伸ばしたのである．この形式は学識語なので，当初は文章語的な文体で用いられた．今日でも派生を行う際は学識語的な語基に付加するのが原則である．たとえば，fuerte「強い」や antiguo「古い」に付加する場合，語源的なラテン語の語基にさかのぼって派生が行われる： fuerte（< forte-）→ fortísimo, antiguo（< antīquu-）→ antiquísimo. これに対し，通俗的な fuertísimo, buenísimo のような形式もすでに黄金世紀に現れるが，非常にまれであり，これらが増え始めるのは 19 世紀以降のことである．

G. 統語法

語順に関してこの時代にはラテン語法の影響が強くなり，16 世紀には動詞を文末に置くスペイン語としては不自然な傾向も一時現れたが，近代までに姿を消した．現代語とまだ大きく異なるのは無強勢代名詞の語順である．

a.「人の a」の一般化

既述のとおり，直接補語が人の場合，前置詞 a を付ける「人の a」の語法は中世スペイン語ですでに見られるが，まだ義務的ではなく，その補語を強調したい場合に限られていた．しかし，次第に特定された人間の場合に付くという用法が定着して行く．黄金世紀には直接補語が人間の定名詞であれば

a を付けることがほぼ一般的な原則となった．しかし，この条件を満たしていても，名詞が複数で総称的な意味の場合は a が付かないことがある．それ以外にも明確な理由が見つからないのに欠けている例がある．まだ現代語のように明確な原則は確立していなかったと言える．それでも，黄金世紀に今日の「人の a」の用法にほぼ相当する前置詞の付加が一般化したのは，この時代に le 語法がカスティーリャで全盛を極めていたことと関連があると見られる．

b. le 語法，la 語法および lo 語法の広がり

指示対象が人の場合，3 人称男性対格の代名詞として語源的には与格である le，les を用いる語法，つまり「le 語法」は中世スペイン語の初期の時代からカスティーリャでは見られるが，16 世紀にスペイン北部ではこの現象が圧倒的に優勢となった．le 語法には人と物とにかかわりなく男性には le，les を用いるという変種もあり，黄金世紀にはかなりの広がりを見せるが，人だけに le を用いる語法と比べれば例は少ない．また，複数の les を対格に用いる例は単数ほど多くない．

中世スペイン語初期から le 語法とともに lo，los を男性の対格だけではなく与格にも用いる「非語源的 lo 語法」が存在し，女性対格の la，las を与格に用いる「la 語法」も，少し遅れて出現した．これらの語法は，いずれもカスティーリャで発生したものであるが，黄金世紀に広がり，この時期の多くの文学作品に現れる．しかし，スペイン南部（アンダルシーア）やカナリアス諸島，アメリカ大陸に伝播することはなかった．

c. 無強勢代名詞の位置

中世スペイン語と同様，16 世紀に入っても人称代名詞無強勢形は動詞に対し後置する（前接）のが原則であった．つまり動詞の前に強勢語がない限り補語の無強勢代名詞は動詞の後に付けるのが原則である：Tomó*me* él un pedazo de tres que eran，el mejor y más grande. Y díjo*me*：(Lazarillo, 77)「彼は私から 3 つあった［パンのかけらの］うち一番良い大きいのを 1 個をとった．そして私に言った」．文頭では強勢語が前にある場合に限って無強勢代名詞を動詞の前に置くことが可能だったのである：Yo *te* digo（op. cit. 43)「私はお前に言っておく」．ところが，16 世紀後半には文頭に強勢語がなくても無強勢代名詞を前置する現象が出現する：“¿*Te* vas sin dilatar?” “*Me* voy sin vida.”[11]「留まりもせず行ってしまうのですか.」「私は命なく去って行きます」. しかし，この語順が広がるのは18世紀以降であり，文章語に関する限り19世紀まで文頭では無強勢代名詞を後置する語順がまだ共存していた.

黄金世紀には強勢語が前にある場合，不定詞，現在分詞および命令形に対しても無強勢代名詞を前置する（後接）のがまだ普通であった：me parescía que hacía sinjusticia en no *se las* reír.（Lazarillo, 41）「それを笑ってやらないと不当なことをしているような気がした」. しかし，17世紀以降，不定詞，現在分詞，肯定の命令形に対しては無強勢代名詞の後置が普通になる．また，前置詞に不定詞が支配されているとき，無強勢代名詞の位置は para *lo* hacer / para hacer*lo* の両方が可能であった．中世スペイン語では para *lo* hacer の語順がむしろ普通であったのに対し，16世紀になると para hacer*lo* の語順が伸張し，17世紀には前者を圧倒するようになった.

中世スペイン語では未来形および過去未来形は，不定詞と助動詞が分離し，その間に補語の無強勢代名詞が挿入されることがあったが，このような分離は17世紀以降見られなくなった：dar*lo* (*h*)*e* > *lo* daré.

こうして17世紀になると，無強勢代名詞の位置に関しては，文頭に無強勢代名詞を置くことができない（無強勢形は定形動詞に後置する）という制約を除いて，現代語とほぼ同じ原則が成立することになった.

d. 再帰代名詞 se の用法の拡大

ロマンス諸語では一般に再帰代名詞の se が本来の再帰的用法から使用範囲を大きく拡張させた．中世スペイン語ではいわゆる再帰受動文で受動の意味でも使用されるようになっていた．黄金世紀には，この受動用法の se が非人称性を帯びて使用されるに至った．つまり，他動詞が主語であるはずの名詞句と呼応しない（単数形のままの）例が現れ始めたのである．さらに，その名詞句が直接補語と意識されるようになったために「人のa」を付ける例も現れた：*se robava*, a amigos como a enemigos, a cristianos como a moros[12]「仲間からも敵からも，キリスト教徒からもモーロ人からも奪い

---

[11] Francisco de Aldana, Poesías castellanas completas, 1985: 205［1560頃-1578年までの作品］.

[12] Diego Hurtado de Mendoza: De la guerra de Granada 1569-1573 [CORDE].

とった」. 自動詞とともに se が現れる構文も出現し，広がった：Con mucho trabajo *se vive* en este mundo[13]「この世で人は大いに労働をして生きるのだ」/ ¿Tal *se ha* de sufrir en el mundo?[14]「このように人の世は苦しまなければならないのか」. つまり，再帰受動というより能動文の不定の主語あるいは総称的な主語を表すと解釈できる用法（不定人称能動文）が出現したのである. 現代語では，このような se の不定主語能動文が確立している反面，人を主語とする se 受動文（再帰受動文）は原則として許容されない. しかし，黄金世紀にはまだ人を主語とする再帰受動文も可能で，両方が共存していた：los que *se cautivaron* fueron en buen número[15]「捕らわれた者はかなり多数であった」. このため，人を主語とする se 構文の場合，再帰（自分を…する）か，受動（…される）か，あるいは相互再帰（互いに…する）なのか，時には意味解釈が曖昧になる可能性も生じる.

なお，中世スペイン語ではフランス語の不定代名詞 on と語源を同じくする（h）omne /（h）ombre / ome / om / on（< homine（homō「人」）が不定代名詞の機能をもって使用されることがあった. しかし，不定主語を表す se が広がるにつれてこの用法は衰退し，17 世紀に消滅した.

e. 動詞 -ra 形の機能変化

ラテン語の直説法過去完了形に由来する cantara の形式は黄金世紀でもなお直説法過去完了として用いられたが，その用法はすでに 16 世紀にはまれで，古風と見なされていた. これに置き換わったのは中世スペイン語ですでに競合していた複合過去完了 había cantado の形式であった. 一方で，cantara 形式は別の用法を発展させつつあった. この形式は中世スペイン語の初期の時代から条件文において法性的な意味を持って使用され，接続法過去完了と等しい機能を果たしていた. 中世スペイン語では接続法の過去完了と過去の用法の区別は明確ではなかったので，接続法過去に相当する機能を果たすこともよくあった. この傾向はますます進み，16 世紀末から 17 世紀初めにかけてほとんど接続法過去に等しいと見なしてよい状態となった. これと

---

[13] Alonso de Zurita: Relación de los señores de la Nueva España, a 1585 [CORDE].
[14] Lope de Rueda: Pasos 1545–1565 [CORDE].
[15] Fray Prudencio de Sandoval: Historia de la vida y hechos del Emperador Carlos V, 1604–1618 [CORDE].

並行して，新しい複合形 hubiera cantado が接続法過去完了として機能するようになる．本来の接続法過去あるいは過去完了としてはラテン語の接続法過去完了に由来する -se 形（cantāvissem > cantasse）が用いられていたが，それよりもむしろ cantara 形式の使用頻度が高くなった．

以上の変化は条件文で用いられる動詞形式の相関関係に当然反映する．非現実的条件文における前提節と帰結節の時制の相関について中世スペイン語末期から黄金世紀の 16 世紀末 ~17 世紀に至るまでの変化を見ると，次のように図式化することができる[16]．

14~15 世紀		16~17 世紀
[現在の非現実的仮定]「もし私が持っていたら与えるのだが」		
Si tuviesse，daría.	→	Si tuviesse，daría.
Si tuviera，daría.		Si tuviera，diera.[17]
[過去の非現実的仮定]「もし私が持っていたら与えたのだが」		
Si tuviera，diera.	→	Si hubiesse / hubiera tenido，hubiera / habría dado.

こうして中世スペイン語の条件文前提節では現在と過去のどちらの非現実的仮定も表すことができた -ra 形の機能が分離し，過去の仮定には複合時制が導入されて用法の区別が明確になった．

機能を変化させた -ra 形は黄金世紀に本来の直説法過去完了としてはほとんど用いられなくなったが，「había+ 過去分詞」の複合形式がそれをほぼ完全に駆逐するのは 18 世紀のことである．それ以降もなお -ra 形の過去完了としての用法が全く消滅したわけではない．

f. 接続法未来 -re 形の衰退

ラテン語の直説法未来完了に由来する接続法未来形（cantare）は 16 世紀後半から使用されなくなった．接続法未来形が担っていた用法は次のように別の時制で置き換えられたからである．

（1）現実的条件文——直説法現在に：Si *viniere*，se lo daré. → Si *viene*，se lo daré.「もし彼が来れば彼にそれを与えよう」

---

[16] Herrero（2005: 396-402）に基づき図式化した．

[17] 現在最もよく用いられる Si tuviera，daría の構文もすでに存在したが，黄金世紀にはあまり現れなかった（v. op.cit.）．

(2) 関係節——接続法現在に：los que *quisieren* hacerlo → los que *quieran* hacerlo「それをしたがるような人々」

(3) 時の副詞節——接続法現在に：Cuando *llegare*, se lo daré. → Cuando *llegue*, se lo daré. 「彼が来たとき，彼にそれを与えよう」

この時制は古風な形式としてなお存続するが，18 世紀には文章語にその使用が限られるようになる．現代でも法律文，契約書など厳密さが要求される文書では古風な文体としてなお用いられている．複合時制の接続法未来完了（hubiere cantado）も同様であるが，さらに使用されるのはまれである．

g. haber と tener の機能分担

中世スペイン語では aver が所有（持つ）を表す動詞として用いられたが，類義語としてすでに tener も用いられていた．15 世紀には所有を表す tener と aver との意味の差異があまりなくなり，使用頻度も拮抗するようになる．16 世紀後半には現代語と同様，所有の意味では tener を用いるのが普通になった．

所有の意味を tener に譲ることになった aver は，助動詞としての機能を拡大させて行く．中世スペイン語の初期には自動詞と再帰動詞の複合時制に助動詞として ser が主に用いられたが，次第に aver の使用が広がる．16 世紀には haber が複合時制の助動詞としては ser を圧倒するようになり[18]，17 世紀にはほとんど唯一の助動詞となった．haber が他動詞と複合時制を構成する場合，中世スペイン語に見られた複合時制を構成する過去分詞が直接補語と性・数の呼応を行う原則は，この時代にほぼ消滅した．

h. ser と estar の機能分担

複合時制の助動詞の役割を haber に譲った「ser + 過去分詞」は黄金世紀に受け身専用の形式になって，あらゆる時制で使用されるようになった．この迂言形式は中世スペイン語ではある動作の結果生じた状態を表すためにも用いられたが，その用法は新たに発達した「estar + 過去分詞」の形式が担うようになった．

黄金世紀には ser と estar の使い分けが現代語に近づくが，まだその境界は不明瞭であった．ser は連結動詞として用いられるほか，中世スペイン語と同様，まだ存在を表す意味でも使用された．estar は形容詞とともに状態

---

[18] 不定詞の綴字としては 16 世紀から haber が aver を圧倒するに至った．

を表す用法を発達させていたが，同じ場合に ser もまだ使用された．近代スペイン語ではいずれも estar に固有の用法である．これらの用法を estar が独占するようになるのは 17 世紀末以降である．他方，ser と競合しない「estar ＋現在分詞」の迂言形式はすでに 13 世紀には出現しているが，16 世紀には頻繁に使用されるようになり，次第に進行形として確立して行く：Acá dentro está comiendo[19].「彼はこの中で食事をしている」.

5.3.3. 語彙の変化

黄金世紀は前の時代に比べると，スペイン語の語彙が非常に豊富になった時代である．その第 1 の要因は主に接尾辞による派生および語の複合により多数の語彙が新たに形成されたこと，第 2 の要因はラテン語とギリシャ語から学識語の導入が増えたことである．人文主義が盛んになったことによりこの時代以降それまでのアラビア語に代わってラテン語・ギリシャ語が文化的な語彙の供給源となる．アラビア語は以前に持っていた文化的威信を失い，14 世紀以降はアラビア語起源の語彙が新しい学識語で置き換えられる傾向も生じた．第 3 の要因は近隣諸国からの借用語が増えたことである．特にこの時代はルネサンス期にあるイタリア語からの借用が増大する．ラテン語からの翻訳とともにイタリア語やフランス語からの翻訳も盛んに行われた．さらに第 4 の要因としてこの時代を特徴付ける重要なものは，インディアス植民地つまりアメリカ大陸の先住民の言語から多数の語彙，つまりアメリカ借用語（americanismo）が流入したことである[20]．その多くはスペイン語からさらに他のヨーロッパ諸語に伝播した.

A. 学識語

a. ラテン語起源の学識語

この時代にはラテン語から大量の語彙が導入された．それが一般的な語彙

[19] Garci Rodríguez de Montalvo: Las sergas del virtuoso caballero Esplandián（a. 1504）[CORDE].

[20] インディアスに代わるアメリカ（América）という地名は 1507 年頃ドイツ人のヴァルトゼーミュラー（Maritn Waldseemüller）が製作した世界地図で初めて新大陸に付けられたもので，フィレンツェ出身の航海者アメリゴ・ヴェスプッチ（Amerigo Vespucci）の洗礼名（ラテン語形 Americus）にちなむ.

として定着するにはかなり時間を要したが，現代では日常頻繁に使用されているものも数多い．その反面，定着せずに消えてしまった学識語もある．以下に 15~17 世紀に導入された学識語の代表的な実例を挙げる．

〔学術〕abdomen「腹部」，efecto「効果」，fragmento「断片」，globo「球」，invención「発明」，línea「線」，motor「動力」，paciente「患者」，república「共和国」，relación「関係」，residuo「残滓」，sexo「性」，temperatura「温度」，universo「宇宙」，volumen「体積」；〔文学〕ambición「野心」，angustia「苦悩」，benevolencia「好意」，clamor「叫び」，lector「読者」，lectura「読書」；〔建築・美術〕acción「行為」，arquitectura「建築」，escultor「彫刻家」，espectáculo「見せ物」；〔政治・経済〕crédito「信用」，dominio「支配」，ejército「陸軍」，fábrica「工場」，industria「産業」，secretario「秘書」，sesión「会議」；〔社会・生活〕ambiente「雰囲気」，apariencia「外観」，aplauso「拍手」，colegio「同業組合」，comunidad「共同体」，experiencia「経験」，furor「激怒」，incendio「火災」，intento「企て」，límite「境界」，obstáculo「障害（物）」，premio「賞」，refugio「避難所」，rumor「うわさ」，terror「恐怖」；〔形容詞〕admirable「賞賛すべき」，atento「注意深い」，cauto「用心深い」，débil「弱い」，difícil「難しい」，elegante「優雅な」，elocuente「雄弁な」，eminente「傑出した」，equivalente「等価の」，erudito「碩学の」，fácil「容易な」，imbécil「愚かな」．inmenso「広大な」，lícito「適法の」，lúcido「輝かしい」，magnífico「壮大な」，pálido「青白い」，perverso「邪悪な」，pésimo「最悪の」，recto「まっすぐな」，ridículo「滑稽な」，severo「厳格な」，terrible「恐ろしい」，total「全体の」，último「最後の」，útil「有用な」；〔動詞〕ampliar「拡大する」，aumentar「増える，増やす」，comunicar「伝達する」，conducir「導く」，consultar「相談する」，conversar「会話する」，deliberar「熟考する」，dominar「支配する」，excluir「排除する」，explicar「説明する」，observar「観察する」，ocultar「覆い隠す」，reducir「縮小する」，relatar「物語る」，retroceder「後退する」，surgir「わき出す，生じる」，vacilar「ためらう」

b. ギリシャ語起源の学識語

15 世紀にギリシャ語に由来する学識語は非常に増大するが，その後はギリシャ語にある既存の語をそのまま借用する例は減少する．ギリシャ語に由来する学識語は，いったんラテン語を経由し，ラテン語風の形態を持つものが大部分を占める.

〔科学〕análisis「分析」, caos「混沌」, categoría「範疇」, cilindro「円柱」, cometa「彗星」, cono「円錐」, cubo「立方体」, diámetro「直径」, dilema「ジレンマ」, eclipse「（日・月）食」, energía「エネルギー」, geografía「地理学」, giro「回転」, hipótesis「仮説」, idea「観念」, istmo「地峡」, máquina「機械」, matemática「数学」, método「方法」, océano「大洋」, período「期間, 周期」, problema「問題」, teoría「理論」, tesis「学説」, trapecio「台形」, zona「地帯」;〔医学〕agonía「断末魔」, arteria「動脈」, cardíaco「心臓の」, catarro「風邪」, cráneo「頭蓋骨」, diarrea「下痢」, dosis「服用量」, embrión「胎児」, epidemia「伝染病」, esqueleto「骸骨」, frenesí「狂乱」, manía「妄想」, náusea「吐き気」, opio「阿片」, parásito「寄生生物」, pronóstico「予測, 予後」, reuma「リューマチ」, síntoma「症状」;〔動植物〕bisonte「バイソン」, crisantemo「菊」, hiena「ハイエナ」, hipopótamo「カバ」, jacinto「ヒヤシンス」, lince「オオヤマネコ」, menta「ハッカ」, narciso「スイセン」, rinoceronte「サイ」;〔文化・教育〕academia「学林, 学士院」, alfabeto「アルファベット」, catálogo「目録」, dialecto「方言」, diálogo「対話」, diploma「免状」, enciclopedia「百科辞典」, etimología「語源学」, idioma「言語」, léxico「語彙集」, ortografía「正書法」;〔文学・芸術〕antipatía「反感」, armonía「調和」, atleta「競技者」, cínico「冷笑的な」, coma「コンマ」, comedia「喜劇」, crítico「批判的な」, drama「演劇」, elegía「哀歌」, énfasis「強調」, episodio「挿話」, epopeya「叙事詩」, escena「舞台」, exótico「異国風の」, fantástico「幻想的な」, frase「語句」, héroe「英雄」, ironía「皮肉」, laberinto「迷宮」, melodía「メロディー」, metáfora「隠喩」, metro「韻律」, paradoja「逆説」, párrafo「段落」, poesía「詩」, prólogo「序文」, ritmo「リズム」, símbolo「象徴」, simpatía「好感」, tema「主題」, tono「調子」, tragedia「悲劇」;〔建築〕arquitecto「建築家」, aula「教室」, biblioteca「図書館」, museo「博物館」;〔政治・経済〕anarquía「無政府状態」, catástrofe「大惨事」, democracia「民主制」, economía「経済」, época「時代」, hipoteca「抵当」, período「期間」, pirata「海賊」, político「政治の」;〔宗教〕ateo「無神論の」, carisma「カリスマ」, clero「聖職者」, idólatra「偶像崇拝の」, místico「神秘主義の」, pánico「パニック」

B. 近隣の言語からの借用語

a. フランス語からの借用語

中世スペイン語の時代に比べ，黄金世紀にはフランス語借用語は減少する．その中で16世紀には軍事用語の借用が目立つ．

〔軍事〕arcabuz「火縄銃」，bagaje「軍用行李」，barricada「バリケード」，botín「戦利品」，brecha「突破口」，calibre「口径」，carabina「騎兵銃」，convoy「護送隊」，heraldo「伝令」，marchar「行進する」，pabellón「テント」，rancho「給食」，recluta「召集兵」，trinchera「塹壕」，tropa「部隊」；〔海事〕babor「左舷」，estribor「右舷」，izar「(旗を) 掲揚する」；〔宮廷〕banquete「宴会」，blasón「紋章」，carpeta「敷物，ファイル」，etiqueta「儀礼」，gala「盛装」，jardín「庭園」，servilleta「ナプキン」；〔服飾〕broche「ブローチ」，franja「縁飾り」，moda「流行」，parche「パッチ」，peluca「かつら」；〔食物〕crema「クリーム」，fresa「イチゴ」，potaje「シチュー」；〔物品〕baúl「トランク」，bufete「事務机」，maleta「スーツケース」，panel「パネル」，pinzas「ペンチ，ピンセット」，〔社会・生活〕asamblea「集会」，billete「切符」，dintel「鴨居」，parque「公園」

b. オック語からの借用語

南フランスのオック語からの借用も，前の時代に比べると黄金世紀にはかなり減少する：correo「郵便」，desastre「災害」，embajada「大使館」，gabacho「(軽蔑) フランスの」，gris「灰色の」，patio「中庭」，perfil「横顔」，refrán「ことわざ」

c. イタリア語からの借用語 (italianismo)

スペインが南イタリアを支配していたこともあってイタリアとの関係は緊密であった．ルネッサンス期を迎えたイタリアから黄金世紀にはさまざまの分野にわたって語彙の借用が行われたが，特に芸術と軍事分野の語彙が多い．

〔文学・演劇〕bufón「道化の」，capricho「気まぐれ」，comediante「役者」，humanista「人文学者」，madrigal「叙情短詩」，novela「小説」，soneto「ソネット」，truco「トリック」；〔美術・音楽〕actitud「態度」，cartón「ボール紙」，contorno「輪郭」，esbelto「すらりとした」，fresco「フラスコ画」，grotesco「異様な」，medalla「メダル」，modelo「模範」，pavana「パヴァーヌ」，relieve「浮き彫り」，violín「ヴァイオリン」，violón「コン

トラバス」;〔建築〕apoyar「もたせかける，支持する」，balcón「バルコニー」，casino「カジノ」，cúpula「ドーム」，diseño「設計」，fachada「正面」，muralla「城壁」，nicho「ニッチ」，pedestal「台座」，zócalo「基壇，台座」;〔軍事〕alerta「警報」，asalto「襲撃」，atacar「攻撃する」，bastión「防塁」，batallón「大隊」，boletín「報告書」，bombarda「射石砲」，caporal「伍長」，centinela「歩哨」，ciudadela（< cittadella）「城塞」，colina「丘」，coronel「大佐」，duelo「決闘」，emboscada「伏兵」，escolta「護衛」，escopeta「猟銃」，foso「堀」，guardia「衛兵」，parapeto「胸壁」;〔海事〕brújula「羅針盤」，fragata「フリゲート艦」，góndola「ゴンドラ」，piloto「航海士」，zarpar「錨を上げる」;〔地理〕gruta「洞窟」，pantano「沼」，terremoto「地震」;〔経済〕bancarrota「破産」，canje「交換」，cero「0」，fracasar「失敗する」，manejar「操作する」，mercancía「商品」，mercante「海運の」;〔社会〕bandido「山賊」，campeón「戦士」，cantina「酒場」，carnaval「謝肉祭」，charlar「おしゃべりする」，cortejar「言い寄る」，cortesano「宮廷の」，espadachín「剣客」，pedante「衒学的な」;〔生活〕calamar「イカ」，corbata「ネクタイ」，gamba「芝エビ」，piñata「ピニャータ」，porcelana「磁器」，salchicha「ソーセージ」

d. カタルーニャ語からの借用語

カスティーリャとともに統一スペインを構成したアラゴンは地中海に勢力を伸ばした海洋国家であったため，この時代のカタルーニャ語からの借用は海事用語が目立つ.

〔海事〕buque「艦船」，grúa「起重機」，pañol「船倉」，sotavento「風下」，timonel「操舵手」，〔その他〕barraca「バラック」，betún「瀝青」，clavel「カーネーション」，crisol「るつぼ」，cuartel「兵営」，entremés「オードブル」，faena「作業」，festejar「祝う」，forastero「他国の」，gafa「鉤，眼鏡」，(a) granel「ばら売り（で）」，imprenta「印刷」，plantel「スタッフ」，turrón「アーモンド菓子」

e. ポルトガル語からの借用語（lusitanismo）

ポルトガルは政治的にも文化的にも関係の深い隣国であるが，語彙の借用はそれほど多くない．海洋国家なので，16~17 世紀の借用はやはり海事と水産物の用語が目立つ.

〔海事〕balde「バケツ」，buzo「潜水士」，estela「航跡」，monzón「モン

スーン」，pleamar「満潮」，tanque「貯水槽」，virar「変針する」；〔水産〕mejillón「ムール貝」，ostra「カキ貝」，sollo「チョウザメ」；〔その他〕bambú「竹」，bicho「虫，小動物」，brincar「飛び跳ねる」，caramelo「カラメル」，catre「簡易ベッド」，charol「エナメル」，despejar「取り除く」，enfadar「怒らせる」，macho「ラバ」，menino「小姓」，mermelada「マーマレード」，traje「衣服」

C. アメリカ借用語

アメリカに到達したスペイン人は旧世界にはなかった新しい自然，動植物そして人間と文化に接触し，それらに名付けをする必要に迫られた．その一つの方法はスペイン語の既存の語彙で類似した事物を示すことであった．たとえば，パイナップルにpiña「松かさ」，バナナにplátano「プラタナス」，ピューマにleón「ライオン」，ジャガーにtigre「トラ」，ワニにlagarto「トカゲ」を当てる類である．しかし，そうした方法では必要に十分応じられるはずもなく，16~17世紀には先住民の言語から大量の語彙が借用されることになった．黄金世紀にスペイン語に採り入れられた主要なアメリカ借用語には次のような例がある．

アラワク語（arahuaco）——広義ではカリブ海域からコロンビア，ベネズエラ，ブラジル，アルゼンチンにまで及ぶ非常に広大な領域に分布するアラワク語族の諸語を指すが，ここで言うアラワク語はその中のカリブ海域に存在したものを指す．これは次のタイーノ語と同様，スペイン人の進出後，短期間で死語となった．（例）canoa「カヌー」，guacamayo「コンゴウインコ」，iguana「イグアナ」，jaiba「ザリガニ」，maguey「リュウゼツラン」

タイーノ語（taíno）——大アンティーリャス諸島（キューバ，ハイチ，プエルトリコ，ジャマイカ），バハマ諸島，フロリダ半島などカリブ海域に分布していたが，コロンブスの到達後，急速にタイーノ人口は減少し，16世紀中にほとんど絶滅して言語も死語となった．アラワク語族に属するとも言われるが，詳細は不明である．（例）ají「トウガラシ」，barbacoa「バーベキュー」，batata「サツマイモ」，cacique「族長，ボス」，caoba「マホガニー」，carey「アオウミガメ」，hamaca「ハンモック」，huracán「ハリケーン」，maíz「トウモロコシ」，manatí「マナティー」，maní「落花生」，papaya「パパイヤ」，sabana「サバンナ」，yuca「ユッカ」

カリブ語（caribe）——広義ではコロンビア，ベネズエラ，スリナム，ブラジルに分布するカリブ語族の諸語を指す．名前の由来であるカリブ海域のカリブ語はアラワク語より後，コロンブスの到達直前の時期に広がったらしい．タイーノ語と同様16世紀には死語となった．（例）butaca「安楽椅子」，caimán「カイマン（ワニ）」，caníbal（< caríbal）「食人の」，colibrí「ハチドリ」，loro「オウム」，mico「オナガザル」，piragua「カヌー」

ナウアトル語（náhuatl）——アステカ帝国の共通語であったので，アステカ語（azteca）と呼ばれることもある．ウト・アステカ語族に属し，メキシコを中心に中米にも分布する．（例）aguacate「アボカド」，cacahuete（スペイン）/ cacahuate（メキシコ）「落花生」，cacao「カカオ」，camote「サツマイモ」，chicle「チューインガム」，chile「トウガラシ」，chocolate「チョコレート，ココア」，coyote「コヨーテ」，guajolote「七面鳥」，hule「ゴム」，jícara「小カップ」，milpa「トウモロコシ畑」，nopal「ノパルサボテン」，ocelote「オセロット」，petaca「煙草入れ，トランク」，tiza「白墨」，tomate「トマト」．

マヤ語（maya）——マヤ語族の諸語が含まれる．メキシコのユカタン半島からグアテマラ，ベリーズにかけて分布する．（例）cenote「泉」，henequén「リュウゼツラン」

ケチュア語（quechua）——エクアドル，ペルー，ボリビア，チリ北部，アルゼンチンまで分布するケチュア語族の諸語を指す．ペルーのクスコ地方のケチュア語はインカ帝国の共通語であった．（例）alpaca「アルパカ」，cancha「競技場」，chacra「農場」，choclo「トウモロコシ」，coca「コカ」，cóndor「コンドル」，gaucho「ガウチョ」，guano「グアノ（肥料）」，llama「リャーマ」，mate「マテ茶」，pampa「パンパ」，papa「ジャガイモ」，puma「ピューマ」，vicuña「ビクーニャ」

グアラニー語（guaraní）——アマゾン地方を中心にブラジル，パラグアイ，アルゼンチン，ボリビア，ペルーにも広がるトゥピー語族（tupí）の中の代表的な言語で，特にパラグアイは話者が多い．（例）ananá「パイナップル」，jaguar「ジャガー」，mandioca「キャッサバ」，piraña「ピラニア」，tapioca「タピオカ」

以上のほか，chicha「チチャ（トウモロコシから造る酒）」はコロンビアのチブチャ語（chibcha），poncho「ポンチョ」はチリからアルゼンチンにかけて分布するアラウコ語（araucano）に由来すると言われる.

5.4. スペイン文学の発展と文法書の出現

15世紀にはアラゴン王国による南イタリア支配の影響もあってイタリアから人文主義が直接流入し[21]，それまでのイスラム文化を通じて流入していた東方的要素に代わって，ギリシャ・ローマの古典的要素が大きな影響を及ぼし始めた．作品のジャンルも抒情詩，叙事詩（ロマンセ），教化文学，騎士道小説，演劇作品など多様化するようになった．このスペインの前古典期を代表するもっとも重要な演劇作品としてはフェルナンド・デ・ロハス（Fernando de Rojas）の『ラ・セレスティーナ』（*La Celestina*，1499）がある[22]．教化文学を代表するのはマルティネス・デ・トレード（Alfonso Martínez de Toledo，Arcipreste de Talavera）の『コルバーチョ』（*Corbacho*，1498）で，女性を風刺した作品である．また，韻文ではマンリーケ（Jorge Manrique，1440–79）がこの時代最高の抒情詩人と言われる．

15世紀末に最初のスペイン語文法書が出現したことも特筆される．それまで文法と言えば古典語に限られていたのに対し，ネブリーハ（Elio Antonio de Nebrija）が刊行した『カスティーリャ語文法』（*Gramática de la lengua castellana*，1492）はヨーロッパ初の近代語の文法書とされる[23]．本書はグラナダ王国征服，ユダヤ人追放およびコロンブスの新大陸到達というスペイン史上重要な事件が続けて起きた1492年にイサベル女王に献じられた．ネブリーハは，かつてギリシャ語，ラテン語がそれぞれの「帝国の伴侶」であったようにスペイン語も新しい帝国の伴侶となるべきであり，スペイン領土の内外に普及されるべきであるという信念の下にその文法を編ん

[21] 1443年アラゴン王アルフォンソ5世はナポリ王国を征服し，王位に就いた．

[22] 巻末の資料テキスト5参照．

[23] 厳密に言えば，ロマンス語最古の文法書としては13世紀半ばに書かれたプロヴァンス語（正確にはオック語）の文法，ユク・ファイディト（Uc Faidit）の『プロヴァンス語文典』（Donatz Proensals）がある．しかし，ネブリーハの文法はより学術的であり，日常使用される「卑俗な言語」の文法を記述し，それを国家の言語として確立させようとする政治的意図と国民意識をもって刊行されたことが画期的であった．そのために，他のヨーロッパ諸国にも自国語の文法を編纂しようとする契機を与えることになった．

だ．国内ばかりでなく，国外にも与えた本書の影響は大きく，以後各国で近代語の文法書が出現するようになった．文学史上でも，前時代の晦渋なラテン語法を排したネブリーハの自然な文体はスペイン語の散文に大きな影響を及ぼした．ネブリーハは『羅西辞典』（*Vocabulario latino-español*, 1492）や『カスティーリャ語正書法』（*Reglas de orthographía en la lengua castellana*, 1517）も刊行している．前者はスペインにおける 2 言語対訳辞典の嚆矢と言えるもので，国外でも好評を博し，フランス語版，ポルトガル語版などが出版された[24]．その後，17 世紀に入ってから最初の国語辞典と言えるコバルビアス（Sebastián de Covarrubias）の『カスティーリャ語またはスペイン語の宝典』（*Tesoro de la lengua castellana o española*, 1611）が刊行される．

なお，この時代以降の文化活動に多大な影響を与えたのは活版印刷の普及である．活版印刷は 1445 年頃ドイツのグーテンベルクにより考案されたと言われるが，早くも 1474 年にはスペイン最初の印刷本がバレンシアで刊行された．その後，印刷術はスペイン各地に広がって行く．これにより筆写に頼っていた前の時代とは比較にならないほど書籍の普及が進むことになった．同時に，それは正書法の面でも形態・統語面でも多用な変異が見られた前時代までのスペイン語に統一的な規範を確立し，固定化することを促す重要な要因となった．

5.5. 黄金世紀の文学

16 世紀前半カルロス 1 世の治下，ヨーロッパの覇権国となったスペインはイタリアと密接な対外関係を持つようになり，文化的にもルネサンスの強い影響を受けた．その流れは中世以来受け継がれてきたスペイン独特の文化的伝統と結びついて黄金世紀前半を特徴付けるルネサンス文学が花を開いた．抒情詩ではガルシラーソ・デ・ラ・ベーガ（Garcilaso de la Vega, 1501-36），散文では『国語問答』（*Diálogo de la lengua*, c.1535）で知られるバルデス（Juan de Valdés, ?-1541）が代表的な文学者である．他方，中世以来の伝統を継承する騎士道小説は，この時代も隆盛で，もっとも有名な作品としては『アマディス・デ・ガウラ』（*Amadís de Gaula*, 1508）がある[25]．16

[24] v. 石井（2008: 256）.

世紀半ばには騎士道小説とは対照的なスペイン独特の写実的なピカレスク（悪者）小説というジャンルが出現した．その先駆的作品は作者不詳の『ラサリーリョ・デ・トルメス』（*Lazarillo de Tormes*，1554）である[26]．

16世紀の西欧は宗教改革の嵐が吹き荒れた時代であるが，カトリック側はプロテスタントに対抗するとともに教会内部のエラスムス主義にも警戒を強め，「反宗教改革」を推進した．その運動の中心にあるスペインでは聖職者による独特の神秘主義が盛んになった．その代表者はルイス・デ・グラナーダ（Fray Luis de Granada，1504–88），テレーサ・デ・ヘスス（アビラの聖テレジア Santa Teresa de Jesús，1515–82）およびフアン・デ・ラ・クルス（十字架の聖ヨハネ San Juan de la Cruz，1542–91）であり，自分の思想・体験を神秘主義文学に著した．神秘主義の枠外では神学者で，抒情詩人でもあったルイス・デ・レオン（Fray Luis de León，1527–91）が優れた作品を残している．

17世紀のスペインは絶頂期を過ぎ，国家としては衰退に向かい始めるが，文化的には最盛期を迎え，バロック文学の時代となる．奇知主義（conceptismo）の詩人でもあり，散文家でもあったケベード（Francisco Gómez de Quevedo y Villegas，1580–1645），誇飾主義（culteranismo）の抒情詩人ゴンゴラ（Luis de Góngora y Argote，1561–1627），『ドン・キホーテ』（*Don Quijote de la Mancha*）で著名な小説家セルバンテス（Miguel de Cervantes Saavedra，1547–1616）[27]，小説と評論で知られるグラシアン（Baltasar Gracián y Morales，1601–58）などが傑出している．また，演劇分野ではロペ・デ・ベーガ（Lope Félix de Vega Carpio，1562–1635），ティルソ・デ・モリーナ（Tirso de Molina，1583–1648）およびカルデロン・デ・ラ・バルカ（Pedro Calderón de la Barca，1600–81）が三大劇作家として有名である．このように隆盛を極めた黄金世紀のスペイン古典文学は隣国フランスを始めとしてヨーロッパ中に大きな影響を与えた．

---

[25] この作品は，ロドリゲス・モンタルボ（Garci Rodríguez de Montalvo）がすでにあった3部から成る物語に修正を行い，1部を自ら書き加えて完成させた．この冒険物語は当時非常な人気を博し，作中の架空の地名 California が新大陸の地名に採用されるほどであった．

[26] 巻末の資料テキスト6参照．

[27] 巻末の資料テキスト7参照．

黄金世紀には新大陸出身の文学者も出現した．スペイン人の父とインカ王族の母との間にペルーで生まれ，後にスペインで活躍した年代記作者インカ・ガルシラーソ・デ・ラ・ベーガ（El Inca Garcilaso de la Vega，1539-1616）やメキシコ生まれの修道女で詩人のフアーナ・デ・ラ・クルス（Sor Juana Inés de la Cruz，1651-95）の名を挙げることができる．

6. 近代スペイン語
（18 世紀以降）

6.1. 近・現代のスペイン

6.1.1. ハプスブルク朝からブルボン朝へ

A. スペイン継承戦争

17 世紀末，スペイン・ハプスブルク家最後の国王カルロス 2 世（Carlos II, 1665-1700）が夭折すると，王位継承をめぐってフランス・ブルボン家の国王ルイ 14 世とオーストリア・ハプスブルク家の神聖ローマ皇帝レオポルド 1 世の抗争が表面化する．二人ともスペイン王室と姻戚関係にあり，王位継承権があると主張した．どちらに決まってもヨーロッパの勢力均衡は破れるので，スペインの王位継承は周辺諸国を巻き込む国際問題となった．カルロス 2 世の遺言に基づきルイ 14 世の孫に当たるフランス・ブルボン家のフェリーペ 5 世（Felipe V, 1700-24, 1724-46）が即位すると，これに反対するレオポルド 1 世は皇子カール大公を新国王に擁立し，フランスの勢力拡大を恐れる英国，オランダ，デンマークと「大同盟」を結成して 1702 年フランス・スペイン両国に宣戦した．翌年にはポルトガルも大同盟に加わった．こうしてほとんどヨーロッパ中を巻き込むスペイン継承戦争（1702-14）が始まった．

スペイン国内もフェリーペ 5 世を支持するカスティーリャとカール大公を支持する旧アラゴン連合王国（アラゴン・カタルーニャ・バレンシア）に分裂し，内戦となった．12 年にも及ぶ戦いの後，1713 年英国を中心とする大同盟諸国はフランスとユトレヒト講和条約を締結し，ブルボン家フェリーペ 5 世の王位継承を承認した．翌 1714 年神聖ローマ帝国もラシュタット条約でこれを追認し，継承戦争は終結した．それでもなお旧アラゴン連合王国はフェリーペ 5 世に対し内戦を継続したが，同年バルセローナが陥落し，降伏に追い込まれた．

継承戦争の結果，スペイン帝国は解体され，イタリアとフランドルの領土すべてを失い，ジブラルタルとメノルカ島を英国に割譲しなければならなかった．アメリカ植民地は保持したが，英国に植民地への奴隷貿易独占権を譲渡した．フェリーペ 5 世の新政府は中央集権国家の建設を目指して一連の「新基本体制令」を公布（1707–16）した．これによりブルボン家を支持したバスク・ナバラの地方特権は残されたものの，敵対した旧アラゴン連合王国は解体され，地方議会は廃止された．こうして，ようやくスペインはバスク・ナバラを除いて法制と行政・財政上の国家統一を実現することになった．言語面でもカタルーニャ語とバレンシア語（カタルーニャ語バレンシア方言）は，地方公用語の地位を奪われ，スペイン語がそれに取って代わった．法廷や学校教育におけるカタルーニャ語使用も廃止された．

B. ブルボン朝の啓蒙専制主義

18 世紀のスペインは啓蒙専制主義の時代と言われる．ブルボン王朝は対外的にはブルボン朝フランスと「家族協定」を結び，英国に対抗した．アメリカ独立戦争にはフランスとともに介入し，アメリカ独立を承認する 1783 年のパリ講和条約によってスペイン継承戦争で英国に奪われたメノルカ島を取り戻した．しかし，ジブラルタルの回復はならず，現在もなお未解決の領土問題となっている．

ブルボン朝スペインは統一国家確立のためフランスを模範とする中央集権政策をとり，官僚制度を整備しながら行・財政改革を進めた．教会に対する統制も強められ，1753 年ローマ教皇と宗教協約を締結して，国王の司教叙任権を認めさせた．さらに，18 世紀後半のカルロス 3 世（Carlos III，1759–88）の時代にはフランス啓蒙思想の影響下にさまざまな啓蒙的改革が行われた．食糧の値上がりが原因で全国的なエスキラーチェ暴動が起きると，翌 1767 年これを扇動したとの口実で教育界に強い影響力を持っていたイエズス会をスペイン本国と植民地から追放した．教会が支配していた大学は国に移管され，啓蒙思想や新しい科学技術が教育されるようになる．経済的には国内市場の自由化と規制撤廃が行われ，アメリカ植民地との貿易は完全に自由化された．この結果，特にスペイン周辺部の沿岸地方で商工業が盛んになった．カタルーニャは自治権を奪われた反面，市場開放の恩恵を受け，商業や紡績業が発展した．

6.1.2. スペイン独立戦争とイスパノアメリカ諸国の独立

カルロス 4 世（Carlos IV, 1788–1808）の時代，フランス革命が勃発すると，隣国のスペインは困難な状況に追い込まれた．1793 年ルイ 16 世の処刑後，革命に干渉する英国・オランダ・スペインに対しフランスは相次いで宣戦した．フランス軍に侵攻されたスペインは 1795 年単独でフランスと講和し，サント・ドミンゴ島の東半分（現ドミニカ）を譲渡して翌年には同盟関係を結んだが，その結果，今度は英国の攻撃を受ける羽目になった．英仏間のアミアン和約（1802）によるつかの間の和平の後，再び英国がナポレオン帝政下のフランスと開戦（1805）すると，スペインは再度フランスと同盟を結んだが，フランス・スペイン連合艦隊はトラファルガル海戦で英国艦隊に惨敗した．これによりスペインは大西洋の制海権を完全に失い，植民地との交易を絶たれた．

ナポレオンは英国を屈服させようと 1804 年大陸封鎖令を布告したが，ポルトガルがこれに従わないので 1807 年スペイン国内を経由して派兵を行った．このとき，フランスに屈従して不人気のカルロス 4 世と宰相ゴドイに対抗して反ゴドイ派は密かにアランフエス暴動を扇動し，同地に滞在する国王に王太子フェルナンドへの譲位を承諾させた．この状況を見て，ナポレオンはスペイン駐屯のフランス軍にマドリードを占領させ，カルロス 4 世と即位したばかりのフェルナンド 7 世に強要してナポレオンの兄ジョゼフ（ホセ 1 世 José I, 1808–13）にスペイン王位を譲らせた．このフランスの横暴に憤激したマドリードの民衆は反仏暴動を起こし，これを契機にスペイン独立戦争（半島戦争，1808–14）が始まった．強力なフランス軍に対しスペイン人は史上初めて「ゲリラ戦」(guerrilla) と呼ばれることになった戦術で戦い，フランス軍を泥沼の戦争に引きずり込んだ．スペインはナポレオンの軍事的栄光にとって最初のつまずきとなった．独立戦争中にカディスでは議会が開催され，自由主義的な立憲王制を定めた 1812 年憲法が制定された．しかし，ナポレオンの没落とともに復位したフェルナンド 7 世（Fernando VII, 1808, 1814–33）は，憲法を停止し，絶対主義体制を復活させた．

スペイン本国で戦争と混乱が続く時期，スペイン領アメリカ植民地は本国との通商や交通が途絶したため，各地で自治・独立の動きが強まった．折しも，フランス革命やアメリカ合衆国独立の影響もあり，自由主義的政治思潮が強まっていたので，それまで政治的権利を持たなかった現地生まれのスペイン人（クリオーリョ criollo）は各地で植民地当局に対し武装蜂起した．この結果，1811 年から 21 年までの間にキューバとプエルトリコを除くイスパノアメリカ諸国が独立するに至った[1]．

スペインはフランスの占領から独立を回復した後も，政治は長く不安定であった．1833 年フェルナンド 7 世が没し，イサベル 2 世（Isabel II, 1833-68）が即位すると，女子の王位継承権復活に反対する絶対主義派は前国王の弟カルロスを擁立して反乱（第 1 次カルリスタ戦争，1833-39）を起こした．イサベル側が内戦に勝利した後も政情は安定せず，1868 年 9 月革命（名誉革命）が起きて，イサベル女王は国外に亡命した．その直後，植民地キューバで第 1 次独立戦争（十年戦争，1868-78）が始まった．さらに，新たにイタリア王家から招請されたアマデオ王（Amadeo I, 1871-73）の時代には第 2 次カルリスタ戦争（1872-76）が勃発した．内戦と植民地戦争が続く混乱の中，短命な第 1 共和制（1873-74）を経て，イサベル 2 世の子アルフォンソ 12 世（Alfonso XII, 1875-85）による王政復古が実現した．

1895 年キューバで第 2 次独立戦争が再燃すると，カリブ海への進出をもくろむ米国は独立運動支援の名目でこれに介入し，1898 年米西戦争を引き起こした．スペインは惨敗し，同年パリ講和条約でキューバを放棄し，プエルトリコ，フィリピンおよびグアム島を米国に割譲した．戦争でほとんど全艦隊を喪失した上，財政困難に陥った戦後のスペインは，太平洋の植民地を維持する余裕がなく，1899 年マリアーナ，カロリーナおよびパラーオ諸島をドイツに売却した[2]．こうしてスペインは，19 世紀末に海外植民地の大部分を失うことになった．

6.1.3. 現代のスペイン

A. スペイン内戦の前後

アルフォンソ 13 世（Alfonso XIII, 1886-1931）は母后マリーア・クリスティーナによる摂政時代を経て 1902 年親政を開始する．20 世紀初めの大き

---

[1] イスパノアメリカ（Hispanoamérica）とは旧スペイン領であった南北アメリカのスペイン語地域を指す．

[2] これらの諸島は第 1 次大戦後のヴェルサイユ条約により 1945 年まで日本の委任統治領となった．

な対外問題は植民地モロッコの民族反乱（モロッコ戦争，1909–27）であった．いたずらに長引く戦争に対する民衆の不満は強く，1909年にはバルセローナで徴兵反対の暴動「悲劇の一週間」が起き，多数の死傷者が出た．

第1次大戦中スペインは中立を維持し，輸出の増大と国産品需要の拡大により未曾有の好景気となった．しかし，大戦が終わると一転して経済は不況となり，1921年モロッコ戦争でも大敗を喫して政情は不安定化した．1922年プリーモ・デ・リベーラ（Miguel Primo de Rivera）将軍がクーデターを起こし，独裁政権を樹立した．リベーラ政権は，軍事力によりモロッコ問題を解決したものの，意図したさまざまの改革は達成できず，20年代後半からは景気後退もあって軍部からも見放され，1930年崩壊した．

リベーラが失脚すると，独裁政権の後ろ盾となっていたアルフォンソ13世および王制に対する国民の反発は強く，1931年統一地方選挙で共和派が圧勝した．直ちに国王は亡命し，第2共和制（1931–39）が成立した．しかし，共和制下では政教分離，農地改革などの社会・経済改革をめぐって左右両派の対立が激化し，テロ事件が頻発した．社会不安が増大する中，1936年陸軍が反乱を起こし，国民を二分するスペイン内戦が始まった．内戦は国際化して，ドイツとイタリアは反乱軍に支援部隊を派遣し，ソ連は共和国を援助し，コミンテルンの組織した義勇軍（国際旅団）を送り込んだ．しかし，英・仏を始め他の欧米主要国は不干渉政策をとった．1939年フランコ（Francisco Franco-Bahamonde）将軍の率いる反乱軍が勝利し，共和国は崩壊した．

B. フランコ体制以後

フランコ政権（1939–75）は第2次大戦には中立を宣言し，ドイツ・イタリアの敗戦後も生き残ったが，国際社会の厳しい批判にさらされ，外交的に孤立した．しかし，米・ソの冷戦が激化すると，軍事基地を提供するのと引き替えに米国から経済援助を受けることになり，国際社会への復帰を果たした．60年代には「スペインの奇蹟」と呼ばれる経済発展を遂げるまでになった．しかし，経済成長につれて長期独裁に対する国民の不満は高まって行った．

1975年フランコが死去すると，生前に法制化されていた王政復古の方針に従い，アルフォンソ13世の孫にあたるフアン・カルロス1世（Juan Carlos I, 1975-）が即位した．1978 年立憲君主制を柱とする新憲法が公布され，フランコ体制からの脱却と民主化が進んだ．これに不満を持つ治安警察隊幹部が 1981 年クーデターを企てたが，失敗に終わった．1986 年スペインは EC（欧州共同体，現在は EU）に正式加盟し，経済・社会などさまざまの面で国際化の動きが加速して行く．政治面では議会制民主主義が定着し，二大政党による政権交代が行われている．その一方で，バスク独立を求めるテロ組織 ETA（バスク国と自由）がフランコ時代から活動し，現在も断続的にテロを繰り返しており，大きな社会問題となっている．

6.2. 王立学士院と正書法改革

6.2.1. 学士院創設とその出版活動

スペイン王立学士院（Real Academia Española），通称「アカデミア」はスペインにブルボン朝が成立してまもない 1714 年にフェリーペ 5 世によって設立された．この機関は 1635 年ルイ 13 世によって設立されたフランス学士院（Académie Française）に範をとったものである．その目的は黄金世紀に確立されたスペイン語の正しい規範を維持し，その分裂を防ぐこととされ，標語は「浄化し，確定させ，光輝を与えよ」（Limpia, fija y da esplendor.）と定められた．時代の要請に適応し，変化してやまない言語に対し国家が主導して正しい規範を示し，管理しようとする啓蒙主義的な考え方に立つものである．その目的達成のため学士院が行った事業はスペイン語の辞典と規範文法の出版であった．学士院が編纂した最初の辞典は『模範辞典』全 6 巻（*Diccionario de autoridades*, 1726-39）である[3]．この辞典は書名どおり語義・語源とともに主に文学作品から引用した用例を各項目に載せている．ついで『スペイン語正書法』（*Orthographía española*, 1741）および『カスティーリャ語文法』（*Gramática de la lengua castellana*, 1771）が刊行された[4]．

---

[3] 正式の書名は『カスティーリャ語辞典』（Diccionario de la lengua castellana）であるが，『模範辞典』という通称で知られる．巻末の資料テキスト 8 を参照．

[4] フランスの学士院はスペインに先立ち 1694 年に辞典を出版するが，文法が出版されるのは 1932 年のことである．

学士院は18世紀後半に『模範辞典』よりも簡約化された『簡易な使用のため1巻に縮約したカスティーリャ語辞典』（*Diccionario de la lengua castellana reducido a un tomo para su más fácil uso*, 1780）を新たに刊行したが，第2版からは『カスティーリャ語辞典』（*Diccionario de la lengua castellana*）という簡潔な書名に変わった．これが現在のアカデミア辞典の原型であり，改訂を重ねて今日に至っている．題名の「カスティーリャ語」が「スペイン語」に変更されたのは1925年の第15版『スペイン語辞典』（*Diccionario de la lengua española*）からである．ちなみに，最近で特筆すべき改訂が行われたのは1992年の第21版で，イスパノアメリカ諸国の学士院の協力も得て多数のアメリカ特有語が収録され，それまでスペイン中心であったアカデミアがイスパノアメリカを含むスペイン語圏全体を視野に入れる姿勢に変わったものとして注目された．また，従来辞典には収録されることがなかった卑語を取り入れたことも画期的であった．最新版は2001年刊行の第22版（全2巻）で，下記のスペイン語学士院協会と共編の形をとっている．現在，学士院はこの他にも数種類の辞典を刊行している．

アカデミア文法も改訂を重ねて刊行され，1857年には法令により公教育では唯一の必修文法書と定められた．1924年にはそれまでの『カスティーリャ語文法』から『スペイン語文法』（*Gramática de la lengua española*）へと改題された．しかし，1931年の9版以降長く改訂はなされなかった．1973年の『スペイン語文法概要』（*Esbozo de una nueva gramática de la lengua española*, 1973）は事実上の改訂と言えるが，書名の「概要」は，これが暫定版であることを示している．その後，学士院は個人名による『スペイン語文法』（Emilio Alarcos Llorach, *Gramática de la lengua española*, 1994）や多数の学者の共著『スペイン語記述文法』（*Gramática descriptiva de la lengua española*, 1999）を出版したが，機関名によるアカデミア文法の出版は現在に至るまで途絶えていた．しかし，2009年にようやく『新スペイン語文法』が刊行されることになった．

なお，近代には民間でもスペインとイスパノアメリカで多数の文法書が出版されたが，その中で特に傑出しているのはサルバーととりわけベリョの文法である．サルバー（Vicente Salvá）の『現在話されるカスティーリャ語の文法』（*Gramática de la lengua castellana según ahora se habla*, París, 1831）は伝統的な規範文法ではあるが，現在話されている言語を重視すべきであると主張した．ベリョ（Andrés Bello）はベネズエラ出身で，政治家，法学者，文献学者，詩人でもあった天才的な人物である．その『アメリカ人向けのカスティーリャ語文法』（*Gramática de la lengua castellana destinada al uso de los americanos*, Santiago de Chile, 1847）は，論理学的・哲学的な立場に立ちながらスペイン語に対する鋭い洞察力が見られる名著である．どちらの文法もスペイン語圏の学界・教育界に影響を与え，その後のアカデミア文法にも大きな影響を及ぼすことになる．

20 世紀後半以降，スペイン学士院はスペイン中心主義を脱却し，辞典や文法にもスペイン語圏全体を意識した記述を行うようになったが，その背景の一つとして 1951 年メキシコの主導でスペイン語学士院協会（Asociación de Academias de la Lengua Española）が結成されたことも見逃せない．協会にはフィリピン，米国を含む 22ヵ国のスペイン語学士院が参加している．

6.2.2. 正書法改革

A. 18 世紀の『模範辞典』とそれ以後の改革

15 世紀後半から活版印刷術がヨーロッパに普及し，それに伴ってスペイン語でも筆写の時代には多数の変種があった文字・記号が整理され，統一化の動きが加速するようになった．その一方で，既述のとおり 16~17 世紀の黄金世紀には歯擦音を中心として著しい子音変化が生じたため発音と表記の間にずれが広がり，新たな綴り字の混乱が起きるようになった．この混乱を解消するには，13 世紀のアルフォンソ 10 世時代に定められて以来基本的には変わっていない正書法を改革することが急務であった．

このため，18 世紀に創立されたばかりの王立学士院は積極的に正書法の改革を行った．新しい正書法は前記の『模範辞典』および『正書法』の諸版によって提示された．改革に当たってはできるだけ語源を尊重しようとする伝統的な立場と現実の音声を合理的に表記しようとする表音的な立場がせめぎ合っていたようである．結局，改革はラテン語以来の正書法の伝統を尊重しながらも，可能な範囲で表音主義的な合理化を進めようとする折衷的なものとなった．それでも改革の結果，スペイン語は伝統を固守するフランス語とは対照的にロマンス語の中でも随一と言える合理的正書法を持つことになった[5]．その主要な改正点は次のとおりである．

(1) それまで明確に区別されていなかった u / v の文字を母音は u，子音

はvで使い分ける：vno > uno，lauar > lavar，vuo > hubo，tuuo >tuvo

(2) 音韻的対立がなくなったb / vを語源に基づき見直し，配分する．すなわち，ラテン語の語源に従いbとvを分けた：cavallo > caballo，bever > beber，provar > probar，cantava > cantaba; boz > voz，bivir > vivir，enbiar > enviar．ラテン語のb / v以外から変化したものに関しては，pに由来するものはbに，fに由来するものはvに配分した：bodega（< apothēca）; provecho（< profectu）

(3) 語源を尊重し，実際には発音されないラテン語のh- を復活させる：haber，hombre，hoy

(4) /ts/と/dz/の音素対立が解消し，同じ/θ/に変化したため必要がなくなったç（cedilla）の文字を廃止し，後に母音/e，i/が続く場合はc，それ以外はzに再配分する：dezir > decir，hazer > hacer; coraçón > corazón，fuerça > fuerza

(5) /s/と/z/の音素対立が解消したため，不要となった -ss- の綴字を廃止し，-s- のみとする： esse > ese，tuviesse > tuviese

(6) 当初はギリシャ語の語源を尊重してph，th，chを認めていたが，後に廃止し，表音的なf，t，c / quに置き換える：philósopho > filósofo，theatro > teatro，choro > coro

(7) やはり当初は認めていた主にギリシャ語起源の語で母音を表すyをiに変える：sýmbolo > símbolo，myrto > mirto，lyra > lira

(8) 綴り字に混乱のあった学識語的な子音連続を原則として残す：concepto，efecto，digno，solemne，excelenteなど．しかし，すでに子音消失が定着していると見なされたものはそのままとする：assumpto > asunto「事柄」，prompto > pronto「すぐに」，baptismo > bautismo「洗礼」，fructa > fruta「果物」，lucto > luto「喪」，cobdo > codo「ひじ」．この結果，多くの学識語では実際の日常的な発音とは必ずしも一致しない子音連続が綴り字に残ることになった．

句読記号に関しては，1754年の『正書法』第2版でスペイン語独特の疑問符と感嘆符を文の前後に付ける方式（¿…? / ¡…!）が初めて定められた．

[5] そのために，スペイン語の辞典は外国で出版されたものも含め一般に20世紀前半まで音声表記を載せていなかった．

しかし，どちらも文の前に付ける記号はなかなか定着せず，一般に普及するようになったのは 19 世紀半ば以降のことである．

B. 19 世紀初めの改革

王立学士院は 19 世紀初頭にも引き続き大きな正書法改革を行うが，それは『カスティーリャ語辞典』第 4 版（*Diccionario de la lengua castellana*, IVa. ed., 1803）と『正書法』改訂版（*Ortografía*, 1815）で提示された．その主要な改正点は次のとおりである．

(1) ch（che），ll（elle）を独立の文字（文字素），すなわち二重字（dígrafo）として扱い，アルファベートに含める．したがって，スペイン語のアルファベートはこの 2 字にスペイン語独特の ñ を加えて 29 文字とされた．

(2) c，q を語源ではなく表す音によって再配分する．すなわち，q の文字は que，qui という綴り字に限り，それ以外は c に変える：quatro > cuatro，quanto > cuanto，frequente > frecuente

(3) 黄金世紀に x /ʃ/ と j /ʒ/ の音素対立がなくなり，ともに /x/ 音に変化したのに対応して，x と j の再配分を行い，/x/ を表すために j を残し，x は子音連続 /ks/ を表すだけとする：caxa > caja，dexar > dejar; examen

(4) 母音および半母音に対応する i / y の再配分を行い，y が母音を表すのは接続詞 y を除き語末の二重母音と三重母音を構成する場合に限る：peine, aire; ley, rey; leya > leía

これ以降は根本的な正書法改革はなく，この時定められた正書法が基本的に今日まで続いていると言ってよい．唯一の例外は後述する二重字の取り扱いである．

19 世紀にスペインからの独立を果たしたイスパノアメリカ諸国では独自の正書法改革を行おうとする気運が高まった．それを提唱したのは文法家として有名なベリョである．1823 年発表されたその提案は音韻論的な考えに立ち，1 字 1 音の原則を貫こうとするものであったが，あまりに革新的であったため，大幅な修正を加えられて 1844 年チリで正式に採用された．チリ式正書法（ortografía chilena）と呼ばれるものである．その骨子は（1）ge，gi の場合の g は j に書き換える，（2）二重母音を構成する y は i に書き換える，（3）extraño などの x は s に書き換える（e.g. estraño）などである．しかし，この正書法が実施されたのはわずか数年間で，一時は関心を示した他の諸国も採用するには至らなかった．チリでも1927年正式に廃止され，スペインのアカデミア方式に復帰した．

C. 20世紀以降の正書法改革

1815年に王立学士院による抜本的改革が行われて以来，正書法改革はほとんどアクセント記号の問題に限られてきた．アクセント記号の規則改変はやや朝令暮改の感じもなくはないが，近年の改革はなるべくアクセント記号を省く方向で進められてきたと言える．主な問題点は母音連続および二重母音を含む語についてアクセント記号をどう処理するかということである．実例で示すと，1952年と1970年には次のような改定が行われた．

1951年以前		1952年		1970年
reír	>	reir	>	reír
fuí		fui		fui
buho		búho		búho

すなわち，52年の規則では語形変化を行う動詞は通常のアクセント記号の規則適用の例外とされ，reír のような不定詞の場合，記号が不要とされたのであるが，その後の改正では通常の母音連続と同じ扱いになり，記号が復活した．一方，fui，fue，dio，vio のような単音節語は，単純過去の語尾に付されるアクセント記号が不要とされた．また，búho のように母音間に h を含む語の場合，h の存在は記号を付す上で無視することになった．これらのアクセント記号は，一時出版物などで混乱が見られたが，現在では1970年の改正がほぼ定着している．

アクセント記号に関するもう一つの問題は品詞の異なる同音語に関わる．従来，este，ese，aquel を指示代名詞として用いる場合は指示形容詞の場合と区別してアクセント記号を付けることになっていたが，1952年の正書法では曖昧となる危険がなければ省いてもよいことになった．また，副詞の solo もそれまでは形容詞の場合と区別してアクセント記号を付けることになっていたが，意味の曖昧さが生じる場合だけアクセント記号を付ければよいことになった．1999年の正書法も同じ趣旨であるが，規則のニュアンスが変わり，どちらの場合もアクセント記号を付けないのが原則で，曖昧となる危険がある場合だけ記号を付すとされた．

アクセント記号以外の重要な改正は二重字にかかわるものである．スペイン語のアルファベートでは 1803 年のアカデミア辞典で示された正書法改革以来，ch と ll が独立の文字単位として扱われてきた．しかし，1994 年スペイン語学士院協会第 10 回大会の決定によりこのスペイン語独自の慣習は事実上廃止された．正確に言えば，相変わらずこの 2 文字はアルファベートに含まれているが，辞典では従来のように独立の見出し項目としては扱わず，ch は c の項に，ll は l の項に配列することになったのである．国連機関 UNESCO の勧告に従ったものであるが，その背景には統一的な国際規格によって効率化を図ろうとする国際的なコンピューター業界の意向も影響していると推測される．

6.3. 近代スペイン語の変化と地域的変異

音韻面では黄金世紀に起きた「歯擦音革命」が終息した 18 世紀以降，スペイン語の子音体系にそれほど大きな変化は起きていないが，前の時代から続くいくつかの現象は進行中である．統語面では黄金世紀末期に無強勢代名詞の語順が定形動詞に対し後置（前接）から前置（後接）へ変わる傾向が強まった．文章語では 20 世紀初頭に至るまで文頭において無強勢代名詞の後置の例がまだ見られるが，前置の潮流を止めることはできなかった．この時代以降，文法上の大きな変化は起きてないように見えるが，言語の変化はとどまることがない．音韻，文法どちらの面でも潜在的な変化の流れは続いており，新しい変化の兆しも現れている．一方，語彙面では膨大な外来語の流入と前の時代には見られなかったような新しい語形成法による新語が増え，明らかな変化が起きている．ここではスペイン語圏で 18 世紀以降進行している言語変化と現在観察される変異の中で重要と思われるものを概観するが，アメリカ・スペイン語特有の地域的特徴に関してはさらに第 7 章でまとめて扱う．

6.3.1. 音韻的変異

A. 母音の変化—母音連続の二重母音化

ラテン語からスペイン語に移行する過程では母音連続を解消して二重母音化する現象が起きたが，この潮流はスペイン語の中で今も生き続けている．特に，学識語に多い末尾第 3 音節強勢語の場合はアクセントが移動して末尾

第2音節強勢語に変わり，語源的な母音連続の消える例がかなり広く見られる：amoníaco / amoniaco「アンモニア」，austríaco / austriaco「オーストリアの」，etíope / etiope「エチオピアの」，gladíolo / gladiolo「グラジオラス」，olimpíada / olimpiada「オリンピック大会」，período / periodo「期間」，policíaco / policiaco「警察の」．いずれも今日では二重母音化した後の形式が優勢であり，アカデミア辞典は両方の形式を容認している．

アクセントの移動とは関係なく，母音連続を構成する無強勢母音が閉じて（[e] > [i]，[o] > [u]），二重母音化する現象が日常の無頓着な発話ではときどき起きることがある：acordeón > [akorði̯ón]「アコーデオン」，real > [ri̯ál]「現実の」，teatro > [ti̯átro]「劇場」，toalla > [tu̯áʝa]「タオル」．

B. 子音の変化

a. Y音化の拡大

Y音化（yeísmo），つまり硬口蓋側面音 /ʎ/ を /ʝ/ で置き換える現象は16–17世紀にスペイン南部のアンダルシーア地方で広がった．音が変化しても綴り字に反映されることは少ないので，北部に浸透した時期を跡づけるのは難しいが，19世紀以降マドリードや北部の都市部にも徐々に広がって行った．この変化がスペイン語圏全体で顕著になるのは20世紀のこととされる[6]．この結果，現代のスペインでは本来の /ʎ/ の発音（lleísmoと呼ばれる）は北部の農村部でしか聞かれなくなってしまった．この現象はすでに16世紀にイスパノアメリカにも伝播した．したがって，イスパノアメリカは一般にY音化地域であるが，南米のアンデス地方やラ・プラータ地方の一部では /ʎ/ が残っている．結局，現代のスペイン語圏は2音素 /ʎ/ と /ʝ/ を区別する少数派の地域と区別しない多数派のY音化の地域に分かれる[7]．

Y音化の地域でも，1つに合流した音素 /ʝ/ の実現に関してはその地域によりさまざまの自由異音があり，また同じ地域でも音素の現れる位置によりいくつかの条件異音が存在する．最も普通のY音化地域ではこの音素を硬

---

[6] v. Moreno Fernández（2005: 988）．

[7] ただし，Moreno Fernández（2005: 984–985）によると，Y音化の地域にも多様性があり，スペインの新カスティーリャ地方と南米アンデス地方では -illo など一部の形態に限って /ʎ/ が化石的に残っているとも言う．

口蓋摩擦音 [ʝ] または硬口蓋破擦音 [ɟʝ]（[dʒ] で表記されることもある）で実現する．しかし，より革新的な南米のラ・プラータ地方では後部歯茎摩擦音 [ʒ]，あるいはそれが無声化した [ʃ] のような変種も聞かれる．

b. 母音間と語末の /d/ の消失傾向

母音間の /-d-/ は摩擦音で発音されるが，弛緩しやすく，通時的に見て消失する傾向が見られる．既述のとおり，動詞の 2 人称複数語尾ではそれに含まれる /-d-/ が早くも 13 世紀頃から消失し始めたのはその現れである．これ以外でも母音間の /d/ が消失する現象は 16~17 世紀にアンダルシーアとイスパノアメリカに広がっていた．やがて，卑俗な語法とされながらもスペイン全体に広がり始めた．特に消失しやすいのは -ar 動詞の過去分詞語尾 -ado にある /-d-/ である：hablado > hablao，quedado > quedao．この形式の子音消失はすでに 18 世紀初めにマドリードで確認できる[8]．今ではスペイン語圏全体に母音間の /-d-/ の消失は広がっている．ただし，現在も方言的あるいは卑俗な語法と見なされ，その頻度は地域によって相違がある．スペインではアンダルシーアで顕著であり，前記の -ado の他に -ido にも広がっている：perdido > perdío．また，不定語や名詞に含まれる /-d-/ が消失することもある：na(d)a，to(d)o，de(d)o．他の地域で消失がよく見られるのはカナリアス諸島およびカリブ海地方である．

同様に，摩擦音で発音される語末の /-d/ も消失しやすい．スペイン語圏全体に口語では bondad，salud，usted などの語末音が [bondá，salú，usté] のように消失する現象が広く見られる．その一方で，スペイン北部やマドリードでは消失を避けて無声歯間摩擦音 [θ] で置き換える現象も見られる：[bondáθ，salúθ，ustéθ]．同じ音は語末に限らず音節末の /d/ にも現れる：advertir [aθβeɾtíɾ]．

c. 音節末子音の弛緩と消失

ラテン語で語中にあった子音連続の多くは中世スペイン語に変化する過程で解消したが，その後学識語の導入が増えると，/-kt-，-pt-，-kθ-，-gn-，-mn-/ など民衆語では消滅した子音連続を含む語彙が増加することになった．しかし，実際の発話では音節末の子音が弛緩し，脱落したり母音化したりする傾向が強かったようで，黄金世紀まで綴り字上でも異形が競合する場合が

[8] v. Lapesa（1981: 389）.

少なくない（現存の形式は斜体で示す）：*perfecto* / perfeto「完全な」, *concepto* / conceto「概念」, *lección* / lición「学課」, *digno* / dino「ふさわしい」, *solemne* / sole(n)ne「荘厳な」, *excelente* / ecelente「優れた」. 18 世紀以降に行われた学士院の正書法改革ではこうした子音連続の多くが語源に従って保存され，前時代までの綴り字の不安定性は解消した．しかし，中には前記のとおり，音節末子音が消失した形式が確定したものもある．特殊な場合として，学識語的な形式と音節末子音の脱落した準学識語的な形式が異なる意味を持って共存している例もある：afección「疾患」/ afición「好み」, respecto「関連」/ respeto「尊敬」, signo「記号」/ sino「運命」.

こうした子音連続は正書法上は維持され，正式な発話では発音されるが，日常的なくだけた発話では弛緩し，消失する傾向がしばしば見られる :doctor [dotóɾ]「博士」, lección [leθi̯ón], solemnidad [solenidá]「荘厳さ」, extranjero [estɾanxéɾo]「外国の」など．また，obscuro「暗い」, substancia「物質」, substituir「取って代わる」などに現れる接頭辞 ob-, sub- の末尾子音 /-b/ は消失するのが普通で，oscuro, sustancia, sustituir という綴り字がアカデミア辞典でも認められている．他方，スペイン北部やマドリードのやや改まったスタイルの発話では音節末の /k/ を [θ]，/g/ を /x/ と発音する現象も見られる：carácter [kaɾáθteɾ]「性格」, digno [díxno].

d. 音節末の /-s/ の気音化と消失

音節末の /-s/ が気音化する現象はスペイン南部で始まったもので，アンダルシーア的な特徴である．綴り字に反映することはほとんどないが，古い実例は 15 世紀末にさかのぼることができる．気音化した後，消失する場合もあり（s > h > ø），特に語末ではその傾向が強まる：las casas [lahkásah], mismo > [míhmo] > [mím:o], dos > [doh] > [do]. 気音化または消失の進み具合は地域によって異なる．アンダルシーアは気音化が一般的であるが，カリブ海地方では消失している地域が多い．スペイン北部，メキシコ，南米のアンデス地方は保守的で，/-s/ を維持するのが普通である．しかし，スペイン中部や北部にも気音化は浸透しつつあり，マドリードでも庶民階層ではこの現象が始まっているという[9].

この変化が最も進んで，気音が消失した地域の中にはアンダルシーア東部

---

[9] v. Lapesa (1981: 503).

およびムルシアのように母音体系に変化が生じている方言もある．気音化した /-s/ の直前にある母音は開口度が大きくかつ持続が長くなり，気音が消失した後はそれが示差性を持つに至った．この地域では母音の示差により，たとえば todo [tó] / todos [tɔ́ː]，usted [uhté] / ustedes [uhtɛ́ː] のように単数・複数が区別される[10].

e. 語頭の /ue-/ の強化

音節頭（とりわけ語頭）にある二重母音 /we-/（正書法上では huerta「菜園」，huevo「卵」，ahuecar「くりぬく」などに現れる hue-）は強化されて，初めの要素が子音化し，休止および鼻音の後では [gu̯e]，それ以外では [ɣu̯e] となることが多い．時には [ßu̯e] となる場合もある．この現象は，歴史的には中世スペイン語の時代からあったと見られ，guerta / buerta，guevo のような綴字も現れた．しかし，17 世紀以降こうした発音は規範的な立場から排除されるようになり，特に [ßu̯e] は無教養な田舎風の発音として排斥される．しかし，[gu̯e / ɣu̯e] の発音は現在スペイン語圏全体で聞かれる．このため，音節頭にあるこの音群は音韻論的に /gu̯e/（または /gwe/）であると解釈する学者も少なくない[11].

f. 音節末の /-ɾ/ と /-l/ の混同

流音 /ɾ/ と /l/ が入れ替わる現象は特に流音を二つ含む語（arbore > árbol「木」）で中世スペイン語の時代から見られ，異化作用によるものと考えられる．しかし，現在アンダルシーアなどスペイン南部で顕著な混同は，音節末で /-ɾ/ と /-l/ が弛緩し，中和する現象である．つまり，音節末で両音素の対立がなくなり，[ɾ]，[r]，[l] などいくつかの自由異音で実現されるのである．すでに黄金世紀に現れる南部的な特徴とされ，スペイン南部，カナリアス諸島，カリブ海地方などでも見られる．これにより次のような例が現れる：alma [áɾma]「魂」，dulce [dúɾse]「甘い」；mujer [muhél]「女」，cuerpo [ku̯élpo]「身体」．また，語末では /-ɾ/ と /-l/ が完全に消失することもある：fumar [humá]「喫煙する」，azul [asú]「青い」．流音の直後に別の流音または鼻音が続く環境では後続の音に同化するのが普通である[12]：burla [búlːa]

---

[10] v. Lapesa（1981: 503–504）.
[11] たとえば，Alarcos Llorach（1994: 42）.
[12] v. Lapesa（1981: 505–506）.

「からかい」, carne [kán:e]「肉」, quererlo [keɾél:o]「それを欲しがること」.

g. /tʃ/ の擦音化

破擦音 /tʃ/ が弛緩して初めの閉鎖音的要素を失い，摩擦音に変化する現象（[tʃ] > [ʃ]）は特に母音間で起きやすい：muchacho [muʃáʃo]「少年」. やはり南部的な特徴で，アンダルシーアのほか，カリブ海地方，パナマなどに見られる. 比較的新しい現象とされ，イスパノアメリカでは 20 世紀以降に広がったようである[13].

6.3.2. 文法上の変異

A. 人称代名詞の形態・統語法

a. le 語法，la 語法および lo 語法

3 人称男性対格の代名詞に le を用いる le 語法はカスティーリャ北部では古くから見られるが，黄金世紀には人と物とにかかわりなく le を用いる語法が広く行われた. 18 世紀初めに成立したスペイン王立学士院（アカデミア）はこの語法に寛容であり，1796 年の文法では le を男性対格で唯一の正しい形式と認めるほどであった. しかし，19 世紀に入るとベリョやサルバーの文法などの影響を受けて，1854 年完全に姿勢を転換し，物を指す場合に le を用いるのは正しくないとした. 現在のアカデミアもこの原則を踏襲しており，語源および現代スペインの権威ある作家たちの用法を根拠として 3 人称男性対格は lo とするが，物を指すのでない場合（つまり人を指す場合）は le を用いることを容認する. しかし，複数で los の代わりに les を用いるのは認めない[14]. これは規範的または「標準的 le 語法」(leísmo estándar) とも呼ばれるもので，スペイン北部と中部に見られ，スペインの文章語では一般的である.

しかし，le 語法にはいくつかの変種がある. その代表的なものはカスティーリャ地方とレオン地方に見られる格の区別よりも指示対象の相違（可算・不可算）を基準とする語法で，「指示的体系」(sistema referencial) または「意味的体系」(sistema semántico) とも呼ばれる. この語法では与格・対格の区別なく男性単数の不連続物（可算名詞）に対しては le，連続

[13] v. Moreno Fernández (2005: 992).
[14] v. RAE (1973: 424-425).

物（不可算名詞）に対しては男性・女性の区別なく lo を用いる：Al niño *le* llevaron al hospital y *le* hicieron una radiografía.「子どもは病院に連れて行かれ，レントゲンを撮られた」/ La leche *lo* cuajaban…「牛乳は凝固させた」(Fernández-Ordóñez, 1999: 1361)．男性複数に関しては地域的変異があり，レオン東部など les を用いる地域，マドリードなど los の地域，バリャドリード南部など les / los を無差別に用いる地域に分かれる[15]．この体系では女性の不連続物の場合も格は区別せず，単数では la，複数では las を用いる．つまり，これらの地域では la 語法と lo 語法も体系の中に組み込まれている．別種の le 語法はカンタブリア地方に見られる．この体系では格を区別して与格には le を用いるが，対格については不連続物の単数男性に le，連続物には性にかかわりなく lo を用いる：Vimos ese perro y *le* compramos.「私たちはその犬を見て買った」/ En el verano había que recoger(la)hierba y traer*lo* a casa para el invierno.「夏には草を刈り集め，冬にはそれを家に持って来なければならなかった」(op.cit.: 1357)．カンタブリアの西にあるアストゥリアス地方の体系は男性対格に le を用いない（つまり，le 語法ではない）が，連続物には性にかかわりなく lo を用いる点がカンタブリアと共通している．

与格と対格を区別し，人と物とにかかわりなく男性対格には lo を用いる語法は規範的に不適切とされる lo 語法と区別して「語源的 lo 語法」とも呼ばれる．前記の le 語法の地域を除くスペインとイスパノアメリカではこの語法が一般的である．しかし，イスパノアメリカにも別種の le 語法地域がある．アメリカ先住民の言語との接触が著しい地域に見られるもので，エクアドルではケチュア語，ペルー・ボリビア・アルゼンチン北西部ではケチュア語とアイマラ語，パラグアイではグアラニー語の干渉により生じたとされる[16]．それぞれ le の用法は異なるが，性にかかわりなく le を用いる点は共通している．

さらに，事態を複雑にしているのは語源的 lo 語法の地域にも一見 le 語法と見える現象が存在することである．地域にかかわりなく動詞の種類によっては直接補語が人を指す場合に男性・女性にかかわりなく le(s)を用いるこ

---

[15] v. Fernández-Ordóñez（1999: 1360–1363）.
[16] v. op. cit.（1341–1349）.

とがある．その典型は心理動詞，たとえば，asombrar「驚かす」，divertir「楽しませる」，impresionar「感動させる」，molestar「迷惑を掛ける」，ofender「侮辱する」，preocupar「動揺させる」などである．こうした動詞では主語が無生物であると与格の le，有生物の動作主であると対格の lo が現れる傾向があるとされる：A mi hijo *le* asustan los truenos.「息子は雷におびえている」/ A mi hijo *lo* asustó aquel perro.「息子はあの犬におびえた」．また，不定人称の se 構文ではたいていの地域において直接補語が人の場合，男性・女性にかかわりなく se le(s) の構成をとるのが一般的である：Se *le* considera el mejor actor de su tiempo.「彼はその時代で最良の俳優と考えられる」．しかし，南米のペルー・チリ・アルゼンチン・ウルグアイではこの語法が排除され，se lo(s)/ se la(s) の構成が普通になっている[17]．

与格・対格の区別なく女性代名詞として la を用いる la 語法や同じく男性代名詞として lo を用いる lo 語法についても創立当初のアカデミアは容認していたが，le 語法とは異なり，まもなく誤用と断ずるようになった．この二つの語法はスペイン語圏の中では le 語法ほどの広がりはなく，現代でも卑俗な語法と見なされるが，前記のようにカスティーリャの意味的 le 語法の地域では体系の一部となっている．

b. vosotros の欠如と ustedes の呼応

聞き手を指す代名詞としてスペインの大部分の地域では単数で親称 tú と敬称 usted が対立し，複数でも親称 vosotros / vosotras と敬称 ustedes が対立する．これに対し，イスパノアメリカでは複数にこの対立がない．つまり，ustedes のみが用いられ，vosotros / vosotras は使われない．スペインでもアンダルシーア西部（コルドバ南部，セビーリャ，ウエルバ，マラガ，カディス）およびカナリアス諸島は同様である．ところが，usted，ustedes に対する動詞の呼応はイスパノアメリカと相違する．一般に usted，ustedes に対しては 3 人称の動詞が呼応するが，アンダルシーア西部では複数 ustedes に対しては 2 人称複数形の動詞が呼応する：ustedes vais．再帰動詞の場合は，アンダルシーア西部の中でも地域により相違があり，ustedes os vais または ustedes se vais となるが，教養のある階層は ustedes se van を用いる[18]．

[17] v. Fernández-Ordóñez（1999: 1338）．

B. 動詞の形態・統語法

a. 命令法複数形の形態

スペインでは命令法2人称複数形の代わりに不定詞がよく用いられる：Callar. ← Callad.「黙れ」; Sentaros. ← Sentaos.「座りなさい」. この用法は黄金世紀に始まったと見られ，規範的には誤用とされるが，現代の口語ではかなり広がっている．特に ir の場合はアカデミアが正用法とする idos よりも iros が日常よく使用されると言われる[19]．代名詞 vosotros が欠如したイスパノアメリカなどの地域では動詞の2人称複数形がまったく使用されないので，この現象は存在しない．

b. 現在完了の用法の拡張

現在完了の用法はスペイン語圏の中で地域により相違がある．Alarcos Llorach（1980: 45-46）によれば，現在完了の用法は歴史的に次のような行為を表すためにこの順序で発展してきた．(1) 前の行為の結果が現在持続すること．(2) 現在の状態を引き起こした持続的行為．(3) 現在の直前の瞬時的行為．(4) 直前ではないが，現在と関係すると感じられる，すなわち「拡張された現在」に起きた瞬時的行為．これらの用法は現在でも生きているが，(1) の用法はまれで，「tener ＋過去分詞」の表現に置き換わりつつあると言う．

しかしながら，以上の用法すべてがどの地域のスペイン語にも見られるわけではない．スペイン，とりわけカスティーリャでは (4) の用法が拡大していて，現在を含む期間に起きた出来事を表す（Esta mañana *me he levantado* temprano.「今朝私は早起きした」）ほか，「心理的現在」とも呼ばれる話者の心理ではまだ過去になっていない出来事を表すために用いられることがある：Mi padre *ha muerto* hace tres años.「父は3年前に死んだ」．このようにほとんど単純過去の代用に等しい用法は，規範的立場からは現在完了の濫用として批判される．これに対し，スペイン西部のガリシアやアストゥリアス，レオン地方では現在完了の使用領域がもっと狭く，逆に単純過去の使用領域が広い．イスパノアメリカとカナリアス諸島も同様である．これらの地域では前記 (3)～(4) の用法は単純過去が担うのが普通である．

---

[18] v. Jiménez Fernández（1999: 75）.
[19] v. Gómez Torrego（1989: 107）.

ロマンス語全体で見ると，フランス語とイタリア語の口語のように現在完了がほとんど単純過去に置き換わってしまった複合時制優位のグループと逆にポルトガル語，オック語のように単純過去が優勢で，現在完了はほとんど使用されない単純時制優位のグループの両極端がある．スペイン語はその中間に位置するが，その中でアメリカ・スペイン語は後者のグループに近いと言ってよい．

c. 過去未来の用法の拡張

未来形はその起源において義務を表す迂言表現であったのに対応して，過去未来（条件未来）も起源的には過去において実現すべき義務を表していた．しかし，中世スペイン語ではすでに義務の意味は消え，単に過去における未来の行為を表した．その他に今日見られるような過去の行為に関する推量，現在における婉曲表現などの用法も出現していた．過去未来の婉曲表現は同じ用法で用いられる過去完了 -ra 形との距離を縮めることになり，相互の乗り入れが始まる．過去未来は条件文の帰結節でも -ra 形の代わりに用いられるようになり，逆に -ra 形を押し退けて現代ではもっぱらこの形式が用いられるようになっている：Si lo supiera，te lo *diría*.「もしそれを知っていれば，君に言うのだが」．ただし，現代でも過去の非現実的仮定を表す条件文の帰結節では過去未来完了と接続法過去完了 -ra 形の両方が用いられる：Si lo hubiera sabido，te lo *habría* / hubiera dicho.「もしそれを知っていたら，君に言ったのに」．このように非現実的条件文の帰結節では過去未来あるいは過去未来完了を用いるのが普通であるが，前提節でも用いられることがある：Si *tendría* dinero，te lo daría.「もし金を持っていれば，君にやるのだが」．この用法は規範的に誤りとされるが，スペインでもイスパノアメリカでもときどき見られる．スペインではカスティーリャ北部やバスク，ナバラ地方にこの用法が広がっている．さらにこの地方では過去未来の用法が広がり，目的節や時の節のほか，願望文でも使用される：Me dio una carta para que la *entregaría* a Pedro.「ペドロに渡すようにと彼は私に手紙を託した」/ Dijo que，cuando *vendrías*，se lo avisara.「君が来たらそれを知らせるようにとその人は言った」/ ¡Ojalá *llovería*!「雨が降ればいいのに」[20].

主節で過去未来が用いられる場合，現代の特に報道文で目立つのは「うわ

[20] v. Lapesa（1981: 478-480）.

さの過去未来」（condicional de rumor）と呼ばれる用法である：El rey *iría* a los EE.UU. la primavera próxima.「国王は来春訪米するものと見られる」（Gómez Torrego, 1989: 115）. この用法はフランス語法とされ，規範的には批判されるが，過去未来の実際の用例の中ではかなり頻度が高い．

C. que 語法および de que 語法

自動詞や再帰動詞が補語として名詞節（que 節）をとる場合，その前に必要な前置詞（多くの場合 de）を省いてしまう現象を「que 語法」（queísmo）と言う：Me alegro (de) que hayáis venido.「君たちが来てくれてうれしい」/ Lo convencí (de) que escribiera el artículo.「論文を書くよう私は彼を説得した」（RAE, 2005: 548-549）. 同様の前置詞の脱落は形容詞や名詞の補語となる que 節の前でも起きることがある：Estamos seguros (de) que acertaremos.「私たちは探し当てると確信している」/ Iré con la condición (de) que vayáis a recogerme.「君たちが私を迎えに来てくれるのなら行こう」（ib.）. また，前置詞 de を含む接続詞的な慣用句（a condición (de) que「…という条件で」, en caso (de) que「…の場合には」, a fin (de) que「…するために」, a pesar (de) que「…ではあるが」など）でも de の脱落が起きることがある．この語法はすでに中世スペイン語から見られるが，黄金世紀には後退した．再び広がり始めるのは 18 世紀以降である．しかし，規範的には誤用とされ，文章語ではあまり出現しない．

時を表す接続詞相当句 antes de que「…する前に」, después de que「…した後で」についても de の省略が頻繁に起きる．これも不適切な que 語法と見なされることがあるが，一概にそうとは言えない．中世スペイン語から 18 世紀に至るまで antes que, después que がむしろ普通の形式であった．antes de que 型の形式は「antes de + 名詞」の表現と混淆が起きた結果，生まれたと推定される．すでに中世スペイン語の末期には出現するが，この形式が広がるのは 19 世紀以降である．近代になってから que 語法に対する反動で，こちらが正用法であるとする規範意識が高まったのである．しかし，現在のアカデミアは antes de que, antes que 型のどちらも正しい語法と認めている[21].

---

[21] v. RAE（2005: 52）.

que 語法と対照的なのは，必要がないはずの de を que 節の前に挿入する「de que 語法」(dequeísmo) である．この現象は前置詞が必要のない主語または直接補語として機能する que 節の前で起きる：Me alegra *de* que seáis felices.「君たちが幸せなのはうれしい」/ Es posible *de* que nieve mañana.「明日は雪が降るかもしれない」/ Pienso *de* que conseguiremos ganar el campeonato.「私たちは選手権に勝てるだろうと思う」(op.cit., 214-215)．同じく前置詞を必要としない属詞の que 節にも起きる：Mi intención es *de* que participemos todos.「私の意図はわれわれ全員が参加することにある」(ib.)．こうした de que 語法は，誤った que 語法を避けようとして一種の過剰修正に陥ったと見なすことができるだろう．この語法は que 語法に比べると出現することは非常に少ない．これとは異なる de que 語法として必要な別の前置詞の代わりに de を用いることがある：Insistieron *de*（← en）que fuéramos con ellos.「彼らは私たちもいっしょに行くようにとしきりに勧めた」(ib.)．前置詞 de があたかも従属節を導く万能の標識のように機能しているわけである．

6.3.3. 語彙の変化

黄金世紀に引き続き 18 世紀以降もスペイン語の語彙はさらに豊富になった．その主な源泉は前時代に続き，学識語と借用語である．18 世紀の借用語はフランス語からのものが多いが，19 世紀末には英語からの借用語が増えてくる．

A. 近代の語彙借用

a. 学識語

18 世紀以降，あらゆる分野で学問と科学技術の進歩が著しかったので，それに対応して新語が大量に増えたが，そのかなりの部分は学識語の導入によって行われた．この時代以後の学識語の特徴はラテン語やギリシャ語の語彙をそのまま導入するのではなく，語基を複合させたり，派生接辞を加えたりして新しい術語を造語する場合が多いことである．その大部分はスペイン語圏の外で造語され，フランス語あるいは英語を介してスペイン語に導入されたものである．それらはスペインだけでなく西欧の諸言語で共有される国際的な語彙となっている．明治期の日本語は近代化に対応するため漢語を利用して大量の専門語を翻訳・形成したが，西欧では古典語のギリシャ語・ラテン語の語基を利用して多数の専門語を形成したことが観察できる．以下では 18~19 世紀の時期に導入された学識語のごく一部の例を示す．

（a）ラテン語からの学識語

álbum「アルバム」，caries「カリエス」，espécimen「標本」，éxito「成功」，explosión「爆発」，explotar「爆発する，開発する」，filtro「フィルター」，inyección「注射」，opción「選択」，promedio「平均」，proyección「発射，投影」，proyecto「計画」，referencia「言及」，reflexión「熟考，反省」，régimen「政体」，retrospectivo「回顧的な」，simultáneo「同時の」，social「社会的な」，sensación「感覚」，virus「ウイルス」

（b）ギリシャ語からの学識語

〔文学・芸術〕anécdota「逸話」，antología「選集」，arcaico「古風な」，base「基礎」，bibliografía「参考書目」，biografía「伝記」，clímax「クライマックス」，crestomatía「名文集」，criterio「基準」，elipsis「省略」，esquema「図式」，estético「美学の」，homónimo「同音異義の」，mímico「身振りによる」，mitología「神話」，monólogo「独白」，monótono「単調な」，necrología「死亡告知」，parodia「パロディー」，pederasta「男色家」，pornografía「好色文学」，seudónimo「筆名」，sinfonía「交響曲」，sinopsis「摘要」，sintaxis「統語論」；〔科学・技術〕arqueología「考古学」，biología「生物学」，botánico「植物学の」，cerámica「陶器」，cosmos「宇宙」，cráter「噴火口」，eléctrico「電気の」，fase「局面，位相」，fenómeno「現象」，fonética「音声学」，hélice「スクリュー，プロペラ」，hidráulico「水力の」，magnético「磁気の」，mecanismo「装置」，neumático「空気の，タイヤ」，nómada「遊牧の」，periferia「周囲，周辺」，prisma「プリズム」，psicología「心理学」，taquigrafía「速記」，técnico「技術的な」，zoología「動物学」；〔医学〕afonía「失声症」，anestesia「麻酔」，apatía「無気力」，asfixia「窒息」，astenia「無力症」，autopsia「検死」，clínico「臨床の」，deletéreo「有毒の」，diagnóstico「診断の」，drástico「激烈な」，encéfalo「脳」，farmacia「薬局，薬学」，hemorragia「出血」，hepático「肝臓の」，histérico「ヒステリーの」，marasmo「衰弱」，miope「近眼の」，nefritis「腎炎」，neumonía「肺炎」，tétanos「破傷風」，tórax「胸郭」；〔政治〕autarquía「自給自足体制」，autonomía「自治」，autóctono「土着の」，cosmopolita「国際

的な」, crisis「危機」, demagogia「デマ」, dinastía「王朝」, hegemonía「覇権」, lema「モットー」, programa「プログラム」, sistema「体系」, táctica「戦術」;〔社会・生活〕laico「世俗の」, periódico「新聞」, simpático「感じの良い」

(c) 新古典複合語

現代の専門語の中にはギリシャ語またはラテン語からとった語幹（tema）に古典語または現代語の要素を結合させて新たに形成されたものが数多くある．この種の語彙は「新古典複合語」(compuesto neoclásico) と呼ばれるもので，上記の学識語の中にもその例がある．この形式の構成素は自立語ではないが，純粋な接辞よりは自立性が高い．この類型の語形成法により同じ語幹から一連の関連分野の語彙が形成されることもよくある．以下にギリシャ語の語幹に古典語または現代語の要素が加わって派生したいくつかの例を示す．その大部分は19世紀以降に形成されたものである．

auto-「自身，自動」: autobús「バス」, autocar「観光バス」, autódromo「サーキット」, autoescuela「運転教習所」, automóvil「自動車」, autopista「高速道路」; eco-「生態，環境」: ecoindustria「環境優先企業」, ecología「生態学」, ecosistema「生態系」, ecotasa「環境税」, ecotóxico「環境に有害な」; elecro-「電気」: electrocardiograma「心電図」, electrochoque「電気ショック」, electrocutar「感電死させる」, electrodoméstico「家電の」, electrólisis「電気分解」, electromotor「電動機」; foto-「光，写真」: fotocopia「複写」, fotogénico「写真写りの良い」, fotografía「写真」, fotomontaje「モンタージュ写真」, fotosíntesis「光合成」; micro-「微小」: microbio「微生物」, microbús「マイクロバス」, microeconomía「ミクロ経済」, microfilm(e)「マイクロフィルム」, microondas「電子レンジ」, microscopio「顕微鏡」; tele-「遠距離，電信」: telediario「テレビニュース」, teléfono「電話」, telescopio「望遠鏡」, telepatía「テレパシー」, televisión「テレビ」; -metro「尺度，計量器」: barómetro「気圧計」, fotómetro「露出計」, taxímetro「タクシーメーター」, telémetro「遠隔測定器，距離計」, termómetro「温度計」

b. 借用語

(a) フランス語からの借用語

18世紀はフランス文化の影響が強まり，フランス語から大量の借用語が導入された時代である．この傾向は 19 世紀にも続く．革命後のフランスを反映して軍事用語が目立つが，それ以外の幅広い分野でも多数の借用が行われた．

〔軍事〕bayoneta「銃剣」，brigada「旅団」，cadete「士官候補生」，corbeta「コルベット艦」，equipar「装備する，艤装する」，fusil「小銃」，jefe「隊長，佐官」，pelotón「分隊」，sorprender「奇襲する，驚かす」；〔政治〕burocracia「官僚制度」，complot「陰謀」，finanzas「財政」，francmasón「フリーメーソン」，guillotina「断頭台」，intriga「策謀」，musulmán「イスラム教の」，patriota「愛国の」，revancha「報復」；〔芸術〕acordeón「アコーデオン」，croquis「クロッキー」，oboe「オーボエ」，paisaje「風景，風景画」；〔服飾〕bisutería「模造宝石」，blusa「ブラウス」，chal「ショール」，chaqueta「上着」，corsé「コルセット」，frac「燕尾服」，mitón「ミトン」，pantalón「ズボン」，pompón「玉房」，satén「サテン」，silueta「シルエット」；〔科学〕avalancha「雪崩」，gripe「インフルエンザ」，higiene「衛生」，pasterizar「低温殺菌する」；〔商業〕abonar「保証する，払い込む」，aval「保証」，cabotaje「沿岸航海」，cupón「クーポン券」，ficha「カード」，paquete「小包」，ruta「経路」，vitrina「ショーケース」；〔工業・技術〕bicicleta「自転車」，bobina「ボビン，コイル」，botella「びん」，cacerola「両手鍋」，camión「トラック」，canapé「長椅子」，cremallera「ファスナー」，franela「フランネル」，jade「ひすい」，jalón「標柱」，lingote「インゴット」，nicotina「ニコチン」，resorte「ばね」；〔住宅・建築〕bidé「ビデ」，bloque「ブロック」，ducha「シャワー」，quiosco「あずまや，売店」；〔食品〕compota「コンポート」，flan「プディング」，galleta「ビスケット」；〔社会・生活〕billar「玉突き」，coqueta「色っぽい女」，detalle「細部」，favorito「お気に入りの」，hotel「ホテル」，kilogramo「キログラム」，kilómetro「キロメートル」，restaurante「レストラン」，ruleta「ルーレット」，rutina「決まり切った仕事」；〔動植物〕begonia「ベゴニア」，marmota「マーモット」，reno「トナカイ」

(b) イタリア語からの借用語

前の時代に比べると，18 世紀以降イタリア語からの借用語は減少したが，その中にあって目立つのは音楽用語である．

〔音楽〕aria「アリア」，barítono「バリトン」，cantata「カンタータ」，dueto「二重奏」，ópera「歌劇」，piano(forte)「ピアノ」，quinteto「五重

奏」, serenata「セレナード」, sonata「ソナタ」, soprano「ソプラノ」, trémolo「トレモロ」, violonchelo「チェロ」;〔美術〕boceto「スケッチ」, miniatura「細密画」, pintoresco「絵になる」;〔演劇〕comparsa「端役」, payaso「道化師」;〔商工業〕cartulina「厚紙」, ferroviario「鉄道の」, folleto「小冊子」, pistón「ピストン」, saldar「決済する」;〔科学・医学〕granito「花崗岩」, sífilis「梅毒」;〔生活〕escalinata「外階段」, mascarada「仮装行列」, pista「足跡」, regata「ボートレース」

(c) 英語からの借用語 (anglicismo)

英語からの借用が始まるのは黄金世紀以降であるが, 18 世紀に至るまではスペイン語から輸出される語彙の方が多く, 英語からの輸入は微々たるものでしかなかった. 最も古い時期の例としては 15 世紀に借用された方位名 (norte「北」, sur「南」, este「東」, oeste「西」) があるが, フランス語を経由したと見られる. 17 世紀の借用語には dogo (< dog)「マスチフ犬」がある. 英語からの借用語がようやく重要性を増してくるのは 19 世紀末からである. 英国が科学技術の先進国となり, また世界的な覇権国家となって, 英語の国際的影響力が増大したからである. 18〜19 世紀に英語から借用された比較的古い語彙には次のような例がある : bistec「ビフテキ」, bote「ボート」, cheque「小切手」, club,「クラブ」dandi「ダンディーな男」, (e)snob「上流気取りの俗物」, revólver「回転弾倉式拳銃」, rifle「ライフル銃」, ron「ラム酒」, rosbif「ローストビーフ」, tranvía「路面電車」, túnel「トンネル」, vagón「車両」, yate「クルーザー」.

20 世紀以降, 新しい科学技術の用語はフランス語に代わって英語から借用されるのが一般的となった. 英語借用語が外来語の中でもっとも重要な要素となるのであるが, 同じ世紀後半からは英国に代わって米国からの借用が増大する. 現代の英語借用語はあらゆる部門にまたがっているが, 中で目立つのは科学技術やスポーツなどの分野である. すでにスペイン語化した綴り字を持つ語を中心に一部の例を示す.

〔政治〕comité「委員会」, eslogan「スローガン」, líder「指導者」, mitin「(政治) 集会」;〔経済〕boom「ブーム」, chárter「チャーターの」, holding「持株会社」, marketing「市場調査」, tícket / tique「領収書, 切符」;〔科学・技術〕clon「クローン」, estándar「標準の」, estrés「ストレス」, iceberg「氷山」, interfaz「インターフェイス」, smog「スモッグ」, vatio「ワッ

ト」;〔工業製品〕airbag「エアバッグ」, bazuca「バズーカ砲」, champú,「シャンプー」, film(e)「映画，（料理用の）ラップ」, flash / flas(h)「フラッシュ」, kerosén / kerosene / queroseno「灯油」, kleenex / clínex「ティッシュ」, láser「レーザー」, misil / mísil「ミサイル」, nailon / nilón「ナイロン」, radar「レーダー」, scooter / escúter「スクーター」, tráiler「トレーラー」;〔教育〕campus「キャンパス」, máster「修士」;〔服飾〕bikini「ビキニ水着」, eslip「ブリーフ」, jersey「セーター」, smóking / esmoquin「タキシード」;〔食品〕brandy「ブランデー」, cóctel「カクテル，カクテルパーティー」, donut「ドーナッツ」, sándwich / sangüiche「サンドイッチ」, whisky / güiski「ウィスキー」;〔スポーツ〕béisbol「野球」, boxeo「ボクシング」, chutar「シュートする」, córner「コーナーキック」, crol「クロール」, cross「クロスカントリー」, driblar「ドリブルする」, fútbol「サッカー」, gol「ゴール」, golf「ゴルフ」, handicap「ハンディ」, jockey / yóquey / yoqui「(競馬の) 騎手」, kart「ゴーカート」, knock-out / nocaut「ノックアウト」, penalti「反則，ペナルティーキック」, ping-pong / pimpón「ピンポン」, polo「ポロ」, récord「記録」, rugby「ラグビー」, sprint「短距離走」, surf「サーフィン」, tenis「テニス」, waterpolo「水球」, windsurf「ウィンドサーフィン」;〔余暇・娯楽〕camping「キャンプ場，キャンピング」, cómic「漫画，漫画本」, hobby「趣味」, jazz / yaz「ジャズ」, picnic「ピクニック」, póker / póquer「ポーカー」, pop「ポップス」, suspense「サスペンス」;〔社会・生活〕boicot / boicoteo「ボイコット」, christmas / crismas「クリスマスカード」, detective「探偵，刑事」, folklore / folclore「民間伝承」, gángster「ギャング」, interviú「インタビュー」, miss「(美人コンテストの) ミス」, míster「監督，(ボディビルなどの) 優勝者」, wáter / váter「水洗便所，便器」

英語そのままではなく，翻訳借用される場合もある：acondicionador de aire（< air-conditioner）「空調機」, baloncesto（< basketball）「バスケットボール」, balonmano（< handball）「ハンドボール」, balonvolea（< volleyball）「バレーボール」, bus escuela（< school bus）「スクールバス」, ciencia-ficción（< science fiction）「空想科学小説」, club nocturno（< nightclub）「ナイトクラブ」, gasóleo（< gas oil）「軽油」, máquina de coser（< sewingmachine）「ミシン」, mercado negro（< black-market）「闇

市場」，perro caliente（< hotdog）「ホットドッグ」，proceso de datos（< dataprocessing）「データ処理」，programador de sistemas（< system programmer）「システムプログラマー」.

スペイン語には「偽同義語」と呼ばれる英語と語源は同じで，意味の異なる語がかなりある．ところが，そうした語彙が英語の干渉によって同じ意味を担うようになる例がときに見られる．次の例では，後に示すのが英語に影響された意味である：asumir「引き受ける / 推定する」，audiencia「会見，審問 / 聴衆」，contemplar「熟視する / 熟慮する」，editor「発行者 / 編集者」，evidencia「明白さ / 証拠」，ignorar「知らない / 無視する」，inteligencia「知能 / 諜報」，introducir「差し込む，導入する / 紹介する」.

(d) ドイツ語からの借用語

19 世紀末に統一を達成した新興ドイツは，産業の興隆と学術の発展がめざましく，スペインも大きな文化的影響を受けた．しかし，言語面ではドイツ語からの借用語はあまり多くない．18 世紀以降に借用されたものとしては次のような例がある：bismuto「ビスマス」，blocao（< Blockhaus）「トーチカ」，búnker「防空壕，守旧派」，cártel「カルテル」，cuarzo「石英，水晶」，feldespato「長石」，kindergarten「幼稚園」，nazi「ナチスの」．níquel「ニッケル」，potasa（< Pottasche）「カリ化合物」，vals「ワルツ」．借用の際，フランス語を経由している場合もある：blindar「装甲する」，obús「曲射砲」，sable「サーベル」，zinc「亜鉛」.

言語学的に見ると，ドイツ語とスペイン語では音韻体系も語形成法も相違が大きいので，直接の借用はしにくいという事情がある．そのため，次の例のように翻訳借用の方法がとられることもある[22]：unidad de destino（< Schicksalsgemeinschaft）「運命共同体」，visión del mundo（< Weltanschauung）「世界観」，vivencia（< Erlebnis）「個人的体験」，voluntad de poder（< Wille zur Macht）「権力意志」.

(e) 日本語からの借用語

日本語からの借用語は全般に少なく，しかもほとんどは他の外国語を経由していると推定される．最古層に属するのは日本が鎖国をする前後の時期，17 世紀の文献に現れる次のような語で，ポルトガル語経由と見られる：

[22] v. Lapesa（1981:459）.

bonzo「仏教の僧侶」, biombo「屏風，ついたて」, catana「刀」. 19 世紀後半日本の開国後，スペインとの交流が再開する．以下の語彙は，ほとんどが20 世紀以降の借用で，英語を経由していると見られる．日本固有の文化に関する語彙が多い．

〔文化〕bonsái / bonsay「盆栽」, geisha / geisa [géisa]「芸者」, haiku / haikú「俳句」, kabuki「歌舞伎」, karaoke「カラオケ」, kimono / quimono「着物，（柔道・空手の）道着」, moxa「もぐさ，灸」, sintoísmo「神道」, sintoísta「神道の」, tanka「短歌」, tatami「畳」, zen「禅宗」;〔武道・スポーツ〕aikido「合気道」, kárate / karate「空手」, karateca「空手選手」, kendo「剣道」, sumo「相撲，力士」, yudo / judo「柔道」, yudoca「柔道選手」, yudogui「柔道着」;〔歴史〕bushido「武士道」, daimio「大名」, haraquiri「切腹」, kamikaze「神風特攻隊員，命がけの無謀な行為（をする人），自爆テロリスト」, mikado「御門」, ninja「忍者」, samurái / samuray「侍」, sogún / shogún「将軍」;〔食品〕sake「日本酒」, soya / soja[23]「大豆」;〔その他〕caqui / kaki「柿」, jacuzzi[24]「ジャグジーバス」, nipón「日本の」, sen「銭」, tsunami「津波」, yen「円」

(f) ロマニー語からの借用語（gitanismo）

スペインでヒターノ（gitano，英 Gypsy）と呼ばれる民族は放浪生活を続けながら 15 世紀初めにピレネーの北から移住してきた．スペインではロマニー（romaní）またはカロー（caló）と呼ばれる言語を使用するが，これはスペイン語アンダルシーア方言の基礎の上に固有のカローの語彙が混じったものである．本来のロマニー語は北西インドのインド・アーリア系言語に起源を持つ．カローの語彙は隠語または俗語としてスペイン語に借用された．18～19 世紀に出現する俗語として次のような例がある：chaval「子ども」, chunga「冗談」, jamar「食う」, parné「金（かね）」, pinrel「足」, terne「空威張りの」.

B. 近代の語形成

黄金世紀には語彙借用とともに接頭辞・接尾辞を利用した派生による語形

---

[23] soja はオランダ語経由のより古い形式である．
[24]「蛇口」から造語した日本の商品名．

成も盛んに行われた．この傾向は近代スペイン語でも変わらない．しかし，それと同時に前の時代にはあまり見られなかった新しい語形成法が盛んに利用されるようになる．その代表的なものは複合で，2つ以上の語を結合させて新しい語，つまり複合語を作り出す方法である．最も古い時期に形成されたと推定される telaraña「クモの巣」，aguardiente「蒸留酒」，pasatiempo「気晴らし」のような複合語が文献上に現れるのは15世紀であるが，18世紀以降それが急増する．特に，pasatiempo のような「動詞＋名詞」型の複合語が増えるのは19世紀以降で，現代でもこの類型は非常に生産性が高い．たとえば，abrelatas「缶切り」，cortaplumas「小型ナイフ」，cumpleaños「誕生日」，girasol「ヒマワリ」，guardaespaldas「ボディーガード」，hincapié「足を踏ん張ること，固執」，lanzallamas「火炎放射器」，matasanos「藪医者」，paraguas「雨傘」，parabrisas「フロントガラス」，parachoques「バンパー」，paracaídas「落下傘」，picamaderos「キツツキ」，portaaviones「航空母艦」，portalámparas「ソケット」，portavoz「スポークスマン」，sacacorchos「コルク抜き，コルクスクリュー」，saltamontes「バッタ」，salvavidas「浮き袋」など．

同じく複合語として扱われることの多いのが coche cama「寝台車」，hora punta「ラッシュアワー」のような「名詞＋名詞」型の形式で，正書法上は分かち書きされる．この型は英語の翻訳借用から始まったと思われるが，20世紀になってから急増し，非常に生産性が高い．たとえば，buque escuela「練習船」，casa tienda「店舗付き住宅」，ciudad dormitorio「ベッドタウン」，coche bomba「爆弾を仕掛けた車」，fecha límite「締め切り日」，hombre clave「キーパーソン」，papel carbón「カーボン紙」，perro policía「警察犬」，piso piloto「モデルルーム」，tarjeta llave / llave tarjeta「カードキー」など．これらの形式の複数形は coches cama のように最初の要素のみが変化するのが普通で，音韻的あるいは形態的に見ると，語よりは句に近い性質を持つ．複合語と言うよりたとえば語連接（enlace de palabras）と呼ぶのが適当であろう．同じく語連接に含めることができるのが「名詞＋形容詞」および「名詞＋前置詞＋名詞」の構成をとる形式で，文法的には句であるが，1つの語彙単位として機能する．これら類型もやはり生産性が高く，現代スペイン語で頻繁に見られる．

〔名詞＋形容詞〕agua dulce「淡水」，agujero negro「ブラックホール」，

arma nuclear「核兵器」，cámara digital「デジカメ」，coche deportivo「スポーツカー」，guardia civil「治安警察隊（員）」，llave inglesa「自在スパナ」，lucha libre「プロレス」，montaña rusa「ジェットコースター」，papel higiénico「トイレットペーパー」；〔名詞＋前置詞＋名詞〕agujero de ozono「オゾンホール」，avión de caza「戦闘機」，base de datos「データベース」，bienes de consumo「消費財」，coche de bomberos「消防車」，barco de carga「貨物船」，fin de semana「週末」，madre de alquiler「代理母」，máquina de escribir「タイプライター」，olla a presión「圧力鍋」，prensa del corazón「ゴシップ雑誌」

6.4. スペイン語の方言

現代スペイン語の方言について詳述する余裕はないが，次のように分類すること出来る．

○スペイン北部方言

○スペイン南部方言—アンダルシーア方言，カナリアス方言，エクストレマドゥーラ方言，ムルシア方言

○アメリカ方言（アメリカ・スペイン語）

スペインの北部方言と南部方言を分ける指標はいくつかあるが，音節末の /s/ の気音化の有無を基準に分類すると，気音化の起きない北部方言はマドリードを中心に西はアビラ，サラマンカに延び，東はグアダラハーラ，クエンカ，アルバセーテからアリカンテに至る線の北側である．この線より南は南部方言に属する．北部方言の中心を占めるのはカスティーリャ地方（現在の自治州ではカスティーリャ・イ・レオンの東部，カンタブリア，ラ・リオーハ，マドリード，カスティーリャ・ラ・マンチャ（東南部のアルバセーテ県を除く）であり，標準的なスペイン語の地域と見なされる．保守的な言語特徴を示すが，古くから le 語法や la 語法，lo 語法を発展させてきた．

南部方言を代表するのはアンダルシーア方言（andaluz）であり，その中心はセビーリャである．前記の気音化のほか，S 音化または C 音化を特徴とする．カナリアス方言（canario）はアンダルシーア西部と近い言語特徴を持つ．歴史的にカナリアス諸島はスペインと新大陸を結ぶ中継地点であったので[25]，この方言とアンダルシーア方言，アメリカ方言は共通点が多い．

エクストレマドゥーラ方言（extremeño）とムルシア方言（murciano）は北部方言と南部方言の境界に位置しており，さまざまの面で両方言の過渡的な特徴を示す．アメリカ方言については後述する．

6.5. 近代のスペイン文学

6.5.1. 18~19 世紀のスペイン文学

黄金世紀の後，18 世紀に入ると，スペイン文学は沈滞期に入り，文学的伝統は輝きを失い，独創性が乏しくなった．この世紀の初めにフランスから来たブルボン家がスペインを支配することとなったため文化全般にわたりフランスの影響が強まった．文学ではフランスの古典主義に範をとった新古典主義が流行した．18 世紀後半から 19 世紀前半にかけての時代は国外の流行を受けてロマン主義が盛んになった．それを代表する詩人としてエスプロンセーダ（José de Espronceda，1808-42）がいる．19 世紀後半の後期ロマン主義時代には卓越した詩人としてベケル（Gustavo Adolfo Bécquer，1836-70）が現れた．

19 世紀後半になるとロマン主義の反動として写実主義が隆盛となる．芸術全般に写実を好むスペインの伝統と合致したこともあって写実主義文学は多くの優れた作品を産み出した．代表的な作家としてはアラルコン（Pedro Antonio de Alarcón，1833-91），バレーラ（Juan Valera，1824-1905），ペレーダ（José María de Pereda，1833-1906），ガルドス（Benito Pérez Galdós，1834-1920）などが挙げられる[26].

6.5.2. 現代のスペイン文学

1898 年の米西戦争の敗北，いわゆる「98 年の災難」はスペインに重大な衝撃を与えた．絶頂期を過ぎたとはいえ，過去の栄光を誇り，大国意識がまだ残っていたスペイン人にとって新興国アメリカに惨敗し，海外植民地をほ

---

[25] カナリアス諸島は大西洋上のモロッコ沿岸にあり，1496 年全島がスペインに征服された．グアンチェ人（guanche）その他の先住民はスペイン人に同化吸収され，ハム系のグアンチェ語は早くも 16 世紀に死語となった．

[26] ガルドスの作品については巻末の資料テキスト 9 を参照.

とんど喪失したことは予想外の大惨事だったからである．とりわけ知識人は，事態を深刻に受けとめた．この時期に活躍した主要な知識人の政治的立場はさまざまであったが，敗戦をスペインの社会的・文化的危機と感じる点では共通していた．この「98 年世代」はスペイン社会の腐敗や後進性を批判し，スペインのヨーロッパ化を志向することから出発したが，最終的にはスペイン，とりわけカスティーリャの国民的伝統や風土を再評価する方向に進んで行く．代表的な思想家としてはガニベー（Ángel Ganivet，1865–98），ウナムーノ（Miguel de Unamuno，1864–1936）がおり，小説家としてはアソリン（Azorín，1873–1967），バローハ（Pío Baroja，1872–1956），詩人としてはマチャード（Antonio Machado，1875–1939）が有名である．

98 年世代とほぼ同じ時期に詩の世界では 19 世紀の写実主義に対する反動としてモデルニスモ（modernismo）が流行した．その代表者はスペインにも滞在したニカラグアの外交官で詩人のダリーオ（Rubén Darío，1867–1916）である．劇作家としてはバリェ・インクラン（Ramón María del Valle-Inclán，1869–1936）がいる．この潮流の外にあってスペイン演劇に大きな革新を起こしたのはベナベンテ（Jacinto Benavente，1866–1954）である．

98 年世代の後に続き，第 1 次大戦前後に活躍した「14 年世代」とも呼ばれる知識人たちは，98 年世代と異なりヨーロッパ化志向であった．それを代表する思想家・随筆家はオルテーガ・イ・ガセー（José Ortega y Gasset，1883–1955），ドルス（Eugenio d'Ors，1882–1954），マラニョン（Gregorio Marañón，1887–1960）などである．同じ世代に属する作家としてはミロー（Gabriel Miró，1879–1930），ペレス・デ・アヤーラ（Ramón Pérez de Ayala，1881–1962），詩人としてはヒメネス（Juan Ramón Jiménez，1881–1958）がいる．

第 1 次大戦後，1927 年のゴンゴラ没後 100 周年を契機として活躍した文化人たちを「27 年世代」と呼ぶ．その中心となったのは詩人たちで，ギリェン（Jorge Guillén，1893–1984），ガルシーア・ロルカ（Federico García Lorca，1898–1936），アレイクサンドレ（Vicente Aleixandre，1900–84），アルベルティ（Rafael Alberti，1902–99）らが有名である．

6.6. 現代スペインの言語政策と言語問題

6.6.1. 新憲法下の言語政策

第2共和制時代の1931年憲法は地方分権を認め，カタルーニャとバスクは分離主義的傾向を強めた．スペイン内戦はこうした分離主義による国家分裂を懸念し，危機感を募らせたカスティーリャ的中央集権主義の反撃という側面も持っていた．内戦中，両地方は共和国側の拠点となったので，その反動として内戦後のフランコ体制は自治権を否定し，カタルーニャ語とバスク語の公的使用も禁止した．しかし，フランコ没後の1978年憲法によってフランコ体制は払拭され，言語政策も大きく転換した．新憲法は自治州（comunidad autónoma）の設置を認めたので，カタルーニャとバスクを皮切りにスペイン全体で17の自治州が構成された．各自治州には州憲章の下に州首相（presidente）を首班とする政府と州議会が設置されている．また，新憲法第3条はカスティーリャ語を「国家公用スペイン語」(la lengua española oficial del Estado）とし，あらゆるスペイン人がそれを学ぶ義務と使用する権利を持つと規定する一方で，自治州がスペインの他の言語をそれぞれの公用語とすることも認めた．このような言語は「併用公用語」(lengua cooficial）と呼ばれる．現在，6つの自治州が州憲章でそれを定めている．すなわち，カタルーニャおよびバレアレス（カタルーニャ語），バレンシア（バレンシア語），ガリシア（ガリシア語），バスクおよびナバラ（バスク語）．ただし，各自治州における併用公用語の法的地位や実際の言語使用の状況にはかなり相違が見られる．

これ以外の自治州でも公用語とはしないまでも，州独自の言語の保存・普及を図る政策をとったり，それを目的とする民間の運動が行われている．アストゥリアス自治州は1981年制定の州憲章でバブレ語（bable）の保護と普及を促進することを規定し，1998年バブレ語使用・振興法を制定し，その復興を図っているが，公用語とは認めていない[27]．また，アラゴン自治州で

---

[27] バブレは東部・中部・西部の3方言に分かれるが，統一バブレ語（またはバブレ・アストゥリアス語）は中部方言に基づいて規範化が進められている（v. Echenique, 2005: 379-383）.

はピレネー山岳地帯に残る高地アラゴン語に基づき統一アラゴン語（fabla aragonesa）を復興しようとする運動が 1970 年代に始まった．しかし，いずれの地方でもスペイン語の浸透が著しいため，将来の見通しは必ずしも明るくないのが現実である．

6.6.2. 二言語併用地域の言語問題

新憲法下で自治州独自の併用公用語が認められたことによってスペイン国内で軋轢を生んでいた少数言語問題（とりわけカタルーニャ語とバスク語の問題）は収束に向かうかとも見えた．しかし，現実の事態はそう単純ではなく，地域によっては言語紛争が起き，また併用公用語をめぐる独自の言語問題が生じている．

A. カタルーニャ語地域

カタルーニャ自治州は 1979 年自治州憲章第 3 条で「カタルーニャ語は州の公用語であり，カスティーリャ語も同じである」と定め，積極的なカタルーニャ語化政策をとり始めた．1983 年には州の言語正常化法により公的な場ではカタルーニャ語を使用すること，学校でも初等教育から高等教育までカタルーニャ語で行うことが定められ，地名表示や交通機関の案内などもカタルーニャ語のみで行われるようになった．さらに，1998 年前記の州法を全面改正して言語政策法が制定され，カタルーニャ語のみの単一使用を目指して州と州内の自治体職員・教員はカタルーニャ語の十分な知識を持つこと，州内のラジオ・テレビ局は番組の少なくとも 50% をカタルーニャ語で行うことなどが義務付けられた．

それでもなお，自治州内にはカタルーニャ語化が不十分であると不満を持つ住民もいる一方，近年増加している他の地方の出身者を含む非カタルーニャ語話者の住民からは性急なカタルーニャ語化政策に対する不満が噴出し，訴訟問題まで起きている．現実に，州人口の過半数はスペイン語を母語とする住民が占めているので，こうした住民はフランコ時代とは反対に逆差別を受ける立場になった．両言語ともロマンス語系の姉妹語であるから，日常のコミュニケーションに支障を来すことはないものの，自治州の公務員・教員職に就くためにはカタルーニャ語の読み書き能力が必要条件となったので，スペイン語のみの一言語使用者は閉め出される事態になったからである．

なお，カタルーニャ自治州は独自に1990年フランスと国境を接するピレネー山脈のアラン谷地方（Val d'Aran）に自治を認める州条例を制定し，アラン語（aranés）をカタルーニャ語，カスティーリャ語と並ぶ公用語として使用することを正式に承認した．アラン語は南フランスのガスコーニュ語の方言である．

バレアレス自治州は1983年州憲章でカタルーニャ語をカスティーリャ語とともに公用語と定め，1986年言語正常化法を制定してカタルーニャと似た言語政策をとっている．

カタルーニャの南にあるバレンシア自治州は1982年州憲章でバレンシア語とカスティーリャ語を2つの公用語とする旨定めた．翌年バレンシア語使用・教育法を制定し，普及に努めているが，特に都市部ではスペイン語の浸透が進んでいるため，カタルーニャほどの成果は上がっていない．ところで，カタルーニャ語は東部方言と西部方言に大別され，バルセローナを含む中部方言とバレアレス方言などは東部方言に属し，バレンシア方言はカタルーニャのレリダ方言とともに西部方言に属する．しかし，バレンシアにはカタルーニャ語全体の統一性を重視するグループとバレンシア語の独自性を重視するグループの対立があり，バレンシア語（valenciano）という言語名を認めるかどうかは深刻な政治問題となっている．

B. バスク語地域

バスク自治州では1979年州憲章でバスク語をカスティーリャ語とともに公用語と定め，1982年バスク語使用正常化基本法を制定して積極的なバスク語化政策をとり始めた．特に初等教育ではバスク語を使用する教科の多い学校ほど補助金を増額するなどの優遇策をとっている結果，最近では小学生の7割近くがバスク語だけで教育を受けている．しかし，現状では住民の8割が日常スペイン語を使用し，しかもカタルーニャの場合とは異なり，バスク語を完全に使用できる話者（その大部分はスペイン語との二言語併用者）は住民の3割程度に過ぎない．バスク語化政策がそれを推進するバスク人の期待どおり将来成果を得られるかどうかは不透明である．

バスク語自体が抱える問題としては標準語をいかに確立するかという懸案がある．バスク語はスペインとフランスの両国にまたがる地域で使用され，4つの主要な方言に分かれており，20世紀まで統一的な文章語の規範を持ったことはなかった．そのため，1960 年代以降，スペイン側の王立バスク語学士院（Euskaltzaindia）により各方言に共通する要素を選び出し，規範化する試みが始まった．これを統一バスク語（または共通バスク語，euskara batua）と呼ぶ．その作業は今なお進行中であるが，これまでに提起された案は人工的すぎるという批判もあり，すべての地域に住むバスク人の合意を取り付けるのは容易ではないと予想される．

ナバラ自治州も 1982 年制定の州憲章でバスク語を併用公用語と認めたが，バスク自治州以上にスペイン語化が進んでおり，バスク語話者は人口の 1 割程度に過ぎないので，公用語の適用は州内のバスク語地域のみに限っている．

C. ガリシア語地域

ガリシアでは 1981 年制定の州憲章でガリシア語とカスティーリャ語を公用語と定め，1983 年言語正常化法を制定してあらゆる段階の学校でガリシア語教育を行うことになった．しかし，ガリシア語の規範はまだ確立していない．ガリシア語は西部・中部・東部の 3 方言に大別されるが，話し言葉としてのみ存続してきたので，さまざまの変種を含み，特に中心となる方言はない．その中から文章語となり得る標準ガリシア語をどのように選定し，確立させるかが問題となっている．また，特に語彙面でガリシア語の中に浸透しているカスティーリャ語的要素をどこまで排除または容認するかということが大きな課題である．ガリシア語の抱えるもう一つの問題は，都市部ではカスティーリャ語化が非常に進み，ガリシア語は農漁村でしか使用されないこと，そのためにガリシア語を田舎の言葉として社会的に低く見る意識がガリシア人の中にも存在することである．

7. アメリカ・スペイン語および海外のスペイン語

7.1. スペインのアメリカ大陸進出と植民地の独立

7.1.1. アメリカ大陸の植民地化

1492年のコロンブスの新大陸到達後，スペインの植民活動はまずコロンブスが最初に「発見」したカリブ海のアンティリャス諸島（西インド諸島）から始まった．新大陸はインディアス（Indias）と呼ばれ，黄金と栄誉を求める「征服者」たち（conquistadores）が国王の認可を得た私的事業として征服に乗り出した．インディアスは国土回復戦争が終結したため活躍の場を失った主に下級貴族のエネルギーのはけ口となった．大陸本土の征服が本格化するのは16世紀に入ってからである．1521年コルテス（Hernán Cortés）がアステカ帝国を征服し，その地域はヌエーバ・エスパニャ（後にメキシコ）と呼ばれるようになった．ひき続いて，マヤ文明が栄えたユカタン半島が征服された．その後，南米アンデス地域への進出が始まり，1533年ピサロ（Francisco Pizarro）がインカ帝国の首都クスコを占領，帝国は滅亡に追い込まれた．その地域はヌエーバ・カスティーリャ（後にペルー）と呼ばれた．ヌエーバ・グラナーダ（後のコロンビア）の征服がそれに続く．豊かな文明が栄え，人口の多いアステカ帝国やインカ帝国に対してスペイン人征服者たちは数の上では圧倒的に不利だったが，王族間の内紛や部族間の対立を巧妙に利用して短期間に征服を達成した．16世紀後半チリとアルゼンチンの遠征を最後として北米から南米にまたがるスペイン領アメリカの支配が完成した．征服者の時代は終わり，本国政府から任命された副王以下の官僚がインディアス各地の行政を担う体制が確立した．金・銀を求めて鉱山開発が盛んに行われ，特に1545年ペルーのポトシー銀山の発見以降，先住民の強制労働により莫大な銀が採掘され，本国に輸送された．

コロンブスに「発見」されたことは先住民にとってとてつもない災厄の始

まりであった．貪欲な征服者によって財宝を収奪され，鉱山や大農園の奴隷労働に駆り出され，抵抗する者は殺された．征服者たちは伝統文化を破壊したばかりではなく，各地で先住民を巻き込む征服者同士の抗争も引き起こした．さらに大きな災厄はスペイン人が持ち込んだ伝染病であった．それまで新大陸に存在しなかった天然痘，はしか，チフスなどが大流行し，まったく免疫がなかった先住民の死亡率は非常に高く，人口は短期間に激減した．確実な資料はないが，コロンブス到達前に約 7 千万ないし 1 億人いたとされる新大陸の人口は 16 世紀末には約 10 分の 1 に減少したと言われる．特にカリブ海域では早くも 16 世紀初め頃に先住民が絶滅したため労働力が不足し，サトウキビ農園などで働かせるためアフリカから黒人奴隷が導入された．以後，奴隷制度は新大陸全体に広がる．イスパノアメリカの奴隷制度はようやく 19 世紀前半，植民地独立の時代に廃止された．スペイン語圏で奴隷解放がもっとも遅かったのはスペイン領キューバ（1886），中南米で最後に奴隷制を廃止した国はブラジル（1888）である．

ところで，単身者の多いスペイン人植民者は先住民と通婚せざるを得なかったので，その間に生まれたメスティーソ（mestizo「混血者」）と呼ばれる人々が植民地社会の中で重要な要素を占めるようになった．イスパノアメリカの主要地域では上層の白人，中層のメスティーソ，下層の先住民から成る重層的な社会が形成されることになる．ちなみに，英国の北アメリカ植民は 16 世紀末から始まるが，その植民政策は対照的であった．入植したのは主に家族持ちの植民者で，先住民を入植地から追い出し，反抗する者は虐殺し，捕虜は奴隷化しながら白人だけの社会を建設して行った．この政策は独立後のアメリカ合衆国でも継承され，先住民に対する討伐と虐殺は 19 世紀末まで実行された．狩猟・遊牧民を主とする北米と異なり，アステカ，マヤ，インカなど先住民が農業に基盤を置く高度な文明を営んでいた中南米の主要地域は人口が稠密であり，もとより先住民を排除することは不可能であった．先住民は農業や鉱業の担い手としてスペインの支配体制の中に組み込まれた．歴史的にスペイン人が本国で異民族や異教徒との接触・混交を繰り返し経験し，異民族の共住する社会に慣れていたことも北米との相違を生む上で影響しているであろう．ただし，イスパノアメリカにも例外的な地域がある．北米と同じく狩猟・遊牧生活を主とする先住民が住んでいたアルゼンチンとチリでは先住民が植民者の農業・牧畜経営の障害になると見なされ，軍事討伐と虐殺，強制移住が19世紀末まで繰り返し行われた．その結果，この地域の純粋な先住民はほとんど絶滅した．今日これらの国が白人国と言われる所以である．

先住民への虐待や虐殺もあった一方で，スペイン領インディアスではラス・カサス神父（Bartolomé de las Casas）のようなカトリック聖職者や宣教団が先住民保護のため活動し，本国政府もそれを支持して，一定の成果を上げたことも見逃せない．皮肉なことに，ラス・カサスが先住民を擁護し，征服者の不正を告発するために書いた著作は当時スペインの敵国であった英国によって宣伝工作に利用され，スペインの「暗黒伝説」を作り上げる材料となった[1].

インディアス植民地は16世紀以降，スペイン国王により任命される副王によって統治された．最初の副王領（virreinato）は1535年ヌエーバ・エスパーニャ（首都メキシコ市）に創設され，北アメリカから現在のメキシコ，中米，カリブ海地域，さらにはフィリピン，グアムまでを管轄した．それに続くのは1543年に設置されたペルー副王領（首都リマ）で，当初は南米全体を統轄した．18世紀に入って1717年新たにヌエーバ・グラナーダ副王領（首都サンタ・フェ・デ・ボゴター）が設置され，現在のエクアドル，ベネズエラ，コロンビアに当たる地域を統轄した．最後に，1776年リオ・デ・ラ・プラータ副王領（首都ブエノス・アイレス）が設置され，現在のアルゼンチン，ウルグアイ，パラグアイ，ボリビアに当たる地域を管轄した．副王領は広大なので，主要都市に聴訴院（audiencia）が設置されて管轄地の支配を行い，遠隔地には半独立的な総監領（capitanía general）が設置される場合もあった．たとえば，18世紀末のヌエーバ・エスパーニャ副王領にはメキシコ市とグアダラハラに聴訴院が置かれ，グアテマラ（現在のメキシコのチアパス州とパナマを除く中米を管轄），キューバ，フィリピンの各総監領が所属していた．

---

[1] ラス・カサスの『インディアスの破壊についての簡潔な報告』（1552）は事実に誇張があるとも言われるが，内外に大きな反響を引き起こした．ラス・カサスらの働きかけによりスペイン政府は1542年インディアス新法を制定し，植民地のエンコミエンダ制を制限して先住民の奴隷化を禁止した．このようにラス・カサスは先住民の保護に尽力したが，その一方で晩年になるまでは黒人奴隷を容認していた（染田，1990）.

7.1.2. イスパノアメリカ諸国の独立

スペイン独立戦争の間，スペイン領アメリカは本国との通商が途絶し，植民地支配が弱まったので，これを契機にクリオーリョたちは独立志向を強めた．1810年ヌエーバ・グラナーダやメキシコで独立宣言が出されたのを皮切りに各地で独立が宣言され，反乱が起きた．スペインはこれを鎮圧しようとしたが，1819年ボヤカー（コロンビア）の戦いでボリーバル（Simón Bolívar）指揮の革命軍がスペイン王国軍を破り，グラン・コロンビアの独立を実現させた．さらに，1824年ボリーバルはスクレ（Antonio José de Sucre）と協力してフニン（ペルー）の戦いに勝ち，同年末スクレがアヤクーチョ（同上）の戦いで圧勝すると，南米諸国の独立は確実なものとなった．

スペインの植民地支配の拠点であったメキシコでは王国軍の抵抗が強く，11年にもわたる独立戦争の末，1821年ようやく独立を達成した．王国軍から独立派に寝返ったクリオーリョ出身の将軍イトゥルビーデ（Agustín de Iturbide）が政権を握り，皇帝アグスティン1世（1822-23）と称したが，まもなく失脚し，1823年メキシコは連邦共和国となった．さらに，同年メキシコから中央アメリカ連邦が分離独立した．こうして1810年代から20年代にかけてイスパノアメリカ諸国の大部分が独立し，この地域で19世紀末までスペインの植民地として残るのはキューバとプエルトリコのみとなった．

北米では英国の植民地13州が連合してアメリカ合衆国を結成したのとは対照的に，スペイン領アメリカは地域がより広大である上に，歴史的・地理的基盤が多様なこともあってほぼ植民地時代の副王領や総監領の領域ごとに複数の国家が分立した．さらに，独立後，グラン・コロンビア（1830年エクアドル，ベネズエラ，コロンビアに分裂）や中央アメリカ連邦（1838年グアテマラ，エルサルバドル，ニカラグア，ホンジュラス，コスタリカの5州が分離）のように再分裂した地域もある．パナマは運河を建設し，支配するために米国が画策して1903年コロンビアから分離独立させた国である．結局，旧スペイン領であったイスパノアメリカの独立国は18ヵ国となる．地理的に北アメリカに属するのはメキシコ，グアテマラ，ホンジュラス，エルサルバドル，ニカラグア，コスタリカ，パナマ，キューバ，ドミニカの9ヵ国，南アメリカに属するのはベネズエラ，コロンビア，エクアドル，ペルー，ボリビア，パラグアイ，チリ，ウルグアイ，アルゼンチンの9ヵ国である．この他にスペイン語圏の一部とされるのが米国の自治領であるプエルトリコである．

7.1.3. 独立後のイスパノアメリカ

独立後の中南米諸国はおおむね第一次産業に依存する不安定な経済と貧富の差の極端に大きい社会を抱え，民主制は機能せず，独裁とクーデターによる政権交代が繰り返されることが多かった．経済的には北の大国，米国に支配され，その意に反する場合にはしばしば政治的あるいは軍事的干渉を受けることになった．とりわけ米国に隣接する地域は露骨な干渉をこうむった．最大の干渉を受けたのはメキシコで，独立後まもない1836年米国政府に支援された米国系市民による反乱でテキサス（コアウィラ州，テハス州）が独立したが，まもなく米国はメキシコ政府との合意を破ってこれを併合した．米国はさらにその後の国境紛争を口実にメキシコに侵攻した（米墨戦争，1847-48）．惨敗したメキシコはグワダルーペ・イダルゴ講和条約により国土の半分以上を米国に割譲した．現在のアリゾナ，カリフォルニア，ネバダ，ユタ，ニューメキシコの各州およびコロラドとワイオミングの一部に当たる地域である．この地域に住んでいたメキシコ人約30万は条約の規定に反して土地を奪われる結果となった．現在，こうした旧メキシコ領の地域でヒスパニック系住民が増えているのは皮肉な現象で，「再イスパノ化」（rehispanización）という呼び方もなされる．

カリブ海・中米地域も繰り返し米国の干渉を受けた．たとえば，ドミニカは1844年ハイチの支配を破って独立したものの，常に政情は不安定であったため，再三米国の武力干渉を受けることになった．特に1916年からは8年間米海兵隊に占領され，その後は米国に支援されたトルヒーリョ（Rafael Leonidas Trujillo）の独裁政権が31年も続いた．キューバはスペインの植民地貿易の中心地であり，経済的収益も大きかったためスペインは最後まで手放そうとはせず，度重なる独立反乱は鎮圧された．1895年マルティーらによる独立戦争が再燃すると，米国は独立運動支援の大義名分を掲げて米西戦争（1898）を引き起こした．スペインは惨敗し，海外植民地をほとんど失う結果となった．キューバは米軍の占領を経て1902年名目上は独立を達成したが，実質的には米国の保護国の地位に置かれた．プエルトリコは名目上の独立も認められず，米国の属領となった．独立後のキューバは米国に対する経済的従属の度合いを強め，1933年政権の座に就いたバティスタ（Fulgencio Batista）は米国の支持の下に25年間独裁を行った．1959年同政権を打倒して，政権に就いたカストロ（Fidel Castro）は米国への従属から脱却しようとして追い詰められ，やむなくソ連陣営に走った．このため米国に経済的制裁を受け，ソ連崩壊後は孤立しながら今日に至っている．

7.2. 新大陸のスペイン語化

7.2.1. スペイン語の移植

スペインによる新大陸の植民地化は，1492年コロンブスが最初に到達したカリブ海のアンティリャス諸島から始まった．16世紀半ばからスペイン人の大陸本土への進出が本格化する．南米南端のラ・プラータ地方にスペイン人の本格的な入植が始まるのはようやく18世紀のことである．したがって，スペイン語の浸透する時期は地域によって異なっている．また，入植したスペイン人の出身地も時代により地域により相違する．それにもかかわらず，アメリカ・スペイン語には多くの共通した特徴が見られる．その基調となっているのはスペイン南部のアンダルシーア方言である．このような言語状況が生まれた原因は植民地時代の初期に求められる．コロンブスの到達以降，16世紀初頭までの移住者の中ではアンダルシーア出身者が6割を占めており，さらにその中の過半数はアンダルシーア西部（セビーリャおよびウエルバ）の出身者であったことが植民地時代の記録により明らかとなっている[2]．このため，アンティリャス諸島に形成された最初の植民地社会は文化的にも言語的にもアンダルシーア的な特徴がきわめて強かった．新しい地域に言語が定着する重要な時期にアンダルシーア方言が決定的な影響力を持ち，植民地におけるコイネー（共通語）の基礎となったのである．新・旧カスティーリャ地方を始めスペイン北部からの入植者が次第に増加するのは16世紀後半以降である．そうした理由でアメリカ・スペイン語はアンダルシーア方言および新大陸との交易の中継地であったカナリアス諸島のカナリアス方言と共通する特徴が目立つ．それは特に音韻と語彙の面で著しい．た

[2] P.Boyd-Bowmanによる植民地時代の資料調査で明らかとなった（v. Sánchez Méndez, 2003: 89）．

だし，アメリカ・スペイン語はアンダルシーア方言の一部というわけではなく，非アンダルシーア的な特徴も合わせ持っている．

7.2.2. スペイン語の普及と現代の言語状況

アメリカ大陸でスペインは先住民にカトリック信仰を強制したが，言語政策は一貫していなかった．スペイン語を強制しようとする方針と先住民の言語を維持させようとする方針が常にせめぎ合っていたからである．カトリックの主な修道会は，布教のためにはスペイン語を使用するより現地語を使用する方が効果的であると考え，各地でその土地の有力な言語（ナウアトル語，ケチュア語，グアラニー語など）を使用する方針をとった[3]．そうした言語は地域共通語（lenguas generales）として周辺地域にまで拡大する結果を生んだ．スペイン語は行政や教育の言語であったので，都市を中心に普及したものの，植民地時代は主に現地生まれのスペイン人（クリオーリョ）やメスティーソの社会のみで使用された．19 世紀にイスパノアメリカ諸国が独立した当時，地域全体では住民の大半が先住民の諸言語を話し，スペイン語の話者は人口の 3 分の 1 程度に過ぎなかったと言われる．スペイン語がイスパノアメリカ全域に普及するのはむしろ独立以降，各国がスペイン語を唯一の公用語と定め，教育に力を入れるようになってからである．

スペイン語化が始まって以来，アメリカ先住民の言語，つまりアメリンディアン諸語（lenguas amerindias）の中には消滅した言語も少なくない．特にカリブ海域ではタイーノ語を始めとするすべての言語が死語となった．現代も各地で少数言語が絶滅の危機に瀕している．その一方，先住民の多い国では多数の話者を持つ言語を公用語と認めている場合もある．ペルーでは 1979 年制定の憲法でカスティーリャ語を国の公用語とするとともにケチュア語とアイマラ語をその使用地域の公用語とすることを認めている．また，1975 年制定のケチュア公用語化法令によりこの言語を国内の学校で教育することを義務付けている．パラグアイでは 1992 年の憲法でカスティーリャ語とグアラニー語を公用語と定めている．同国では人口の半数がグアラニー

[3] 初期の宣教師たちがあえてスペイン語教育を行わなかったもう一つの理由は，先住民が一般のスペイン人植民者と接触し，道徳的に「汚染」されることを嫌ったことである．

語とスペイン語の二言語併用者と言われる．この他にもコロンビア，エクアドル，ボリビアなど法律上は先住民の言語を保護する旨を規定している国が少なくない[4]．

言語別に見ると，話者数がとりわけ多いのはメキシコ・中米のナウアトル語（náhuatl，話者 140 万）およびマヤ語（maya，同 70 万），コロンビア・ペルーなどアンデス地域で話されるケチュア語（quechua，同 440 万），ペルー・ボリビアなどのアイマラ語（aimara，同 220 万），パラグアイのグアラニー語（guaraní，同 480 万）などである[5]．ただし，これらは単一の言語というより地域方言の集合体である．また，そうした言語地域でもスペイン語との二言語併用者が多数を占める場合が多い．

7.3. アメリカ・スペイン語の特徴

アメリカ・スペイン語（español americano）という用語は，イベリア半島のスペイン語とは別の言語が存在することを意味するわけではなく，スペイン語のアメリカ方言を指す．英語のアメリカ方言をイギリス英語と対比してアメリカ英語と呼ぶのと同じである．アメリカ・スペイン語のアメリカとは狭い意味ではイスパノアメリカ，広い意味では南北アメリカ全体を指す．日本では中南米スペイン語と呼ぶこともあるが[6]，アメリカ・スペイン語にはアメリカ合衆国内のヒスパニック系住民のスペイン語も含まれる．以下では，アメリカ・スペイン語に対してイベリア半島のスペイン語を特に区別する必要があるときは半島スペイン語（español peninsular）と呼ぶことにする．

7.3.1. 音韻的特徴

アメリカ・スペイン語に見られる主要な音韻的特徴にはスペインのアンダ

---

[4] イスパノアメリカの公用語に関しては Brumme（2005: 953-963）に基づく．

[5] 話者数は Ethnologue による．

[6] 地理的に言うと，中央アメリカはグアテマラからパナマまでの地域を指し，メキシコは北アメリカに含まれる．しかし，日本ではメキシコ以南を中南米と呼び，ラテンアメリカと同じ意味で用いることが多い．ラテンアメリカ（イベロアメリカ）からポルトガル語圏のブラジルを除いた地域がイスパノアメリカに該当するが，米領のプエルトリコを加えることもある．

ルシーア方言と共通するものが多いが，歴史的にはイスパノアメリカで独自に発展した場合もあると考えられ，すべてアンダルシーア方言に起源があるというわけではない．以下では比較的広範囲の地域に見られる現象を取り上げる．

A. 母音の変異

a. 無強勢母音の不安定

古くからアメリカ・スペイン語の母音が不安定な様相を示していたことは植民地時代の文書から実証される．現代でも俗語では特に無強勢母音の /i/–/e/，/u/–/o/，/e/–/o/ の間で混同が起きやすい：medicina > [medesína]，pedir > [pidíɾ]，justicia > [hostísi̯a/，columpio > [kulúmpi̯o]，oscuro > [eskúɾo] など．また，母音接続が二重母音化する傾向が見られる：teatro > [ti̯átɾo]，cohete > [ku̯éte]，toalla > [tu̯áʝ̯a] など．

b. 無強勢母音の消失

メキシコの高地地帯では無強勢母音が弱化し，ついには消失する現象が存在することは比較的よく知られているが，同じ現象は中米のエル・サルバドル，南米のペルー，ボリビア，エクアドル，コロンビアおよびアルゼンチン北部など広い地域に見られる．母音の消失は強勢音節の直後の音節で起きやすく，メキシコでは次のような例がある：antes > [ánt(ə)s]，vamos > [bám(ə)s]，anoche > [anótʃ(ə)]．メキシコに関してはナウアトル語による干渉とする説が唱えられて来たが，最近では内的な要因とする説もある．

B. 子音の変異

a. S 音化

スペイン人によるアメリカの本格的な植民地化が始まった 16 世紀はまさにスペインで「歯擦音革命」が始まった時期と重なっている．この時期からスペインでは北部と南部で異なる子音体系が分立するようになる．黄金世紀を通じてアメリカ植民地にはスペイン北部のように /s/ と /θ/ を区別する話者と南部のように区別しない話者が移住してきたが，勝利したのは区別しない南部のアンダルシーア的な体系であった．この体系も S 音化と C 音化に二分されるが，アメリカの大部分の地域には S 音化が広がった．したがって，アメリカ・スペイン語では一般に zumo「ジュース」/ sumo「最高の」，

ciervo「シカ」/ siervo「奴隷」, caza「狩猟」/ casa「家」のようなペアは同音であり, 大部分の地域でこれらの語に現れる s, z, c（+e, i）は区別なく /s/ と発音される.

b. /x/ の気音化

既述のとおり,「歯擦音革命」によりスペイン北部では /ʃ/ が軟口蓋音化し, /x/ に変化したのに対し, アンダルシーアでは /f/ に由来する気音 [h] が消失していなかったため, /ʃ/ はこれに合流した. アメリカ植民地には両方の潮流が流れ込み, 二つの異音 [x] と [h] が競合していたが, 17 世紀前半には [x] が優勢となった. しかし, アンダルシーアとの交流が緊密であったカリブ海地方, 中米の大部分, パナマ, コロンビア, ベネズエラ, メキシコとエクアドルの海岸部では [h] が優位に立った：ojo [óho]. その他の地域でも /x/ の異音として [x] と [h] が共存する場合が多い.

c. Y 音化

ll /ʎ/ が非側面音化し /ʝ/ に合流する Y 音化の現象は, アンダルシーアでは 15 世紀頃から現れ始め, 16–17 世紀に大きく広がった. この現象はほぼ同時期にアメリカでも出現し, 今日ではアメリカの大部分の地域に広がっている. したがって, calló「彼は黙った」/ cayó「彼は転んだ」, pollo「チキン」/ poyo「腰掛け」のようなペアは同音となる. しかし, 歴史的に見ると, その進行は遅く, まだアメリカ全土には及んでいないと言える. コロンビア・エクアドル・ペルーのアンデス地域の一部とボリビア, パラグアイなどでは古い /ʎ/ の音が残っており, /ʎ/ と /ʝ/ を区別する. ただし, 両音素を区別する地域の中にも実際の発音に変異が見られる場合がある. 一般的な [ʎ] と [ʝ] の対立の代わりに, エクアドルのアンデス地方, アルゼンチン北部などでは [ʒ] と [ʝ] が対立する. また, Y 音化の地域でも実際の発音にはいくつかの変異が見られる. アルゼンチン, ウルグアイでは一般に ll と y がともに [ʒ] と発音されるが, これが文献で確認されるのは 18 世紀末のことである. さらに, 1930 年代以後ブエノス・アイレスなど都市部でこれを無声化して [ʃ] と発音する現象が現れ, 現在ではウルグアイにまで拡大している.

d. 音節末の /s/ の気音化と消失

アンダルシーア方言やカナリアス方言に見られる音節末の -s が気音化して [h] となり, さらには消失する現象（mismo「同じ」> [míhmo] > [mím:o / mímo]）はアメリカにも存在する. カリブ海地方, メキシコのカリブ海沿岸，中米，コロンビアとエクアドルの海岸部，ベネズエラ，チリ，パラグアイ，アルゼンチン，ウルグアイなど主に海岸部や平野部である．この現象は植民地時代初期にはアメリカ各地に見られたが，現在では上記の地方に限られる．植民地時代，これらの地方が内陸地域よりもアンダルシーアとの交流が緊密であったことが影響していると見られる．

e. 音節末の /ɾ/ と /l/ の中和

音節末の -r /ɾ/ と -l /l/ が中和する現象，つまり両方を無差別に用いる現象はアンダルシーア方言とカナリアス方言にも見られるものである．たとえば，sol「太陽」を [sóɾ]，逆に barco「船」を [bálko] と発音するような例である．この現象は植民地時代初期にはアメリカ各地に見られたが，現在ではカリブ海地方，コロンビアとベネズエラの海岸部，チリ中央部，パラグアイなどに存在する．パラグアイの場合はグアラニー語の影響があると言われる．

f. 母音間と語末の /d/ の消失

usted に現れるような語末の /d/ やとりわけ -do のような語尾（hablado）で母音間の /d/ が消失する現象はアンダルシーア的な特徴であるが，アメリカ植民地でも初期の時代から見られる．しかし，それが広がるのは 18 世紀以降である．現代では規範から外れた田舎風の語法と見なされ，むしろ後退していると言われる．消失が目立つのはカリブ海地方，中米，エクアドル海岸部などである．

7.3.2. 文法的特徴

A. 代名詞

a. vos 語法

2 人称単数の人称代名詞として tú の代わりに vos を用いることを vos 語法（voseo）と呼ぶ．この現象はアメリカ・スペイン語に特有のもので，スペインにはない．イスパノアメリカのかなり広い地域で見られるが，その使用域や社会的な扱いは地域により相違がある．ラプラータ地域（アルゼンチン，ウルグアイ，パラグアイ）では vos 語法が一般的に用いられる．これに対し，ボリビア，ペルーの一部，エクアドル，ベネズエラの一部，コロンビアの大部分，パナマ，キューバ東部では vos と tú が競合し，vos は民衆的または田舎風の形式と見なされる．また，チリ，ベネズエラのスリア地方，コロンビアの太平洋岸，中米，メキシコのタバスコ・チアパス地方でも両形が共存するが，tú は親称の改まった言い方，vos はより親密な形式とされる．つまり，この地域では usted，tú，vos の 3 つの代名詞が使い分けられる．

新大陸への植民が始まった 16 世紀頃，スペイン語には聞き手を指す形式として tú，vos，Vuestra Merced の 3 つが共存していた．本来 2 人称複数の代名詞である vos は敬意を表すため単数の相手にも使用されたが，この時代には敬意が薄れて同輩に対し用いられるようになっていた．その結果，次第に目下の者に用いる tú との差異が感じられなくなった．目上の相手に敬意を表す形式として vos に代わって用いられたのが Vuestra Merced であり，これが usted に変化する．tú と vos は親称代名詞として競合するようになったので，やがてどちらかが消えるのは不可避であった．スペイン本国では vos が消失したが，アメリカのかなり広い地域では逆の結果となった．本国との結びつきが強かった旧副王領の首都所在地メキシコ，ペルーなどはスペインと同様に tú が巻き返した．他方，新しい敬称代名詞 usted はどの地域でも採用された．

vos 語法の地域で vos は 2 人称単数の主格・前置詞格代名詞として用いられる．無強勢形（与格・対格）としては te が用いられ（vos te acostaste「君は床に就いた」），対応する所有形容詞は tu である．vos に対応する複数形はない．したがって，聞き手に対する代名詞として単数では親称の vos（地域によってはさらに tú もある）と敬称の usted が対立するが，複数では敬称の ustedes のみが用いられる．

vos に対応する動詞形式は地域によって相違がある．直説法現在を例にとると，ラ・プラータ地域やコロンビア，中米など多くの地域では cantás，comés，vivís，チリでは cantái(s)，comí(s)，viví(s)，ペルー南部では cantás，comís，vivís となる．単純過去はどの地域でも cantastes，comistes，vivistes となることが多く，命令形は同じく cantá，comé，viví となるのが普通である．

vos 語法の有無にかかわらず，アメリカ全域で vosotros は使用されない．したがって，複数の聞き手を指す代名詞は，スペインのように親称 vosotros と敬称 ustedes の対立がなく，一律に ustedes が用いられる．このことはアンダルシーア西部とカナリアス方言とも共通している．しかし，ustedesに呼応する動詞は，アンダルシーア西部方言と異なり，カナリアス方言とアメリカ・スペイン語では常に3人称複数形である．

b. 語源的なlo語法

3人称男性対格にleを用いるle語法はカスティーリャで古くから見られる現象であるが，イスパノアメリカでは一般に語源的なloが用いられる．したがって，カスティーリャのように“*le* veo”「私は彼に会う」ではなく，“*lo* veo”と表現される．植民地時代にはアメリカ各地でle語法が確認されるが，その後，語源的なloの使用が一般化したようである．ただし，エクアドル内陸部やパラグアイにはle語法が残っている．パラグアイの場合は初期の植民者の中にle語法が一般的なバスク地方と旧カスティーリャ地方の出身者が多かったことが影響しているらしい．

c. se lo > se los

スペイン語では3人称の与格と対格の代名詞が連続する場合，与格seには性・数の区別がない．したがって，“se lo di”は「私は彼（女）にそれを与えた／私は彼（女）らにそれを与えた」のいずれとも解釈できる．ところが，与格の指示対象が複数の場合，対格の指示対象が単数であっても“se los di”「私は彼（女）らにそれを与えた」と表現する語法がイスパノアメリカの各地に見られる．しかし，規範的には誤用として排除される．この語法はアンダルシーア方言とカナリアス方言にも見られるが，起源がアンダルシーアにあるのか，独自に発生したものかは明らかではない．

B. 動詞

a. 単純過去と現在完了の機能分担

イスパノアメリカの大部分の地域で単純過去cantéと現在完了he cantadoの用法がスペインとは異なっている．現在の半島スペイン語，特にカスティーリャでは現在完了の使用領域が比較的広いのに対し，アメリカ・スペイン語では一般に現在完了の使用領域が狭い．現在完了は現在まで継続または反復する出来事および現在まだ完了していない出来事を表す用法にほぼ限られる：Lo han solicitado desde hace muchos años.「彼らは何年も前からそれを申請している」/ Todavía no ha llegado.「まだ彼は着いていない」．その反面，単純過去の使用領域が半島スペイン語よりも広い．アメリカ・スペイン語の現在完了の用法は黄金世紀当時のスペインの古語法が残ったものと従来説明されることが多かった．しかし，最近の研究によれば，むしろ黄金世紀以後にスペインとは異なる方向に用法が発展した可能性を考える必要がありそうである．

b. 未来形の縮小

アメリカ・スペイン語の特に口語では未来形の使用が非常に限られている．代わりによく用いられるのは「ir a ＋不定詞」の迂言形式である．スペインでもこの形式はよく用いられるが，アメリカ・スペイン語ではもっと頻度が高く，口語ではほとんど未来形に取って代わっていると言えるほどである．アメリカ独自の変化と言ってよいだろう．ただし，文章語ではそれほど目立たない．口語でも未来形が使用されないわけではないが，その大部分は現在の出来事の推量を表す法性的な用法である．未来完了の使用はさらにまれであるが，やはり法性的な用法がほとんどを占める．

c. -ra 形の優越

接続法過去には -ra 形と -se 形があり，スペインではどちらも使用される．しかし，イスパノアメリカでは全域で -ra 形が圧倒的に優勢であり，-se 形は改まった文章語などを除くとほとんど使用されない．この傾向が現れるのは地域によって相違するが，一般的に -se 形が消失するのは 19 世紀以降と見られる．-ra 形は中世スペイン語において直説法過去完了時制であったが，アメリカ・スペイン語では 19 世紀以降にこの古い用法がむしろ増え始める．

C. 縮小辞

縮小辞が頻繁に使用されるのはアメリカ・スペイン語の大きな特徴とされる．縮小辞の多用はアンダルシーア方言でも見られるが，アメリカ・スペイン語では名詞・形容詞（chico → chiquito → chiquitito，lindo → lindito）にとどまらず，副詞，現在分詞，不定語など広範囲な品詞に現れるのが特徴である．たとえば，［副詞］ahorita，prontito，enseguidita，aquicito，［不定語］todito，nadita，［現在分詞］andandito，callandito，［間投詞］（hasta）lueguito，adiosito など．縮小辞としては -illo，-ico，-uelo，-ejo などがあるが，とりわけよく使用されるのは -ito である．しかし，縮小辞を多用する傾向は古い時代からあったわけではないらしい．これは主に口語で見られる現象ということもあり，植民地時代の資料ではそれほど使用は目立たない．使用が顕著になるのは18世紀以降であり，さらに縮小辞の中で -ito が今日のようにアメリカ全域で優勢となるのは18世紀後半のことである[7].

7.3.3. 語彙的特徴

アメリカ・スペイン語の語彙にはスペイン各地の方言的特徴を帯びた語彙が流入したが，その中でもアンダルシーア方言的な語彙を豊富に受け継いだ．もう一つの特徴は，スペインでは黄金世紀に使用されたが，現代では文章語に残るか，ほとんど廃語となってしまった古語が残っていることである．たとえば，次のような例がある（以下，かっこ内は半島スペイン語で普通用いられる語を示す）: lindo（hermoso, bonito）「きれいな」，liviano（ligero）「軽い」，escobilla（cepilla）「ブラシ」，vidriera（escaparate）「ショーウィンドー」．こうした古語的な語彙のほかにイスパノアメリカで独自の語彙を発達させたり，同形でも異なる語義を発展させている場合がかなりある．イスパノアメリカでも地域により語彙が相違する場合が多いが，比較的広い地域で一般に使用される語彙の代表的な例を次に半島スペイン語（かっこ内）と対比して示す．

〔名詞〕apartamento / departamento（piso）「アパート」，auto / carro（coche）「乗用車」，balde（cubo）「バケツ」，bata（albornoz）「バスローブ」，boleto（billete）「切符」，celular（móvil）「携帯電話」，canasta（cesto）「かご」，cierre（cremallera）「ファスナー」，computadora（ordenador）「コンピューター」，control remoto（mando a distancia）「リモコン」，crema（nata）「クリーム」，cuadra（manzana）「街区」，durazno（melocotón）「桃」，embotellamiento（atasco）「渋滞」，estacionamiento（aparcamiento）「駐車」，estampilla / timbre（sello）「切手」，jugo（zumo）「ジュース」，lentes（gafas）「眼鏡」，llave（grifo）「蛇口」，papa（patata）「ジャガイモ」，pasto（césped）「芝生」，prendedor（broche）「ブローチ」，riel（raíl）「レール」，saco（americana, chaqueta）「背広」，suéter（jersey）「セーター」，tanque（depósito）「タンク」，tapabocas（mascarilla）「マスク」；〔形容詞〕chico（pequeño）「小さい」，chueco（torcido）「ねじれた」，enojado（enfadado）「怒った」，sinuoso（tortuoso）「曲がりくねった」；

[7] v. Sánchez Méndez（2003: 276–279）.

〔動詞〕apurarse（darse prisa）「急ぐ」，cocinar（cocer）「調理する」，extrañar（echar de menos）「…がいなくてさびしく思う」，manejar（conducir）「運転する」，pararse（levantarse）「立つ」，prender（encender）「スイッチを入れる」，tomar un tren（coger un tren）「列車に乗る」，tomar una foto（hacer una foto）「写真を撮る」

借用語について見ると，スペイン語は16-17世紀にアメリカ先住民の言語から大量の語彙を借用した．これらアメリカ借用語はスペイン語圏全体の共有財産となっている．スペインは18世紀ブルボン王朝時代になると，フランス文化の影響が強まり，フランス語借用語が増えるが，19世紀に独立したイスパノアメリカ諸国でも，この傾向は続いた．しかし，この時代からアメリカ合衆国の発展に伴い英語の影響力が徐々に強まり始める．20世紀以降のイスパノアメリカは米国の経済的支配下に置かれ，しかも隣国であるだけに英語文化の影響は強い．

7.4. イスパノアメリカ文学

イスパノアメリカのスペイン語による文学は，その植民地化とともに始まるが，初期の作品はスペイン人植民者による年代記などの記録が中心であった．同地域の文学が自立した動きを見せ始めるのは19世紀に各国が独立する頃からである．その独自の文学的潮流は19世紀末のモデルニスモとともに始まったと言われる．詩人でキューバ独立運動の指導者でもあったマルティー（José Martí，1853-95）は，その先駆けの一人であるが，何と言っても代表的な詩人はすでにスペイン文学の章で取り上げたニカラグアのダリーオである．モデルニスモ以後の20世紀の詩人としてはチリのミストラル（Gabriela Mistral，1889-1957），ネルーダ（Pablo Neruda，1904-73），メキシコのパス（Octavio Paz，1914-98）などがいる．

小説分野におけるイスパノアメリカ独自の展開は韻文よりも遅れるが，第2次大戦後ラテンアメリカ文学のブーム現象が巻き起こり，世界的な注目を集めるようになった．日本でも60年代以降多数の作品が翻訳・紹介されるようになった．世界的に知られた作家としてはアルゼンチンのボルヘス（Jorge Luis Borges，1899-1986），コルタサル（Julio Cortázar，1914-84），プイグ（Manuel Puig，1932-99），グアテマラのアストゥリアス（Miguel

Ángel Asturias, 1899–1974), キューバのカルペンティエール (Alejo Carpentier, 1904–80), ウルグアイのオネーティ (Juan Carlos Onetti, 1909–94), ペルーのアルゲダス (José María Arguedas, 1911–69), バルガス・リョサ (Mario Vargas Llosa, 1936–), メキシコのルルホ (Juan Rulfo, 1918–86), フエンテス (Carlos Fuentes, 1928–), コロンビアのガルシア・マルケス (Gabriel García Marquéz, 1927–) らである[8].

7.5. アメリカ合衆国のスペイン語

現在米国の領土となっている地域のうち, フロリダは1819年当時スペイン領の北部メキシコと米国領オレゴンの国境が確定した際にスペインから米国に売却された. テキサス, カリフォルニアなど南西部と西部の広大な地域は19世紀半ば米国がメキシコから併合した. その結果, これらの地域には多数のスペイン語の地名が残され, またスペイン語話者も少数派住民として残ることになった. それはアメリカ英語の中に多数のスペイン語借用語が流入する最初の契機となる. さらに, 20世紀以降, 大量の移民が近隣のイスパノアメリカ諸国から米国に流入するようになった. こうしたイスパノアメリカ系市民とその子孫は米国でヒスパニック (Hispanic) と呼ばれ[9], 現在4千万人を超えており, すでにアフリカ系米国人の人口を上回っている. ヒスパニックの使用するスペイン語はアメリカ・スペイン語の延長である. ただし, その言語状況は一様ではない. その7割程度はスペイン語と英語の二言語併用者と言われるが, 併用の度合いはさまざまである. また, 世代を重ねると, 英語のみの単言語使用者になることも多い. スペイン語と英語の二言語併用の社会状況から生まれたスパングリッシュ (Spanglish) と呼ばれる言語も見られる. これは頻繁なコード切替 (code switching) によりスペイン語と英語を交互に混ぜて話す現象を指す. スペイン語と英語からなる混成言語, つまりピジン語とは異なる[10].

米国でヒスパニック人口が多いのは, メキシコ系が中心のニューメキシ

---

8 ガルシア・マルケスの作品については巻末の資料テキスト10を参照.
9 スペイン語では hispano あるいは latino と呼ばれる.
10 異言語の話者間の接触により生まれた混成言語をピジン語 (pidgin) と言う.

コ，カリフォルニア，テキサス，アリゾナ，ネバダなどの諸州，近年キューバ系の難民が急増したフロリダ州，そしてプエルトリコ系の多いニューヨーク州などである．プエルトリコは自由連合州（Estado Libre Asociado）という米国の中でも特殊な法的地位に置かれており，スペイン語と英語が公用語とされている．これらの地域ではスペイン語によるラジオ・テレビ放送や新聞・雑誌も数多い．また，米国の高校・大学ではスペイン語が最も学習者の多い外国語となっている．

7.6. アジアとアフリカのスペイン語

7.6.1. フィリピンのスペイン語

A. フィリピンの植民地時代と独立

マゼラン（Fernando de Magallanes）が世界周航の途中1521年にフィリピン諸島に到達したのを契機にスペインはメキシコを基地としてフィリピン諸島の探検・遠征に乗りだした．フィリピン諸島（Islas Filipinas）という地名は1542年に当時は皇太子であったフェリーペ2世（Felipe II）にちなんで命名されたものである．1565年レガスピ（Miguel López de Legazpi）が初代総督としてフィリピンの征服と支配を開始した．こうしてスペインの植民地支配が19世紀末まで約330年続くことになった．

19世紀後半，フィリピンでは独立運動が盛んになるが，米西戦争が始まると，米国はキューバと同様フィリピンに対しても独立運動を支援するという大義名分を掲げた．しかし，戦争が終結すると，キューバは名目上にせよ，独立を認められたのに対し，アジアのフィリピン人は独立・自治の能力がないと決めつけられて米国に併合された．このため，米軍に協力していたフィリピン革命軍は戦う相手を変え，独立戦争（フィリピン・アメリカ戦争）を継続したが，米国はこれを容赦なく鎮圧した．1902年革命政権のアギナルド（Emilio Aguinaldo）大統領が降伏して組織的抵抗はほぼ終結した．この戦争でフィリピン革命軍は約2万人が戦死し，米軍による強制移住や虐殺，疫病によって住民20万以上が犠牲になったと言われる．

日米開戦後，フィリピンは日本軍に占領されたが，その軍政下から1943年ラウレル（José Laurel）大統領が独立を宣言した．しかし，まもなく米軍の反攻が始まり，米軍の再占領を経て1946年3度目の最終的な独立を達成した.

B. フィリピンのスペイン語と現代の言語状況

植民地化と同時にフィリピンにもスペイン語が移植されたが，アメリカ大陸ほど現地社会に浸透することはなく，全土がスペイン語化するには至らなかった．その主な原因は，19世紀にメキシコが独立するまでフィリピンはヌエーバ・エスパーニャ（メキシコ）副王領の管轄下に置かれていたため，メキシコからフィリピンへ再移住する者は少数にならざるを得ず，新大陸のように大規模なメスティーソ（混血）化が起きなかったことによると考えられる．さらに，植民地当局が19世紀に至るまでは現地人の教育にほとんど関心がなかったことやカトリックの修道会がイスパノアメリカ同様フィリピンでも現地語で布教を行う方針をとったことも影響している．スペイン語は少数のスペイン系住民とメスティーソによって主に都市で使用された．ようやく19世紀後半にスペイン語による公教育制度が始まった．また，それまで姓のなかったフィリピン人にスペイン語の姓を強制する法令が出され，フィリピン人はスペイン語の姓を名乗るようになった．同時期に独立運動の英雄であり，作家でもあったリサール（José Rizal, 1861–96）のようにスペイン語で著述活動を行う知識人も多数現れた．そうした知識人による独立運動が成功していたら，フィリピンはイスパノアメリカ諸国と同様にスペイン語国となっていた可能性もある．独立戦争のさなか1899年にアギナルドたちが公布したマロロス憲法はスペイン語で書かれ，スペイン語を公用語と定めていたからである．しかし，独立運動は失敗に終わった．

1898年米西戦争の結果，フィリピンはスペイン領から米国領となり，以後イスパノアメリカとは異なる歴史を歩むことになる．米国支配下のフィリピンでは英語化政策が推進され，英語を教育言語とする公立学校制度が導入された．1935年米国はフィリピンに一定の自治を認めるフィリピン憲法を制定させたが，そこでは英語とスペイン語が公用語と定められた．一方で，フィリピン住民の間には民族意識の高まりによりタガログ語を国語化しようとする運動も始まった．第2次大戦中，フィリピンは戦場となり，とりわけスペイン系住民の集中していたマニラ旧市街は戦争末期に米軍の徹底した砲撃にさらされ，壊滅した．独立後，生き残ったスペイン系市民はイスパノアメリカに移住する者が多く，スペイン語の母語話者は激減した．

1973年マルコス政権による改正憲法で公用語は英語とフィリピノ語（filipino，タガログ語を基礎とする言語）に定められ，スペイン語は公用語の地位を失った．1987年アキノ政権下の新憲法ではやはりフィリピノ語と英語が公用語とされ，フィリピノ語が正式の国語と定められた．それまで大学ではスペイン語が必修科目とされていたが，同年この規定も廃止された．現在でもスペイン語話者は約180万いるとされるが[11]，これはスペイン語を第2・第3の言語とする者を含むと見られる．1990年の国勢調査では母語話者はマニラを中心に3千人足らずしかいない．この他にスペイン語を基にしたクレオール語であるチャバカーノ語（chavacano，chabacano）の話者がルソン島マニラ湾岸地方とミンダナオ島のサンボアンガ市を中心に約60万人いる[12]．

フィリピンはスペインの植民地時代にメキシコとの交流関係が緊密だったので，そのスペイン語はアメリカ・スペイン語の延長線上にあり，特にメキシコ的な特徴が強いと言われる．特に語彙面ではメキシコと共通する点が多い．しかし，音声面では /s/ と /θ/ を区別する話者もあり，/ʎ/ が維持されるなど，アメリカ的でない特徴も示す．文法面でも vosotros の使用，le 語法などスペイン的な特徴を合わせ持っている．/f/ は自由異音 [ɸ] と交替することがあり，一部の話者は [p] で実現する．これは /f/ を持たないタガログ語の干渉によるものである．

フィリピンは多言語国家で，100以上のマライ・ポリネシア（またはオーストロネシア）系言語が使用されている．主要な言語はセブアノ語，タガログ語，イロカノ語，ヒリガイノン語などで，この中でセブアノ語とタガログ語は話者数が1千万を超え，2大言語とされる．フィリピンでは多言語併用が日常普通に見られる．公用語とされるフィリピノ語は実質的にタガログ語（tagalo）と同じものである．タガログ語とセブアノ語は特に語彙面でスペイン語の影響が強く，スペイン語からの借用語が語彙の25パーセント以上に及ぶと言われる[13]．大量のスペイン語彙が流入した結果，スペイン語の影響は音韻面にも及び，両言語とも本来は3母音体系であったものが，スペイ

---

[11] Alvar（1996: 234）による．

[12] ピジンがある言語共同体に定着し，その構成員の母語となった場合，クレオール語（criollo）と言う．

ン語と同じ5母音体系を持つようになった.

7.6.2. 赤道ギニアのスペイン語

赤道ギニアは西アフリカ海岸にあり，大陸部のリオ・ムニとビオコ（旧称フェルナンド・ポー）などの島々から成る国で，人口は約50万人，アフリカで唯一スペイン語を公用語とする独立国である．1777年ポルトガルからスペインに譲渡されたが，主に奴隷貿易の中継地として利用され，19世紀後半まで本格的なスペイン人の植民は行われなかった．1968年スペインから独立した．

この国は多言語国家で，バントゥー系の7言語が話されるほか，ポルトガル語系のクレオール，英語系のピジン語も使用され，スペイン語は共通語の役割を果たしている．しかし，国土が旧フランス領のカメルーンとガボンに囲まれていることもあって経済的にフランスとの関係が強く，1997年フランス語を第2公用語に定めた．独立後，政情不安のため教育水準は低下し，スペイン語は使用者数も通用度も後退したと見られる．

赤道ギニアのスペイン語は基本的にアンダルシーア方言の延長で，音韻的にはS音化，Y音化が見られる．

7.7. ユダヤスペイン語

7.7.1. セファルディーとその言語

西暦70年ローマに対するユダヤ人の反乱（第1次ユダヤ戦争）が鎮圧され，イェルサレムの神殿は破壊されて，ユダヤ人の離散（ディアスポラ）が始まった．さらに，135年2度目の反乱（第2次ユダヤ戦争）が鎮圧されると，ユダヤ人はイェルサレム居住を禁止され，故地に留まることはできなくなった．中世ヨーロッパでは主に中欧・東欧およびスペインにユダヤ人が居住した．古代のユダヤ人はヘブライ語のほかにアラム語，ついでギリシャ語を話していたが，離散以後，ヘブライ語は日常使用されなくなった．中・東欧系のユダヤ人はアシュケナージと呼ばれ，中世にはイディッシュ語（yiddish）を母語とするようになる．この言語はヘブライ語などの要素が混

[13] v. Quilis（2003: 312）.

入した高地ドイツ語の方言である.

スペイン系のユダヤ人はセファルディー（sefardí）と呼ばれるが，この語はヘブライ語でスペインを意味するセファラド（Sefarad）に由来する．ローマ時代からユダヤ人はイベリア半島に居住していたが，西ゴート王国が6世紀末にカトリックを国教化すると，迫害を受けるようになった．しかし，8世紀以降のイスラム支配期にはその黄金時代を享受し，半島外からもアル・アンダルスに多数のユダヤ人が移住してきた．しかし，12世紀，狂信的なムラービト朝が成立するとユダヤ人は迫害を受けることになる．他方，キリスト教徒による国土回復戦争が進むにつれ，ユダヤ人はその支配と保護を受けるようになるが，14世紀末には大規模な反ユダヤ暴動と虐殺が起きた．やがてイスラム支配が消滅し，国土回復戦争が終結した1492年，カトリック両王はユダヤ人に対するカトリック改宗令を布告した．その結果，スペインに居住するユダヤ人のうち約半数は改宗したが，それを拒んだ者は国外追放となった．残留した改宗者（converso）も異端審問所を恐れつつ社会的差別を受けて生きなければならなかった.

追放されたユダヤ人の中には南フランス，モロッコ，イタリアなどに亡命した者もあったが，もっとも多数の者は隣国ポルトガルに亡命した．しかし，この国でも迫害が始まったので，オランダ，北ドイツ，英国などへ再移住を余儀なくされた．オスマン・トルコ領内に亡命したユダヤ人も多数おり，トルコの支配下にあったバルカン半島の主要都市にはセファルディーの居住地ができた．中でも規模が大きかったのはマケドニアのサロニカ（テッサロニキ）と首都イスタンブールであった．これらのユダヤ人共同体はオスマン・トルコが崩壊するまで繁栄を謳歌することができた．しかし，19世紀末ギリシャが独立し，マケドニアがギリシャ領となると，サロニカでは迫害が始まり，多数のユダヤ人が国外に亡命した．さらに，第2次大戦でバルカン半島はナチ・ドイツに占領されたため，アシュケナージ系を含め，多数のユダヤ人が強制収容所に送られ，犠牲となった．その結果，トルコのイスタンブールなどを除き，バルカン半島のユダヤ人共同体はほとんど消滅し，生き残ったユダヤ人は再び世界各地に離散した．再移住したセファルディーが現在もっとも多く住むのはイスラエルである.

イスラム支配時代のセファルディーはアラビア語を日常使用していたが，キリスト教諸国の国土回復戦争が進むにつれ，その支配下ではスペイン語を使用するようになった．追放後，ヨーロッパ各地に亡命したセファルディーが移住地の言語に同化したのとは対照的にオスマン・トルコ領内（北アフリカ，中東，バルカン半島）に移住したセファルディーの共同体はスペイン語の使用をやめなかった．そのスペイン語は 15 世紀末にスペイン本土から切り離されてしまったため，当時のスペイン語の古い特徴を残したまま独自の発展を遂げることになる．これをユダヤスペイン語（judeoespañol）またはラディノ語（ladino）と呼ぶ[14]．ジュデズモ（judesmo，英 Judezmo），セファルディーとも呼ばれる．現在，この言語の話者は約 11 万人とされるが，そのうち 10 万人がイスラエルに住む[15]．それ以外ではトルコ，ギリシャ，米国（主にニューヨーク）などに話者がいる．しかし，いずれの地でも他の言語との二言語併用者であり，高齢化が進んで話者数は減少傾向にある上に，近年は現代スペイン語の影響も強く受けている．イスパノアメリカに移住したセファルディーはスペイン語に同化した．こうした状況のため遠くない将来に消滅するのではないかと危惧されている．

7.7.2. ユダヤスペイン語の特徴

ユダヤスペイン語は 15 世紀のスペイン語が基礎になっているが，語彙面ではヘブライ語ほかさまざまの言語の影響を受けている．スペイン語と比べると全般に古風で，黄金世紀直前の中世スペイン語の特徴を残しているが，一部独自の変化を遂げた点もある．

A. 音韻・正書法の特徴

ユダヤスペイン語は黄金世紀より前のスペイン語の音韻的特徴を維持している．次に述べるのは主要な特徴であるが，地域により多少相違がある．

（1）2 対の歯擦音の維持――近代スペイン語では消失した無声・有声の 3 対の歯擦音対立のうち /s/–/z/，/ʃ/–/ʒ/ の対立が維持されている（以下，かっこ内は近代スペイン語を示す）：paso / kaza（casa），kasha（caja）/ mujer[16].

---

[14] ユダヤスペイン語の表記では djudeo-espanyol, ladino. なお，スイスのラディン語（英 Ladin，スペイン語では同じく ladino）はレトロマンス系の別の言語である．

[15] Ethnologue による．

しかし，中世スペイン語にあったもう 1 対の音素対立 /ts/–/dz/ はそれぞれ /s/ – /z/ に合流した：korason / dezir（decir）.

(2) /f/ の維持——スペイン語では気音化し，消失した語頭の /f/ が維持されている：fazer（hacer），fijo（hijo）.

(3) /b/ と /v/ の対立——スペイン語では合流した二つの音素 /b/–/v/ の対立が維持されている．ただし，/v/ は唇歯音 [v] で発音される：boka（boca）/ vaka（vaca）.

(4) Y 音化——スペイン語と同じく /ʎ/ には Y 音化が起きている：yorar（llorar），aniyo（anillo）.

ユダヤスペイン語の表記には 19 世紀まで主にヘブライ文字が使用された．しかし，オスマン・トルコ崩壊後，トルコ語がラテン文字化された時期にトルコ語アルファベットにならってラテン文字が使用されるようになった．その正書法は非常に表音的である．ただし，正書法にはいくつかの方式があり，統一されていない．ここではイスラエルの国立ラディノ語機構（Autoridad Nasionala del Ladino）の方式に従う．

B. 文法的特徴

(1) 動詞の人称語尾——黄金世紀以前の古い動詞形式が残っている．たとえば，直説法現在 1 人称単数形で so（soy），estó（estoy），do（doy），vo（voy）が用いられる．その一方，2 人称複数形は独自の変化を遂げ，sosh（sois），tenesh（tenéis）の形式が用いられる．

(2) 人称代名詞の形式——1 人称複数の代名詞として mozotros，無強勢形 mos が用いられる．聞き手を指す敬称の代名詞としてはユダヤ人追放後の黄金世紀に出現した usted は存在せず，2 人称の vos または 3 人称の el / eya が用いられる．

C. 語彙的特徴

全般に古風で，近代スペイン語では廃れた古語が残っている：agora（ahora），amatar（apagar），kamareta（habitación），mansevo（joven），onde（dónde），topar（hallar）など．ヘブライ語・アラム語的語彙も含まれるが，

---

[16] 正書法の sh は /ʃ/，j は /ʒ/ を表す．

イディッシュ語に比べると非常に少ないと言われる．その他にトルコ語，アラビア語，イタリア語，フランス語，ギリシャ語などの借用語が加わっている．

資料テキスト

本文中で取り上げたスペイン語作品の中から主要なもののテキスト抜粋を年代順に示す．黄金世紀以前の 7 までの作品は校訂本によっているので，綴り字や句読点は必ずしも原典どおりではない．訳文は日本語としてこなれていることよりなるべく原文に忠実であることを重視して作成した．

1.『サン・ミリャン注釈』

［解題］『サン・ミリャン注釈』はスペインのラ・リオハ自治州にある聖ミリャン修道院で発見された文献で，ラテン語で書かれた宗教文書に一部ロマンス語による注釈がある．その中にはここに示すロマンス語による完全な文章があり，10 世紀に書かれたスペイン語最古の文書とされる．

Conoajutorio[1] de nuestro dueno[2], dueno Christo, dueno Salbatore[3], qual[4] dueno get[5] ena honore[6], equal[7] duenno tienet[8] ela[9] mandatjone cono Patre[10], cono Spiritu Sancto[11], enos sieculos delosieculos[12]. Facanos[13] Deus omnipotes[14] tal serbitjo fere[15] ke[16] denante ela sua face[17] gaudioso segamus[18]. Amem.

(*Glosas emilianenses,* s. X)

［註］1. conoajutorio = con o ajutorio 助けによって．o は定冠詞男性単数

2. dueno m.（< dominu） = dueño 主人

3. Salbatore m. = Salvador 救世主

4. qual dueno = el dueño que... qual は関係形容詞

5. get [jét]（< est） = es

6. ena honore = en a honore（= en el honor）栄光のなかで，天国で．ena < en ela

7. equal = e qual（= y cual）　8. tienet = tiene

9. ela（< illa） = la［定冠詞女性単数］

10. cono Patre = con o Patre（= con el Padre）

11. Spiritu Sancto = Espíritu Santo 聖霊

12. enos sieculos delosieculos = en os sieculos de los sieculos（= en los siglos de los siglos）世々の終わりに至るまで

13. facanos = háganos われわれにさせてください
14. omnipotes = omnipotente 全能の.
15. tal serbitjo fere = hacer tal servicio そのような奉仕をする. fer（< facere）= hacer
16. ke［接続詞］= que
17. denante ela sua face = delante de su cara そのお顔の前で .
18. gaudioso segamus [sejámus] = seamos gozoso(s) われわれが至福のものとなるように. gaudioso は語末の複数の -s が落ちていると解される.

［訳］栄光の中にあり，父と聖霊とともに世々に至るまで力をお持ちになる主であるわれらの主，主キリスト，救世主のお助けによって．そのご面前でわれらが祝福されるよう全能の神がわれらに奉仕させて下さいますように.

2. 作者不詳『わがシードの詩』

［解題］『わがシードの詩』は 12 世紀に実在したカスティーリャの貴族ロドリーゴ・ディアス・デ・ビバール（Rodrigo Díaz de Vivar），通称エル・シード・カンペアドール（El Cid campeador）を主人公とする叙事詩である．写本を研究したメネンデス・ピダール（Ramón Menéndez Pidal）によって 1140 年に書かれたと判定されたが，最近の研究では 12 世紀末ないし 13 世紀初めの作品ではないかとする説が有力になりつつある．ここに示した冒頭の場面はエル・シードが主君であるレオン・カスティーリャ王アルフォンソ 6 世の怒りを買って国外追放となり，ブルゴスを去る情景を描写している.

De los sos oios[1]   tan fuertemientre[2] llorando
tornava la cabeça[3]   e[4] estávalos catando[5];
vio puertas abiertas   e uços[6] sin cañados[7],
alcándaras vazías[8]   sin pielles e sin mantos
e sin falcones[9]   e sin adtores[10] mudados.
Sospiró[11] Mio Çid,   ca[12] mucho avié[13] grandes cuidados;
fabló[14] Mio Çid   bien e tan mesurado;
"¡Grado[15] a ti, Señor,   Padre que estás en alto!
"Esto me an buelto[16]   mios enemigos malos."

(*Poema de Mio Cid*, 1140 / 1207?)

［註］1. de los sos oios = con sus ojos 彼の目で.

2. fuertemientre = fuertemente 激しく

3. cabeça f. = cabeza 頭 .　　4. e［接続詞］= y そして

5. estávalos catando = estaba mirándolos. catar 眺める

6. uço m. 出口　　7. cañado m. = candado 錠前

8. alcándara f. : 衣服を掛ける家具，鳥の止まり木ともなる.
vazío = vacío からの.

9. falcón m. = halcón ハヤブサ，タカ

10. adtor m. = azor オオタカ．中世スペイン語では aztor, astor という語形もあった.

11. sospiró = suspiró. sospirar ため息をつく

12. ca［接続詞］というのは

13. avié: aver の未完了過去 3sg.（= había）

14. fabló = habló　　15. grado m. 感謝

16. an buelto = han vuelto. bolver（= volver）は，ここでは「(悪事を) たくらむ」の意味.

［訳］それほどに激しく目から涙を流しながら振り返り，彼はそれらを眺めていた．扉は開かれ，出口は錠前も外され，空の衣紋掛けには毛皮もマントもなく，ハヤブサも羽の生え替わったオオタカも止まっていないのが見えた．わがシードは大きな心痛をかかえていたので，ため息をついた．わがシードは非常に慎重に言った．「天にまし ます父なる主よ，あなたに感謝いたします．これは私の悪い敵どもが私にたくらんだことです.」

3. アルフォンソ 10 世『イスパニア史』序文

［解題］『イスパニア史』はアルフォンソ 10 世（1221-84）の編纂によりスペイン語で書かれた最初のスペイン史書である．1270 年頃に編纂が始まるが，王がより包括的な『世界史』（*General estoria*）の編纂を新たに企画したため，1274 年に作業は中断してしまう．1280 年頃に編纂が一時再開されるが，結局未完に終わった．メネンデス・ピダルが『最初の総合年代記』（*Primera crónica general*）と題して独自の観点から編集した最初のテキストを 1906 年出版したため，その題名でも知られる.

Los sabios antigos[1], que fueron en los tiempos primeros et[2] fallaron[3] los saberes et las otras cosas, touieron[4] que menguarien[5] en sos fechos[6] et en su lealtad si tan bien no lo quisiessen pora[7] los que auien de uenir[8] como pora si mismos o pora los otros que eran en so tiempo; e entendiendo por los fechos de Dios, que son espiritales[9], que los saberes se perderien[10] muriendo aquellos que los sabien[11] et no dexando remembrança[12], porque[13] no cayessen en oluido mostraron manera por que los sopiessen[14] los que auien de uenir empos[15] ellos; et por buen entendimiento connoscieron[16] las cosas que eran estonces[17], et buscando et escodrinnando[18] con grand[19] estudio, sopieron las que auien de uenir.

(Alfonso X, *Estoria de Espanna*, c. 1270; prólogo)

［註］1. antigo = antiguo 昔の　2. et［接続詞］= y
3. fallaron = hallaron　4. touieron = tuvieron. tener 思う
5. menguarien: menguar「欠ける」の未完了過去 3pl.
6. sos fechos = sus hechos
7. pora［前置詞］= para のために
8. auien de uenir = vendrían. auien は aver（auer）の未完了過去 3pl.
9. espirital = espiritual 霊的な
10. se perderien = se perderían　11. sabien = sabían
12. dexando remembrança = dejando memoria 記憶を残して
13. porque+ 接続法：目的節「…するように」
14. sopiessen = supiesen　15. empos = después…の後で
16. connoscieron = conocieron　17. estonces = entonces 当時
18. escodrinnando: escodrinnar「検討する」の現在分詞.
19. grand = gran

［訳］原始の時代に生きて知識やその他の物事を見出した昔の賢人たちは，もし自分自身のためあるいは同時代に生きる他人のためと同様来たるべき人々のためにもそれを追求しないとしたら，自分の義務や忠実さに欠けるだろうと考えた．そして，知識はそれを知る人々が死んで記憶を残さなければ失われてしまうことを霊的なものである神の御技によって理解しており，それが忘却の中に落ち込まないよう，彼らの後に来たるべき人々がそれを知るための方策を示した．そして，良き分別により彼らは当時存在した物事に精通しており，大変熱心に探求し，また検討することにより来るべき物事も

知ったのである.

4. フアン・ルイス『良き愛の書』

［解題］この韻文形式の作品はイタの首席司祭の名で知られるフアン・ルイスによって書かれた.『良き愛の書』とは写本を研究したメネンデス・ピダールの命名で，原題はわからない．良き愛とは神への愛を意味し，悪しき愛（俗世の愛）と対比して称揚されるのだが，実際に描写されるのはむしろ俗世の愛である．教訓，東方の説話，風刺詩，抒情詩などが入り交じった長大な作品である．ここに引用するのは作品の初めの部分にある詩の 44〜45 連である．

Palabras son de sabio, e dixo[1] lo Catón[2],
que omne[3] a sus coidados[4] que tiene en coraçón[5]
entreponga[6] plazeres[7] e alegre la rrazón[8],
que la mucha tristeza mucho pecado pon[9].
E por que de buen seso[10] non puede omne rreir[11],
avré[12] algunas burlas aquí a enxerir[13];
cada que[14] las oyeres[15], non quieras comedir[16]
salvo en la manera del trobar[17] e del dezir[18].

(Juan Ruiz, Arcipreste de Hita, *Libro de buen amor*, 1330-1343)

［註］1. dixo = dijo
2. Catón: カトー（前 234-139）ローマの軍人，歴史家
3. omne m. = hombre 人．不定代名詞としても用いられる.
4. coidado m. = cuidado 心配 5. coraçón m. = corazón
6. entreponga: entreponer「間におく，入れる」の接続法現在 3sg.
7. plazer m. = placer 8. rrazón f. = razón
9. pon = pone 10. buen seso = buen sentido 良識，常識
11. rreir = reír 12. avré = habré
13. enxerir = injerir 挿入する 14. cada que = cada vez que …するたびに
15. oyeres : oír の接続法未来 2sg.
16. comedir vt. 考える，思いめぐらす
17. trobar vt. 歌う，詩作する 18. dezir = decir

［訳］賢人の言った言葉は次のとおり，そしてそれを言ったのはカトーで

ある．人は心の中にある悩みに快楽を取り入れ，理性を楽しませるようにするべきである．大いなる悲しみは大いなる罪を作るからである．そして，良識ときたら，だれも笑うことはできないのだから，ここに私はいくつかの冗談をさしはさむことにしよう．それらを聞くつど詩の作り方や言い回し以外のことはあれこれと詮索しないでいただきたい．

5. フェルナンド・デ・ロハス『ラ・セレスティーナ』

［解題］『ラ・セレスティーナ』は初め『カリストとメリベアの悲喜劇』（Tragicomedia de Calisto y Melibea）とも呼ばれた戯曲形式の作品である．若い貴族の男女とその恋を取り持つ下層階級の老女セレスティーナを中心に物語が展開する．1499 年に最初の版がブルゴスで出版されるが，それを増補した諸版が 1500–1502 年に刊行される．作者ロハスは改宗ユダヤ人で，全 21 幕からなる作品のうち少なくとも 2 幕から 16 幕までを執筆したとされる．ここに示した第 2 幕の冒頭部分はセレスティーナの帰った後，主人公カリストが召使いセンプロニオたちと語り合う場面である．

Calisto. Hermanos míos, cient[1] monedas di a la madre; ¿hize[2] bien?

Sempronio. ¡Ay, si hizieste[3] bien! Allende de[4] remediar tu vida, ganaste muy gran honrra[5]. ¿Y para qué es la fortuna favorable y próspera sino para servir a la honrra, que es el mayor de los mundanos bienes? Que esto es premio y galardón de la virtud. Y por esso[6] la damos a Dios, porque no tenemos mayor cosa que le dar[7]; la mayor parte de la qual consiste en la liberalidad y franqueza. A ésta los duros tesoros comunicables la escurecen[8] y pierden, y la magnificencia y liberalidad la ganan y subliman. ¿Qué aprovecha tener lo que se niega aprovechar? Sin dubda[9] te digo que es mejor el uso de las riquezas que la possessión dellas[10].

（Fernando de Rojas, *La Celestina*, 1499/1502）

［註］1. cient = cien　　2. hize = hice
3. hizieste = hiciste　　4. allende de: …した上に
5. honrra f. = honra 名誉，面目　　6. esso = eso
7. le dar = darle　　8. escurecen = oscurecen
9. sin dubda = sin duda 間違いなく
10. la possessión dellas = la posesión de ellas

［訳］カリスト—兄貴たちよ，私はあのおかみさんに金貨100枚を渡したが，あれでよかったのだろうか．

センプロニオ—そりゃもう，本当に上出来でしたよ．あなたはご自分の人生を救ったばかりか，大変大きな名誉を得たのです．都合のよい富裕な富を名誉のために役立てないとしたらいったい何のためにあるのでしょうか．名誉はこの世の財産の中でも最大のものなのですから．これこそ美徳の褒賞，ご褒美なのです．それだから，われわれは神に名誉を捧げます．神に捧げるのにそれ以上のものはありはしないのですから．名誉の大部分をなすものは気前の良さと鷹揚さです．しぶくて付合いの悪い財宝は名誉を陰らせ，失わせてしまいますが，寛大と気前の良さは名誉を増やし，高めます．役に立たない物を持ったとしても何の利益になりましょうか．確信を持って申しあげますが，富は所有するより使用する方がよいのです．

6. 作者不詳『ラサリーリョ・デ・トルメスの生涯，およびその幸運と不運』

［解題］『ラサリーリョ・デ・トルメスの生涯』は16世紀のスペインに始まる悪者小説（novela picaresca）の先駆けとなる作品で，作者は不詳である．下層階級出身の主人公ラサロが盲人の物乞いを始めとする主人に次々と仕えながらさまざまの辛酸をなめる様子を皮肉と諧謔を交えながら語って行く．

Pues sepa Vuestra Merced[1], ante todas cosas, que a mí llaman Lázaro de Tormes, hijo de Tomé González y de Antona Pérez, naturales de Tejares, aldea de Salamanca. Mi nascimiento[2] fue dentro del río Tormes, por la cual causa tomé el sobrenombre; y fue desta manera[3]: mi padre, que Dios perdone, tenía cargo de proveer una molienda de una aceña que está ribera de aquel río, en la cual fue molinero más de quince años; y estando mi madre una noche en la aceña, preñada de mí, tomóle el parto y parióme allí. De manera que con verdad me puedo decir nascido[4] en el río.

(*La vida de Lazarillo de Tormes, y de sus fortunas y adversidades*, 1554)

［註］1. Vuestra Merced：聞き手を指す敬称，usted の語源となる形式

2. nascimiento = nacimiento

3. desta manera = de esta manera このように

4. nascido = nacido

［訳］それでは，あなた様，何よりもまず私がサラマンカの在テハレスの住民トメー・デ・ゴンサレスとアントーナ・ペレスの息子，ラサロ・デ・トルメスと申しますことをご承知おき下さい．私の生まれはトルメス川の中だったので，それゆえにこのあだ名が付きました．それはこんな次第です．私の父親は，どうぞ神様，父をお許し下さいまし，父はあの川の岸辺にある水車小屋で粉ひきの稼業をしており，15 年以上も粉ひき屋でした．そして，私をはらんでいた母親はある晩，水車小屋にいたときに産気づき，そこで私を産みました．そういうわけで，私は本当に川で生まれたと称することができるわけです．

7. ミゲル・デ・セルバンテス『ドン・キホーテ・デ・ラ・マンチャ』

［解題］『ドン・キホーテ』第 1 部は 1605 年，第 2 部は 1615 年に出版された．騎士道物語にこって自分を騎士と妄想する主人公ドン・キホーテが従者サンチョを伴い，遍歴の旅をしながら各地で騒動を引き起こす．この作品から近代小説が始まるとも言われる．世界中で翻訳され，日本でも重訳を除きすでに 4 種類の翻訳が刊行されている．

En un lugar de la Mancha, de cuyo nombre no quiero acordarme, no ha mucho tiempo que[1] vivía un hidalgo de los de lanza en astillero, adarga antigua, rocín flaco y galgo corredor. Una olla de algo más vaca que carnero, salpicón las más noches, duelos y quebrantos los sábados, lantejas[2] los viernes, algún palomino de añadidura los domingos, cosumían las tres partes de su hacienda. El resto della[3] concluían sayo de velarte, calzas de velludo para las fiestas, con sus pantuflos de lo mesmo[4], y los días de entresemana se honraba con su vellorí de lo más fino. Tenía en su casa una ama que pasaba de los cuarenta, y una sobrina que no llegaba a los veinte, y un mozo de campo y plaza, que así ensillaba el rocín como tomaba la podadera.

(Miguel de Cervantes Saavedra, *El Ingenioso Hidalgo Don Quijote de la Mancha*, I, 1605)

［註］1. no ha mucho tiempo que… …してからあまり経っていない

2. lantejas = lentejas　f.pl.　レンズマメ，ヒラマメ

3. della = de ella　　4. lo mesmo = lo mismo

［訳］その名は思い出せないが，ラ・マンチャのある村に今からさほど前のことではないが，槍掛けには槍を置き，古い盾とやせ馬によく走る猟犬を持つある郷士が住んでいた．羊肉というよりは牛肉の入った煮込み鍋，たいていの晩は挽肉とタマネギのサラダ，土曜日には羊脳と塩豚肉の卵とじ，金曜日には平豆，日曜日にはその上にひなのハトを添えると，それで家計の4分の3は費えた．家計の残りは，上等なラシャの上着を付け，祭日にはビロードの半ズボン，同じビロードの上履きを履くと尽きてしまったが，週の平日は一番上等なベージュのラシャ服を着て誇りとしていた．その家には四十を越えた家政婦と二十にならない姪，畑と市場の用事をする下男がいた．この下男はやせ馬に鞍も載せるし，植木ばさみを手にすることもあった．

8. スペイン王立学士院『模範辞典』，「カスティーリャ語の起源に関する序説」

［解題］『模範辞典』はスペイン王立学士院が最初に刊行した『カスティーリャ語辞典』（*Diccionario de la lengua castellana*，全6巻，1726-39）の通称である．ここに示したのは第1巻の冒頭にある序説の一つである．

La Léngua Castellana, que por usarse en la mayor y mejor parte de España, suelen comunmente llamar Españóla los Extrangéros[1], en nada cede à las mas cultivadas con los afánes del arte, y del estúdio. Es rica de voces, fecunda de expressiones[2], límpia y tersa en los vocablos, facil para el uso común, dulce para los afectos, grave para las cosas sérias, y para las festivas abundantissima[3] de grácias, donáires, equívocos[4], y sales. Es mui[5] copiosa de Senténcias, Provérbios, ò Refránes, en que está cifrada toda la Philosophía[6] morál, y la enseñanza civíl, como confiessan[7] Erasmo[8], y Escalígero[9]: y tiene muchos Dialectos, ò términos peculiares, cuya viveza no es possible[10] substituirse en otra Léngua.

（Real Academia Española, *Diccionario de autoridades*, 1726; Discurso proemial sobre el origen de la lengua castellana）

［註］1. extrangéro m. ＝ extranjero 外国人

2. expressiones = expresiones

3. abundantissima = abundantísima 非常に豊富な

4. equívoco m. ：両義語　　　　5. mui = muy
6. philosophía f. = filosofía 哲学
7. confiessan = confiesan. confessar「告白する，明言する」
8. Erasmo: エラスムス（Desiderius Erasmus），オランダの人文学者（c. 1466-1536）
9. Escalígero: スカリジェール（Julius Caesar Scaliger / Giulio Cesare della Scala），フランスで活躍したイタリア生まれの古典学者（1484-1558）.
10. possible = posible

［訳］カスティーリャ語は，スペインの最大かつ最良の地域で使用されることから外国人は一般にスペイン語と呼ぶのが習わしであり，芸術と研究への熱意によりもっとも洗練されるに至った諸言語に対し何らひけをとるものではない．それは語彙が豊富であり，表現は豊かであり，語形は清く流麗であり，一般の使用には易しく，感情には甘美で，深刻なことには重々しく，愉快なことにはおかしみ，才知，しゃれおよび機知がきわめて豊富である．それは金言，格言または諺が非常に豊かであり，そこにはあらゆる倫理学やエラスムスやスカリジェールの唱えるような世俗的教訓が要約されている．それはまた多数の方言あるいは特殊な術語を持ち，その力強さを他の言語で置き換えることは不可能である．

9. ペレス・ガルドス『トラファルガル』

［解題］ペレス・ガルドス（1843-1920）はカナリアス諸島ラス・パルマス生まれの小説家・劇作家で，政治家としても活動した．『トラファルガル』（1873）は46編からなる歴史小説のシリーズ『国民挿話』（Episodios nacionales）の最初の作品で，ナポレオン時代にフランス・スペイン連合艦隊が英艦隊と戦って敗れたトラファルガル海戦を主題とする．

Se me permitirá que antes de referir el gran suceso de que fui testigo diga algunas palabras sobre mi infancia, explicando por qué extraña manera me llevaron los azares de la vida a presenciar la terrible catástrofe de nuestra Marina.

Al hablar de mi nacimiento, no imitaré a la mayor parte de los que cuentan hechos de su propia vida, quienes empiezan nombrando su parentela, las más veces noble, siempre hidalga por lo menos, si no se dicen descendientes del mismo emperador de Trapisonda[1]. Yo, en esta parte, no puedo adornar mi libro con sonoros apellidos; y fuera de mi madre, a quien conocí por poco tiempo, no tengo noticia de ninguno de mi ascendientes, si no es de Adán, cuyo parentesco me parece indiscutible.

(Benito Pérez Galdós, *Trafalgar*, 1873)

［註］1. Trapisonda: トレビゾンド帝国（Imperio de Trapisondo o Trebisonda）はビザンチン帝国から分裂して1207年小アジアの黒海沿岸に建国されたが，1461年オスマン・トルコに征服された．trapisondaは普通名詞として「大騒ぎ，けんか」の意味もあり，来歴がいかがわしいことを暗示する．

［訳］自分が証人であるあの大事件を物語る前に私の幼少期について少々申し述べ，いかなる不思議な理由でわれらの海軍の恐るべき破局を目の当たりにするという人生の偶然に至ったか説明することをお許し願いたい．

私の生まれを語るに際し，自身の人生の出来事を語る大部分の人たちの真似はしないことにしたい．その人たちは，トレビゾンド皇帝その人の子孫と称するのでなければ，多くの場合は貴族，少なくとも通常は郷士の血族を名乗ることから始めるのである．私の場合は響きの良い苗字でこの本を飾りたてることはできない．母のことを除くと，その母も短い間しか知らないのだが，自分の先祖のことはだれひとりわからないのである．もっとも人祖アダムのことは別だが，アダムの子孫であることは論ずるまでもなさそうに思われる．

10. ガルシア・マルケス『100年の孤独』

［解題］『100年の孤独』はコロンビアの作家ガルシア・マルケスの代表作の一つで，1967年ブエノス・アイレスで出版され，スペイン語圏でベストセラーになったばかりでなく，日本を含む世界各国で翻訳された．ドン・キホーテに次ぐスペイン語文学の傑作とさえ言われた．架空の村マコンドを舞台に100年にわたるブエンディーア家の物語が幻想と現実を交えて展開する．マルケスは1982年ノーベル文学賞を受賞した．

Muchos años después, frente al pelotón de fusilamiento, el coronel Aureliano Buendía había de recordar aquella tarde remota en que su padre lo llevó a conocer el hielo. Macondo era entonces una aldea de veinte casas de barro y cañabrava construidas a la orilla de un río de aguas diáfanas que se precipitaban por un lecho de piedras pulidas, blancas y enormes como huevos prehistóricos. El mundo era tan reciente, que muchas cosas carecían de nombre, y para mencionarlas había que señalarlas con el dedo. Todos los años, por el mes de marzo, una familia de gitanos desarrapados plantaba su carpa cerca de la aldea, y con un grande[1] alboroto de pitos y timbales daban a conocer los nuevos inventos. Primero llevaron el imán.

(Gabriel García Marquéz, *Cien años de soledad*, 1967)

［註］1. grande: 単数名詞の前では gran になるのが普通であるが，ときに grande も現れる．

［訳］長い年月の後，銃殺隊を前にしてアウレリアーノ・ブエンディーア大佐は，父親が氷を見せるために連れてきてくれたあの遠い昔の午後を思い出したに違いない．当時マコンドは，先史時代の卵のように磨かれた白い巨大な石ころの河床を澄みきった急流が流れ下る川の岸に建つ泥とアシでできた家が 20 軒ほどある村であった．その世界はごく最近できたばかりであるから，多くの物は名前が付いておらず，それに言及するには指で指し示さなければならなかった．毎年 3 月になると，みすぼらしいジプシーの一家が村の近くにテントを張り，笛と小太鼓で大騒ぎをしながら新しい発明品を触れ回ったものだった．まず最初に彼らは磁石を持ってきた．

参考文献

Alarcos Llorach, Emilio, 1968, *Fonología española*, Madrid: Gredos.

———, 1980, *Estudios de gramática funcional del español*, 3a. ed., Madrid: Gredos.

———, 1994, *Gramática de la lengua española*, RAE, Colección Nebrija y Bello, Madrid: Espasa Calpe.

Alfonso el Sabio, 1984, *Prosa histórica*, Ed. de Benito Brancaforte, Madrid: Cátedra.

Allières, Jacques, 1992,『バクス人』荻尾生 (訳), 文庫クセジュ, 白水社.

Alonso, Amado, 1967 / 1969, *De la pronunciación medieval a la moderna en español*, I-II, Madrid: Gredos.

Altatorre, Antonio, 1989, *Los 1,001 años de la lengua española*, México, D.F., Fondo de Cultura Económica.

Alvar, Manuel (dir.), 1996, *Manual de dialectología hispánica: el español de América*, Barcelona: Ariel.

——— et al. (ed.), 1959, *Enciclopedia lingüística hispánica*, I-II, Madrid: CSIC.

——— y Pottier, Bernard, 1983, *Morfología histórica del español*, Madrid: Gredos.

余部福三, 1992,『アラブとしてのスペイン』, 第三書館.

Ariza, Manuel, 1989, *Manual de fonología histórica del español*, Madrid: Síntesis.

———, 1994, *Sobre fonética histórica del español*, Madrid: Arco/Libros.

———, 2005, "El romance en Al-Ándalus", en Cano, 2005, 207-235.

Aubrun, Charles V., 1969,『スペイン演劇史』会田由・戸張智雄・戸張規子 (訳), 文庫クセジュ, 白水社.

Baldinger, Kurt, 1972, *La formación de los dominios lingüísticos en la península ibérica*, vers. española de Emilio Lledó y Monserrat Macau, Madrid: Gredos.

Balsdon, J.P.V.D., 1972,『ローマ帝国―ある帝国主義の歴史―』吉村忠典

（訳），世界大学選書，平凡社.

Bard, Rachel, 1995,『ナバラ王国の歴史』狩野美智子（訳），彩流社.

Bezler, Francis, 1991, "De la date des glosas de Silos", *RFE*, LXXI, 347–354.

Bloch, Oscar & Wartburg, Walter von, 1975, *Dictionnaire étimologique de la langue française*, 6e. ed., Paris, Presses Universitaires de France.

Bourciez, Édouard, 1967, *Éléments de Linguistique Romane*, Paris, Klincksieck.

Brumme, Jenny, 2005, "Las regulaciones legales de la lengua（del español y las otras lenguas de España y América）", en Cano, 2005, 945–972.

Bustos Tovar, José Jesús, 2005, "Las glosas emilianenses y silenses", en Cano, 2005, 291–324.

Cabruja, Lluís, Casanellas, Pere & Massip, M. Àngels, 1987, *Història de la llengua catalana*, Barcelona: Columna.

Camp, Jean, 1962,『スペイン文学史』会田由（訳），文庫クセジュ，白水社.

Camproux, Charles, 1975,『ロマン諸語』島岡茂・鳥居正文（訳），文庫クセジュ，白水社.

Canfield, D. Lincoln, 1981, *Spanish Pronunciation in the Americas*, Chicago: The University of Chicago Pres.

——— & J. Cary Davis, 1975, *An introduction to Romance linguistics*, Carbondale: Southern Illinois Univ. Press.

Cano Aguilar, Rafael, 1988, *El español a través de los tiempos*, Madrid: Arco/Libro.

———,（coord.），2005, *Historia de la lengua española*, 2a. ed., Barcelona: Ariel.

Caro Baroja, Julio, 1979, *Sobre la lengua vasca y el vasco-iberismo*, San sebastián: Txertoa.

Cejador y Frauca, Julio, 1971, *Vocabulario medieval castellano*, Hildesheim: Georg Olms.

Cerquiglini, Bernard, 1994,『フランス語の誕生』瀬戸直彦・三宅徳嘉（訳），コレクション・クセジュ，白水社.

Conrad, Philippe, 2000,『レコンキスタの歴史』有田忠郎（訳），文庫クセジュ，白水社.

Corominas, Joan, 1967, *Breve diccionario etimológico de la lengua castellana*, 2a. ed., Madrid, Gredos.

——— y Pascual, José Antonio, 1980, *Diccionario crítico etimológico castellano e hispánico*, 6 vols., Madrid, Gredos.

Corriente Córdoba, Federico, 2005, "El elemento árabe en la historia lingüística peninsular: actuación directa e indirecta. Los arabismos en los romances peninsulares (en especial, en castellano)", en Cano, 2005, 185-206.

Covarrubias Orozco, Sebastián de, 1611, *Tesoro de la lengua castellana o española*, Madrid, [reimp., 1979, Madrid: Turner].

Criado de Val, Manuel (ed.), 2001, *Los orígenes del español y los grandes textos medievales Mio Cid, Buen Amor y Celestina*, Madrid: CSIC.

Eberenz, Rolf, 1991, "Castellano antiguo y español moderno: reflexiones sobre la periodización en la historia de la lengua", *RFE*, LXXI, 79-106.

———, 2000, *El español en el otoño de la edad media; sobre el artículo y los pronombres*, Madrid: Gredos.

Echenique Elisondo, Ma. Teresa, 1975, "La lengua vasca en la historia lingüística hispánica", en Cano, 2005, 59-80.

———, 1987, *Historia lingüística vasco-románica*, 2a. ed., Madrid: Paraninfo.

———, 2005, *Las lenguas de un reino; historia lingüística hispánica*, Madrid: Gredos.

Elcock, W.D., 1960, *The Romance Languages*, London: Faber & Faber,

Entwistle, W. J. 1962, *The Spanish Language*, London: Faber & Faber.

Fernández-Ordóñez, Inés, 1999, "Leísmo, laísmo y loísmo", en *GDLE*, 1:1317-1397.

———, 2005, "Alfonso X el sabio en la historia del español", en Cano, 2005, 381-422.

Frago García, Juan Antonio, 1999, *Historia del español de América; textos y contextos*, Madrid: Gredos.

Franchini, Enzo, 2005, "Los primeros textos literarios: del Auto de los Reyes Magos al Mester de Clerecía" en Cano, 2005, 325-353.

Frenk, Margit, 1975, *Las jarchas mozárabes y los comienzos de la lírica romá-*

nica, México, D.F.: El Colegio de México.

Galmés de Fuentes, Álvaro, 1983, *Dialectología mozárabe*, Madrid: Gredos.

García de Diego, V., 1951, *Gramática histórica española*, Madrid: Gredos.

García López, José, 1976,『スペイン文学史』東谷頴人・有本紀明（訳），白水社.

Gómez Torrego, Leonardo, 1989, *Manual de español correcto, I–II*, Madrid: Arco/Libros.

Gorton, T. J., 1982,『アラブとトルバドゥール』谷口勇（訳），共立出版.

Grandgent, Charles H., 2009, *An Introduction to Vulgar Latin*, London: Tiger Xenophon.

Hall, Jr., Robert A, 1974, *External history of the Romance Languages*, New York: American Elsevier.

Hanke, Lewis, 1979,『スペインの新大陸征服』染田秀藤（訳），平凡社.

Hanssen, Federico, 1913, *Gramática histórica de la lengua castellana*, Halle: Max Niemeyer.

原　誠，1995,『中南米のスペイン語』，近代文藝社.

Harris, Martin and Vincent, Nigel, 1988, *The Romance Languages*, London, Routledge.

Herman, Joseph, 1971,『俗ラテン語』新村猛・国原吉之助（訳），文庫クセジュ，白水社.

Hernández Alonso, César et al., 1993, *Las glosas emilianenses y silenses*, ed. crítica y facsímil, Burgos, Ayuntamiento de Burgos.

Herrero Ruiz de Loizaga, F. Javier, 2005, *Sintaxis histórica de la oración compuesta en español*, Madrid: Gredos.

Horrocks, Geoffrey, 1997, *Greek: A History of the Language and its Speakers*, London, Longman.

石井米雄（編），2008,『世界のことば・辞書の辞典，ヨーロッパ編』三省堂.

伊東俊太郎，2006,『十二世紀ルネサンス』講談社学術文庫.

Jiménez Fernández, Rafael, 1999, *El andaluz*, Madrid: Arco/Libros.

金七紀男，1996,『ポルトガル史』，彩流社.

Kamen, Henry, 2009,『スペインの黄金時代』立石博高（訳），岩波書店.

Kedourie, Elie（編），1995,『スペインのユダヤ人—1492 年の追放とその後』

関哲行・立石博高・宮前安子（訳），平凡社．

Keniston, Hayward, 1937, *The Syntax of Castilian Prose; The Sixteenth Century*, Chicago: The Univ.ersity of Chicago Press.

国原吉之助，1975，『中世ラテン語入門』，南江堂．

Lapesa, Rafael, 1969, *De la pronuniciación medieval a la moderna en española*, I-II, Madrid: Gredos.

———, 1981, *Historia de la lengua española*, Madrid: Gredos.

———, 2000, *Estudios de morfosintaxis histórica del español*, Madrid: Gredos.

———, 2004,『スペイン語の歴史』山田善郎（監修），中岡省治・三好準之助（訳），昭和堂．

Lathrop, Thomas A., 1984, *Curso de gramática histórica española*, con la colaboración de Juan Gutiérrez Cuadrado, Barcelona: Ariel.

Lausberg, Heinrich, 1966/1970, *Lingüística románica*, Tomo 1: Introducción, Fonética, Tomo II: Morfología, trad. por J. Pérez Riesgo & E. Pascual Rodríguez, Madrid: Gredos.

Lipski, John M., 2003,『ラテンアメリカのスペイン語―言語・社会・歴史―』浅若みどり他（訳），南雲堂フェニクス．

Lleal, Coloma, 1990, *La formación de las lenguas romances peninsulares*, Barcelona: Barcanova.

——— et al., 2005, *Historia de la lengua española*, Barcelona: Publicaciones i Ediciones de la Universitat de Barcelona.

Lloyd, Coloma., 1987, *From Latin to Spanish—Historical Phonology and Morphology of the Spanish Language*, Philadelphia: Memoirs of the American Philosophical Society.

Lomax, Derek W., 1996,『レコンキスタ　中世スペインの国土回復運動』林邦夫（訳），刀水書房．

López García, Ángel, 2000, *Cómo surgió el español: introducción a la sintaxis histórica del español antiguo*, Madrid: Gredos.

Mahn-Lot, Marianne, 1984,『イスパノアメリカの征服』染田秀藤（訳），文庫クセジュ，白水社．

Medina Morales, Francisca, 2005, *La lengua del Siglo de Oro: un estudio de variación lingüística*, Granada: Universidad de Granada.

Menéndez Pidal, R., 1954, *Cantar de Mio Cid; texto, gramática y vocabulario*, 1a. parte, 3a. ed., Madrid: Espasa-Calpe.

———, 1968, *Manual de gramática histórica española*, Madrid: Espasa-Calpe.

———, 1980, *Orígenes del español: estado lingüístico de la Península Ibérica hasta el siglo XI*, 9a. ed. Madrid: Espasa-Calpe.

———, 2005, *Historia de la lengua española*, I-II, Madrid: Fundación Ramón Menéndez Pidal.

——— y Lapesa, Rafael, 2003, *Léxico hispánico primitivo* (*siglos VIII al XII*), Madrid: Espasa Calpe.

三好準之助, 2006,『概説アメリカ・スペイン語』, 大学書林.

Moreno de Alba, José G., 2007, *Introducción al español americano*, Madrid: Arco/Libros.

Munteanu Colán, Dan, 2006, "La situación actual del español en Filipinas", *LEA*, XXVIII, 75-89.

長友栄三郎, 1976,『ゲルマンとローマ』, 創文社.

中岡省治, 1994,『中世スペイン語入門』, 大学書林.

Nebrija, Elio Antonio, 1996,『カスティリャ語文法』中岡省治（訳）, 大阪外国語大学.

———, 1997, *Gramática de la lengua castellana*, (Reproducción facsimilar de la de Salamanca, Impresor de la Gramática, 1492), Paris-Valencia.

日本イスラム協会（監修）, 1982,『イスラム事典』, 平凡社 .

Norberg, Dag, 1980, *Manuel pratique de latin médiéval*, Paris: Picard.

大内一・染田秀藤・立石博高, 1994,『もうひとつのスペイン史』, 同朋社出版.

Palmer, L.R., 1954, *The Latin Language*, London: Faber & Faber.

Penny, Ralph John., 1991, *A History of the Spanish Language*, New York: Cambridge University Press.

———, 2004, *Variación y cambio en español*, vers. española de Juan Sánchez Méndez, Madrid: Gredos.

———, 2005, "Evolución lingüística en la baja edad media: evoluciones en el plano fonético", en Cano（2005）, 593-612.

Posner, Rebecca, 1966, *The Romance Lnaguages—A linguistic introduction*, New York: Doubleday.

———, 1982,『ロマンス語入門』風間喜代三・長神悟（訳）, 大修館 .

Pratt, Chris, 1980, *El anglicismo en el español peninsular contemporáneo*, Madrid: Gredos.

Quilis, Antonio, 2003, *Introducción a la historia de la lengua española*, Madrid, Universidad Nacional de Educación a Distancia.

———, 2005, *Fonética histórica y fonología diacrónica*, Madrid, Universidad Nacional de Educación a Distancia.

Ramírez Luengo, José Luis, 2007, *Breve historia del español de América*, Madrid: Arco/Libros.

Real Academia Española（RAE）, 1973, *Esbozo de una nueva gramática de la lengua española*, Madrid: Espasa-Calpe.

———, 1999, *Gramática descriptiva de la lengua española* [*GDLE*], 1-3, Madrid: Espasa.

———, 1999, *Ortografía de la lengua española*, Madrid: Espasa.

———, 2001, *Diccionario de la lengua española*, 22a. ed., 2 vol. Madrid, Espasa Calpe.

———, 2005, *Diccionario panhispánico de dudas*, Madrid, Espasa Calpe.

Riché, Pierre, 1974,『蛮族の侵入—ゲルマン大移動時代—』久野浩（訳）, 文庫クセジュ, 白水社.

Román del Cerro, Juan L., 1993, *El origen ibérico de la lengua vasca*, Alicante: Aguaclara.

Salvador, Gregorio y Juan R. Lodares, 1996, *Historia de las letras*, Madrid: Espasa Calpe.

Sánchez Méndez, Juan, 2003, *Historia de la lengua española en América*, Valencia: Tirant Lo Blanch.

Seco, Manuel, 2003, *Estudios de lexicografía española*, Madrid: Gredos.

渋谷謙次郎（編）, 2005,『欧州諸国の言語法』, 三元社.

Smith, Colin, 1987, *Poema de mio Cid*, 14a. ed., Madrid: Cátedra.

Solà-Solé, Josep M., 1983, *Sobre árabes, judíos y marranos y su impacto en la*

lengua y literatura españolas, Barcelona: Puvill Libros.
染田秀藤，1990,『ラス・カサス伝』，岩波書店.
Spaulding, R.K., 1971, *How Spanish Grew*, Berkeley: Univ. of California Press.
立石博高（編），2000,『スペイン・ポルトガル史』，山川出版.
———・中塚次郎（編），2002,『スペインにおける国家と地域；ナショナリズムの相克』，国際書院.
———・若松隆（編），1987,『概説スペイン史』，有斐閣 .
———・他（編），1998,『スペインの歴史』，昭和堂.
Torrens Álvarez, Ma. Jesús, 2007, *Evolución e historia de la lengua española*, Madrid: Arco/Libros.
Trend, J. B., 1970,『スペイン文明史』丹羽光男（訳），みすず書房.
Urrutia Cárdenas, Hernán y Álvarez Álvarez, Manuela, 1988, *Esquema de morfosintaxis histórica del español*, Bilbao: Universidad de Deusto.
牛島信明，1997,『スペイン古典文学史』，名古屋大学出版会.
Väänänen, Veikko, 1988, *Introducción al latín vulgar*, 3a.ed., vers. española de Manuel Carrión, Madrid: Gredos.
Val Álvaro, José F., 1992, *Ideas gramaticales en el《diccionario de autoridades》*，Madrid: Arco/Libros.
Vaquero de Ramírez, María, 1998, *El español de América I: Pronunciación; II: Morfosintaxis y léxico*, Madrid: Arco/Libros.
Vicens Vives, Jaime, 1970, *Aproximación a la historia de España*, 7a. ed., Barcelona: Editorial Vicens-Vives.
———, 1975,『スペイン―歴史的省察―』小林一宏（訳），岩波書店.
Vidos, B.E., 1967, *Manual de Lingüística Románica*, trad. por Francisco de B. Moll, Madrid: Aguilar.
Vilar, Pierre, 1992,『スペイン史』藤田一成（訳），文庫クセジュ，白水社.
Wartburg, Walther von, 1971, *La fragmentación lingüística de la Romania*, vers. española de Manuel Muñoz Cortés, Madrid: Gredos.
Watt, W.M., 1976,『イスラーム・スペイン史』黒田壽郎・柏木英彦（訳），岩波書店.
Wright, Roger, 1982, *Latín tardío y romance temprano en España y Francia*

carolingia, vers. española de Rosa Lalor, Madrid: Gredos.
Zamora Vicente, Alonso, 1967, *Dialectología española*, Madrid: Gredos.
Zimmermann, Michel y Marie-Claire, 2006,『カタルーニャの歴史と文化』田澤耕（訳），文庫クセジュ，白水社.

引用テキスト出典

Aldana, Francisco de, 1985, *Poesías castellanas completas*, ed. de José Lara Garrido, Madrid: Cátedra.
Alfonso X el Sabio, 1995, *Estoria de Espanna*, en *Primera crónica general de España*, I, por Ramón Menéndez Pidal, Madrid: Gredos.
Arcipreste de Hita, 1988, *Libro de buen amor*; edición, introducción de G.B. Gybbon-Monypenny, Madrid: Castalia.
Cervantes, Miguel de, 1989, *Don Quijote de la Mancha I*, edición de John Jay Allen, Madrid: Cátedra.
García Márquez, Gabriel, 1968, *Cien años de soledad*, Buenos Aires: Editorial Sudamericana.
Glosas emilianenses, en Menéndez Pidal, R., 1980, *Orígenes del español: estado lingüístico de la Península Ibérica hasta el siglo XI*, 9a. ed. Madrid: Espasa-Calpe.
Lazarillo de Tormes, 1988, ed. de Francisco Rico, 3a. ed. Letras hispánicas, Madrid: Cátedra.
Pérez Galdós, Benito, 1984, *Trafalgar*, edición de Julio Rodríguez Puértolas, Madrid: Cátedra.
Poema de mio Cid, 1980, ed. de Ian Michael, 2a. ed., Clásicos Castalia, Madrid, Castalia.
Real Academia Española, 1979, *Diccionario de autoridades*, 3 tomos, edición facsímil, Madrid: Gredos.
Rojas, Fernando de, 1988, *La Celestina*; edición de Dorothy S. Severin, Madrid: Cátedra.

参考ウェブサイト

Ethnologue: Language of the World（Ethnologue），< http: //www.ethnologue.com/ > [2/2009]

Prat i Sabater, Marta, 2005, “La influència del català sobre el lèxic castellà: visió diacrònica” en *Llengua & literatura*, 16, 363-387 <http: // www. iecat. pperiodiques/openlink.asp> [9/3/2009]

Real Academia Española: Banco de datos（CORDE）[en línea], Corpus diacrónico del español. < http: //www.rae.es > [1/ 2009]

Variación léxica del español en el mundo（Varilex），< http: //gamp.c.u-tokyo.ac.jp/ ~ueda/varilex/index.html > [5/2009]

索　引

和文索引

あ

い

え

お

か

き

く

け

こ

さ

し

と

な

に

は

ひ

ふ

へ

ほ

ま

み

む

め

も

ゆ

よ

り

る

れ

ろ

わ

欧文索引

C

D

I

L

M

Q

R

S

U

V

Y

目録進呈　落丁本・乱丁本はお取替えいたします。

2011年5月20日　　©第1版発行

スペイン語史

著　者　寺　﨑　英　樹

発行者　佐　藤　政　人

発　行　所

株式会社　大　学　書　林

東京都文京区小石川4丁目7番4号
振替口座　00120-8-43740番
電話　(03)3812-6281～3番
郵便番号　112-0002

ISBN978-4-475-01625-4　　クリエイトパージュ・横山印刷・牧製本